Heather Pringle

DER MUMIENKONGRESS

Heather Pringle

Der MUMIEN Kongress

Eine Reise in die Welt
des ewigen Todes

Aus dem Amerikanischen
von Maria Zybak

Droemer

Originaltitel: The Mummy Congress
Originalverlag: Hyperion, New York

Besuchen Sie uns im Internet:
www.droemer.de

Die Folie des Schutzumschlags sowie die Einschweißfolie
sind PE-Folien und biologisch abbaubar.
Dieses Buch wurde auf chlor- und säurefreiem Papier gedruckt.

Umschlaggestaltung: ZERO Werbeagentur, München
Umschlagfoto: Picture Press / Corbis
Satz: Ventura Publisher im Verlag
Druck und Bindung: Clausen & Bosse, Leck
Printed in Germany
ISBN 3-426-27262-8

2 4 5 3 1

Für Alex senior,
dessen Herzensgüte und Klugheit
sogar seine Fähigkeiten auf dem Eis
noch übertreffen.

Ich werde mehr zu erzählen haben,
wenn ich einmal tot bin.

Edwin Arlington Robinson

INHALTSVERZEICHNIS

DER KONGRESS

Verglichen mit anderen wissenschaftlichen Symposien ist der Mumienkongress eine bescheidene, geradezu intime Veranstaltung, bei der ausgeprägte Persönlichkeiten und surreal wirkende Diavorträge das Geschehen bestimmen und elitäres Geschwätz, Presserummel und sonstiges Brimborium keinen Platz finden. Es gibt in der Tat weit größere Tagungen und Konferenzen, deren Teilnehmer mit Namensschildchen am Revers und den gleichen Taschen voller Informationsmaterial in der Hand wie die Ameisen zu Tausenden durch die Straßen des Veranstaltungsortes ziehen und alle verfügbaren Taxis, Restaurants und Lokale in Beschlag nehmen. Es gibt auch Kongresse, die einen weit höheren Stellenwert für sich beanspruchen, bei denen die Ereignisse live im Internet übertragen werden und eigens engagiertes Personal ganze Horden übermüdeter Journalisten in Zaum halten muss. Und es gibt wesentlich glanzvollere Konferenzen, bei denen die Teilnehmer in prunkvollen französischen Schlössern dinieren oder sich auf Landgütern in der Toskana am Chianti laben – auf Kosten großzügiger Sponsoren aus der Wirtschaft. All das hat der Mumienkongress nicht zu bieten. Er ist weder groß noch elitär, und Luxus sucht man vergeblich. Was den Mumienkongress so bemerkenswert macht – man könnte auch sagen, so herrlich exzentrisch –, ist etwas viel Selteneres, viel Interessanteres. Es ist die ungewöhnliche Passioniertheit seiner Teilnehmer. Denn sie alle, mit wenigen Ausnahmen, haben eine ausgesprochene Schwäche für Mumien. Und sie genießen es, Gleichgesinnte zu treffen.

Diese nicht alltägliche gemeinsame Leidenschaft prägt den Kongress in nahezu jeder Hinsicht, kommt jedoch besonders in der Wahl des Tagungsortes zum Ausdruck. Die Verantwortlichen für den 3. Weltkongress der Mumienforschung, so die offizielle Bezeichnung, haben sich bei der dreijährigen Planung wenig um die Annehmlichkeiten gesorgt, die den Organisatoren solcher Veranstaltungen sonst Kopfzerbrechen machen – dass genügend Fünf-Sterne-Hotels und gute Restaurants vorhanden sind, ein schillerndes Nachtleben, touristische Sehenswürdigkeiten und bequeme Flugverbindungen bei möglichst niedrigen Unkosten. Vielmehr ließen sie alle Städte, die sich als Gastgeber für eine derartige Konferenz angeboten hätten – Metropolen wie Kairo, New York und London –, links liegen und wählten einen Ort, der ihnen wesentlich mehr zusagte. Man entschied sich für das 180 000 Einwohner zählende Arica, einen winzigen Punkt auf der Landkarte im Norden Chiles, rund 1600 Kilometer nördlich von Santiago, am Rand einer endlosen, lebensfeindlichen Wüste, der Atacama, gelegen. Sehenswertes hat Arica kaum vorzuweisen; es besitzt einen hervorragenden Hafen am Pazifik und eine große Fischmehlfabrik und, sein ganzer Stolz, zwei Bauwerke des berühmten französischen Ingenieurs Alexandre Gustave Eiffel – eine Kirche und die Zollstation –, die errichtet wurden, nachdem eine Flutwelle einen Teil der Stadt fortgespült hatte.

Das örtliche Fremdenverkehrsamt bemüht sich seit Jahren, Besucher nach Arica zu locken. Man hat Arica zur »Stadt des ewigen Frühlings« erhoben, ein Beiname, der nicht unbedingt ihr trockenes, raues Klima verrät, und chilenische Familien dazu ermuntert, ihren Urlaub an den spektakulären Stränden vor der Stadt zu verbringen. Doch zum begehrten Touristenziel ist Arica bis heute nicht avanciert. Durch den kühlen Humboldtstrom ist das Meer hier einfach zu kalt, als dass man sich genüsslich im Wasser tummeln möchte. Nur einige abgehärtete Surfer in Neopren-Anzügen wagen sich längere Zeit auf die Wellen. Und für Streifzüge durch die Atacama begeistert sich kaum jemand – sie ist zu öde, zu abweisend, zu wüst eben. Deshalb wird Arica wohl eine eher abgelegene, staubige Stadt bleiben. Viele Kongressteilnehmer nahmen Flugreisen von 24 Stunden und mehr in Kauf, ständig in enge Sitze gequetscht, und fanden nur bei Zwischenstopps in immer kleiner werdenden Abflughallen ein wenig Schlaf. Eine Wissenschaftlerin aus Beirut musste insgesamt sogar elfmal umsteigen.

Doch Arica besaß in den Augen der Kongressveranstalter einen entscheidenden Vorteil, und dieser einzige Pluspunkt machte all die anderen Mängel als internationaler Konferenzort mehr als wett. In Arica herrschen, was kaum jemand weiß, nahezu ideale Bedingungen für die langfristige Konservierung von Leichen. Auf Grund seiner Lage am Rand der vermutlich trockensten Region der Erde, der Atacama-Wüste, fallen hier im Jahresdurchschnitt nur 0,75 Millimeter Regen. In schlechten Jahren regnet es überhaupt nicht. Und genau dieses gnadenlose, knochentrockene Klima braucht es, damit ein Leichnam mumifiziert, bis er dauerhaft die Textur von Schuhleder annimmt. Mumien gibt es in Arica jede Menge; es ist das Mekka der Mumienexperten. In die kleine chilenische Hafenstadt strömten nun Wissenschaftler von weither, um diese Schätze in Augenschein zu nehmen und einschlägige Neuigkeiten auszutauschen.

Euphorie lag in der Luft, als sich am Vorabend des Kongresses die Halle des Hotels Arica, eines weitläufigen Gebäudekomplexes unmittelbar am Strand mit Schatten spendenden Palmen und Dauerberieselung durch Panflötenmusik, langsam mit Neuankömmlingen füllte. Neben der Rezeption stand Larry Cartmell, ein Pathologe Anfang der fünfzig aus Ada, Oklahoma, der spontan die Rolle des Empfangschefs übernommen hatte, und begrüßte jeden mit lautem Hallo. Er war mit demselben Flug aus Santiago gekommen wie ich; wir hatten nebeneinander in dem Schulbus gesessen, der die Kongressteilnehmer am Flugplatz abgeholt hatte. Ein sehr unterhaltsamer Mensch, dieser Larry. Seit Stunden erzählte er mit dröhnender Stimme Geschichten und riss ständig

Witze, und das alles in seinem schleppenden Südstaatenslang. Larry Cartmell liebte Arica, das war mir schnell klar, und die Wüste jenseits der Stadtgrenze, wo man im Laufe der Jahre Aberhunderte von Mumien gefunden hatte. Er analysierte mit Begeisterung Haare von Mumien – seine Spezialität –, die er in kleinen Plastikbeuteln geschickt bekam. Er liebte die Chilenen, auch wenn er denen, die der alten sozialistischen Regierung unter Salvador Allende nachtrauerten, etwas weniger Sympathie entgegenzubringen schien. Er liebte sogar das Stammlokal seiner Kollegen, das »Restaurant der Toten«, ein Gasthaus, das sicher niemals seinen Weg in einen Reiseführer finden würde, jedoch nur einen Steinwurf von einer bedeutenden Sammlung chilenischer Mumien entfernt und direkt gegenüber einem Friedhof lag. Das Essen, hauptsächlich Sandwiches und Brathähnchen, war nicht gerade umwerfend, aber wer könnte diesem Namen widerstehen? Cartmell schien sich in Arica, wo er seinerzeit zum ersten Mal an Mumien gearbeitet hatte, wie im Paradies zu fühlen. »Unter dieser Stadt«, sagte er zu mir und strahlte über das ganze Gesicht, »liegen *überall* Mumien.«

Während Cartmell und ich auf ein paar seiner Kollegen warteten, die uns Gesellschaft leisten wollten, behielt er ständig die Eingangstür im Auge. Nicht ganz ohne Hintergedanken allerdings. Er brannte darauf, ein Exemplar des Tagungsprogramms in die Hände zu bekommen, weil er unbedingt wissen wollte, wann die Veranstalter sein Referat, einen sorgfältig ausgearbeiteten Vortrag über Mumienhaare, angesetzt hatten. Offenbar war es beim Mumienkongress nicht weniger entscheidend als beim Fernsehen, um welche Zeit man reden konnte. Cartwell hoffte inständig auf einen der besten Termine. Kaum hatte er ein bekanntes Gesicht erspäht, rief er dröhnend einen Namen, eilte auf den Neuankömmling zu und schüttelte ihm mit ein paar freundlichen Worten die Hand in der stillen Hoffnung, dieser habe sich bereits vorab ein Programm besorgt. Offensichtlich kannte Cartmell fast jeden der etwa 180 Experten, die aus ganz Nordamerika, Europa, Südamerika und dem Nahen Osten zum Kongress kamen. Und fast jeder schien ihn zu kennen. Als das Gedränge um uns herum immer größer wurde, verschwand Cartmell Richtung Hotelrestaurant, um einen Tisch zu suchen, an dem alle Platz finden würden. Wenig später fand ich mich eingekeilt zwischen Mumienexperten wieder, die sich gut gelaunt und lautstark unterhielten. Für meine Begriffe bekam die Veranstaltung sehr schnell den Charakter eines großen Festes. Gerade eben im Foyer des Hotels hatte ich wirklich mehr Menschen gesehen, die sich herzlich umarmten, als jemals in einer Ankunftshalle am Flughafen. »Ich finde diese Kongresse wunderbar«, schwärmte Karl Reinhard, der links von mir saß. »Man trifft immer so viele Freunde hier.«

Reinhard, ein schlanker, durchtrainiert wirkender Mittvierziger mit einem dichten schwarzen Vollbart, am Handgelenk ein brasilianisches Glücksarmband wie ein Hippie, lehrt in Lincoln, Nebraska, Anthropologie und Palynologie (Zweig der Botanik, der sich mit der Erforschung von Pollen und Sporen beschäftigt). Doch seine wahre Leidenschaft, stellte sich heraus, galt Parasiten, insbesondere jenen, die mumifizierte Leichen besiedeln. Reinhard war gerade mit seiner Frau Debbie Meier, Konservatorin an einem Museum, eingeflogen, um eine Fachdiskussion zu leiten. Anschließend wollte er weiter nach Brasilien, wo sich alle möglichen seltsamen Mumienparasiten besonders gut studieren ließen. Nun geben diese Tierchen nicht gerade ein appetitanregendes Tischgespräch ab, doch zum Glück sieht Reinhard alles recht locker. Seine Referate tragen amüsante Titel wie »Explodierende Würmer und die Folgen der gemeinsamen Evolution von Mensch und Parasit«. Er hat die unglaublichsten Anekdoten auf Lager, zum Beispiel wie die Schöpfer des Films *Alien* auf die Idee für das Monster kamen. Reinhard behauptet, sie hätten sich ausgiebig bei seinem Spezialgebiet, der Parasitologie, bedient. »Das Ei, aus dem das Alien herausspringt, ist ein Plattwurm-Ei, und es häutet sich wie eine Zecke. Der Körper entspricht dem eines Saugwurms und seine Lebensform der parasitärer Spinnentiere. Ohne diese Vorlagen aus der Welt der Parasiten wäre der ganze Film nichts, trotz Sigourney Weaver.«

Während er nach seinem Bier griff, sah Reinhard sich im Restaurant um. Aus den Augenwinkeln erspähte er Bob Brier, einen schlaksigen Philosophieprofessor aus Long Island, der auch mehrere populärwissenschaftliche Bücher verfasst hat, unter anderem *The Encyclopedia of Mummies*. Sein neuestes, umstrittenes Werk über die Ermordung Tutanchamuns hatte in England gerade die Bestsellerliste erobert. In seiner Nähe stand eine weißhaarige Gestalt, der noch sehr rüstige Pathologe Art Aufderheide aus Minnesota, einer der großen alten Männer der Mumienforschung und führender Experte für die Erforschung alter Krankheiten bei Mumien. An der Tür lehnte der junge peruanische Arzt Guido Lombardi, der kürzlich nach monatelanger Suche zwei seit langem verschwundene ägyptische Mumien in New Orleans aufgespürt hatte, und sah sich suchend nach einem Kollegen um, der sich auf Menschenopfer in Südamerika spezialisiert hatte. »Sie sehen, wir sind ein ziemlich kleiner Kreis«, bemerkte Reinhard lachend.

Und fast alle in diesem Kreis verdienten sich, wie ich bald herausfand, ihren Lebensunterhalt mit Tätigkeiten, die nichts mit Mumien zu tun hatten. Die für Forschungszwecke zur Verfügung gestellten Gelder entsprechen nämlich keineswegs dem enormen öffentlichen Interesse an Mumien. Es gibt kaum feste Stellen und nur sehr wenige Experten, die sich mit nichts anderem als Mumien beschäftigen. Die meisten Delegierten waren Anthropologen, Archäologen oder Pathologen, die ihre Ausgaben für Feldforschung aus eigener Tasche bestritten und ihren Sommerurlaub, die Weihnachtsferien oder ihren Ruhestand dafür verwendeten, nach Ägypten, auf die Kanarischen Inseln oder nach Peru zu fliegen, um an Mumien zu arbeiten. Nicht wenige hatten die Geduld ihrer irritierten Ehegatten überstrapaziert, manche im Kreis der Mumienexperten neue Partner gefunden. Die meisten hatten die Reise nach Arica selbst bezahlt und verteilten sich nun auf ein halbes Dutzend preiswerte Hotels in der Stadt. Das Hotel Arica mit siebzig Dollar pro Nacht konnten sich die wenigsten leisten. Doch das machte offenbar niemandem etwas aus. Die meisten schienen einfach glücklich und zufrieden, an der weltweit größten regelmäßigen Tagung von Mumienexperten teilnehmen zu können, und waren sichtlich gespannt, was in den nächsten fünf Tagen auf sie zukommen würde. Die Südamerikaner, erklärte mir Reinhard, wollten keine Zeit verschwenden. Mit den Vorträgen zu so unterschiedlichen Themen wie Erkrankungen der Frühmenschen, Tiermumien, Genmaterial von Mumien, mexikanische Mumien, Menschenopfer auf Bergen und die Erhaltung von Mumien würde jeden Morgen um 8.30 Uhr begonnen; nach elf oder zwölf Stunden wäre der Sitzungstag zu Ende. Dazwischen waren Kurzreferate in zwei Sprachen – Englisch und Spanisch – von jeweils einer Viertelstunde angesetzt. Außerdem hatten die Organisatoren den Ablauf der Tagung sehr überschaubar gestaltet; es würde nämlich keine Parallelveranstaltungen geben. Alle fanden nacheinander in einem einzigen großen Raum statt, so dass niemand ein Referat verpasste. Und damit jeder jeden verstand, hatte man aus Santiago ein Dolmetscherteam eingeflogen. Alle Konferenzteilnehmer würden mit Kopfhörern ausgestattet.

Das hörte sich alles wunderbar an, doch nicht jeder war zufrieden. Am anderen Ende des Tisches erhob sich Protestgeschrei. Dort saß Cartmell, der sich doch noch das Programm hatte beschaffen können und nun ein seitenlanges Fax durchging. »Das darf doch nicht wahr sein«, stöhnte er, und seine Enttäuschung war unübersehbar. Er machte ein Gesicht, als hätte er gerade seinen besten Freund verloren. Sein Vortrag über Mumienhaar am zweiten Tag des Kongresses war von 16.25 Uhr auf 18.20 Uhr verschoben worden. Um diese Zeit würden vermutlich etliche Kongressteilnehmer ihren heißgelaufenen Gehirnen in der Hotelbar mit geeigneten Getränken Kühlung verschaffen. Es war einer der schlechtesten Termine der ganzen Tagung.

Der Mumienkongress findet alle drei Jahre statt; dazwischen schwärmen die Mumienexperten vom vergangenen Treffen und fiebern dem nächsten entgegen. Doch außerhalb dieses kleinen Kreises ist der Kongress kaum bekannt. Ich habe mich als wissenschaftliche Journalistin fast zwanzig Jahre mit der geheimnisvollen Welt der Archäologie beschäftigt, in dieser Zeit Hunderte von Archäologen kennen gelernt und gesprochen. Zusammen mit ihnen habe ich unzählige Stunden bei Konferenzen gesessen, auf Bahnhöfen gewartet und Seite an Seite in der Erde gegraben. Ich habe archäologische Fachzeitschriften abonniert, einschlägige Internetseiten durchforstet und mich bei Newsgroups eingeschrieben. Nie habe ich ein Wort vom Mumienkongress gehört, und ich bin sicher, ich wüsste noch heute nichts davon, wenn ich nicht zufällig mit einem kanadischen Mumienexperten ins Gespräch gekommen wäre.

Ich war damals auf der Suche nach einer guten Mumiengeschichte. Mein Redakteur beim Magazin *Discover* hatte mich gebeten, mich nach neuen Forschungsprojekten an den konservierten Toten umzusehen: Geschichten über Mumien sind bei den Lesern sehr beliebt. Also begann ich herumzutelefonieren. Doch obwohl das Thema in mein Fach schlägt, hatte ich bislang nur wenige Experten auf diesem Gebiet kennen gelernt. In Kanada, wo ich lebe, und in den Vereinigten Staaten untersuchen Archäologen nur selten die menschlichen Überreste, auf die sie bei ihrer Arbeit stoßen. Es gibt große Widerstände gegen solche Untersuchungen – religiös, gesellschaftlich und politisch, aber auch historisch begründete. Jahrzehntelang hatten Anthropologen und Archäologen indianische Begräbnisstätten regelrecht geplündert, um die Universitäten und Museen mit Schädeln, Skeletten und Mumien zu versorgen. Empört über diese Schändung ihrer Toten hatten Indianeraktivisten die geraubten Gebeine zornig zurückgefordert. Als die Proteste immer lauter wurden, verabschiedete der amerikanische Kongress ein weit reichendes Gesetz, den *Native American Graves Protection and Repatriation Act*, in dem die Begräbnisstätten der Ureinwohner unter Schutz gestellt und viele Museen verpflichtet wurden, den Indianerstämmen ihre Gebeine und Mumien zurückzugeben. Manches alte Unrecht wurde dadurch zwar bereinigt, doch die erbitterten Auseinandersetzungen hatten auch folgenschwere Konsequenzen für die Wissenschaft – Forschungen an den sterblichen Überresten der frühen Bewohner Nordamerikas wurden praktisch zum Tabu.

Folglich fand ich nicht allzu viele Wissenschaftler, die offen zugaben, sich für Mumien zu interessieren. Doch einige Jahre zuvor hatte ich ein Interview mit Patrick Horne geführt, einem kanadischen Paläopathologen, der sich ohne Scheu zu diesem Thema äußerte. Horne war ein echter Mumienfan. Wie andere Gleichgesinnte betrachtete auch er eine Mumie als einen Leichnam aus früherer Zeit, dessen Weichteile dem Verfall ganz oder teilweise widerstanden hatten. Er hatte schon viele Mumien untersucht, unter anderem in den 1980er Jahren die gefrorene Leiche eines Inkajungen – bekannt geworden als »Prinz von El Plomo« –, den Bergsteiger hoch oben in den chilenischen Anden gefunden hatten. In den 1990er Jahren hatte Horne mit Ägyptologen in der Nekropole von Theben gearbeitet und Parasiten im eingetrockneten Gewebe ägyptischer Mumien nachgewiesen. Als ich ihn nun wieder anrief, unterhielten wir uns fast eine Stunde über das Neueste in der Mumienforschung. Dann, als wir uns schon verabschieden wollten, erwähnte Horne noch eine Konferenz, an der er hoffentlich teilnehmen könne. Es war der Mumienkongress in Arica.

In seiner Stimme schwang ein sehnsüchtiger Unterton, als er mir davon erzählte, und ich wusste: Da musst du hin. Ich hatte keine Ahnung, was mich erwartete, doch ich war mir sicher, dass sich die beschwerliche Reise nach Arica lohnen würde. Ich wollte endlich wissen, wer diese Leute waren, die sich so unbeeindruckt von irgendwelchen Vorbehalten mit den Toten früherer Zeiten beschäftigten. Und ich wollte unbedingt sehen, was mir in all den Jahren, in denen ich über die ferne Vergangenheit schrieb, entgangen war. Ich hatte ausführlich geschildert und erzählt, welche klugen Schlüsse Archäologen aus noch so bescheidenen Anhaltspunkten zogen – winzigen Ton- und Keramikscherben, um eine Feuerstelle verstreute Fischgrätenreste, Abdrücke von Netzen in Lehmböden aus der Eiszeit. Ich hatte mich bemüht, aus den Dingen, die die Menschen auf ihrer langen, mühevollen Reise durch die Zeit hinterlassen hatten, möglichst viele Erkenntnisse zu ziehen. Jetzt wollte ich ihre Gesichter sehen. Ich wollte wissen, wie sie ausgesehen hatten, wie sie die Stirn gerunzelt und die Augen zusammengekniffen hatten, wie sie sich frisiert, ihre Haut tätowiert, ihre Gewänder getragen, ihre Fingernägel geformt und ihre Schuhe gebunden hatten. Also sah ich zu, dass ich auch nach Arica kam.

Bis zur Mittagspause am ersten Kongresstag hatte ich mich einigermaßen vom Jetlag erholt. Seit dem Morgen, geschlagene vier Stunden lang, hatte ich steif auf einem der eleganten, aber nicht unbedingt sehr bequemen brokatbezogenen Stühle gesessen, die das Hotel Arica zur Verfügung gestellt hatte, und mir die ersten Referate aus der Human-Paläopathologie über Krankheitsprozesse und Verletzungen in früher Zeit angehört. Die Referenten, eingerahmt von zwei riesigen, rötlich braunen Konferenzpostern mit dem Bild einer halb zerfallenen Kindermumie, die man unmittelbar hinter dem Hotel ausgegraben hatte, hielten sich nicht lange mit Vorreden auf. Ein italienischer Forscher hatte eine neue immunchemische Methode vorgestellt, anhand derer sich Malaria bei Mumien nachweisen ließ. Ein Mediziner von den Kanarischen Inseln hatte Dias von grimassierenden, stark beschädigten Guanchenmumien gezeigt, die man auf der Ferieninsel Teneriffa gefunden hatte, und danach kurz die demographische Entwicklung dieses alten Volkes umrissen. Ein amerikanischer Neurologe hatte als Einleitung zu seinem Referat erzählt, wie Peter Paul Rubens, der große flämische Maler des 16. Jahrhunderts, einmal eine verschrumpelte ägyptische Mumie als Modell für seine Zeichnungen verwendet hatte. Anschließend erläuterte er, wie die heutigen Forscher dank uralter Blutklümpchen und eingetrocknetem Nervengewebe von Mumien alle möglichen Erkrankungen – von Diabetes bis zur Darmentzündung – weit in die Vergangenheit zurückverfolgen können.

Die einzelnen Referate an diesem Vormittag behandelten sehr unterschiedliche Fragen, und so ging es den ganzen Kongress über weiter, wie ich bald feststellte. Die einzelnen Themenschwerpunkte des Kongresses sollten wohl mehr eine ungefähre Richtlinie als strikt vorgegebene Kategorien sein. Außerdem wusste man nie genau, wer oder was als Nächstes kam; ständig fielen Referenten aus, und statt ihrer tauchten andere auf, die im Programm gar nicht angekündigt waren. Vielmehr hatte ich den Eindruck, als müsse jemand lediglich mit einem guten Referat in der Hand aus dem Flugzeug steigen und man würde ihn sofort herschaffen und bei nächster Gelegenheit einschieben. Wichtig schien allein, dass ein Wissenschaftler etwas Interessantes und Neues zum Thema Mumien zu sagen hatte. Die Zuhörer zeigten sich sehr entgegenkommend und aufmerksam; etliche Teilnehmer machten sich sogar Notizen. Selbst nachdem sie vier Stunden lang ein Referat nach dem anderen gehört hatten, wollten sie offenbar am liebsten auf die Mittagspause verzichten. Im Hintergrund des Saales wanderten kleine Grüppchen auf und ab, die sich mit leiser Stimme angeregt unterhielten.

Vorne in der ersten Reihe stand lächelnd Bob Brier auf und hielt eine kleine improvisierte Pressekonferenz ab. Neugierig schlüpfte ich schnell auf einen Stuhl neben dem internationalen Pressekorps. Es bestand aus einem einzigen Reporter, einem gewissen Steve Connor aus London, der ebenso zufällig auf den Kongress gestoßen war wie ich und behauptete, er habe seinen Bossen das Flugticket nach Chile mit dem Versprechen abgerungen, dass er mit einer wahren Geschichte über Mumien zurückkäme, die wieder zum Leben erwacht seien. Connor war aufgeschlossen, sehr interessiert, mit einem trockenen Humor ausgestattet – ein amüsanter Gesprächspartner. Dennoch war ich ziemlich überrascht, dass keine lärmende Meute von Fernseh- und Zeitungsjournalis-

ten über Arica herfallen war, wie ich eigentlich erwartet hatte. Allerdings vermissten sie weder ich noch Connor. Die Kongressteilnehmer wären bestimmt nicht lange so entspannt und locker gewesen, wenn sie ständig von Presseleuten belagert worden wären. Brier zum Beispiel genoss es sichtlich, ein paar Fragen beantworten zu können. Als Autodidakt auf dem Gebiet der Ägyptologie hatte er Hieroglyphen entziffern gelernt, während er sich von einer schweren Sportverletzung erholte. Er erzählte uns gut gelaunt von dem Dokumentarfilm, den er und sein Kollege Ronn Wade gedreht hatten, als sie versuchsweise einen Leichnam nach demselben Verfahren wie die alten Ägypter einbalsamiert hatten. Es war ihnen bewundernswert gut gelungen – ihre moderne Mumie sollte bald neben Schaustücken aus grauer Vorzeit in einem Museum in San Diego ausgestellt werden. Die dabei entstandene Dokumentation hatte Brier ziemlich berühmt gemacht. »*National Geographic* gab ihr den Titel ›Mr. Mumie‹«, bemerkte er mit einem Grinsen, »und ich weiß heute noch nicht, ob sie mich oder die Mumie meinten.«
Als Anerkennung für diese Leistung hatte Brier den Kongress eröffnet, und zwar mit einem kurzen, wohl durchdachten Referat über Königin Weret, die man unlängst in einer dunklen Grabhöhle gut 20 Meter unter dem Erdboden in Ägypten entdeckt hatte. Weret hatte offenbar ein Leben in Luxus und Müßiggang geführt. Ihre Knochen waren derart zart und wenig entwickelt, berichtete Brier, dass sie vermutlich »niemals einen Handschlag getan« hatte. Auch dürfte sie kaum zu Fuß gegangen sein, sondern hatte sich wahrscheinlich stets in einer Sänfte tragen lassen. Am meisten begeisterte Brier jedoch, dass am Schädeldach noch das eingetrocknete Gehirn hing; er entdeckte es, als er in ein Loch an der Schädelbasis hineinsah, und konnte es kaum fassen. Meistens hatten die Ägypter diese grau-weiße Substanz nämlich vor dem Einbalsamieren des Toten herausgeholt. Brier hoffte, an Hirngewebeproben aus anderen Perioden zu kommen, um sie zu untersuchen und herauszufinden, ob ältere Bewohner des Niltals zur Zeit der

Pharaonen an der Alzheimer-Krankheit gelitten hatten. Doch von diesem Ziel waren Brier und sein Kollege Michael Zimmerman noch weit entfernt. Bislang hatten sie erst drei ägyptische Mumien gefunden, bei denen das Gehirn noch vorhanden war.

Während Brier sich eilig auf den Weg zum Mittagessen machte, verglichen Connor und ich in aller Freundschaft unsere Notizen. Wir waren beide überrascht, wie wenig Referate sich mit dem Land beschäftigten, das gemeinhin als die Wiege der Mumienforschung angesehen wird, nämlich Ägypten. Lediglich zwei Ägyptologen hatten sich zum Kongress angemeldet. Mir wurde langsam klar, dass die meisten von ihnen Mumien wohl so spannend fanden wie ein Sammler wertvoller Juwelen einen Sack mit unbearbeiteten Zirkonen. Das hat seinen Grund. Schließlich beschäftigen sich Ägyptologen bei ihrem jahrelangen und aufwändigen Studium bis ins letzte Detail mit der Kunst, Geschichte und Sprache des alten Ägypten. Bei der Arbeit mit der Kelle auf eine Grabstätte mit straff bandagierten Toten zu stoßen ist ziemlich das Letzte, was sie möchten; ein solcher Fund würde sie nur davon abhalten, Dinge auszugraben, die ihrem Herzen viel näher sind – Tempel, Häuser, Stelen und versteckte Papyri.

Dass aus Ägypten wenig Neues berichtet wurde, gereichte dem Kongress aber keineswegs zum Nachteil; es lenkte den Blick einfach auf andere Länder. Seit Jahrzehnten entdeckten Mumienexperten an allen möglichen Orten der Welt konservierte Tote aus früherer Zeit – schaurig aussehende Leichen, einst in niederländischen Mooren versenkt; hervorragend erhaltene mumifizierte Heilige, wie sie in manchen Kirchen Italiens zur Schau gestellt werden; Kinder der Inkas, die auf Berggipfeln in den Anden geopfert wurden; und buddhistische Mönche, die in japanischen Tempeln verehrt werden. Es schien tatsächlich, als besitze jeder Kontinent einen Schatz an Mumien. Sogar die Antarktis hat einige vorzuweisen: die Leichen des gescheiterten Polarforschers Sir Robert Falcon Scott und seiner Männer, die auf ewig unter Gletschereis begraben liegen.

Am Vormittag des ersten Tages berichtete Guita Hourani, eine schlanke, temperamentvolle Historikerin aus dem Libanon, mit großer Begeisterung und sehr detailliert von einem bislang unbekannten Fund – den mumifizierten Leichen von Christen aus der Zeit der mittelalterlichen Kreuzzüge in den Nahen Osten. Bei diesen Mumien aus dem 13. Jahrhundert, die man in einer Höhle im Tal der Heiligen im Nordlibanon exhumiert hatte, handelte es sich, wie Hourani erläuterte, um die Opfer einer grausamen, sieben Monate währenden Belagerung durch feindliche Heere. In reiche Gewänder aus bestickter Seide und Baumwolle gehüllt, mit Grabbeigaben wie Münzen, Schriftrollen, Halsketten, Haarkämmen, Hausschlüsseln und anderen Gegenständen bestattet, hatten die besiegten Christen ihre Feinde letztlich doch überdauert. Als Hourani ein Dia von einem vier Monate alten Mädchen zeigte – sogar zarte Haarbüschel, die zwischen seinen Zehen steckten, waren wunderbar erhalten –, ging ein Seufzen durch das Auditorium. Die Haare, erklärte Hourani, stammten vermutlich von der trauernden Mutter. Sie selbst habe oft erlebt, wie Frauen sich die Haare ausrissen, wenn sie ihr totes Kind unter Tränen ein letztes Mal küssten.
Doch die Mumien aus der Zeit der Kreuzzüge waren nicht die einzige Sensation. Nach einigen anderen Referaten bekamen die Kongressteilnehmer erneut Dias zu sehen, die ihnen den Atem verschlugen: geheimnisvolle Mumien, vor kurzem im Nordwesten Chinas entdeckt. Diese Mumien mit ihrem blonden bis rötlichen Haar, Bart, heller Haut und langer Nase sahen nämlich überhaupt nicht asiatisch, sondern sehr europäisch aus. Eine gertenschlanke Frau trug etwas auf dem Kopf, das an einen hohen schwarzen Hexenhut erinnerte. Niemand wusste, wer diese Menschen waren, geschweige denn wie sie vor rund 4000 Jahren nach China gelangt sein konnten. Nicht weniger beeindruckend war ein Video von einem Dutzend Mumien, auf die man unlängst im Regenwald des peruanischen Amazonasgebietes gestoßen war. Sie wurden auf die Inkazeit datiert und wiesen einen hervorragenden

Erhaltungszustand auf. »Und das bei dieser hohen Luftfeuchtigkeit«, bemerkte der Forscher Federico Kauffman Doig staunend. »Sogar die Genitalien und die Augäpfel sind erhalten.«

Im Laufe der Tage fiel mir immer mehr auf, dass es doch unsichtbare Trennlinien zwischen den Kongressteilnehmern gab. Zwar verband sie ein leidenschaftliches Interesse für Mumien, deren Erforschung sie sich mit Hingabe widmeten, doch recht harmonisch ging es in der großen Familie der Mumienexperten aus aller Welt nicht zu. Dazu waren sie einfach zu eigensinnig, zu querköpfig, zu besessen in ihrer Passion für die Toten aus früher Zeit – und das führte gelegentlich zu erbitterten fachlichen Auseinandersetzungen. Im schlimmsten Fall wuchsen sich diese Meinungsverschiedenheiten zu einem verbissenen Zweikampf aus, bei dem die Beteiligten mit Zähnen und Klauen um das Vorrecht stritten, sich einen bedeutenden neuen Mumienfund für die eigene Forschung zu sichern.

Um den Schein zu wahren, gingen sich die Kontrahenten in den Sälen und Fluren des Hotels Arica tunlichst aus dem Weg. Sie setzten sich im Konferenzsaal auf verschiedene Seiten und suchten im kleinen Hotelrestaurant einen Tisch, der möglichst weit von dem anderen entfernt war. Doch diese Manöver wirkten eher peinlich. Die alten Hasen unter den Mumienexperten wussten genau, was vor sich ging – wie auch nicht –, und mir kamen Geschichten zu Ohren von früheren sowohl privat wie öffentlich ausgetragenen hässlichen Schlammschlachten. Einmal hatte sich jemand sogar zu der Behauptung verstiegen, eine Konkurrentin habe mit einem hochrangigen Vertreter eines Kulturministeriums geschlafen, um sich einen bedeutenden Mumienfund zu sichern.

Es wirkte grotesk und pietätlos, dieses Gerangele um die Körper von Toten, diente in der kleinen Welt der nicht gerade mit Reichtümern gesegneten Mumienexperten jedoch einem durchaus einleuchtenden, wenn auch traurigen Zweck. Die meisten von ihnen träumen davon, einen derart faszinierenden und seltenen Fund wie die Mumien im peruanischen Regenwald in die Hände zu bekommen – aus wissenschaftlicher Sicht eröffnen sich ungeahnte Möglichkeiten, und geht man damit an die Öffentlichkeit, ist einem die Aufmerksamkeit der ganzen Welt gewiss. Binnen Wochen melden sich Fernsehsender, Zeitschriften- und Buchverlage und Organisatoren von Vortragsreisen mit interessanten Angeboten. Da sie ihre Arbeit jahrelang aus eigener Tasche bezahlen, können ihnen die wenigsten Mumienexperten widerstehen. Schließlich hilft ein guter Buchvertrag wieder neue wichtige Forschungsvorhaben finanzieren. (Anfang der 1990er Jahre zahlte das deutsche Verlagshaus Bertelsmann für die Geschichte von »Ötzi«, Europas berühmtester Eismumie, einen Vorschuss von $ 400 000, wie Konrad Spindler, der Leiter des Forschungsteams, berichtete.) So kommt es nach jedem bedeutenden Fund fast zwangsläufig zu erbitterten Kämpfen um ein möglichst großes Stück vom Kuchen.

Abgesehen von derartigen Rivalitäten gab es in Arica jedoch auch hitzige Dispute um andere Fragen. Eine noch tiefer greifende Kontroverse spaltete den Kongress praktisch in zwei Lager, die sich mit höflichen Worten bekriegten. Vordergründig ging es bei der Debatte darum, ob zulässig sei oder nicht, was Wissenschaftler früher als selbstverständlich ansahen – das Sezieren, das Öffnen von Mumien. Solche invasiven Methoden zur Gewinnung medizinischer Daten werfen eine schwer wiegende ethische Frage auf: Hat die Wissenschaft in ihrem Streben nach Erkenntnissen zum Wohle der Lebenden das Recht, einen uralten menschlichen Körper zu zerstören? Oder sollten Forscher die einem Menschen eigene Würde respektieren, selbst nach dem Tod, und diesen Körper lediglich konservieren und vor Verfall schützen?

Beinahe alle Kongressteilnehmer hatten zu dieser Frage eine sehr entschiedene, wohl begründete Meinung. Es schien weit mehr Gegner als Befürworter der Mumiensektion zu geben, und beide Gruppen bedienten sich einer recht unterschiedlichen Fachsprache. Zu den Befürwortern zählten vor allem Mediziner, überwiegend Pathologen, und einige Anthropologen. Auch einige der erfahrensten Mumienforscher gehörten dazu. Bei den Sektionsgegnern hingegen fanden sich vor allem Archäologen, Kulturanthropologen und Museumskuratoren. Sie waren durch die Bank wesentlich jünger als die Befürworter, und ich hatte den Eindruck, dass diese Haltung sich zukünftig durchsetzen würde.

Vor dem Kongress in Arica hatte ich noch nie von einer Mumiensektion gehört, und es schien mir ziemlich unzeitgemäß und barbarisch. Wie die meisten Menschen, fühlte auch ich mich unwohl bei der Vorstellung, dass jemand bei kürzlich Verstorbenen das Messer ansetzt, selbst wenn es im Dienst der Wissenschaft geschieht. Und ich hatte noch mehr Skrupel bei dem Gedanken, dass mit uralten Leichnamen derart verfahren wird. Diesen Toten war ein seltenes Privileg zuteil geworden: Sie hatten der Vergänglichkeit Hunderte oder Tausende von Jahren widerstanden, allen Formen natürlicher Zerstörung getrotzt – gefräßigen Maden, aggressiven Bakterien, hungrigen Hunden und plündernden Grabräubern. Umso frevelhafter erscheint es, ihnen mit dem Skalpell zu Leibe zu rücken, um ihnen alle Geheimnisse zu entreißen. Und außerdem äußerst unklug. Wirklich gut erhaltene Mumien werden immer seltener, denn die Grabräuber in ihrer Gier nach Gold und Juwelen hören nicht auf, ihre Ruhestätten ohne jede Rücksicht zu durchsuchen, wobei die fragilen Mumien häufig zerstört werden.

Den Sektionsgegnern widerstrebt der Gedanke zutiefst, Mumien zu öffnen; sie sperren sich sogar dagegen, dass sie ausgewickelt werden. Die meisten von ihnen arbeiten mit Spezialisten zusammen, die den Inhalt von Särgen und Mumienbündeln mit Hilfe der dreidimensionalen Computertomographie (CT) sichtbar machen oder mit dünnen Fiberendoskopen in sie hineinschauen. Bei beiden Verfahren wird der Leichnam kaum oder gar nicht beschädigt. Sie betrachten Mumien als zerbrechliche Vorfahren, die unseres Schutzes bedürfen. »Die Mumien waren einmal richtige

Menschen«, erklärte mir ein chilenischer Archäologe. »Sie haben ihr Leben gelebt und sind gestorben. Sie haben gelitten, gegessen und sich geliebt, genauso wie wir heute. Das sollten wir nicht vergessen. Wir haben es mit menschlichen Wesen zu tun, nicht mit bloßen Gewebeproben.«

Die Sektionsbefürworter sehen die Sache anders. Es sind hauptsächlich Mediziner, und als solche fühlen sie sich den Lebenden verpflichtet. Für sie stellen Mumien eine wahre Fundgrube an Informationen für die Wissenschaft dar, dank derer sie wertvolle Erkenntnisse auf so unterschiedlichen Gebieten wie alten Balsamierungsmethoden, Parasitenbefall und Erkrankungen in früheren Zeiten gewinnen. Dazu führen sie regelmäßig Sektionen an Mumien durch, untersuchen ihre Organe und entnehmen Gewebeproben für weitere Tests. Bei diesen Sektionen wird jedoch oft sehr viel Substanz zerstört, ein Umstand, der den Kulturbeauftragten in aller Welt zunehmend Sorge bereitet. Das hat zur Folge, dass Sektionen immer seltener werden. Einige der Mediziner auf dem Kongress baten sogar am Schluss ihres Referats um kleine Proben von Mumiengewebe für ihre Forschungen. Andere gingen etwas diskreter vor und bemühten sich hinter den Kulissen bei Gesprächen unter vier Augen um Stückchen von verschrumpelten Eingeweiden, von Nerven- und Lungengewebe.

Beim Abschlussbankett am Donnerstagabend konnten sich die Kongressteilnehmer dann endlich richtig entspannen. Der letzte Themenkomplex mit verschiedenen Referaten über mexikanische Mumien hatte sich so lange hingezogen, dass das Dolmetscherteam mittendrin aufbrechen musste, um den Rückflug nach Santiago nicht zu verpassen. Was die Experten aber nicht davon abhielt, noch eine gute Stunde weiterzudiskutieren; offenbar hatten sie im Eifer des Gefechts völlig vergessen, dass die Hälfte der Anwesenden kein Wort mehr von dem verstand, was gesagt wurde. Doch nun schien sich jeder auf den vergnüglichen Teil des Abends zu freuen. Im Festsaal des Hotels spielte eine Band aus Arica eine bunte Mischung an Tangos, Sambas, Rumbas, Bossa Novas und bekannten Beatles-Songs, eine Musik, die in die Beine ging. Am späten Abend drängten sich fast alle auf der Tanzfläche; kaum jemand hielt es auf seinem Platz.

Ich fand es sehr schade, dass der Kongress zu Ende war, denn ich war in diesen fünf Tagen tief in die bizarre Welt der Mumien und Mumienforschung eingetaucht. Seltsamerweise reizte es mich überhaupt nicht, in das viel weniger spannende Reich der Lebenden zurückzukehren. Ich hatte auf dem Kongress faszinierende Menschen kennen gelernt und durch ihre Geschichten allmählich begriffen, wie sehr die mumifizierten Toten doch zu unserem Leben gehören. Wir können uns der starken, geradezu archaischen Faszination, die wir bei ihrem Anblick spüren, kaum entziehen. Schließlich hatten die Menschen zu den Mumien mit ihren eingefallenen Wangen, ihren schlanken Gliedern, ihren langen schmalen Händen und feinen Haaren schon immer eine andere Beziehung als zu dem Bündel Knochen, das sonst von einem Menschen übrig bleibt. Selbst nach Hunderten oder Tausenden von Jahren noch als Individuen erkennbar, sprechen sie unsere Phantasie an, und es fällt uns leicht, in ihnen etwas von uns selbst zu erkennen. Wir malen uns ihre Lebensgeschichte und Erlebnisse aus, wir geben ihnen Namen. Wir nehmen staunend ihre Unsterblichkeit wahr und träumen von unserer eigenen. Wir suchen nach Erklärungen dafür, wie sie wurden, was sie sind, und stellen auf emotionaler und verstandesmäßiger Ebene eine Verbindung zu ihnen her. Wir sehen in jeder Mumie den Bruder oder die Schwester.

Es drängte mich, diese enge Beziehung zwischen den Lebenden und den unsterblichen Toten zu ergründen, und zwar aus wissenschaftlicher Sicht, anhand der Erkenntnisse einiger der fähigsten, engagiertesten Mumienexperten der Welt, deren Namen kaum jemand kennt. Also begann ich mich mit der Geschichte der Mumien zu beschäftigen und versuchte herauszubekommen, wie die Natur und das Geschick der Balsamierer in grauer Vorzeit etwas derart Vergänglichem wie dem menschlichen Körper diese seltsame Form von Unsterblichkeit verleihen konnten. Ich bemühte mich, aus dem lauten Geschrei der Lebenden die immer noch vernehmbaren Stimmen der Toten herauszuhören, um zu erfahren, was sie uns über uns selbst erzählen können.

DAS MESSER DES PATHOLOGEN

Nach meiner Rückkehr aus Arica überfielen mich noch monatelang eigenartige Erinnerungen an Dinge, die ich auf dem Kongress gehört und gesehen hatte. Selbst als ich in Vancouver wieder in die Welt der Lebenden eintauchte, spukten die Mumien und all die besessenen Forscher weiter in meinem Kopf herum. Stand ich im Supermarkt vor der Kasse Schlange und beobachtete eine Mutter, die ihr quengelndes Kleinkind behutsam in den Buggy setzte, musste ich plötzlich an die verschrumpelte Babymumie aus der Zeit der Kreuzzüge mit den rundlichen, nach innen gebogenen Beinchen und den winzigen, zur Faust geschlossenen Händchen denken. Oder ich pflanzte gerade Kapuzinerkresse in einer öffentlichen Gartenanlage, die ich gelegentlich pflegen half, und mir fiel auf einmal die seltsame, recht bekannte Geschichte von dem britischen Philosophen Jeremy Bentham ein, die ich gehört hatte.

Bentham war ein überzeugter Utilitarist und vertrat die Ansicht, dass es Ziel des Lebens sein sollte, möglichst vielen Menschen möglichst viel Gutes zu tun. Getreu dieser Philosophie vermachte er seinen Körper nach dem Tod einem berühmten Londoner Anatomen, doch das war nicht Benthams Ende. Um seinen Bewunderern Aufwand und Kosten für eine Steinskulptur seiner Person zu ersparen, bestimmte er, dass sein Körper konserviert und ausgestellt werden sollte. Nach einer öffentlichen Sektion seiner sterblichen Überreste im Jahr 1832 wurde sein Körper skelettiert, der Kopf mumifiziert und mit Glasaugen versehen. Das Ergebnis war jedoch so schauerlich, dass seine Freunde eiligst einen Kopf aus Wachs modellieren ließen. Diesen befestigten sie auf dem rekonstruierten Skelett. Anschließend bekleideten sie Bentham mit seinen Breeches und dem alten Überzieher und platzierten ihn in natürlicher Haltung, wie früher mit seinem Spazierstock, in einem Stuhl. So wurde Bentham in einem Glaskasten im University College von London zur Schau gestellt. Gewissermaßen als Tüpfelchen auf dem i bekam er noch seinen mumifizierten Kopf zwischen die Füße gelegt. Über Jahrzehnte hinweg sollen ihn Bewunderer zu den Ratsversammlungen des College geschoben und im Sitzungsprotokoll seine Anwesenheit vermerkt haben. Noch heute können Neugierige diese bizarre Figur in ihrem Glaskasten im University College bewundern; der mumifizierte Kopf wurde inzwischen allerdings diskret entfernt. Studenten hatten ihn sich allzu gern für üble Streiche ausgeliehen.

Solche Geschichten hatte ich auf dem Kongress gehört, und sie hatten sich, wahrscheinlich weil sie verborgene Erinnerungen und Gefühle weckten, in meinem Kopf festgesetzt. Dass sie mich derart beschäftigten, störte mich nicht besonders; sie schienen mir eher kurios und exzentrisch als beunruhigend. Doch als ich die Tage in Arica noch einmal Revue passieren ließ, wurde mir bewusst, dass tief in meinem Innern noch etwas viel Stärkeres wach geworden war – ein seltsamer neuer Hunger, eigentlich ein Verlangen nach dem flüchtigen, doch intensiven Gefühl, das sich jedes Mal eingestellt hatte, wenn im abgedunkelten Konferenzsaal jemand wieder ein Dia von einer ungewöhnlich gut erhaltenen Mumie gezeigt hatte. Und es gab viele solcher Dias auf dem Kongress. Manchmal hatte der Fotograf ein besonders eindrucksvolles Detail eingefangen, etwa eine verblüffend lebensechte Hand mit kurzen, schwieligen Fingern und schartigen Nägeln. Manchmal hatte er oder sie von einem 4000 Jahre alten Menschen mit zerzausten, rötlichen Haarflechten und Filzschuhen an den Füßen ein liebevolles Ganzkörperporträt angefertigt. Doch die Reaktion der Anwesenden war immer die gleiche. Ein Aufseufzen ging durch den Saal, und dann breitete sich eine starke, archaische, beinahe orgastische Erregung aus. Ich glaube, alle haben sie gespürt, diese Erregung, ausgelöst durch das erschütternde und zugleich wundersame Erlebnis, einen Blick – wenn auch nur kurz, wenn auch nur indirekt durch das Auge einer Kamera – auf die Unsterblichkeit werfen zu dürfen.

Mumienforscher geben höchst ungern zu, dass auch sie dieser Faszination erliegen; es wirkt so furchtbar unwissenschaftlich, so unprofessionell. Um das zu vermeiden, haben sie für einen besonders guten Erhaltungszustand

Codes entwickelt. Es dauerte eine ganze Weile, bis ich dahinter kam, was sie eigentlich meinten. Manchmal verwiesen sie nur darauf, dass an den Fingerbeeren einer Mumie noch die Hautleisten vorhanden seien. Das sind die feinen Rillen und Erhebungen, anhand derer die Polizei Fingerabdrücke erstellt. Bei einer besonders gut erhaltenen Mumie sind sie noch da. Oder sie machten auf den zarten Haarflaum an der Oberlippe eines Kindes aufmerksam, den Wimpernkranz bei einem Erwachsenen. Hin und wieder blieben sie mehr bei der Theorie und erzählten stolz, wie viele DNA-Basenpaare ihr Team aus einer Gewebeprobe habe gewinnen können. Offenbar war man sich in Expertenkreisen einig, dass, je größer die Zahl der Basenpaare, umso besser der Erhaltungszustand, umso größer auch die Ähnlichkeit der Mumie mit einem lebenden Menschen. Wie ich später erfuhr, ist dieser Zusammenhang aber nie bewiesen worden.

Doch obwohl es bei dem Kongress häufig um den Erhaltungsgrad von Mumien ging, äußerte sich kaum jemand dazu, wie sich diese wundersame Verwandlung vollzogen hatte. Zu meiner Enttäuschung fand ich in keinem der Bücher über Mumien, die ich las, eine auch nur annähernd befriedigende Antwort auf meine Fragen. Mein Interesse galt insbesondere den unerbittlichen Gesetzen von Tod und Verfall, wie sie zusammenspielen, bis aus einem Menschen in der Blüte seines Lebens ein Bündel Knochen wird. Was geschah normalerweise mit einem Körper in den ersten Stunden nach dem Tod? Was genau passierte mit ihm in den folgenden Tagen? Wie war es der Natur und den Balsamierern in grauer Vorzeit gelungen, diese Gesetze zu überlisten? Am ehesten müsste ich das wohl in Ägypten herausfinden, überlegte ich; schließlich hatte die Konservierung menschlicher Leichen eine lange und erfolgreiche Geschichte in diesem Land. Und die Toten würden bestimmt viel zu erzählen haben. Nach einigem Nachdenken, welcher Ort am geeignetsten sei, entschied ich mich schließlich für eine kleine Oasenstadt mitten in der Sahara. Ich hatte das Gefühl, dass ich bei den Mumien dort Antworten auf meine Fragen bekommen würde.

Frühmorgens an einem Dezembertag in der altägyptischen Stadt Kellis überlegte Art Aufderheide, wie er weiter vorgehen solle. Draußen fegte ein bitterkalter Wind durch die verlassenen Straßen, und jede Bö begrub die umgestürzten Säulen und Mauerreste vergessener Tempel ein wenig mehr unter dem Wüstensand. Doch Aufderheide achtete kaum darauf, was um ihn herum vorging. Er nahm einen Schluck aus einer verschmierten Wasserflasche und betrachtete den Leichnam, der vor ihm auf einem Brett lag. Das Gesicht des Mannes wirkte hart und glatt, als wäre es aus Metall gegossen, vielleicht Kupfer. Die Wangenknochen hervortretend, alles andere eingesunken, strahlte es eine eigentümliche Kraft und Entschlossenheit aus. Aufderheide blickte noch eine Weile nachdenklich auf die Leiche hinab, griff schließlich nach einem roten Schweizer Armeemesser und zog es mit langen Strichen an einem Wetzstein ab. Nachdem er die Schneide mit dem Daumen geprüft hatte, wandte er sich wieder dem Leichnam zu und stach mit der blitzenden Klinge in die Vertiefung unter dem Kinn des Mannes. Dann begann er zu schneiden. Es ging schnell, leicht und unblutig vonstatten, einer ägyptischen Mumie den Kopf abzuschneiden.

Der achtzigjährige Aufderheide ist einer der führenden Experten auf dem Gebiet alter konservierter Leichen. Wohl niemand weiß so viel wie er über die Geheimwissenschaft, wie sich die natürlichen Verfallsprozesse bei Toten überlisten lassen. Aufderheide war nach Kellis gekommen, um an einer wenig bekannten Fundstätte mit 2000-jährigen Mumien die Konservierungsverfahren zu erforschen. Doch für den altgedienten Pathologen hatte diese Arbeit auch etwas sehr Paradoxes, denn häufig mussten die Toten aus grauer Vorzeit, um hinter das Geheimnis ihrer Unversehrtheit zu kommen, aufgeschnitten und zerteilt werden. Neben der Mumie lagen, in Dutzenden durchsichtiger, unterschiedlich großer Plastikbeutel verstaut, die ersten Früchte seiner Arbeit – zwei eingeschrumpfte menschliche Ohren, zehn vordere Fingerglieder inklusive der Nägel, zehn komplette Zehen mit Nagel, ein Penis, zahlreiche Stücke Muskelgewebe, etliche Proben von Lungen- und Herzgewebe und ein schmaler Fetzen Leber. All dieses vertrocknete Fleisch gehörte dem Mann auf dem improvisierten Seziertisch, besser gesagt, es hatte ihm einmal gehört. Nun beanspruchte es Aufderheide für die Wissenschaft.

Im Laufe der Jahre hatte es den unermüdlichen Pathologen auf der Jagd nach Mumien in die entlegensten Gegenden der Welt verschlagen – in Eiswüsten, in tropische Wüsten, auf karge Inseln. Er war nach Alaska gereist und nach Italien, auf die Kanarischen Inseln und nach Chile und hat nach eigener Schätzung an die 800 Mumien seziert. Zusammen mit seinem Kollegen Conrado Rodriguez Martin hat er *The Cambridge Encyclopedia of Paleopathology* geschrieben, gewissermaßen die Bibel seiner Zunft, und er publiziert weiterhin fleißig. Trotz seines Alters ist Aufderheide mit seinen wachen blauen Augen, eingerahmt von einer dicken Hornbrille, und einer Mähne widerspenstigen weißen Haars, noch sehr tatkräftig und meistens der Erste, den die Leute anrufen, wenn neue Mumien entdeckt werden. Mit fast jedem hat er schon einmal zusammengearbeitet, und das ist, wenn es um wichtige neue Mumienfunde geht, durchaus von Vorteil. »Wenden Sie sich an Aufderheide, wenn Sie Fragen haben«, sagte Bob Brier auf dem Mumienkongress zu mir. »Er weiß alles. Wirklich.«

Bis vor kurzem hatte Aufderheide jedoch noch nie in Ägypten gearbeitet. Kein Ägyptologe hatte ihn je eingeladen, vielleicht weil sich so wenige überhaupt für Mumien interessierten. Doch Anfang der 1990er Jahre stießen Archäologen in der Oase Dakhla, etwa 800 Kilometer südwestlich von Kairo, auf mehrere in die Felsen hinter Kellis gehauene alte Grabhöhlen – kleine, dunkle Kammern, vom süßlichen, Übelkeit erregenden Geruch des Todes erfüllt. Innen auf dem Boden entdeckten sie ein wirres Durcheinander von Leinenbinden, menschlichen Knochen und Bruchstücken vergoldeter Gesichtsmasken. Mehr hatten die Grabräuber nicht übrig gelassen. Doch in einigen Gräbern fanden die Archäologen mumifizierte Köpfe, Arme, Torsi und sogar einige vollständige Mumien,

die nur teilweise ausgewickelt und noch sehr gut erhalten waren. Daraufhin setzten sie sich mit Aufderheide an der University of Minnesota in Duluth in Verbindung, der dort ein eigenes Labor für Paläobiologie leitet, und fragten ihn, ob er sich die neuen Fundstücke anschauen wolle, ehe Plünderer davon Wind bekämen.
Bei einem solchen Angebot musste Aufderheide nicht lange überlegen. Mit Mumien in Ägypten hatten sich schon andere befasst. Vor der Fertigstellung des ersten Assuan-Staudamms im Jahr 1902 hatten zum Beispiel der australische Anatom Grafton Elliott Smith und seine Kollegen 8000 alte Leichname untersucht und seziert, nach heutigem wissenschaftlichen Standard jedoch mit relativ simplen Methoden. Die Forscher nach ihm hatten sich in erster Linie für die Mumien von Königen, Königinnen und Adeligen interessiert und denen gewöhnlicher Menschen wenig Beachtung geschenkt. Außerdem konzentrierten sie sich auf Gräber entlang des Niltals und kümmerten sich kaum um andere, im Land verstreute Begräbnisstätten. Aufderheide wusste, dass es noch eine Menge zu tun gab. Er wollte sehen, wie die Balsamierer bei den vergessenen Menschen der unteren Bevölkerungsschichten gearbeitet hatten. Und er wollte sich Gewebeproben für spätere medizinische Studien sichern. Die ägyptischen Behörden erteilten selten eine Genehmigung für die Ausfuhr solcher Dinge, doch bei Aufderheide machte man eine Ausnahme. Also besorgte sich der Pathologe ein Ticket zur Oase Dakhla und bezahlte es, wie üblich, aus eigener Tasche, denn er wollte nicht mit der Mütze in der Hand bei allen möglichen Institutionen um Fördergelder betteln. Er hatte schon vor Jahren festgestellt, dass sie mit Mumienforschung nicht viel anfangen konnten. Deshalb wohnten er und seine Frau Mary im Vergleich zu den anderen Ärzten in Duluth auch in einem sehr bescheidenen Haus.
Aufderheide gefiel es sehr gut in Dakhla. Die kleine grüne Oase inmitten einer derart kargen Wüste, dass die alten Ägypter sie als Land der Toten betrachteten, hatte lange gegen den vordringenden Sand gekämpft. Doch als die Römer vor etwa 2000 Jahren die

Griechen aus Ägypten verdrängten und das Land ihrem Imperium einverleibten, brachten sie auch eine neue Form der Bewässerung mit. Die Stadt Kellis, in der Oase Dakhla gelegen, erlebte eine kurze Phase des Wohlstands. Es gab einen reich bemalten, einer örtlichen Gottheit geweihten Tempel. Es gab schriftkundige Landvermittler, denen wir Berichte im vielleicht ältesten Buch der Welt verdanken. Es gab zweistöckige Häuser, und die Bewohner der Stadt trugen moderne römische Namen wie Hilaria, Matrona und Valerius. Es gab Weizenfelder, Olivenhaine und Weingärten, die einen beliebten Wein lieferten. Und es gab natürlich auch Mumien. Dass ein römischer Kaiser über sie herrschte, war für die Ägypter noch lange kein Grund, eine Tradition aufzugeben, die ihnen so sehr am Herzen lag wie das Einbalsamieren ihrer Verstorbenen.

In Dakhla stand Aufderheide jeden Morgen um 5.30 Uhr auf. Er stärkte sich im Küchenzelt des Camps mit einem schnellen Frühstück aus Fladenbrot, Marmelade und Eiern und kletterte dann auf die Ladefläche eines staubbedeckten Lieferwagens, der ihn und andere Mitglieder des Forschungsteams nach Kellis brachte. Die meisten Archäologen, Anthropologen und Ägyptologen in Dakhla waren gut 30 Jahre jünger als er, so dass Aufderheide natürlich als der große alte Mann im Camp galt. Doch er nützte diesen Umstand in keiner Weise aus. Er nahm keine Vergünstigungen – weder weniger Arbeitsstunden noch einen angenehmeren Sitzplatz im Fahrerhaus des Lastwagens – für sich in Anspruch und wurde behandelt wie alle anderen auch. Das brachte ihm große Anerkennung beim Grabungsteam ein, und trotzdem wollte sich niemand außer dem Arzt des Camps lange mit ihm in seinem behelfsmäßigen Sektionsraum aufhalten. Selbst beim Abendessen, wenn sich alle am Tisch angeregt unterhielten, wirkte Aufderheide isoliert, was nicht nur daran lag, dass sich die anderen an seinem täglichen Umgang mit Leichen störten. Er hörte auch zunehmend schlechter, und es kostete ihn Mühe, ein Gespräch zu führen.

Doch er fiel auch in anderer Weise auf. Im Gegensatz zu den meisten Mitglieder des Grabungsteams in Dakhla, die gerne zweckmäßige arabische Kleidung trugen, lange Dschellabas oder ein Palästinensertuch um den Kopf, um das Gesicht während der häufigen Sandstürme zu schützen, passte sich Aufderheide den örtlichen Gepflogenheiten überhaupt nicht an. Er war immer gleich gekleidet, wie schon bei seiner Ankunft eine Woche zuvor: makellos saubere beige Arbeitshosen, ein ebenso makelloses beiges Hemd, in dessen Brusttasche ein kleines schwarzes Notizbuch mit der handgeschriebenen Aufschrift »Ägypten 1993/1999« steckte, ein beiger Baumwollhut und ein blaues Halstuch. Man hätte ihn für einen alten Automechaniker halten können oder einen Kundendienstmann, den die Firma aus dem wohlverdienten Ruhestand geholt und zu einer dringenden Reparatur in die Sahara geschickt hat. Es fehlte nur noch eine Fliege und der Name »Art«, fein säuberlich auf der Brusttasche eingestickt. Aufderheide sah immer aus wie aus dem Ei gepellt; im Vergleich zu ihm wirkten die anderen geradezu schmuddelig. Vielleicht hatte er das Gefühl, er sei es den Toten von Dakhla schuldig, sich anständig anzuziehen.

An meinem zweiten Tag in Dakhla lud uns der Lieferwagen außerhalb von Kellis ab in der Nähe einer Ruine, die einmal ein elegantes steinernes Mausoleum gewesen sein musste. Aufderheide stellte seinen Rucksack im Arbeitsraum ab und eilte dann zu einer Art Lagerschuppen, einem kleinen Verschlag ohne Dach. Dort lagen etwa sechs in verschlissene Leinentücher gehüllte Bündel, die wie riesige Kokons aussahen. Er stieß sachte mit der Fußspitze gegen das erste, dann gegen das nächste Bündel. Auch ohne dass er es aussprach, war klar, dass er mit Schlangen rechnete, vor allem Kobras und Vipern, die sich zum Schlafen darunter hätten verkriechen können. Ich stand neben ihm und dachte an die toten Menschen in diesen Tüchern. Ich konnte ihre Gesichter nicht sehen, doch gerade diese Anonymität ließ sie umso trostloser wirken. Aufderheide wollte mir eine besonders gut erhaltene Mumie zeigen und sah sich suchend um. Schließlich entdeckte er eine,

stieg vorsichtig in das Gewirr bräunlicher Leichentücher hinein und hob das Bündel mit beiden Händen empor. Es sah aus, als trüge er einen Stoß Feuerholz in den Armen.
Wir beeilten uns, möglichst rasch in seinen Sektionsraum zu kommen. Am östlichen Horizont ging bereits die Sonne auf, und Kellis, dessen Überreste wie überdimensionale, in der gelbbraunen Wüste verstreute Legosteine aussahen, bot einen unvergleichlichen Anblick. Ruinen verfallener Häuser, alte Grundmauern im Sand zeugten von der Vergänglichkeit allen menschlichen Tuns. An Tempelmauern bröckelten farbig bemalte Reliefs, die bald nur noch Staub sein würden. Das Schöne an der Arbeit in Kellis sei, bemerkte Aufderheide, dass er auf die Ruinenstraßen hinausblicken könne, durch die die Menschen, die nun vor ihm auf dem Obduktionstisch lagen, vor langer Zeit einmal geschlendert seien. Das glaubte ich ihm sofort; trotz seiner nüchternen professionellen Art hatte er nämlich auch eine romantische Ader.
Im Sektionsraum angelangt, legte Aufderheide die Mumie auf ein Holzbrett, das auf zwei Böcken ruhte. Im Hintergrund des Raumes, auf einer niedrigen Bank, lehnten einträchtig zwei mumifizierte Köpfe nebeneinander an der Wand. Der eine, in der Farbe von staubigem Rostrot mit langen, seidigen Wimpern, stammte von einem Jungen. Der andere, der Kopf eines Mannes mit finsterem Gesichtsausdruck, wies eine Unmenge feiner rotbrauner, hervorragend erhaltener Locken auf. »Als ich gesehen habe, was für eine schöne Frisur er hat, habe ich beschlossen, ihn nicht zu sezieren«, sagte Aufderheide. »Ich habe ihn nur aus dem Grab herausgenommen, um ihn zu fotografieren.«
Doch das war die große Ausnahme. In einer Ecke gegenüber lag ein Berg von annähernd zwei Dutzend Plastikbeuteln, jeder sorgfältig mit einer eigenen Nummer versehen, in denen sich die Überreste einer sezierten Mumie befanden oder vielmehr die Teile, die Aufderheide nicht für weitere Untersuchungen vorgesehen hatte. Es war gar nicht so einfach, den starren Körper einer Erwachsenenmumie in einem Müllsack mit Standardmaßen zu ver-

stauen. Es mussten Glieder abgeschnitten, Torsi irgendwie zusammengebogen werden, und selbst dann half manchmal nur, die brüchigen Körper mit Gewalt hineinzustopfen, auch wenn es unangenehm war, damit der Sack fest verschlossen werden konnte. Bei manchen der prall gefüllten grünen Säcke drückte hier eine knochige Schulter, dort ein spitzes Knie durch das Plastik. Doch Aufderheide kümmerte sich nicht weiter darum. Schließlich, erklärte er achselzuckend, würden die Archäologen alles wieder in die nahe gelegenen Gräber zurückbringen.
Nun begann er in seinem Rucksack herumzuwühlen, in dem er alle notwendigen Utensilien verstaut hatte: ein zerknittertes Tuch aus schwarzem Samt, eine Kamera, mehrere Objektive, einen Packen Probenbeutel, wie sie normalerweise Molkereien für Milchproben verwenden, zwei Schweizer Armeemesser und eine Waage; außerdem einen Wetzstein ähnlich denen, die man im Haushalt benutzt, einen Meißel und eine Metallsäge. Da es in Kellis keinen Strom gebe, erklärte Aufderheide, müsse er sich auf einfache Werkzeuge beschränken. Er wandte sich zur Seite und stellte eine staubbedeckte Wasserflasche griffbereit auf ein Bord. Eine Woche zuvor hatte er einmal den ganzen Tag gearbeitet, ohne auch nur einen Schluck zu trinken, und war, noch Jetlag geschädigt, durch den Flüssigkeitsmangel direkt neben einer Mumie zusammengeklappt. Zufällig war kurz darauf ein Mitglied des Grabungsteams vorbeigekommen und hatte ihn bewegungslos halb auf dem Seziertisch liegend vorgefunden. »Es war ein Schock für ihn, denn er dachte, ich sei tot«, erinnerte sich Aufderheide schmunzelnd. Er fand die Geschichte ziemlich lustig.
Schließlich steht Aufderheide mit dem Tod auf vertrautem Fuß. Als Sohn eines mittelständischen Unternehmers in New Ulm, Minnesota, aufgewachsen, hat er sich sein Leben lang damit beschäftigt, ihm seine Geheimnisse zu entlocken. Schon als Medizinstudent – das war während des Zweiten Weltkriegs – zog ihn die Pathologie an wie Eisen einen Magneten. Nicht etwa deshalb, weil ihm lebende Patienten unangenehm waren oder er mit Kran-

ken nicht hätte umgehen können. Das war bei seiner aufgeschlossenen, freundlichen Art noch nie ein Problem. Doch ihn faszinierten als jungen Mann die Rätsel, die zu lösen ihn die Pathologie, die Wissenschaft von den Krankheiten, fortwährend herausforderte. Die anderen Ärzte brauchen Pathologen, um in schwierigen Fällen eine exakte Diagnose stellen zu können. Aufderheide gefiel die Vorstellung, ein Arzt für die Ärzte zu sein, und nachdem er die ersten Obduktionen durchgeführt hatte, geschah etwas Seltsames. Er nahm tote Körper nur noch als zerfallende Proteinstrukturen wahr und nicht mehr als die sterbliche Hülle menschlicher Wesen. Der Tod war ihm zur Profession geworden, irgendetwas in ihm hatte sich grundlegend verändert. »Ich identifiziere die Leiche nicht mit der Person«, erklärte er. Seine Mutter zum Beispiel hatte er geliebt und bewundert, doch diese Gefühle hatten sich nicht auf ihren Leichnam übertragen. »Wäre ich im Zimmer gewesen, als meine Mutter starb, hätte ich sie obduziert. Für mich ist ein toter Körper einfach wie ein kaputtes Auto.«

Das bedeutete jedoch nicht, dass er den Tod als solchen akzeptierte. Anfang, Mitte vierzig stellte er bei sich erste Anzeichen eines gewissen Stillstands fest. Er hatte eine Frau und drei aufgeweckte Kinder und konnte sich ein angenehmes Leben leisten. Doch anders als früher ging sein Puls nicht mehr schneller, sobald er durch die Eingangstür des Krankenhauses schritt. Sein Leben erschien ihm zunehmend grau und farblos, und so traf er eine bemerkenswerte Entscheidung. Er wollte versuchen, eine Zeit lang bei den Copper-Inuit in der kanadischen Arktis zu leben – nur von dem, was die Natur hergab. Um mit den Eskimos in Kontakt zu kommen, fuhr er mit ein paar Freunden in einem Kanu an die 1600 Kilometer den wilden Mackenzie River hinunter bis zum Nordpolarmeer. Zwei Jahre später verbrachte er den Winter bei einer Eskimofamilie auf der abgelegenen Halbinsel Bathurst. Seine Gastgeber lehrten ihn, wie man in der Tundra Karibus jagt und auf dem Eis Seehunde mit der Harpune erlegt. Er aß sich an rohem Fleisch satt, wenn die Jagd erfolgreich gewesen war, und nahm möglichst

viel von dem in sich auf, was er »in 4000 Jahren destillierte Überlebenstechnik« nennt.
Diese Erfahrung brachte wieder Bewegung in sein Leben. In einem Alter, in dem viele seiner Arztkollegen Aktien und andere Wertpapiere sammelten und auf dem Golfplatz ihre Schlagtechnik verbesserten, zog es Aufderheide immer mehr in den hohen Norden. In den Jahren 1967 und 1968 machte er sich mit einer kleinen Gruppe von Abenteurern, der Plaisted Polar Expedition, auf den Weg zum Nordpol. Nie zuvor hatte jemand den verwegenen Versuch unternommen, Hunderte von Kilometern mit dem Motorschlitten über Eisschollen und -spalten bis zum Ende der Welt zurückzulegen.
Als er seine Abenteuerlust gestillt hatte, kehrte er zur Pathologie zurück und in sein kleines Haus in Duluth und machte sich auf die Suche nach einer intellektuellen Herausforderung, die ihn ähnlich faszinieren konnte wie seine Expeditionen in die Arktis. Schließlich verlegte er sich auf die Mumienforschung, ein Gebiet, auf dem er mit seiner attraktiven Frau Mary zusammenarbeiten konnte. Eine gute Wahl für einen Mann, der nichts mehr hasste, als untätig herumzusitzen. Zufällig waren es gerade die besonders exotischen und legendären Weltgegenden, in denen sich die meisten Mumien fanden: die Sahara, die Wüste Gobi, die Takla Makan, die Atacama-Wüste. Es gab kaum interessantere Orte für einen Abenteurer.

Aufderheide stieg mit der Kamera in der Hand auf eine Trittleiter und fotografierte die straff gewickelte Mumie aus allen möglichen Blickwinkeln. Dann konnte er mit seiner eigentlichen Arbeit beginnen. Nachdem er das Bündel wieder hineingetragen und es auf den improvisierten Obduktionstisch gelegt hatte, fuhr er mit der Klinge seines Schweizer Armeemessers zwischen die obersten Lagen der Leinenbandagen, die den Brustkorb der Mumie bedeckten, zog die Klinge senkrecht nach oben und schlitzte den Stoff auf, wobei das uralte Gewebe teilweise zerfiel und in zahllosen Partikeln auf den Tisch rieselte. Er schob das Messer ein Stück tiefer hinein und schnitt die nächste Schicht auf. Dann versuchte er, die oberen Lagen voneinander zu lösen, indem er kräftig an den Kanten zog. Es war eine mühsame, schmutzige Arbeit und ging keineswegs so leicht, wie man es sich vorstellt, denn die Leinenbinden waren auf der Unterseite mit einem öligen schwarzen Harz bestrichen, das im Laufe der Zeit steinhart geworden war und den Stoff vollständig durchdrungen hatte. Aufderheides Finger und die Manschetten seines Hemdes waren bald ebenso schwarz.

Bei seinem ersten Aufenthalt in Dakhla vor einigen Jahren, erzählte Aufderheide, habe er sich bei jeder Mumie genau notiert, wie sie bandagiert worden war. Bald sei er jedoch dahinter gekommen, dass es bei der Wickeltechnik keine großen Unterschiede gab. In der Regel gossen die Balsamierer zuerst flüssiges Harz auf den Rücken des Toten und legten dann zwei oder drei lange Leinenbinden auf, die sie über den Kopf nach vorne führten, um das Gesicht zu bedecken. Anschließend umwickelten sie den Hals und den restlichen Körper samt Armen und Beinen mit Streifen aus irgendwelchen alten Leinenresten, die sie zur Hand hatten, zum Beispiel auch geflickte oder verschlissene Kleidungstücke. Diese Wickelmethode war in Dakhla derart gebräuchlich, dass Aufderheide, sobald er den ersten Schnitt getan hatte, nur einen kurzen Blick darauf zu werfen brauchte. Er arbeitete sich weiter durch die dicken Bandagen, entfernte die Leinenbinden und stopfte auch sie in Plastikmüllsäcke. Eines Tages, hoffte er, würde vielleicht ein Textilexperte auftauchen und sich näher mit ihnen befassen.

Während ich dastand und zusah, wie Aufderheide sich an dem bandagierten Bündel abmühte, fühlte ich mich seltsam zweigeteilt. Die eine Hälfte meines Verstandes reagierte entsetzt, dass etwas so Altes und Schönes derart grob behandelt wurde. Jeder Schnitt schmerzte geradezu. Beim Kongress hatte ich dieselbe Ansicht vertreten wie die Sektionsgegner: Für mich war vollkommen klar gewesen, dass es eine Art Sakrileg darstellte, einen Menschen aus uralter Zeit um der Forschung willen seiner Hülle zu berauben und aufzuschneiden – etwa so, als würde man eine Ming-Vase zertrümmern, nur um herauszufinden, woraus genau sie gemacht war. Außerdem fragte ich mich besorgt, was dadurch vielleicht alles verloren ging. Einmal warf Aufderheide ein großes, quadratisches Stück Leinen auf den Haufen unter dem Tisch. Wenige Minuten später kam Peter Sheldrick, der Arzt des Camps, auf einen kurzen Besuch vorbei, griff beiläufig danach und befreite es dann mit wachsender Erregung vom gröbsten Schmutz. Es war ein Männerhemd, vielfach ausgebessert. Einer der Ägyptologen sagte später, es sei eines der wenigen Exemplare von Alltagskleidung aus dem Ägypten römischer Zeit, die sich erhalten hätten.

Doch sosehr mir einerseits das, was Aufderheide machte, gegen den Strich ging – da war noch etwas anderes: der hartnäckige, übermächtige Wunsch, mehr zu erfahren. Wie gebannt verfolgte ich jeden seiner Handgriffe; ich wollte unbedingt sehen, wer unter den vielen Stoffschichten verborgen lag. Es war nicht nur die gespannte Erwartung, etwas Verbotenes zu sehen, nicht nur die dem Tod eigene Faszination. Ebenso wenig der verlockende Gedanke, mit eigenen Augen in das Gesicht eines Menschen zu blicken, der vor Urzeiten gelebt hatte, obwohl diese Vorstellung natürlich ihren besonderen Reiz hatte. Meine Neugier entsprang ganz und gar dem Gefühl, einer archaischen Sehnsucht, mit dem vor langer Zeit Verstorbenen in Verbindung zu treten, einen Blick in die Vergangenheit zu tun. Es drängte mich, die Grenzen der geschriebenen Geschichte, der trockenen, blutleeren Wörter in Büchern zu überschreiten und mit einem Menschen in Kontakt zu kommen, der in einer fremden Welt gelebt, seltsame Gottheiten verehrt und sich der Macht der Pharaonen gebeugt hatte; der Fayence-Schmuck und gestreifte Leinentuniken getragen und die Augen mit schwarzem Khol umrandet hatte; dem die Sprache der Papyri geläufig gewesen war. Eine Mumie ist eindeutig als Mensch erkennbar, als Individuum. Dass er oder sie mich mit leerem Blick ansehen wür-

de, spielte keine Rolle. Ich wollte unter der Zeitschranke hindurchschlüpfen und die Schwelle zu einer verlorenen Welt überschreiten.
Das war es, was ich mir wünschte. Doch die Realität blieb ein gutes Stück hinter meinen Erwartungen zurück. Eine halbe Stunde später lag ausgestreckt vor uns auf dem Tisch der nackte Körper eines jungen Mannes in der Blüte seiner Jahre. Ohne den Kokon aus straff gewickelten Leinenbinden und Harz, der ihn 2000 Jahre lang wie eine Plazenta geschützt hatte, sah er seltsam zerbrechlich und verletzbar aus, weniger beeindruckend als noch vor einer Stunde. Ich schämte mich dafür, dass wir seinen ewigen Schlaf unserer egoistischen Wissbegier geopfert hatten. Es kam mir brutal und barbarisch vor. Doch dann fiel mir ein, dass die alten Ägypter selbst große Pragmatiker gewesen waren. Ihre Ärzte hatten, zum Nutzen von Wissenschaft und Medizin, schon vor über 2000 Jahren Leichen obduziert, nicht anders als Aufderheide heute in Dakhla.
Meine Neugier war noch lange nicht befriedigt. Ich fragte mich, wer dieser junge Mann wohl gewesen war. Seine Hände waren lang und schmal, die Fingernägel manikürt, das dunkelbraune Haar gelockt. Mit Harz getränkt, klebte es am Schädel fest. Sein Gesicht mit den zarten, vornehmen Zügen hätte man fast hübsch nennen können. Fast, denn die Balsamierer hatten die Bandagen so fest gewickelt, dass sie ihm die Nase gebrochen hatten. Von der Seite sah er aus wie ein Boxer, der einen bösen Schlag abbekommen hatte.
Es war schon ziemlich heiß an diesem Vormittag, und von den Leinenbinden auf dem sandigen Boden stieg ein durchdringender Geruch wie von Bockshornklee auf, gleichzeitig beißend und rauchig. Als Aufderheide seine Arbeit unterbrach, um eine kleine Pause zu machen, fragte ich ihn, ob er wisse, woher dieser Geruch komme. Er schüttelte bedauernd den Kopf. »Das könnten Sie besser beurteilen als ich«, meinte er. »Ich nehme so gut wie keinen Geruch wahr. Manche Leute behaupten sogar, gerade deshalb hätte ich mir dieses Metier ausgesucht.«

Lässt man ihn seinen eigenen Gesetzmäßigkeiten folgen, zeigt der Tod wenig Respekt vor dem menschlichen Körper. Beinahe im selben Augenblick, in dem Atmung und Herz stillstehen und die Augen brechen, beginnt er sein grausames Werk. Innerhalb von Stunden lässt er alle Muskeln erstarren – zuerst die Augenlider, dann Kiefer, Hals und Schultern, bis sich im Rigor mortis schließlich der gesamte Körper versteift. Innerhalb von Tagen verwandelt er ein vertrautes Gesicht in eine grauenhafte Maske. Innerhalb von Wochen zerfrisst er die Haut, zersetzt das Gewebe und löst das Fleisch von den Knochen, bis nur noch das blanke Skelett übrig bleibt. Auch wenn es nicht den Anschein hat, geht der Tod bei seinem zerstörerischen Tun doch sehr methodisch vor, nach einem in groben Zügen festgelegten Muster. Die alten Griechen glaubten, es seien die Steinsärge, die diese systematische Zersetzung besorgten, und nannten sie deshalb *sarcophagi*, wörtlich »Fleischfresser«. Ganz so einfach ist es jedoch nicht. Wie Aufderheide mir erklärte, sind für den Verwesungsprozess vor allem die kleinen Helfershelfer des Todes verantwortlich – die Enzyme, mit dem bloßen Auge nicht sichtbare Proteinmoleküle.

Das Wort Enzym leitet sich vom griechischen »en zyme« ab, was »in der Hefe« bedeutet und damit auf die besonderen Eigenschaften dieser Moleküle hinweist. Ebenso wie Hefe, die einen Teig aufgehen lässt, sind auch Enzyme höchst wirkungsvolle Katalysatoren, die im Körper entscheidende chemische Reaktionen herbeiführen. Zur Lebenszeit halten sie sich vor allem in den Zellkernen auf, wo sie als unsere Verbündeten Bakterien und andere unerwünschte Eindringlinge unschädlich machen. Doch wenn der Tod eintritt, werden sie plötzlich frei und sickern aus den Zellkernen wie Säure, die alles zerfrisst, was ihr in den Weg kommt. In den folgenden Tagen zersetzen sie praktisch alle Zellen des Körpers.

Leider ist dies nur die erste, vergleichsweise moderate Welle der Zerstörung. Auch die Bakterien im Darm sind mit Enzymen ausgestattet, und nach dem Tod machen sie sich daran, die Darmwand zu verdauen. Über das Netz der Venen, die Autobahnen des Körpers, können sich diese Bakterien rasend schnell verteilen und nach Herzenslust schlemmen. Sie machen sich über das Bindegewebe her, das Fett-, Muskel- und Nervengewebe und produzieren dabei ein Faulgas, dessen übler Geruch uns unwillkürlich zurückweichen lässt. Nichts kann diesen Gestank, für den hauptsächlich Buttersäure verantwortlich ist, wirklich überdecken. »Man bade eine verwesende Leiche in duftenden Essenzen«, schreibt der Anatom Frank Gonzales-Crussi, »und es wird nach verfaultem Aas in einem Rosenbeet riechen.«

Für die Lebenden bedeutet der Verwesungsprozess eine Beleidigung ihrer Nase, für den Körper des Verstorbenen die vollkommene Zerstörung. Innerhalb von Tagen verliert die Haut ihre wächserne Blässe und wird zuerst grünlich, dann blaurot und schließlich schwarz. Gesicht, Hoden und Vulva schwellen an, und der Bauch bläht sich wie ein Ballon, manchmal bis zum Dreifachen des normalen Umfangs, bis er schließlich aufplatzt. Aus Nase und Mund sickert Blut. Die Augäpfel werden zu flüssigem Brei. Überall auf der Haut bilden sich Blasen, die nach und nach aufbrechen. Die Fingernägel fallen ab, und die oberste Hautschicht löst sich bei der kleinsten Berührung. Dieser Umstand bereitet forensischen Pathologen gelegentlich Probleme, wenn sie eine Leiche im Zustand fortgeschrittener Verwesung identifizieren sollen. Dann müssen sie die lose Haut vorsichtig von der Hand des Toten abziehen und wie einen dünnen Handschuh überstreifen, um die Finger schwärzen und Abdrücke nehmen zu können.

Doch der Tod holt sich für sein zerstörerisches Werk auch Unterstützung. Lange bevor Menschen den ersten Verwesungsgeruch wahrnehmen, lockt er aus bis zu drei Kilometern Entfernung Insekten an, und diese stellen sich in einer bestimmten Reihenfolge ein. Als Erste kommen die Aasfliegen, wie die treffenderweise *Sarcophagidae* genannten Fleischfliegen, und *Calliphoridae* oder Schmeißfliegen. Sie lassen sich auf der Leiche nieder und legen winzige Eier in Wunden, Mund und andere Körperöffnungen.

Nach zwei oder drei Tagen schlüpfen eine Unmenge gefräßiger Maden. Dann tauchen *Dermestidae* und andere Käfer auf. Um das Fleisch zu verflüssigen, so dass sie es aufnehmen können, geben sowohl Aasfliegen wie Käfer eine ganze Reihe hoch wirksamer Enzyme ab – eine äußerst effiziente Methode, um einen menschlichen Körper aufzulösen. Sind schließlich nahezu alle Weichteile vertilgt, tun sich Spinnen, Milben und Tausendfüßler an den Resten gütlich. In den Tropen bleiben von einer Leiche, die im Freien den Insekten ausgesetzt ist, nach zwei bis vier Wochen nur noch die Knochen übrig.

Alte Völker, die ihre Toten konservieren wollten, mussten einen Weg finden, um diesen Verwesungsprozess zu unterbinden, erklärte Aufderheide, und dies bedeutete im Wesentlichen, die Enzyme auszuschalten. Dafür gibt es zwei Möglichkeiten: erstens, den Enzymen das Wasser zu entziehen, das sie für ihre Arbeit brauchen; zweitens, das spezifische chemische Milieu zu zerstören, das sie benötigen. Zwar besaßen Völker wie die alten Ägypter keine Kenntnis von komplexen enzymatischen Abläufen, doch sie hatten reichlich praktische Erfahrung darin, wie man Nahrungsmittel konservieren und das Fleisch von Tieren haltbarer machen kann. Die Jäger zum Beispiel wussten, dass sie erlegte Tiere – Gazellen, Enten oder was auch immer – ausnehmen mussten, damit das Fleisch nicht so schnell verdarb. Schon allein damit unterbanden sie die Verbreitung der Enzyme bildenden Darmbakterien. Die Fischer wussten, dass sie die filetierten Fische trocknen oder einsalzen mussten, wenn sie länger etwas von ihrem Fang haben wollten. Durch diese einfachen Maßnahmen stoppten sie die Aktivität der Enzyme.
Die Menschen ersannen im Laufe der Geschichte immer wieder neue Methoden, um diese Eiweißmoleküle auszuschalten. Bei den Babyloniern legte man die Toten in ein Honigbad, wodurch nicht nur das Fleisch vollkommen austrocknete, sondern auch die Bakterien zerstört wurden. Im buddhistischen Südostasien wurde der

Leichnam von Mönchen, die besonders große Verehrung genossen hatten, in eine dicke Hülle aus feinem Sägemehl und Erde gepackt, um dem Körper das Wasser zu entziehen. Danach bekam er einen schützenden Überzug aus Silber und Lack. Zu anderen Zeiten nutzte man Alkohol als Konservierungsmittel. Als der britische Nationalheld Admiral Horatio Nelson in der Schlacht von Trafalgar gefallen war, steckten seine Männer den Leichnam in ein Fass mit Branntwein. Doch bei aller Trauer übermannte sie offenbar auch regelmäßig der Durst. Wie es heißt, konnten sie bei der Heimreise nicht auf den gewohnten Schluck verzichten und holten sich heimlich ihre Rationen, bis das Fass schließlich leer war. Auf dieser Begebenheit beruht ein Ausdruck, den man in der britischen Marine noch heute kennt: Wer sich einen Rum genehmigt, umschreibt das gerne salopp mit »den Admiral anzapfen«.
Im alten Ägypten bildete sich eine besondere Zunft von Handwerkern des Todes heraus, die Balsamierer, die aus ihren Grundkenntnissen in der Konservierung von Wildbret und Fisch mit der Zeit eine ausgeklügelte Methode entwickelten, Verstorbene für die Nachwelt zu bewahren. Wann das geschah und unter welchen Umständen, ist bedauerlicherweise noch unbekannt. Mit Sicherheit wissen wir jedoch, dass sich bereits vor mindestens 4500 Jahren entlang des Nil Experten in dieser Kunst ans Werk machten und besonders wichtige Mitglieder der königlichen Familie einbalsamierten. Zu diesen frühen Kunden zählte Königin Hetepheres, deren berühmter Sohn Cheops (ägyptisch Khufu) die größte der Pyramiden von Giseh erbauen ließ.
Cheops' Nachfolger waren derart begeistert von dem Ergebnis ihrer Arbeit, dass sie versuchten, dieses Privileg für sich und ihre Familien zu reservieren. Die Pharaonen galten als lebende Götter, und diesen Anschein wollten sie vermutlich so lange wie möglich aufrechterhalten. Schließlich konnte sich ein regierender König schwerlich per Geburtsrecht auf Göttlichkeit berufen, wenn sich herumsprach, dass Vater und Vorfahren ebenso vermoderten wie die Verwandtschaft aller anderen Menschen. Doch lange konnten

die Pharaonen ihr Monopol auf Unsterblichkeit nicht halten. Vor etwa 4000 Jahren nahmen auch die Adligen dieses Vorrecht für sich in Anspruch, und von da an setzte sich der Brauch bis in die niederen Gesellschaftsschichten durch. Die steigende Nachfrage brachte den Balsamierern immer mehr Aufträge, so dass sie in den Randbezirken der Städte, in der Nähe von Gerbereien und ähnlichen Betrieben, spezielle Werkstätten zu errichten begannen. Wahrscheinlich wählten sie diesen Standort im »Industriepark« nicht ganz freiwillig: Das altägyptische Wort für Balsamierer enthält eine Hieroglyphe, wie man sie häufig auch bei Wörtern findet, die übel riechende Dinge bezeichnen.

Das bedeutet jedoch nicht, dass die Ägypter verachtungsvoll auf diese frühen Bestattungsprofis herabgesehen hätten, im Gegenteil. Ihre Werkstatt wurde euphemistisch »der reine Ort« oder »der schöne Ort« genannt und die Balsamierer selbst, die bei ihrer Arbeit magische Formeln rezitierten, als Priester betrachtet. Für die Ägypter war das Einbalsamieren eines Leichnams nämlich eine zutiefst religiöse Handlung. Sie glaubten, dass jeder Mensch neben dem Körper und der Seele auch eine Lebenskraft *(ka)* besitzt. Im Tod wurde die Verbindung zwischen diesen drei Elementen durchtrennt. Um wieder geboren zu werden und auf ewig in einem Land zu leben, in dem Jugend und Schönheit niemals verblühten – eine Vorstellung vom Paradies, die überall Zustimmung finden dürfte –, mussten die Seele und der *ka* eines Menschen seinen Körper wieder erkennen und sich mit ihm vereinigen. Das Wohlleben im Jenseits hing also vom Geschick eines Balsamierers ab, dem Einzigen, der den Körper in seiner ursprünglichen Gestalt erhalten konnte.

Als Priester bewahrten die Balsamierer im alten Ägypten gegenüber Nichteingeweihten gewöhnlich Stillschweigen, was ihr Tun betraf. Als Geschäftsleute waren sie sehr darauf bedacht, dass ihre »Betriebsgeheimnisse« nicht in fremde Hände gerieten, und gaben ihr Wissen nur innerhalb der Familie weiter, vom Vater zum Sohn. Deshalb besitzen wir nur wenige kurze Berichte über Mumifizierungen aus jener Zeit, und die meisten stammen von fremden Reisenden wie Herodot, die ihre Informationen notgedrungen aus allen nur verfügbaren Quellen zusammentrugen. Doch diese spärlichen Schilderungen bilden, zusammen mit den umfassenden anatomischen Studien und Experimenten des vergangenen Jahrhunderts, die Grundlage dessen, was wir heute über die Kunst der Mumifizierung in Ägypten wissen.

Bei den reichsten und mächtigsten ihrer Kunden boten die Balsamierer ihr ganzes Können auf. Als Erstes durchbohrten sie vermutlich die Schädeldecke des Leichnams. Dann führten sie ein Metallwerkzeug – wahrscheinlich eine Art Röhrchen – durch eines der Nasenlöcher ein, durchstachen das winzige, poröse Siebbein zwischen den Augenhöhlen und zogen oder klopften anschließend die graue, weiche Hirnsubstanz heraus. Als Nächstes setzten sie mit einer Obsidianklinge einen kleinen, etwa handbreiten Einschnitt auf der linken Bauchseite. Sie durchtrennten die Bindegewebsschichten und griffen dann blind in die Bauchhöhle hinein, um den meterlangen Darm herauszuholen. Anschließend entfernten sie die glatte, glitschige Milz und die restlichen Organe, bis die rasch verwesenden Eingeweide größtenteils beseitigt waren. Das Herz beließen sie in der Regel an seinem Platz, häufig auch die Nieren und die Geschlechtsorgane.

War dieser Teil ihrer Arbeit beendet, begannen sie Bauch- und Brustraum mit Dutzenden kleiner Leinenbeutel auszustopfen, die eine von den Ägyptern als heilig angesehene Substanz enthielten: Natron. Dieser natürliche Stoff, eine Verbindung aus Natriumcarbonat und Natriumbicarbonat, oft mit Salz verwechselt, war ein hervorragendes Trocknungsmittel, das die damaligen Balsamierer überaus schätzten. Sobald sie mit dem Körperinneren fertig waren, schütteten sie Krug um Krug Natron auf den Leichnam, bis er vollständig bedeckt war, und dazu benötigten sie eine enorme Menge. Als die amerikanischen Forscher Bob Brier und Ronn Wade im Jahr 1994 diese uralte Methode der Mumifizierung an einer frischen Leiche nachzuvollziehen versuchten, verbrauchten sie rund 500 Pfund Natron. Es ging ihnen aus, ehe die Füße richtig bedeckt waren, deshalb packten sie sie in natrongefüllte Plastik-Überschuhe. Anschließend wurde der Leichnam in einem Lagerraum verschlossen, dessen Temperatur der eines durchschnittlichen Sommertages in Ägypten entsprach, nämlich 40 °C. Als sie die Tür fünf Wochen später öffneten, roch es in dem Raum intensiv nach Meer. Von der Leiche selbst ging, nachdem sie die Natronkruste entfernt hatten, nur ein schwacher, würziger, leicht pfeffriger Geruch aus – das dürfte der Grund gewesen sein, warum Natron bei den Ägyptern als heilig galt.

Doch für die Balsamierer im alten Ägypten blieb noch viel zu tun. Nun wuschen sie den ausgetrockneten Körper mit sterilisierendem Alkohol, wodurch sie alle noch verbliebenen Bakterien abtöteten, und rieben ihn anschließend mit wohlriechenden importierten Gewürzen ein, wie zum Beispiel Kassia, einer Art Zimt aus dem fernen Asien, und Myrrhe, einem Baumharz, das vor allem am Horn von Afrika und im südlichen Arabien gewonnen wurde. Dann strichen sie den Leichnam mit einer dickflüssigen Substanz ein, die heutige Forscher meistens als Harz bezeichnen, obwohl dieser Begriff kaum einen Eindruck von der Vielfalt und manchmal verblüffenden Komplexität der Materialien vermittelt, die die alten Ägypter verwendeten. Kein Wunder, dass die Ägyptologen seit Jahrzehnten darüber streiten, woraus diese Substanz nun bestand. In den 1970er Jahren bemühte sich ein Team von Wissenschaftlern unter Leitung des amerikanischen Epidemiologen Aidan Cockburn, endlich die Antwort auf diese Frage zu finden, und sezierte zu diesem Zweck eine ägyptische Mumie aus dem Pennsylvania University Museum.

Cockburn und seine Kollegen nahmen auch Proben von der harzigen Substanz, mit der die gesamte Mumie überzogen war, und untersuchten sie mit dem Röntgen-Diffraktometer, um die Hauptbestandteile herauszufinden. Es gelang ihnen unter großen Schwierigkeiten, drei Komponenten zu identifizieren: Myrrhe, Öl vom Kampferbaum und Öl von einem Wacholdergewächs. Am meisten verblüffte die Wissenschaftler jedoch, dass diese Ingredienzien sich auf natürliche Weise vermischt und zu »beständigen Riesenmolekülen« verknüpft hatten, wie sie in einem ihrer Berichte vermerkten. Es sah aus, als wäre die Mumie mit mehreren Schutzschichten aus bernsteinähnlichem organischem Glas versehen – für Cockburn und seine Kollegen eine faszinierende Sache. »Sozusagen eingebettet in Glas«, schrieben sie, »gibt es keinen Grund, warum der Leichnam nicht für alle Zeiten erhalten bleiben sollte, solange er an einem warmen, trockenen oder kalten Ort aufbewahrt wird.«

Ein verbindliches Rezept für diese Mumiensalbe gab es jedoch nicht. Schließlich hatten die Balsamierer im Laufe der 3000 Jahre, in denen Verstorbene mumifiziert wurden, eine Menge Zeit, um immer wieder neue Zutaten auszuprobieren und das Mischungsverhältnis zu verändern. In den 1990er Jahren führte der israelische Forscher Arie Nissenbaum an Salbenproben von vier ägyptischen Mumien Molekulartests durch, deren Ergebnisse viele Ägyptologen überraschten. Bei den drei Mumien aus griechischer und römischer Zeit entdeckte Nissenbaum nämlich Asphalt in den Proben. Weitere Untersuchungen ergaben, dass der Asphalt aus dem Toten Meer stammte, dem großen Salzsee beiderseits der Grenze zwischen Israel und Jordanien. Noch heute treiben hin und wieder riesige Brocken dieser teerhaltigen Substanz aus unterirdischen Verwerfungen an der Oberfläche des Sees.

Aufderheide hatte den Verdacht, dass auch die in Dakhla verwendeten Mumiensalben Asphalt enthielten, denn einige seiner Radiocarbontests hatten Kohlenwasserstoffe nachgewiesen, und deshalb hatte er zur Abklärung der Ergebnisse Proben an Nissenbaum geschickt. Seiner Meinung nach waren die ägyptischen Balsamierer in späterer Zeit schlicht gezwungen gewesen, auf Asphalt zurückzugreifen. Eigentlich wären reine Baumharze zum Einbalsamieren wesentlich besser gewesen: Sie rochen gut und verliehen dem Toten einen schönen, goldgelben Farbton. Doch es konnte gut sein, meinte er, dass ihnen nach den vielen Jahrhunderten einfach nicht mehr genug Wacholdersträucher und andere Koniferen, die solche Harze lieferten, zur Verfügung standen. Dieser Punkt dürfte ihnen erhebliches Kopfzerbrechen bereitet haben, denn in griechischer und römischer Zeit florierte das Geschäft mit den Mumien. Die Balsamierer vom Nil arbeiteten nicht nur für die Einheimischen, sondern auch für Europäer, die sich in Städten wie Alexandria niedergelassen hatten. Und sie mumifizierten neuerdings auch Kinder, was früher nicht üblich gewesen war und ihnen viele neue Kunden brachte. »Inzwischen war eine richtige Industrie daraus geworden«, bemerkte Aufderheide, »doch die Zahl der Bäume, deren Harz man nutzen konnte, war begrenzt.« Also hatten die Balsamierer das Harz mit kleinen Mengen Asphalt gestreckt. Das schwarze Zeug stank zwar, schützte die Mumie aber wie eine Imprägnierung zuverlässig vor Feuchtigkeit, und damit war gewährleistet, dass sie sehr lange Zeit in ihrem trockenen Zustand erhalten blieb.

Interessanterweise löste diese simple Veränderung der Rezeptur möglicherweise erhebliche politische Spannungen im Nahen Osten aus. Die ägyptischen Kaufleute reisten, um Asphalt zu beschaffen, ans Tote Meer und tauschten den begehrten Stoff bei den einheimischen Händlern ein. Bald hatte sich herumgesprochen, dass die Ägypter den Teer aus dem Toten Meer mit Gold aufwogen. Den König von Syrien packte der Neid, als er das hörte, und er entsandte ein Heer, um den lukrativen Handel in Palästina an sich zu reißen. Das ärgerte die Ägypter. Sie befürchteten, dass die Syrer den Preis für Asphalt in die Höhe treiben oder, schlimmer noch, den Hahn ganz zudrehen würden, und schickten ihrerseits Truppen in die Region. Diese Schlacht im Jahr 312 v. Chr. dürfte der erste Ölkrieg der Geschichte gewesen sein, meint Nissenbaum. Jedenfalls bezogen die Syrer tüchtig Prügel von den Ägyptern, und von da an konnte wieder ungehindert Asphalt an den Nil gelangen.

Die Vormittagssonne schien bereits blendend hell, als Aufderheide den Berg von Leinenbinden zu seinen Füßen beiseite schob, einen großen Pinsel nahm und den Körper auf dem Tisch behutsam zu säubern begann. Kleine Wölkchen feinen Leinenstaubs stiegen in die Luft. Befriedigt betrachtete er den uralten Leichnam. Es sei häufig schwierig, erläuterte er, das Geschlecht einer Mumie durch bloßen Augenschein festzustellen. Wenn der Körper nicht richtig trocknete, verwesten die Genitalien sehr rasch; vor allem Brustgewebe überstehe eine Mumifizierung kaum, und das liege an simplen chemischen Prozessen. Nach dem Tod werde alles Fett in diesem Gewebe in Fettsäuren umgewandelt. Diese Fettsäuren wiederum seien wasserlöslich, würden also dem Körper mit allem anderen Wasser entzogen. Oft bleibe von einstmals üppigen Brüsten nach der Mumifizierung nur eine unscheinbare Hautfalte übrig, die ebenso gut durch zu straffes Wickeln entstanden sein könnte. Manchmal könnten die Forscher anhand der Brustwarzen einigermaßen zuverlässig auf das Geschlecht schließen, denn bei einer Frau seien die Warzenhöfe größer als bei einem Mann. Trotzdem komme es häufig zu Fehleinschätzungen; weniger als 50 Prozent aller weiblichen Mumien habe man auf Grund der Brüste identifiziert.

Das Geschlecht des Leichnams auf dem Tisch jedoch stand zweifelsfrei fest, denn zwischen die Oberschenkel gebettet lag ein hervorragend erhaltener Penis. Er war eindeutig beschnitten. Aufderheide notierte das Geschlecht auf einem ellenlangen Formular, das er für jede Mumie ausfüllte. Er hatte es selbst ausgearbeitet, mit größter Sorgfalt und sehr gründlich, wie fast alles, was er in die Hände nahm. Es gab tausend kleine Kästchen, die anzukreuzen waren, und umfangreiche Tabellen mit Platz für zusätzliche Bemerkungen, wo aufgeführt werden musste, was bei der Mumie vorhanden war oder fehlte: Tätowierungen, Bart, durchstochene Ohrläppchen, Schamhaare, Tumore, Pilzbefall, Abszesse, Knochenbrüche, Mastdarmvorfall, die Nabelschnur bei Neugeborenen und Fremdkörper im Mund. Es gab auch eine Rubrik mit 43 verschiedenen Frisuren, bei der die zutreffende anzukreuzen war, und Zahnschemata, in denen Zahnstein, fehlende Zähne und Karies vermerkt wurden. Aufderheide entging so schnell nichts. Zu Hause in Duluth baute er gerade eine biomedizinische Datenbank mit Informationen über alle Mumien auf, die er seziert hatte.

Nachdem er Klemmbrett und Kugelschreiber beiseite gelegt hatte, begann er mit der Sektion. Er schnitt eine große, rechteckige Öffnung in den Körper des Mannes, hob die dadurch entstandene Platte ab wie den Deckel von einem Kanalschacht und spähte hinein. Dunkle, ölig glänzende Knäuel aus Leinenlappen und Brocken von hart gewordenem, schwarzem Harz füllten den Bauchraum aus. Aufderheide versuchte, mit seinem Schweizer Armeemesser ein paar von den größten Stücken herauszuholen, aber es war praktisch unmöglich. Das Leinengewebe hatte sich fest mit der Bauchwand verbunden. Sichtlich enttäuscht schüttelte Aufderheide den Kopf. Die Balsamierer hätten alle Organe herausgenommen, sagte er, sogar das Herz, von dem die alten Ägypter glaubten, dass sie es beim Totengericht haben müssten.

Aufderheide wischte sich die Hände ab und notierte, was er festgestellt hatte. Dann begann er, den Kopf abzutrennen. Seiner Ansicht nach eignete sich ein Messer wesentlich besser, um einer Mumie medizinische Informationen zu entlocken als die modernen bildgebenden Verfahren, die zur Diagnose von Krankheiten bei lebenden Patienten entwickelt wurden. Ein Computer-Tomogramm zum Beispiel liefere exakte Bilder der inneren Organe eines Patienten, indem es winzige Unterschiede in der Gewebedichte registriere. Bei mumifizierten Organen sei das Ergebnis praktisch unbrauchbar. »Sobald man Geweben das Wasser entzieht, gibt es so gut wie keine Unterschiede in der Dichte.« Die feinen Spuren vieler Krankheiten würden auf dem entsprechend undifferenzierten Bild nicht sichtbar. Kaum hilfreicher sei die Endoskopie. Hier gewinne man die Bilder mit Hilfe röhrenförmiger, sehr dünner und flexibler faseroptischer Instrumente, die in verschiedene Körperhöhlen eingeführt werden; gleichzeitig könne man mit einer winzigen Metallschere Gewebeproben entnehmen. Doch das Innere einer Mumie habe wenig Ähnlichkeit mit dem eines lebenden Menschen. Meistens seien Brust- und Bauchraum so stark eingeschrumpft, dass man nicht einmal ein kleines Röhrchen einführen könne. Und selbst wenn es gelänge, das Endoskop richtig zu positionieren, sei es äußerst schwierig, die gewonnenen Nahaufnahmen zu interpretieren. »Alles hat dieselbe Farbe und dieselbe Textur. Worum es sich handelt, lässt sich nur aus der Lage schließen.« Außerdem werde das bröckelige Gewebe durch die Metallschere häufig zerdrückt.

Aufderheide wandte sich wieder seiner Arbeit zu und fing an, einzelne Stücke der Kopfhaut mitsamt den dunklen Locken abzulösen. Er verursachte dabei ein grässliches mahlendes Geräusch, das mir durch und durch ging. Es hörte sich an, als würde jemand mit den Fingernägeln über eine Schiefertafel fahren. Aufderheide ignorierte es kommentarlos. Man könne durch entsprechende Tests an den Haaren Spuren alter Heilmittel und Drogen feststellen oder Hinweise auf die damalige Ernährung bekommen, erklärte er. Haare seien wertvolle Proben, desgleichen Finger- und Zehennägel. Da sie, ebenso wie Haare, aus Keratin bestünden, seien sie ebenfalls für solche Tests geeignet. Aufderheide schob die Klinge seines Messers ein Stück unter den rechten Daumennagel der Mumie und versuchte, ihn herauszulösen, doch er gab nicht nach, genauso wenig der Nagel am Zeigefinger. Aufderheide musste die Metallsäge nehmen, um die Fingerkuppen abzusägen. Sie machten ein Geräusch wie Glasmurmeln, als sie auf den Tisch fielen.

Als Nächstes kamen die Ohren an die Reihe. Beinahe durchscheinend dünn, trockneten sie nach dem Tod sehr rasch, und das bedeutete, dass die Epidermis, die äußerste Hautschicht, häufig erhalten blieb. Aufderheide packte sie in einen separaten Plastikbeutel. Dann machte er sich ganz selbstverständlich daran, den Penis abzutrennen. Mir wurde bei diesem Anblick etwas unbehaglich, denn ich musste an eine Geschichte über den australi-

schen Anatom Grafton Eliott Smith denken, die ich einmal gehört hatte. Smith hatte Tausende von Mumien seziert, darunter auch jene, die bei der Fertigstellung des Assuan-Staudamms im Jahr 1902 ans Tageslicht kamen. Wie es scheint, hatte er sich auffallend für mumifizierte Genitalien interessiert. Er hatte sie in seinen Notizbüchern skizziert und eine umfangreiche Privatsammlung intimer Teile angelegt. Seine Familie brachte für diese Leidenschaft offenbar wenig Verständnis auf, denn nach seinem Tod versuchte jemand, alles zu vernichten. Dieser sittenstrenge Mensch riss die Skizzen aus den Notizbüchern und zerstörte Smiths Sammlung getrockneter Penisse, die ganze Schubladen füllte. Dennoch blieb einiges erhalten. Er hatte nämlich nicht gelesen, was auf den Seiten gegenüber den Skizzen stand – dort hatte Smith mit eigener Hand die Genitialien, die ihn so fasziniert hatten, ausführlich beschrieben.
Während er vor sich hin arbeitete, erklärte mir Aufderheide, warum er den Penis abtrennte: weil hier die Chancen, Reste von Blut zu finden, am besten seien. »Der Penis besteht fast nur aus Blutgefäßen, kaum aus anderem Gewebe. Deshalb ist er viel weniger vom enzymatischen Verwesungsprozess betroffen als zum Beispiel das Herz. Er bleibt wesentlich häufiger erhalten.« Aufderheide wollte das Blut auf Infektionskrankheiten und Ähnliches untersuchen.
Zufrieden mit der Menge an Proben, die er erbeutet hatte, begann Aufderheide nun, das Schädeldach abzusägen. Eine Schicht schwarzes Harz kleidete es innen aus. An der Schädelbasis hingen ein paar zusammengekrümmte, rostrote Maden, selbst perfekt mumifiziert. Offenbar hatte die Verwesung schon eingesetzt, ehe die Balsamierer sich an die Arbeit machten. Dann zupfte Aufderheide einen langen Spleiß von dem Holzbrett, auf dem die Mumie lag. Er schob ihn vorsichtig in ein Nasenloch und stocherte herum, bis er das kleine Loch gefunden hatte, durch das die Balsamierer die Hirnmasse herausgeholt hatten. »Die meisten Leute denken, die Ägypter hätten ein hakenförmiges Instrument

benutzt, um das Gehirn herauszuholen«, bemerkte er, »aber normalerweise hat es die Konsistenz eines halb festen Gels. Jeder forensische Pathologe, der schon einmal eine Leiche obduziert hat, die drei oder vier Tage bei sommerlichen Temperaturen in einem Zimmer lag, weiß, dass man nur den Schädel zu öffnen braucht und dann das Gehirn ablaufen lassen kann. Genauso haben sie es gemacht, denke ich.«

Als Aufderheide seine Arbeit beendet hatte, war der Leichnam auf dem Tisch, ohne Kopf, nur noch ein Haufen aus Knochen, zerrissenen Sehnen, zerschnittenen Muskeln und öligen, harzgetränkten Lappen, der wenig Ähnlichkeit mit einem Menschen besaß. Was der Natur mit all den Insekten und unsichtbaren Armeen von Bakterien als Helfern in 2000 Jahren nicht gelungen war, hatte Aufderheide innerhalb weniger Stunden geschafft. Bald würde den jungen Mann mit der eingedrückten Boxernase dasselbe Schicksal ereilen wie alle Menschen – seine sterblichen Überreste würden verwesen, bis nur noch bleiche Knochen übrig blieben und am Ende eine Hand voll Staub. Es machte mich unendlich traurig, ihn so zerstört zu sehen. Der Tisch kam mir vor wie ein Schlachtfeld.

Wissenschaftler, die Mumien sezieren, rechtfertigen ihr Tun mit unterschiedlichen Argumenten. Größtenteils sind es jedoch pragmatische Forscher; sie sind der festen Überzeugung, dass die Suche nach neuen Erkenntnissen zum Wohle der lebenden Menschen Vorrang hat vor religiösen Vorstellungen und Wünschen für die Toten. Sie gehen diskret ihrer Arbeit nach, meistens an entlegenen Orten, und wählen ihre Untersuchungsobjekte sorgfältig aus. Selten sezieren sie außergewöhnlich gut erhaltene Mumien, denn diese beanspruchen häufig Museen für sich, zu deren Auftrag der Schutz ihrer Sammlungen gehört. Auch Mumien von Königen oder Adeligen kommen kaum auf den Obduktionstisch, denn sie sind heute viel zu kostbar, als dass man sie dem Messer des Pathologen ausliefern würde. Stattdessen beschränken sich die Forscher, ebenso wie Aufderheide, auf die mumifizierten Leichen gewöhnlicher Menschen, die bei Ausgrabungen zufällig entdeckt werden.

Nach Aufderheides ehrlicher Überzeugung sind solche Sektionen der beste Weg, aus einer unlösbaren Situation etwas zu machen. Ein Entwicklungsland wie Ägypten, meinte er, könne unmöglich die nötigen Gelder aufbringen, um die Mumien von Kellis in ihren Leinenbandagen unbegrenzt zu erhalten. Ein einziger klimatisierter Schaukasten würde zwischen 10 000 und 15 000 Dollar kosten, und die Installation in einem Museum pro Stück etliche weitere tausend Dollar. Wollte man die etwa 50 Mumien, die Aufderheide in Kellis seziert hatte, angemessen unterbringen, beliefen sich die Ausgaben auf nahezu eine Dreiviertelmillion Dollar. »Jedes Museum der Welt, selbst das Smithsonian Institute in Washington, wäre überfordert, wenn Sie mit einem LKW voller Mumien vor der Tür stünden.«

Doch auch in ihren Gräbern ist den Mumien selten die ewige Ruhe vergönnt. In Ägypten und vielen anderen Teilen der Welt fleddern Grabräuber die uralten Leichen auf der Suche nach Gold, Juwelen und Amuletten. »Der internationale Kunst- und Antiquitätenmarkt ist unersättlich«, bemerkte Aufderheide bedauernd. Er hatte es in Chile selbst einmal erlebt. Eines Abends hatte ein Hausierer mit einem Karton voller antiker Stücke vor der Tür seines Hotelzimmers gestanden. »Als ich mir die Sachen näher ansah, stellte ich verblüfft fest, dass sie aus dem alten Friedhof stammten, in dem wir gerade gruben, tagsüber. Nachts suchte dort offenbar dieser Mann nach Beute.« Die einzige Lösung für die Archäologen sei, eine Grabungsstätte abzusperren und möglichst schnell möglichst viel zu bergen. Sie könnten dann einige Mumien zur Konservierung auswählen und die restlichen wieder begraben, nachdem ein Mediziner einige von ihnen untersucht habe. Genau diesen Weg ging man in Dakhla.

Aufderheide brachte gute Argumente für die Sektion von Mumien, doch später kam mir der Gedanke, dass sich dabei noch eine weitere, viel grundsätzlichere Frage stellte. Ein derartiges Vorgehen war nur hinnehmbar, wenn dadurch möglicherweise vielen anderen Menschen geholfen werden konnte. Den Körper eines Menschen, nach dessen Glauben alle Ewigkeit von einem intakten, unversehrt erhaltenen Körper abhing, auseinander zu nehmen und letztlich zu zerstören, war kein geringes ethisches Problem. Solch ein radikaler Akt ließ sich schwerlich mit wissenschaftlicher Neugier allein rechtfertigen – etwa um mehr über Methoden der Mumifizierung zu erfahren. Könnte durch diese Zerstörung jedoch etwas zum eindeutigen Wohl der gesamten Menschheit erreicht werden – wenn zum Beispiel ein Mittel gegen eine schreckliche, unheilbare Krankheit gefunden würde –, dann wäre all dieses Schneiden und Sägen vielleicht kein zu hoher Preis. Ebendas hoffte auch Aufderheide.

Er bürstete den feinen Leinenstaub vom Hemd und griff nach einem grünen Müllsack. Inzwischen war es fast zwei Uhr nachmittags. Bald würde der Lieferwagen kommen, um uns abzuholen. Es war Zeit zusammenzupacken.

WIRTE

Als ich Dakhla verließ, musste ich immer wieder an die vielen Plastikbeutel mit Aufderheides bröckeligen Proben denken. Ich fragte mich, was wohl aus ihnen werden würde. Bei unserem Gespräch in der Wüste hatte Aufderheide oft davon gesprochen, wie wertvoll solche Gewebeproben für die Wissenschaft seien, und ich glaubte ihm. Mumifiziertes Gewebe von Menschen, selbst ein paar Gramm, war inzwischen eine Rarität, an die medizinische Forscher kaum herankamen. In manchen Ländern lehnten die Museumskuratoren mittlerweile alle Anfragen ehrgeiziger Forscher kategorisch ab, denn sie wurden mit einer wahren Flut von Bittbriefen überschwemmt. Wäre es weitergegangen wie früher, meinten sie, wäre von den ihnen anvertrauten Mumien bald nichts mehr übrig gewesen, nicht einmal eine Haarsträhne.

Die Situation erinnerte mich fatal an die Geschichten von den berüchtigten »Gehilfen der Auferstehung«, die ich gelesen hatte. Im 18. und frühen 19. Jahrhundert sahen sich Anatomen in England und Amerika mit einem zunehmenden Mangel an für ihren Beruf unabdingbarem Material konfrontiert – menschlichen Leichen. Als Forscher waren sie auf frische Leichen angewiesen, um die komplizierte Anordnung von Muskeln, Sehnen und Bändern, Knochen und inneren Organen zu ergründen. Als Lehrer brauchten sie Leichname, damit ihre Studenten sie sezieren konnten. Ohne eine solche Einführung in die Anatomie liefen junge Ärzte und Chirurgen Gefahr, gravierende Fehler zu machen. Traurige Berühmtheit erlangte ein Fall, über den *The Lancet* im Jahr 1823 berichtete. Ein englischer Arzt, der sich nicht recht auskannte, diagnostizierte eine verrenkte Schulter irrtümlich als Muskelzerrung. Besonders erstaunlich war seine Unwissenheit nicht; es gab einfach nicht genug Leichen für alle Anatomieklassen. Nach den damals geltenden

Gesetzen durften an den medizinischen Fakultäten in Großbritannien nur die Leichen hingerichteter Verbrecher seziert werden, und die Galgen konnten die Nachfrage kaum befriedigen. Im Jahr 1826 mussten sich 701 englische Medizinstudenten mit weniger als 600 Leichen behelfen.

Doch was das Gesetz verbot, konnten Spaten und Schaufel im Handumdrehen besorgen. Professionelle Leichenräuber stahlen sich nachts in die Friedhöfe der Städte und gruben im schwachen Licht einer abgedunkelten Laterne jene Särge aus, die man eben erst in die Erde gesenkt hatte. Die Leichen verstauten diese »Gehilfen der Auferstehung«, wie sie genannt wurden, in Jutesäcken oder Teekisten, und dann verkauften sie ihre illegal beschaffte »Ware« portionsweise an Anatomen. Ganz England war schockiert, als das bekannt wurde. Reiche Bürger ließen ihre Verwandten nur noch in bewachten Friedhöfen bestatten, um sie vor dem Seziertisch zu bewahren, und zahlten viel Geld dafür. In Familien der Mittelschicht behielt man den Verstorbenen so lange zu Hause, bis er zu verwesen begann. Kein »Gehilfe der Auferstehung«, der etwas auf sich hielt, hatte Interesse an verdorbener Ware. Schließlich kam die Obrigkeit in Europa und Amerika zur Vernunft und lockerte die Verordnungen zur Sektion von Leichen. Doch die Folge dieser grausigen Geschichte war, dass viele Menschen dem Hunger der Medizin nach Leichen und menschlichem Gewebe äußerst misstrauisch gegenüberstanden.

Derartige Bedenken, die ich persönlich durchaus teile, bestehen noch heute, und sie erstrecken sich auch auf Mumien. Doch die Wissenschaftler, die mumifiziertes Gewebe zu Studienzwecken zusammentragen, bemühen sich nach Kräften, diese Zweifel auszuräumen, und sie setzen große Hoffnungen in ihre Arbeit. Aufderheide und einem kleinen Kreis von Kollegen geht es darum, weitere Erkenntnisse über einige der ältesten Krankheiten der Menschheit zu gewinnen, indem sie ihre Geschichte und ihren Ursprung bis tief in die Vergangenheit zurückverfolgen. Ich ließ mir dieses Argument durch den Kopf gehen, fragte mich aber, wie viel wir von solchen Untersuchungen konkret zu erwarten hatten. Konnte eingetrocknetes Mumiengewebe uns wirklich Hinweise auf mögliche Heilmittel gegen uralte Geißeln der Menschheit liefern? Konnte es Forschern eine Hilfe dabei sein, etwas so Kompliziertes wie einen Impfstoff zu entwickeln? Konnten diese Toten aus ihren Gräbern heraus den heutigen Menschen ein längeres Leben schenken? Die Antwort auf diese Fragen war, wie ich feststellte, an Orten wie der Chihuahua-Wüste im Südwesten der USA und dem üppig grünen Niltal in Ägypten zu finden, bei den Hunderten von Mumien, denen mikroskopisch kleine Parasiten übel mitgespielt hatten.

Inzwischen kennt die Wissenschaft mehr als hundert Arten von Lebewesen, die den Menschen als Schmarotzer heimsuchen, ganz abgesehen von Bakterien, Pilzen und Viren. Die meisten dieser Organismen sind in den Tropen heimisch, und sie kommen in erstaunlich vielfältiger Form und Gestalt vor – von den recht einfach aussehenden Protozoen bis zu phantastisch anmutenden Lebensformen wie den *Acanthocephala,* winzigen, kaktusähnlichen Organismen. Manchmal lösen sie nichts Schlimmeres aus als heftigen Juckreiz oder kurzfristige Bauchkrämpfe. Doch es gibt auch gefährliche Parasiten, die einen Menschen grauenhaft entstellen, zu chronischer Krankheit und Tod führen. Das mikroskopisch kleine Protozoon *Leishmania braziliensis* zum Beispiel verursacht Geschwüre in der Schleimhaut von Mund und Hals eines Menschen, zerfrisst die gesamte untere Gesichtshälfte und macht seine Opfer zu stummen Gespenstern. Der winzige Bandwurm *Echinococcus granulosus* hingegen setzt sich im Gehirn und anderen Organen des Menschen fest und bildet dort Zysten, die mit einer giftigen Flüssigkeit gefüllt sind und enorm groß werden können. Schon der kleinste Riss kann zum raschen Tod führen. Auf diese Weise verbreiten unauffällige Parasiten Leid und Elend; schätzungsweise 4,5 Milliarden Menschen sind infiziert.

Die medizinische Forschung bemüht sich seit langem, mehr über diese Organismen in Erfahrung zu bringen, um die Menschen vor ihnen schützen zu können. Schon zu Beginn des 20. Jahrhunderts führte die Suche nach neuen Erkenntnissen zu den Mumien. Im Jahr 1909 entdeckte Marc Armand Ruffer, Sohn eines französischen Barons und ehemaliger Schüler von Louis Pasteur, im Nierengewebe einer ägyptischen Mumie Dutzende winziger, kalzifizierter Eier, jedes mit einem kleinen Sporn ausgestattet. Ruffer war zur Rekonvaleszenz nach Ägypten gegangen, nachdem er sich in London mit Diphtherie angesteckt hatte und so schwer erkrankt war, dass er fast gestorben wäre. Es gefiel ihm dort so gut, dass er blieb und an der medizinischen Fakultät von Kairo eine Stelle als Professor für Bakteriologie annahm. Als während der Bauarbeiten am Assuan-Staudamm um 1900 ganze Wagenladungen von Mumien zu Tage gefördert wurden, erkannte Ruffer die Bedeutung dieser Funde für die Medizin. Er entnahm Gewebeproben und untersuchte sie auf Spuren von Infektionskrankheiten. Die 3000 Jahre alten kalzifizierten Eier, die er entdeckte, stammten von einem Wurmparasiten, *Schistosoma haematobium*, der sich in Blase und Nieren des Opfers ansiedelt und diese Organe schwer schädigt, was sich unter anderem an Blut im Urin zeigt. Andere Wissenschaftler begannen ebenfalls zu forschen und konnten schließlich Dutzende gefährlicher Parasiten in den eingetrockneten Organen dieser vor langer Zeit verstorbenen Menschen identifizieren. Doch erst Ende der 1990er Jahre, auf dem Kongress in Arica, entwickelten Mumienforscher ein wirklich ehrgeiziges Konzept. Sie diskutierten über Möglichkeiten, wie man die Ab- und Zunahme der Verbreitung todbringender Parasiten im Verlauf von Hunderten oder Tausenden von Jahren bei Völkern der Antike erfassen könne. Sie brannten darauf, die epidemische Verbreitung parasitärer Erkrankungen in ferner Vergangenheit zu ergründen. Eine Infektionskrankheit ist wie ein Menuett, an dem drei Tänzer beteiligt sind: ein Parasit, das Lebensumfeld und das menschliche Verhalten. Veränderungen bei einem der Tanzpartner können eine Epidemie auslösen oder sie eindämmen. Vom Bau des zweiten Assuan-Hochdamms in den 1960er Jahren zum Beispiel erhofften sich die Volkswirtschaftler für die Fellachen im Niltal einen neuen Wohlstand. Durch den Damm würden sich zusätzliche Wüstengebiete bewässern lassen, und die Bauern würden dank des ständig verfügbaren Wassers viermal im Jahr ernten können. Die Zukunftsaussichten schienen glänzend. Eines jedoch hatten die Wissenschaftler vollkommen außer Acht gelassen: *Schistosoma haematobium*, den Wurmparasiten. Die vielen neuen, das ganze Jahr über gefüllten Bewässerungskanäle schufen hervorragende Lebensbedingungen für die Süßwasserschnecken, die *Schistosoma haematobium* als Zwischenwirt dienen. Vier Jahre nach Fertigstellung des Hochdammes gab es in der Landbevölkerung zwischen Assuan und Kairo siebenmal mehr Fälle von Schistosomiasis – besser bekannt als Bilharziose –, der schweren und häufig tödlich verlaufenden Krankheit, die dieser Parasit verursacht.

Aufderheide und eine kleine Gruppe anderer Mumienexperten waren fest entschlossen, Auftreten und Verlauf solcher parasitärer Erkrankungen in der fernen Vergangenheit zu untersuchen. Dieses Projekt war beileibe keine akademische Übung, hofften sie doch, durch umfassendere Erkenntnisse über diese uralten Geißeln der Menschheit Anhaltspunkte für die Entwicklung neuer Waffen im Kampf gegen die schlimmsten Parasiten zu bekommen. Die Ärzte benötigten dringend Medikamente, Impfstoffe und Behandlungsmöglichkeiten. Aufderheide und seine Kollegen wollten keine Zeit vergeuden, und so konzentrierten sie sich auf drei der gefährlichsten Parasiten. Als Erstes galt ihr Interesse dem Protozoon *Trypanosoma cruzi*, dem Erreger der Chagas-Krankheit. Er ist in Lateinamerika weiter verbreitet als das HI-Virus. Schätzungsweise 16 bis 18 Millionen Menschen sind mit *Trypanosoma cruzi* infiziert, und 43 000 von ihnen sterben jedes Jahr.

Karl Reinhard sieht nicht aus wie ein Wissenschaftler, der die meiste Zeit mit konzentriert zusammengekniffenen Augen den Inhalt menschlicher Eingeweide untersucht. Er ist ein energiegeladener, begeisterungsfähiger Mensch mit einer Vorliebe für alles, was mit Brasilien zu tun hat. Der bärtige Mittvierziger mit den schwarz gelockten Haaren, die bereits schütter zu werden beginnen, wirkt ungeheuer fit, was an seiner Leidenschaft für Rennradfahren und Laufen liegen dürfte. Wenn er nicht unterrichtet oder Vorträge hält, trägt er am liebsten eng anliegende Radfahrerhosen, T-Shirt, eine Panorama-Sonnenbrille und um das Handgelenk einen brasilianischen Glücksbringer – ein schmales, blassblaues Baumwollbändchen, auf dem *Bahia* steht. Nach der Art, wie er spricht – locker und forsch wie ein Teenager –, könnte man ihn für Jahrzehnte jünger halten. Seine mittlerweile seit fast 20 Jahren mit ihm verheiratete Frau Debbie nennt er immer noch seine »Braut«, und er findet es »echt stark«, wenn ihn etwas beeindruckt – zum Beispiel menschliche Organe, die der Verwesung widerstanden haben.

Reinhards wissenschaftliches Interesse beschränkt sich keineswegs auf ein Fachgebiet allein, und so hat er an der University of Nebraska in Lincoln schon physikalische Anthropologie, Palynologie und Parasitologie gelehrt. Außerdem zieht ihn die Polizei bei der Identifizierung skelettierter Leichen hinzu, eine Aufgabe, die ihm besonders schwer fällt. Und Lincoln ist, wie es scheint, manchmal immer noch eine Kleinstadt: Einmal wurde er wegen eines Knochenfunds gerufen, und dann stellte er fest, dass es sich um die sterblichen Überreste eines seiner Studenten handelte, der ermordet worden war. Doch Reinhard besitzt offenbar die besondere Gabe, aus jeder Situation etwas zu machen. Einem Pathologen in der Rechtsmedizin erzählte er bei dieser Gelegenheit derart begeistert von seinen Untersuchungen an Mumien, dass der freundliche Nigerianer ihm Zugang zu einem Computer-Tomographen verschaffte und zusammen mit ihm Referate ausarbeitete. »Wir sind gute Freunde geworden bei Rotwein und Leichen«, bemerkte Reinhard und grinste. »Alles zu seiner Zeit natürlich.«

Doch Reinhards Spezialgebiet sind alte Parasiten. Es gibt nicht gerade viele Forscher in dieser exotischen Disziplin; Reinhard hat das einzige staatlich anerkannte Labor für Paleoparasitologie in Nordamerika. Das Interesse für diese Arbeit scheint in der Familie zu liegen. Sein Vater war Epidemiologe und erforschte die Krankheiten fernab der Zivilisation lebender Eskimogemeinschaften in Alaska, seine Mutter ist Krankenschwester. Reinhard kombinierte Archäologie mit Parasitologie, erst an Universitäten in Arizona, später an der Texas A&M University, und wurde Experte für die seltsamen Wurmparasiten, die den menschlichen Verdauungstrakt bevorzugen. Mit der Zeit entwickelte er sich zu einem Fachmann für alles, was dort herauskommt – Eier und Larven von Parasiten, Stücke adulter Würmer, Blütenpollen, halb verdaute Nahrung und sonstige Überbleibsel. Er sei eben Experte für Popoläres, wie manche seiner Kollegen gelegentlich zu scherzen belieben.

Für jemanden, der im Grunde ein großes Kind ist und gerne im Mittelpunkt steht, ist dieses Spezialgebiet ideal. Reinhard würzt seine Vorträge bevorzugt mit einfach formulierten Schilderungen vom absonderlichen Verhalten der Tierchen, mit denen er sich beschäftigt. Das Madenwurmweibchen zum Beispiel schiebt sich nachts aus dem After eines infizierten Menschen, explodiert kurz darauf und verteilt dabei eine Wolke winzigster Eier in der Dunkelheit. Die Zuhörer, das weiß Reinhard, mögen anschauliche Bilder. Und immer wieder erstaunt ihn der unglaubliche Lebenshunger seiner Forschungsobjekte. »Einmal habe ich beobachtet, wie sich Hakenwürmer, die wir kurz zuvor bei Welpen aus dem Darm geholt hatten, in der Petrischale gepaart haben«, erzählte er. »Die Welpen waren schon seit acht Stunden tot, aber die Parasiten lebten noch und waren so munter, dass sie sofort loslegten, nachdem wir sie herausgeholt hatten. Die frische Luft machte ihnen offenbar nichts aus.«

Auf seinen ersten Fall von früher Chagas-Krankheit stieß Reinhard im Jahr 1986, als er einen Rancher an der texanisch-mexikanischen Grenze besuchte. Der Mann besaß eine Mumie, die sein Vater bei einem Sonntagsausflug im Jahr 1937 eher zufällig ausgegraben hatte. Konservierte Leichen indianischer Ureinwohner konnte man früher in den Höhlen am Rio Grande und seinen Nebenflüssen relativ häufig finden. Archäologen hatten in dieser abgelegenen Region am Nordrand der Chihuahua-Wüste sogar mehrere Hundert entdeckt. Diese Mumien waren das Werk der Natur. Der trockene Sand auf dem Boden der Höhlen hatte alle Feuchtigkeit aus den Leichen gezogen und sie dadurch auf natürliche Weise konserviert.

Als der Rancher den mumifizierten Leichnam fand, war er mit einem langen Hemd aus Kaninchenfell bekleidet und hatte einen bemalten Riemen aus rot gefärbtem Hirschleder um den Bauch geschlungen. Der Rancher nahm ihn mit nach Hause und bahrte ihn auf dem Gästebett im Zimmer seines Sohnes auf. Er und sein Sohn gingen mit der Mumie um, als hätte sie einmal zur Familie gehört, und bauten sogar eine separate Kammer, damit sie gut untergebracht war. Als Reinhard die Mumie zum ersten Mal sah, fragte er eine bekannte texanische Archäologin, die mitgekommen war, welche Todesursache sie vermute. Sie zeigte auf einen Zahn, an dem ein dicker Abszess saß. Reinhard hatte jedoch seine Zweifel. Da Haut und Gewebe der Bauchdecke sich zersetzt hatten, konnten sie den Dickdarm deutlich sehen. Er war derart prall gefüllt, dass er den gesamten Beckenraum beanspruchte. Es sah aus, als hätte sein Besitzer Monate vor seinem Tod keinen Stuhlgang mehr gehabt. »Dieser Dickdarm hat mich noch jahrelang verfolgt«, sagte Reinhard. »Ich bekam das Bild einfach nicht aus dem Kopf.«

Reinhard wusste, dass Aufderheide und Marvin Allison, ein anderer amerikanischer Pathologe, in Chile mehrere Mumien mit ähnlich erweitertem Darm gefunden hatten. In einem Aufsatz zu diesem Thema hatte Allison die Vermutung geäußert, dass diese Menschen an der Chagas-Krankheit gestorben seien. Und nun hatte Reinhard einen ganz ähnlichen Fall an der texanisch-mexikanischen Grenze entdeckt, 8000 Kilometer weiter nördlich. Wenn der arme Mann im Haus des Ranchers tatsächlich an Chagas gestorben war, ergaben sich daraus einige interessante Fragen. Wo hatte die Krankheit ihren Anfang genommen, und wie schnell

hatte sie sich in Lateinamerika ausgebreitet? Im Frühjahr 1998 beschloss Reinhard, erneut zum Rio Grande zu fahren, um sich die Sache genauer anzusehen. Der Rancher hatte nichts dagegen, und so machte sich Reinhard auf den Weg in Richtung Süden.
Mehrere Tage fotografierte, vermaß und untersuchte er die Mumie, und besonders sorgfältig die offen zugänglichen Organe in der Bauchhöhle. Er konnte es einfach nicht fassen. Normalerweise hat der Dickdarm bei einer menschlichen Mumie einen Durchmesser von nicht einmal drei Zentimeter und enthält etwa 30 Gramm Kot. Bei der Mumie vom Rio Grande war der Darm fürchterlich erweitert. Er hatte einen Durchmesser von zehn Zentimeter und war mit 1000 Gramm halb verdauter Nahrung gefüllt – Bröckchen von Fisch, verschiedenen Nagetieren, Fledermäusen, Heuschrecken, Pflanzenfasern, Samen und Graspollen. Der Darminhalt machte fast 30 Liter aus. »Das war ein so unglaubliches Volumen, dass ich sicherheitshalber dreimal nachgerechnet habe«, berichtete Reinhard. Der volle Darm drückte Nieren und Blase beiseite und nach oben gegen die Wirbelsäule. »Die Wirbelknochen haben im Darm sogar Einkerbungen hinterlassen. Und der Mann muss am Ende nicht einmal mehr in der Lage gewesen sein zu urinieren. Die Körperfunktionen waren vollkommen ausgefallen. Schrecklich, auf diese Weise zu sterben.«
Der medizinische Name für diese Erkrankung klingt etwas vornehmer: Megacolon. Es gibt im Wesentlichen zwei Ursachen. Bei Kindern kann der Megacolon die Folge eines seltenen angeborenen Defekts sein, der Hirschsprung-Krankheit, bei der die Nerven im Dickdarm betroffen sind. Ohne Behandlung müssen sie sterben. Erwachsene hingegen entwickeln einen Megacolon auf Grund einer massiven Infektion durch einen winzigen Einzeller aus der Gattung der Geißeltierchen – *Trypanosoma cruzi.*

Der Erreger *T. cruzi* sieht ein bisschen aus wie mikroskopisch kleine, zarte Eiweißfäden in Wasser. Am spitz zulaufenden Ende sitzt eine peitschenförmige Geißel, die der Fortbewegung dient. Lang gestreckt misst *Trypanosoma cruzi* nicht mehr als zwei rote Blutkörperchen in der Breite. Doch leider sagt seine Winzigkeit nichts über sein zerstörerisches Potenzial aus. Er nistet sich besonders gerne in Muskulatur und Nervenzellen von Säugetieren ein, vor allem im Darm, in der Speiseröhre und im Herz. »Wenn er die Nerven im Darm angreift«, erläutert Reinhard, »führt das zu einer Beeinträchtigung der Peristaltik, der normalen Darmkontraktionen, und nach einer Weile hört sie ganz auf. Dann füllt sich der Darm mit Nahrungsresten. Die Muskeln der Darmwände verlieren ihre Spannung, und der Darm wird unglaublich erweitert.« Am Ende sieht er aus wie ein ausgeleierter Kniestrumpf. »Schließlich stirbt der Kranke, meistens an Blutvergiftung, nachdem er sich monatelang nicht hat entleeren können.«

Im Tal des Rio Grande, an der Grenze zwischen Mexiko und Texas, herrscht kein Mangel an geeigneten Überträgern der Krankheit. Für *Trypanosoma cruzi* erledigen diese Aufgabe verschiedene Insektenarten, die alle zur Familie der *Reduviidae* oder Raubwanzen gehören. Die geflügelten, nachtaktiven Tiere – auch Mordwanzen, im Spanischen *vinchucas* genannt – variieren in der Farbe von Dunkelbraun bis zu einem hässlichen Gelb. Im südamerikanischen Patagonien kommen sie ebenso vor wie in den Wäldern im Norden Kanadas. Sie sind ziemlich klein, nur etwa einen Zentimeter lang, und verfügen über einen kegelförmigen Rüssel, mit dem sie Blut ansaugen. Hübsch kann man sie wirklich nicht nennen, und auf ihre Gesellschaft dürfte auch niemand besonders erpicht sein. Doch die Armen Lateinamerikas haben selten eine andere Wahl, als sich mit ihnen abzufinden.

Die meisten Raubwanzen leben in der freien Natur und verbergen sich tagsüber im Gesträuch von Feigenkakteen oder unter der Rinde des Mesquitebaums. Einige Arten jedoch – die schlimmsten, aus der Sicht von uns Menschen – lassen sich lieber in den Wänden strohgedeckter Lehmhäuser nieder. Oft sind die Familien völlig ahnungslos, welche Massen sich bei ihnen tummeln, denn Raubwanzen verschwinden bei Tageslicht in den Ritzen an Fenstern und Türen. Selbst Entomologen tun sich schwer, sie aufzuspüren. Um den Wanzenbefall in den Armenvierteln Südamerikas zu ermitteln, haben die Forscher ein solches Haus einmal Lehmziegel für Lehmziegel auseinander genommen. Sie sammelten an die 10 000 dieser Wanzen ein.

Nachts kommen die Insekten aus ihrem Versteck wie eine Armee winziger Vampire. Es gelüstet sie nach Blut, das sie für ihre Weiterentwicklung brauchen. Als Lieferant ist ihnen fast jedes Säugetier recht, vom Meerschweinchen bis zu Hunden und Menschen. Angelockt vom Kohlendioxyd in der Atemluft, kriechen sie auf das Gesicht des Schläfers und stillen ihren Durst, wobei sie gleichzeitig Kot ausscheiden. Sind sie mit *Trypanosoma cruzi* infiziert, geben sie die Parasiten mit ihrem Kot weiter. Wenn der Mensch dann unbewusst an der Bissstelle herumkratzt oder -reibt, gelangen die winzigen Erreger leicht in den Mund oder in die Augen. Im menschlichen Körper suchen sie auf schnellstem Weg die Lymphknoten auf und beginnen, sich zu vermehren. Dadurch wird häufig eine akute Infektion ausgelöst, die bei kleinen Kindern tödlich verlaufen kann. Das schlimmste Symptom tritt in der Regel jedoch erst sehr viel später auf. Es können zwei Jahrzehnte oder mehr vergehen, ehe der Infizierte bemerkt, dass etwas absolut nicht stimmt. Inzwischen haben die Eindringlinge schon längst die Nervenzellen des zentralen und peripheren Nervensystems gestürmt und auch Muskelzellen überall im Körper. Etwa jeder vierte infizierte Mensch entwickelt schwere und oft tödliche Herzprobleme. Bei jedem Siebzehnten treten noch schrecklichere Symptome auf – Megacolon oder Megaösophagus.

Auch die Mumie des Ranchers, ein Mann Ende dreißig oder Anfang vierzig, hatte vor 1100 Jahren dieses Pech gehabt. Aller Wahrscheinlichkeit nach, vermutet Reinhard, wurde er von einer Raubwanze mit *Trypanosoma cruzi* infiziert, als er sich in einer Höhle schlafen gelegt hatte. Archäologen haben in Höhlen dieser Gegend alte Grasmatten gefunden, ein Beweis, dass frühe Wüstenbewohner dort ihr Nachtlager aufgeschlagen hatten. Wanzenarten mit einer Vorliebe für eine pflanzliche Umgebung dürften sich dort äußerst wohl gefühlt haben. Doch der arme Mann wusste nichts von alledem. Ebenso wird er sehr lange nicht gewusst haben, dass er ernsthaft erkrankt war – bis er sich eines Tages nicht mehr entleeren konnte und sein Bauch unaufhörlich anschwoll. Bald wird er Schmerzen gehabt haben, wenn er sich bewegte, und deshalb hatte er sich wohl den hirschledernen Riemen um den Bauch gebunden. Damit ließ sich das Gewicht abstützen, doch es brachte ihm sicher nur vorübergehend Erleichterung. Mit jeder Mahlzeit, die er zu sich nahm, wurde sein Bauch größer und härter, bis er sich schließlich nicht weiter dehnen konnte. Der Mann musste unter fürchterlichen Qualen gestorben sein. Irgendwann platzte der Darm vermutlich, so dass sich halb verdaute Nahrung in den Bauchraum ergoss und Bakterien das Blut überschwemmten.

Reinhard hatte wirklich Glück, denn die Forscher stoßen nicht allzu häufig auf eine Mumie mit fortgeschrittener Chagas-Krankheit wie in diesem Bilderbuch-Fall – und das hat zwei gute Gründe. Zum einen erreichten die Menschen in Lateinamerika früher selten ein mittleres Alter. Die meisten starben an Unterernährung und Lungenentzündung, an Durchfallerkrankungen oder Zahnabszessen, durch Würmer im Darm, wegen Komplikationen nach der Entbindung, bei Jagdunfällen oder Ähnlichem, ehe sie 40 Jahre alt waren. Das bedeutete, dass viele frühen mit *Trypanosoma cruzi* infizierten Amerikaner auf Grund anderer Ursachen starben, bevor der winzige Parasit ein lebenswichtiges Organ zu Grunde richten konnte. Der zweite Grund ist, dass die Krankheit bei drei Viertel der Infizierten keine anatomisch sichtbaren Symptome verursacht. Mit bloßem Auge betrachtet, sehen ihre Organe vollkommen normal aus.
Diese beiden Faktoren haben den Wissenschaftlern, die *Trypanosoma cruzi* epidemiologisch auf die Spur kommen wollten, lange das Leben schwer gemacht. Art Aufderheide ließ die Sache kei-

ne Ruhe. Als Pathologe hatte er seinen Arztkollegen jahrezehntelang bei schwierigen Diagnosen geholfen, und er hatte bei seinen Forschungsreisen selbst gesehen, wie viel Unheil *Trypanosoma cruzi* oft anrichtete. Also beschloss er, sich mit all seiner medizinischen Erfahrung darauf zu konzentrieren, wie man den mikroskopisch kleinen Parasiten bei Mumien nachweisen könnte. Am ehesten würde sich der winzige Einzeller bei Hunderten oder sogar Tausenden uralter Leichname wohl aufspüren lassen, erkannte er, wenn man auf der molekularen Ebene nach ihnen suchte. Der beste Ansatzpunkt wäre die charakteristische Proteinstruktur von *Trypanosoma cruzi*, also seine DNA. »Wenn es uns gelingt, die DNA dieses Erregers zu entschlüsseln«, erklärte er mir an einem Frühlingsmorgen in seinem Labor in Duluth, nachdem er aus Ägypten zurückgekehrt war, »können wir Chagas selbst dann eindeutig diagnostizieren, wenn keine anatomischen Merkmale vorliegen.«

Aufderheide wusste, dass dieser Ansatz durchaus zum Erfolg führen konnte. Einige Jahre zuvor hatten er und ein Kollege, der Biochemiker war, bahnbrechende Forschungsarbeit ähnlicher Art für einen Test auf das *Mycobacterium tuberculosis* bei Mumien geleistet. Doch er wusste auch, dass es nicht einfach werden würde. Humangenetiker bekamen für ihre Analysen normalerweise Gewebeproben von lebenden oder kürzlich verstorbenen Menschen. Ihre Tests waren für relativ lange DNA-Stränge ausgelegt, die durch den Verwesungsprozess kaum oder gar nicht beschädigt waren. »Das Problem bei alter DNA ist«, erläuterte Aufderheide, »dass sie in der Regel nur noch aus kleinen Stücken besteht. Die meisten Leute würden erst gar nicht den Versuch machen, die DNA zu entschlüsseln, wenn sie nicht mindestens 200 Basenpaare lang ist.« Solche Ansprüche konnte Aufderheide bei Mumiengewebe nicht stellen. Die Doppelspiralenstränge in den Zellen einer uralten Leiche sehen oft aus, als hätte man sie durch den Reißwolf geschickt.

Als Mitarbeiter konnte Aufderheide Felipe Guhl gewinnen, einen kolumbianischen Biologen, den er beim Mumienkongress in Cartagena kennen gelernt hatte. Guhl war Leiter eines DNA-Labors in Kolumbien und stark an Chagas interessiert. Er fand das Projekt hoch spannend und meinte, man müsse zuerst längere Segmente alter *Trypanosoma-cruzi*-DNA auftreiben, um zu sehen, ob es überhaupt durchführbar war. Aufderheide schickte dem kolumbianischen Forscher ein kleines Paket mit winzigen Stückchen Gewebe von Herz, Speiseröhre, Grimm-, Mast- und Krummdarm sowie Lunge, die er im Laufe der Jahre bei seinen Sektionen von südamerikanischen Mumien entnommen hatte. Im Frühjahr 1997 trug die enge Zusammenarbeit der beiden Wissenschaftler erste Früchte. Es war ihnen gelungen, bei einem Drittel der Herzproben und bei allen Proben von Speiseröhrengewebe einen kleinen, aber aussagekräftigen Abschnitt der *Trypanosoma-cruzi*-DNA zu entschlüsseln.

Damit war ein solides Fundament gelegt, doch der Test war bei weitem noch nicht empfindlich genug. Bei den wirklich winzigen DNA-Schnipseln von *Trypanosoma cruzi* – und mehr gab es bei vielen Mumien nicht zu holen – würde er mit ziemlicher Sicherheit nicht greifen. Aufderheide brauchte einen Test, der sich für solche Bruchstücke eignete. Wie es der Zufall wollte, experimentierte ein medizinisches Labor an der University of Minnesota, wo er arbeitete, gerade mit DNA neueren Datums. Der Leiter des Labors machte ihm das Angebot, ein aus 85 Basenpaaren bestehendes Segment alter *Trypanosoma-cruzi*-DNA zu suchen, was dem Team nach vielen vergeblichen Anläufen auch gelang. Doch Aufderheide war immer noch nicht zufrieden, denn für die praktische Arbeit war dieses Verfahren viel zu umständlich. Die Mumienforscher brauchten eine viel einfachere und schnellere Analysemöglichkeit – einen Molekulartest für solche winzigen Segmente. Damit konnten sie einen ganzen Schwung Proben von Mumiengewebe, vielleicht zwanzig, in ein paar Stunden durchtesten. Unter diesen Voraussetzungen wäre eine epidemiologische Studie auf diesem Gebiet möglich.

Aufderheide besprach die Sache mit dem Biochemiker Wilmar Salo, der sich bereit erklärte, es einmal zu versuchen. In seinem Labor trennte Salo mit Hilfe eines Enzyms ein kurzes DNA-Segment in der Mitte, so dass sich zwei Moleküle ergaben. Diesen Vorgang wiederholte er zwanzigmal, bis er am Schluss eine millionenfache Vergrößerung des DNA-Schnipsels hatte, die dann als Testmaterial diente. Für den Test selbst beschichtete Salo einen Objektträger mit Nitrozellulose, einem Material, das durch Behandlung von Zellstoff mit Salpeter- und Schwefelsäure entsteht. Anschließend gab er einen Tropfen mit der DNA einer Mumie hinzu, bei der bereits Chagas diagnostiziert worden war. Der Test klappte einwandfrei.

Die meisten Ärzte in den Industriestaaten denken, der Erreger *Trypanosoma cruzi* beschränke sich auf Lateinamerika, aber das trifft nicht zu. Millionen von Lateinamerikanern haben in den letzten Jahrzehnten in den USA und anderen Ländern Zuflucht vor Bürgerkriegen, Todesschwadronen und bitterster Armut gesucht. Viele von ihnen tragen *Trypanosoma cruzi* in sich. Nach Schätzungen auf Grund der Infektionsrate in ihren Herkunftsländern dürften allein in den Vereinigten Staaten etwa 370 000 Immigranten aus Lateinamerika mit dem Parasiten infiziert sein. Schlimm genug, aber die meisten wissen es nicht einmal. Kaum ein Arzt in den Industrieländern zum Beispiel zieht Chagas als mögliche Diagnose in Betracht. Kardiologen lassen das Blut ihrer Patienten höchst selten auf *Trypanosoma cruzi* untersuchen, wenn sie eine Herzschwäche feststellen. In der Regel gehen sie von einer Koronarerkrankung oder einer anderen Herzkrankheit als Ursache aus.
Doch nicht nur Migranten sind Keimträger. Im Süden der USA sind auch Raubwanzen häufig mit *Trypanosoma cruzi* infiziert und übertragen den Erreger immer wieder auf Menschen. In den 1970er Jahren nahmen Forscher Blutproben von 500 Personen, die im Tal des Rio Grande auf der texanischen Seite ansässig sind,

und untersuchten sie auf Antikörper gegen *Trypanosoma cruzi*. Ein positiver Befund bedeutete, dass der Betreffende bereits direkten Kontakt mit dem Erreger hatte. Jeder vierzigste Texaner wurde positiv getestet. Seit damals wurden bei den Gesundheitsämtern etwa ein halbes Dutzend »hausgemachter« Fälle von Chagas registriert. Doch die Forscher befürchten, dass dies nur ein Bruchteil der tatsächlich Infizierten in der Region ist und die Krankheit sich unerkannt ausbreitet. Die Unterkünfte der Wanderarbeiter unmittelbar nördlich der mexikanischen Grenze, die so genannten *colonias*, sind sehr einfach; Raubwanzen können sich in den notdürftig zusammengezimmerten Behausungen mit ihren vielen Spalten und Ritzen bequem einnisten.
Unwissentlich Infizierte stellen eine Gefahr für Blutbanken dar, denn dadurch findet *Trypanosoma cruzi* ungehindert seinen Weg in die Blutkonserven. Studien in Lateinamerika haben ergeben, dass jeder sechste Patient, der mit dem Erreger verseuchtes Blut erhält, sich auch infiziert – ein Risiko, das die Blutbanken in Nordamerika und Europa lange Zeit nicht erkannt haben; folglich unterblieben auch entsprechende Tests. In den USA wurden bereits vier Fälle bekannt, bei denen sich Patienten durch Bluttransfusionen mit Chagas infizierten. Einer von ihnen, ein 17-jähriger Junge, starb an Herzmuskelentzündung, nachdem er verseuchtes Blut bekommen hatte.
Anlass zur Sorge besteht vor allem deshalb, weil die Medizin kaum Möglichkeiten hat, diese Krankheit zu bekämpfen. Es gibt nur zwei Medikamente gegen den Erreger – Benznidazol und Nifurtimox. Beide haben schwere Nebenwirkungen, und es ist ungewiss, ob sie bei manifest gewordenen Infektionen überhaupt wirken. Gesundheitsexperten in Südamerika, wo Chagas die meisten Todesopfer fordert, hoffen, die Infektionskette von *Trypanosoma cruzi* nun mit vorbeugenden Maßnahmen unterbrechen zu können, und konzentrieren sich vor allem darauf, die strohgedeckten Lehmziegelhäuser wanzenfrei zu bekommen. Seit 1991 sind über zwei Millionen Häuser in ländlichen Regionen mit Insektiziden

eingesprüht worden, doch ob diese Maßnahme langfristig Erfolg bringen wird, weiß eigentlich niemand. Vor fast 50 Jahren startete die Weltgesundheitsorganisation (WHO) eine ähnliche Kampagne gegen Malariamücken. Mitarbeiter der Gesundheitsdienste sprühten Häuser und Brutstätten dieser Mücken in den Tropen mit DDT ein, und dadurch konnte ein Großteil der Insekten ausgerottet werden. Doch die Nachkommen derer, die den chemischen Angriff überlebten, sind gegen DDT und andere Insektizide resistent – eine schlimmere Situation als zuvor. Zusätzlich erschwert wird die Bekämpfung des Chagas-Erregers in Ländern wie Brasilien durch die drastischen Veränderungen, die sich dort vollziehen. Land suchende Siedler, die immer weiter in bislang unbewohntes Gebiet vordringen, die Wälder am Amazonas abholzen und niederbrennen, schaffen auch neuen Lebensraum für Raubwanzen und *Trypanosoma cruzi.*

Es wäre folglich für die Medizin äußerst wichtig, möglichst viel über den Parasiten herauszufinden. Also haben sich Aufderheide und seine Kollegen an die Arbeit gemacht und begonnen, die DNA südamerikanischer Mumien mit ihrem neuen Analyseverfahren zu testen. Die neuen Daten, so glauben sie, werden der Wissenschaft eine ganze Menge über den Ursprung von Chagas verraten. Nach der Theorie von Reinhard und anderen könnte die Infektionskrankheit erstmals im Zuge der Entwicklung des Ackerbaus in den Anden aufgetreten sein, als sich vor etwa 4000 bis 5000 Jahren herumziehende Familienverbände an den Ufern der Flüsse niederließen und mit dem Maisanbau begannen. Um die Felder bewirtschaften und die Ernte einlagern zu können, hatten die Familien Häuser gebaut und Dorfgemeinschaften gebildet; als Fleischlieferanten wurden Meerschweinchen gehalten. Diese geradezu paradiesischen Bedingungen – die neuen Häuser mit ihren Ritzen und Fugen, das reichhaltige Angebot an »Blutspendern« – dürften ganze Heerscharen von mit *Trypanosoma cruzi* infizierten Raubwanzen angezogen haben. Unter diesen Umständen sei es wohl nur eine Frage der Zeit gewesen, meinte Reinhard, bis der

Erreger in den menschlichen Blutkreislauf gelangte. »Vermutlich war Chagas eine beinahe zwangsläufige Folge der Besiedlung der Neuen Welt.«

Aufderheide möchte nicht nur dem Ursprung von Chagas auf die Spur kommen, er sucht auch nach Anhaltspunkten, wie man den todbringenden Parasiten unter Kontrolle bekommen könnte. Durch Erfassen der örtlichen und zeitlichen Verbreitung von *Trypanosoma-cruzi*-Infektionen hoffen er und andere Kollegen Rückschlüsse auf Anstieg und Rückgang der Chagas-Erkrankungen ziehen zu können. Ein plötzlicher Rückgang der Infektionsrate in einem Bereich des Verbreitungsgebietes von *Trypanosoma cruzi* könnte nämlich auf ein bislang unbekanntes Mittel gegen den Erreger – biologischer oder chemischer Art oder auch in Umweltfaktoren begründet – hindeuten, das die medizinische Forschung zu einer wirksamen Waffe weiterentwickeln könnte.

Es wäre nicht das erste Mal, merkte Aufderheide an, dass die historische Epidemiologie entscheidende Hinweise für neue Impfstoffe liefert. Der englische Forscher Keith Manchester zum Beispiel machte eine wichtige Entdeckung, als er die Entwicklung der zwei Infektionskrankheiten Lepra und Tuberkulose in vergangenen Jahrhunderten untersuchte. Manchester hatte anhand schriftlicher Berichte aus dem Mittelalter und der Renaissance ermittelt, wo und wann die beiden Krankheiten aufgetreten waren. Seine Diagramme ergaben einen klaren, umgekehrt proportionalen Zusammenhang. Als im 15. Jahrhundert die Tuberkulose in England zu wüten begann, ging die Zahl der Leprafälle drastisch zurück. Es stellte sich heraus, dass die Immunreaktion des Menschen auf Tuberkulose eine hemmende Wirkung auf den Lepra-Erreger hat und die Infektionsrate in einer Gemeinde dadurch sank. Andere Forscher hatten dies bereits vermutet, doch Manchester konnte den Zusammenhang höchst überzeugend beweisen. Ihm ist es zu verdanken, dass Ärzte in Indien und anderen Ländern heute einen abgeschwächten Stamm von Tuberkulose-Erregern als doppelte Waffe gegen Tuberkulose und auch Lepra einsetzen können.

»Unsere Arbeit hatte sich also gelohnt«, schloss Aufderheide. »Als wir erkannten, durch welche Einflüsse sich die Krankheitshäufigkeit änderte, fanden wir einen Weg, diese Erkenntnis mit Hilfe moderner Methoden praktisch zu nutzen.«
Aufderheide steht mit den Tests an mumifiziertem Gewebe aus seiner privaten Sammlung erst am Anfang, doch er ist überzeugt, dass solche uralten Gewebeproben ähnliche Offenbarungen bergen könnten. Und er ist nicht der Einzige. Beim Mumienkongress in Arica hatte ich noch jemanden kennen gelernt, der sich mit alten Krankheiten beschäftigt. Unterstützt von einem Team amerikanischer und ägyptischer Mediziner, untersucht die Forscherin Rosalie David derzeit Gewebe von ägyptischen Mumien auf Spuren zweier anderer todbringender Parasiten, *Schistosoma haematobium* und *Schistosoma mansoni*. Rosalie David schien von dieser Aufgabe fasziniert. Sie gab mir ihre Karte und meinte, ich solle mich doch einmal bei ihr melden. Wissbegierig, wie ich bin, beschloss ich, von ihrem Angebot Gebrauch zu machen.

Wir saßen in einem kleinen Restaurant auf dem Campus der University of Manchester. Rosalie David wischte mit einer energischen Handbewegung Brotbrösel von ihrem Rock, und die Gereiztheit nahm beiderseits spürbar zu. Nachdem ich wochenlang weder eine Antwort auf meine E-Mails bekommen hatte noch zurückgerufen worden war, hatte ich endlich ein Treffen mit der bekannten Ägyptologin vereinbaren können und war mit einem Notizblock voller Fragen nach Manchester geflogen. Doch kaum hatte Rosalie David ihr Mittagessen verzehrt und hastig ein Schälchen Karamellpudding, ihre Lieblingsnachspeise, gelöffelt, packte sie schon ihre Sachen zusammen und schützte andere Verpflichtungen vor. Offenbar hatte ich einen ganzen Kontinent und den Atlantik nur für ein einstündiges Mittagessen überquert. Es war zum Verrücktwerden, aber immerhin waren solche brüsken Abfuhren selbst für einige ihrer Kollegen nichts Neues. In meinem verzweifelten Bemühen, wenigstens noch fünf Minuten herauszuschinden, hielt ich der gehetzten Kellnerin eine Kreditkarte hin, als sie die Rechnung brachte. Meine Gesprächspartnerin schien nicht sehr erbaut von dieser Verzögerung. Sie saß da wie auf dem Sprung und verfolgte mit ihren blassblauen Augen jede ihrer Bewegungen.

Rosalie David ist Kustodin der Ägypten-Abteilung am Manchester Museum und Leiterin des dortigen Mumien-Forschungsprojekts. Weniger formell könnte man sie die Grande Dame der englischen Mumienforschung nennen, und wie alle großen Damen schien es auch sie wenig zu kümmern, was andere von ihr dachten. Sie bevorzugt bequem geschnittene geblümte Kleider und strapazierfähige dunkelblaue Kostüme. Ihr langes braunes, langsam ergrauendes Haar trägt sie zu einem Knoten aufgesteckt, und an dieser Frisur hat sie seit beinahe 30 Jahren nicht das Geringste geändert. Sie schminkt sich nicht und trägt keinen Schmuck außer dem Ehering. Selten sieht man sie lächeln oder gar lachen. In einer Menschenmenge würde sie vermutlich keine Blicke auf sich ziehen.

Doch das unscheinbare Äußere täuscht. Rosalie David gehört zu den klügsten Köpfe in der Ägyptologie und hat bereits mehr als 20 Bücher über das alte Ägypten und seine Mumien geschrieben. Schon mit sechs Jahren, als der Lehrer im Unterricht einmal eine Fotografie der berühmten Pyramiden von Abusir herumzeigte, fühlte sie sich davon magisch angezogen. Daheim verschlang sie alle Bücher über Ägypten, die ihr in die Finger kamen, und schließlich bewarb sie sich am University College in London um ein Stipendium für das prestigeträchtige Studium der Ägyptologie. Dort nahm man nur alle paar Jahre einen neuen Studenten der Ägyptologie auf, und in den 1960er Jahren wurde Rosalie David ausgewählt, die Tochter eines Schiffskapitäns aus Südwales. Glücklich und voller Begeisterung stürzte sich Rosalie in das Studium der Hieroglyphen und der ägyptischen Geschichte.

Als das Manchester Museum einen Ägyptologen suchte, nahm Rosalie David die Stelle an. Zwar wirkt der düster graue Steinbau eher wie eine Filmkulisse für die *Addams Family* als wie ein seriöses Forschungsinstitut, doch es besitzt eine hervorragende Sammlung ägyptischer Altertümer. Rosalie David beschloss, sich den Mumien zu widmen. Eines ihrer großen Vorbilder, Margaret Murray, hatte im Jahr 1908, unterstützt von einem wissenschaftlichen Team unterschiedlicher Disziplinen, zwei Mumien aus dem Museumsbestand seziert. Nur wenige englische Forscher hatten seither den Mut gehabt, mit naturwissenschaftlichen Methoden in den Elfenbeinturm der Ägyptologie einzudringen. Rosalie David fand, es sei Zeit für einen erneuten Vorstoß. Sie stellte ein Team aus medizinischen Spezialisten zusammen und suchte sich aus dem Bestand des Manchester Museums eine Mumie aus. Als diese Mumiensektion im Jahr 1975 zu einem Medienereignis wurde, reagierten viele ihrer Kollegen schockiert. »Sie dachten, ich wolle unbedingt ins Fernsehen«, schnaubte Rosalie David verärgert. Doch sie ließ sich von den Sticheleien nicht aus dem Konzept bringen, und die neuen Erkenntnisse, die sie durch diese Sektion und spätere Untersuchungen von Mumien mit Hilfe moderner bildgebender Verfahren und Gewebeanalysen gewann, motivierten eine ganze Reihe von Kollegen zu ähnlichen Projekten.

Seit damals hat Rosalie David zahlreiche Arbeiten über Mumien veröffentlicht, und vor sechs Jahren kam sie mit George Contis in Kontakt, dem Aufsichtsratsvorsitzenden der Medical Service Corporation International, einem amerikanischen Unternehmen der Gesundheitsbranche. Diese Firma unterstützt Regierungen in den Entwicklungsländern im Kampf gegen besonders gefährliche Parasiten. Contis schwebte damals ein neues Projekt vor. Seine Firma hatte in Ägypten gerade eine epidemiologische Studie zur Schistosomiasis abgeschlossen, und nun wollte er die beiden Erreger *Schistosoma haematobium* und *Schistosoma mansoni* bis in die ferne Vergangenheit erforschen lassen. Annähernd 200 Millionen Menschen weltweit werden jährlich von solchen Saugwürmern infiziert, etwa 20 000 von ihnen sterben. Es ging ihm zum einen um die geografische Verbreitung von *Schistosoma haemato-*

bium und *Schistosoma mansoni* in früherer Zeit, zum anderen um die Unterschiede bei der Infektionsrate von Männern und Frauen, Erwachsenen und Kindern. Solche Studien konnten Anhaltspunkte für neue Impfstoffe liefern.

Rosalie David fand die Vorstellung, dass die Forschung an Toten aus dem alten Ägypten greifbaren Nutzen für die lebenden Menschen bringen konnte, außerordentlich faszinierend. »Das Projekt gab uns Gelegenheit, den heutigen Menschen mit unserer Arbeit zu helfen, abgesehen davon, dass es eine hoch interessante Aufgabe war«, meinte Rosalie David. Sie wollte herausfinden, ob parasitäre Infektionskrankheiten wie die Schistosomiasis (Bilharziose) während politisch unsicherer Perioden in der altägyptischen Geschichte verstärkt auftraten. Außerdem hoffte sie, dass sich aus der Kombination von Ägyptologie und Medizin auch handfeste finanzielle Vorteile ergeben würden. Die allgemeine Begeisterung für Mumien bringt nämlich selten Geldquellen für die Forschung zum Sprudeln. Medizinische Studien schon.

Rosalie David war zuversichtlich, dass die Mumien aus dem Niltal viel über die Schistosomiasis zu erzählen haben würden, denn die Ägypter selbst hatten oftmals über ihre Symptome berichtet. Im berühmten Papyrus Ebers finden sich Beschreibungen altägyptischer Ärzte von einer Erkrankung, die den Urin bei Männern rot werden lässt, eines der Hauptsymptome im Frühstadium der Schistosomiasis. Es kam derart häufig vor, dass viele Menschen das Blut im Urin von Jungen damals für ein Zeichen hielten, dass sie erwachsen wurden, ähnlich der Menstruation bei Mädchen. Erst im 19. Jahrhundert gelang es Parasitologen in Ägypten, die tatsächliche Ursache herauszufinden. Im Jahr 1851 entdeckte ein junger Anatom und Pathologe, Theodor Bilharz mit Namen, am Hospital Kasr-el Aini in Kairo bei der Sektion eines Leichnams einen merkwürdigen weißlichen Wurm in der Pfortader. Es war das erste Mal, dass ein Mediziner auf den Parasiten *Schistosoma haematobium* stieß, und Bilharz war begeistert. Als er seinen Fund näher untersuchte, fiel ihm dessen eigenartige Anatomie auf, und darüber berichtete er seinem Mentor, dem berühmtem deutschen Zoologen Karl Theodor von Siebold in wunderbar ausführlichen Briefen. Er hatte in dem bleichen Wurm, stellte sich heraus, nicht einen, sondern zwei Lebewesen vor sich. Der lange, abgeflachte Organismus war das Männchen; das Weibchen, ein graues, fadenförmiges Gebilde, lag in einem Kanal, der den Körper des Männchens der Länge nach in zwei Hälften teilte. Dieser Laune der Natur verdankt der Parasit seinen Namen – *Schistosoma*, gespaltener Körper.

Durch die moderne Forschung haben wir viel über den Lebenszyklus dieses todbringenden Parasiten erfahren. Die Männchen wandern, während sie mit ihren jeweiligen Weibchen kopulieren, in immer kleinere Blutgefäße im menschlichen Darm oder der Blase. Bei jedem Zwischenstopp auf diesem Weg stößt das Weibchen durch Heben und Senken des Saugnapfs am hinteren Körperende eine Wolke winziger Eier aus – ganze 2000 täglich über einen Zeitraum von fünf Jahren. Rund die Hälfte dieser Eier werden mit Stuhl oder Urin ausgeschieden, sind also nicht mehr unmittelbar gefährlich. Doch die anderen, die sich in der Darm- und Blasenwand einnisten und kalzifizieren, richten enorme Schäden an. Schistosoma-Eier in den Harnwegen können zu Blasenkrebs, Nierenerkrankungen oder Leberversagen führen. Sitzen sie in der Darmwand, können tödliche Komplikationen bei Leber und Milz die Folge sein.

Wenn infizierte Menschen Bewässerungskanäle und Flüsse als Toilette benutzen, gelangen die Eier ins Wasser. In diesem neuen Medium entwickeln sie sich zu einer ersten Larvenform und begeben sich sofort auf die Suche nach ihren nächsten Wirten, Süßwasserschnecken dreier verschiedener Gattungen. Im Körper der Schnecken machen die Parasiten eine weitere Entwicklung durch. Jeder Einzelne produziert nun sage und schreibe 4000 neue Larven, und einen Monat später stürzt sich diese Armada wieder ins Wasser; dieses Mal sind Säugetiere das Ziel, insbesondere Menschen, die in dem verseuchten Wasser baden, schwimmen, fischen oder arbeiten. Es sind die Absonderungen der Haut von Menschen, die sie anziehen. Die mikroskopisch kleinen Würmer kriechen an den Haarfollikeln entlang, bis es ihnen schließlich gelingt, die Oberhaut zu durchstoßen. Dann werfen sie ihren Schwanz ab und schlängeln sich bis zum nächstgelegenen Blutgefäß, von wo aus sie in die Leber gelangen. Und dort beginnt der ganze Zyklus von vorne.

Trotz jahrzehntelanger Bemühungen hat die medizinische Forschung kaum Mittel und Wege zur Bekämpfung der Schistosomata gefunden. Weder gibt es einen wirksamen Impfstoff noch vollständige Heilung. Am besten hilft das Medikament Praziquantel, doch der Behandlungserfolg ist selten von langer Dauer. Kehren die Patienten zu ihrer Arbeit an den Bewässerungskanälen oder auf den Fischerbooten zurück, infizieren sie sich häufig von neuem. Überdies haben die Ärzte in letzter Zeit etwas höchst Beunruhigendes festgestellt: Der Parasit scheint gegen das Medikament allmählich resistent zu werden. »Wenn wir also herausfinden könnten, was mit dem Parasiten im Laufe der zurückliegenden Jahrhunderte geschehen ist«, meinte Rosalie David, »dann können wir möglicherweise sagen, wohin seine zukünftige Entwicklung geht oder was er aller Wahrscheinlichkeit nach tun wird, denn es ist ein sehr schlauer Parasit. Wir müssen Wege finden, ihn in seinen verschiedenen Entwicklungsstadien zu bekämpfen.«

Als erster wichtiger Schritt musste ein empfindlicher und preiswerter Test erarbeitet werden, mit dem sich der Parasit in mumifiziertem menschlichem Gewebe nachweisen ließ. Rosalie Davids medizinische Mitarbeiter beschlossen, sich dabei auf das Immunsystem zu konzentrieren. Wenn Schistosomata in den Blutkreislauf des Menschen gelangen, werden bestimmte Proteine gebildet, so genannte Antigene, die frei im Blut zirkulieren und eine Immunantwort auslösen. Durch Entwicklung einer Art Lackmus-Test auf diese Antigene konnten die Forscher mumifiziertes Gewebe jeden Typs untersuchen, das verfügbar war – also auch Haut, Hirn oder Lungengewebe –, und mussten sich nicht auf den

Harn- oder Darmtrakt beschränken, wo der Parasit sich einnistete. »Man braucht nicht mehr den Parasiten selbst suchen, denn die Immunantwort findet im gesamten Körper statt«, sagte Rosalie David.

Beim Mumienkongress in Arica hatte Rosalie David vom ersten großen Erfolg ihres Teams berichtet. Nach monatelanger Arbeit war es ihren Kollegen gelungen, bei den altägyptischen Mumien, die sie untersucht hatten, Schistosoma-Antigene nachzuweisen. Besonders ermutigend war das Testergebnis bei einer Probe von Lebergewebe einer 4000 Jahre alten Mumie gewesen. »Soweit ich weiß, wurde diese Methode zum ersten Mal für diesen speziellen Zweck eingesetzt«, bemerkte Rosalie David sichtlich stolz. Für groß angelegte Tests auf den Parasiten benötigten die Wissenschaftler jedoch etwas, das sehr schwer zu bekommen war: Gewebeproben, und zwar Tausende, von Mumien aus jeder Periode des alten Ägypten.

Vor dieser gewaltigen Aufgabe hätte vermutlich jeder andere kapituliert, nicht jedoch die Doyenne der englischen Mumienforschung. Rosalie David und ihre Kollegin Patricia Lambert-Zazulak entwickelten ein praktisches Konzept. Zuerst stellten sie eine Liste aller Sammlungen mit ägyptischen Mumien weltweit zusammen. Dann warb Patricia Lambert-Zazulak mit einem Brief bei allen Museen und Privatsammlern für ihr Projekt und bat um eine kleine Spende von Mumiengewebe. Diese Proben, mittels Endoskopie schonend von bereits freigelegten Organen gewonnen, sollten in einer neuen Gewebebank an der University of Manchester gelagert werden und allen Forschern weltweit zur Verfügung stehen. »Das Gute an diesen Gewebeproben ist, dass man sie nur einmal zu entnehmen braucht«, sagte Rosalie David. »Man muss also nicht immer wieder an den Mumien herumschneiden. Die Proben können jederzeit zu Studienzwecken genutzt werden.«

Das Ergebnis der Briefaktion war viel versprechend. »Viele der Ägypten-Sammlungen haben positiv reagiert, und ich glaube, es werden am Ende etliche hundert sein, die uns jeweils mehrere Proben überlassen. Das heißt, wir werden wahrscheinlich einige Tausend Gewebeproben zur Verfügung haben.« Dank einer solchen Gewebebank an der University of Manchester werden Rosalie David und ihre Kollegen die Frühgeschichte der Schistosomata in Ägypten nahezu 5000 Jahre zurückverfolgen können, und die gewonnenen Daten werden viele der von Contis formulierten Fragen beantworten helfen. Mit ähnlichen Studien könne man zukünftig auch vielen anderen Krankheiten auf die Spur kommen, meinte Rosalie David, die sich persönlich sehr für die historische Entwicklung der Malaria, eine der schlimmsten Tropenkrankheiten, interessiert. Jedes Jahr sterben eine Million Menschen an Malaria, und viele Experten befürchten, dass sich diese Zahl durch die globale Erwärmung noch erhöhen wird.

Als ich später unser Gespräch noch einmal Revue passieren ließ, erkannte ich allmählich, wie erstaunlich breit gefächert die Möglichkeiten waren, die Wissenschaftler wie Rosalie David und Art Aufderheide in ihrer Arbeit sahen. In Zukunft könnten sich die Forscher bei ihrem Kampf gegen alle Arten von todbringenden Krankheitserregern – von Viren bis zu Bakterien, von Rickettsien bis zu Amöben, von Pilzen bis zu Protozoen – an die mumifizierten Toten halten, um neue Waffen zu entwickeln. Eingeschlossen in ihren konservierten Körperzellen liegt ein erstaunliches molekulares Archiv der Krankheiten, ein historisches Protokoll der menschlichen Leiden, weit älter und weit umfassender als alles, was uns auf Reispapier, Papyrus, Tontafeln oder Stein überliefert ist. Schließlich kamen die Menschen erst vor 5000 Jahren auf die Idee, Dinge schriftlich festzuhalten, und die geschriebene Geschichte der Krankheiten ist äußerst dürftig.

In den kommenden Jahrzehnten, während wir uns eine neue durchtechnisierte Welt schaffen, ganze Regenwälder abholzen, Seen trockenlegen, unseren Müll in Flüsse und Meere kippen und die Erdatmosphäre mit unseren Abgasen belasten, werden wir ein solches Archiv dringend nötig haben. Wir werden die Welt verändern, bis wir sie nicht mehr wieder erkennen, gedankenlos Krankheiten Vorschub leisten, uralte, jahrtausendelang in Schach gehaltene Parasiten befreien – und einer Unzahl neuer, von ihnen verursachter Seuchen zum Opfer fallen. Das ist das eigentliche Wesen des Lebens, und Parasiten lechzen nach Leben. Dass sie uns krank machen, ist unvermeidlich. Und je mehr sich die Welt um uns herum verändert und weiterentwickelt, umso mehr werden wir die Hilfe der mumifizierten Toten brauchen, die unverändert in ihren Gräbern liegen.

DROGENBARONE

Ehe ich mich ernsthaft mit Mumien zu beschäftigen begann, hatte ich keinen einzigen der berühmten Mumienfilme aus Hollywood gesehen. Wie fast alle amerikanischen Teenager in den 1960er Jahren, war ich ein großer Fan von Gruselfilmen – je schlechter gemacht, umso besser gefielen sie mir – und ließ mir die schrecklichen Untaten von Werwölfen, Vampiren und wehrhaften Katzenfrauen nur selten entgehen. Doch obwohl ich die schaurige, düstere Atmosphäre dieser Filme sehr mochte – zumal man sich einen größeren Gegensatz zu meiner heiteren Jugend in einem Vorort kaum vorstellen kann –, hatte ich niemals das Vergnügen, Boris Karloff oder Lon Chaney junior von den Toten auferstehen und kraftlos über die Leinwand schlurfen zu sehen, gewickelt in Tücher, die verdächtig an zerschnittene Bettlaken erinnern. Als ich das gegenüber meinem Nachbarn Neil, einem Künstler und absoluten Filmfan, zufällig einmal erwähnte, bot er sofort an, mir bei der Beseitigung dieser Bildungslücke zu helfen. Neil sammelt alte Gruselfilme. Und so machte ich es mir zwei Wochen lang jeden zweiten Abend auf dem Sofa gemütlich und sah mir einen Mumienfilm an.

Im Großen und Ganzen fand ich die alten Filme von Universal Pictures ziemlich unterhaltsam, aber richtig gruselig waren sie nicht; vielleicht haben meine Erwachsenenaugen schon zu viel gesehen. Doch am meisten erstaunte mich, wie Hollywoods Drehbuchschreiber die Figur der Mumie ausgestalteten. Trotz ihrer ungewöhnlichen Kräfte – die todbringenden Umarmungen, die bemerkenswerte Fähigkeit, wesentlich agilere Opfer zur Strecke zu bringen – war die Mumie ein vollkommen in den Machenschaften der Lebenden verfangenes Geschöpf, ein übermenschliches und dennoch Mitleid erregend verletzbares Wesen. Ihr schwacher Punkt hatte mit Chemie zu tun, denn die Mumie war zwar stark, aber auch verrückt nach etwas, das man eigens für diesen Film erfunden hatte: Tana-Blätter. Der bandagierte Untote brauchte drei von diesen Blättern, um sein Herz in Gang zu halten, und neun Stück, damit der restliche Körper funktionierte, und selbst ein Hauch ihres Geruchs schien ihn vor Gier taumeln zu machen. Die Mumie auf der Leinwand war eindeutig ein Junkie.

Sein unersättlicher Hunger nach Tana-Blättern war zwar lediglich ein simples Mittel, um die Handlung voranzutreiben, doch es erinnerte mich an einen neuen Bereich der Mumienforschung. Seit Jahrzehnten fragten sich die Anthropologen, wann der Mensch anfing, hochwirksame pflanzliche Betäubungsmittel zu konsumieren, und unter welchen Umständen. Hatten die Bauern im Mittelmeerraum Opium zuerst als Arzneimittel ausprobiert, oder hatten sie es geraucht, um sich in einen angenehmen Dämmerzustand zu versetzen? Hatten die Inka-Herrscher alle Kokablätter für den eigenen Genuss reserviert, oder verteilten sie sie freigebig an ihre Untertanen, damit sie mehr arbeiteten? Ist Drogenabhängigkeit erst ein Übel unserer Zeit, oder war sie schon in ferner Vergangenheit ein soziales Problem? Alles hochinteressante Fragen, doch niemand wusste so recht, wie man den wahren Sachverhalt herausbekommen sollte. Bislang gab es nur einige indirekte Hinweise. In Griechenland zum Beispiel hatten Archäologen alte Krüge ausgegraben, die wie die Fruchtkapseln des Schlafmohns geformt waren, und Ägyptologen hatten Wandmalereien entdeckt, auf denen ägyptische Adelige Sträuße von narkotisierenden Pflanzen in den Händen hielten. Selbst Tutanchamun, der berühmte Kindkönig mit den schläfrig wirkenden Augen, war mit Schlafmohn und Mandragora abgebildet; die Früchte der letzteren liefern das betäubende Scopolamin. Unter dem Eindruck dieses Bildes entwickelte ein spanischer Forscher die Theorie, Tutanchamun sei ein ständig benebelter Süchtling gewesen und vollkommen in der Gewalt seines Dealers, des machtgierigen Wesirs, der Ägypten unter seine Kontrolle bringen wollte.

Aus Wandmalereien und Keramikgefäßen lässt sich natürlich viel herauslesen. Vielleicht nahmen sich die Töpfer damals einfach nur die Natur zum Vorbild, weil sie die Form der Mohnkapsel besonders schön fanden, und mehr nicht. Vielleicht wussten die altägyptischen Künstler, die die Wände der Gräber mit Malereien von narkotisierenden Pflanzen dekorierten, überhaupt nichts von deren verborgenen Kräften. Was Archäologen und Ägyptologen brauchten, war ein stichhaltiger, ein unwiderlegbarer Beweis für Drogenkonsum in der Antike, den sie notfalls bei Gericht vorlegen könnten, so sie denn wollten. Sie fanden ihn schließlich in einem Material, das lange vor ihren Augen gelegen hatte, in allen Museen der Welt: das Haar von Mumien.

Anfang der 1950er Jahre machte ein Team von amerikanischen Dermatologen, das die Nebenwirkungen von Phenobarbital erforschte, eine unerwartete Entdeckung. Als allgemein auf das zentrale Nervensystem wirkendes Beruhigungs- und Dämpfungsmittel wurde Phenobarbital häufig bei schweren Fällen von Epilepsie verschrieben, um die Anfälle abzuschwächen. Doch das Medikament hatte erhebliche Nebenwirkungen. Es war hochgradig Sucht erzeugend. Es konnte Halluzinationen und extreme Übererregung auslösen. Und gelegentlich führte es zu schmerzhaften Hautausschlägen mit großflächigen, schuppigen Flecken. Als die Dermatologen diese unerwünschten Wirkungen an Meerschweinchen erforschten, stellten sie fest, dass Spuren des injizierten Phenobarbital sich in den Haaren der Tiere ablagerten. Da die lebenden Haarwurzeln mit dem Blutkreislauf in Verbindung stehen, gelangen winzigste Mengen Phenobarbital auch in die Haarschäfte. Wenn sich das Haar auswächst, bleiben Moleküle des Arzneimittels wie Insekten in Bernstein darin eingeschlossen. Jedes Haar stellt also ein umfassendes Dokument des Medikamentengebrauchs über eine längere Zeitspanne dar.

Das Dermatologen-Team veröffentlichte seine Erkenntnisse, doch die Arbeit fand in den braven 1950er Jahren kaum Beachtung. Ein Vierteljahrhundert später allerdings, nach Woodstock und dem beginnenden Drogenkrieg, bekam sie eine ganz neue Bedeutung, und den Chemikern eröffnete sich ein weites Tätigkeitsfeld. Polizei und Justiz ebenso wie große Wirtschaftsunternehmen riefen nach Tests, um überprüfen zu können, ob Bewerber und Mitarbeiter Marihuana, Kokain oder Heroin konsumierten. Die Haare versprachen es zu verraten, denn eine fünf Zentimeter lange Strähne konnte über die persönliche Drogengeschichte der vergangenen fünf Monate Aufschluss geben. Mit einer Urinprobe ließ sich hingegen nur feststellen, was in den letzten paar Tagen stattgefunden hatte. Also begannen die Toxikologen Methoden für Haartests zu entwickeln, und 1999 waren sie bereits ein großes Geschäft geworden. Bewährungshelfer veranlassten Tests bei ihren Klienten, Krankenhäuser ließen ihr Personal, Banken ihre Wachleute überprüfen, und die Sittenpolizei nahm Haarproben von Verdächtigen. Anhand einer solchen Probe konnte sogar Marion Barry, dem früheren Bürgermeister von Washington, der Konsum von Kokain nachgewiesen werden. »Zum Drogentest neuerdings nicht mehr ins Bad, sondern zum Friseur«, ließen *U.S. News* und *World Report* ihre Leser wissen.

Zwischen solchen Drogengeschichten und der realitätsfernen Disziplin der Ägyptologie schienen Welten zu liegen. Doch Anfang der 1990er Jahre verfiel ein junger Biochemiker an der Universität München auf den Gedanken, die vor langer Zeit Dahingeschiedenen auf Drogen zu testen. Franz Parsche hatte sich bereits mehrere Jahre intensiv mit Mumien beschäftigt, die man in einer Nekropole aus römischer Zeit im östlichen Nildelta geborgen hatte, und praktisch alles untersucht, was es zu untersuchen gab – von der Art der Mumifizierung bis zu den Spurenelementen, die sich in ihrem verhärteten Zahnbelag fanden. Während er ihnen ein intimes Geheimnis nach dem anderen entlockte, wurde er immer neugieriger darauf, wie sie es damals wohl mit den Drogen gehalten hatten. In pharaonischer Zeit hatten die ägyptischen Kaufleute mit Vorliebe Samen von *Cannabis sativa* eingetauscht. Ihre asiatischen Nachbarn schätzten den Hanf wegen seiner Fasern, und auch die Ägypter scheinen ihn ähnlich genutzt zu haben. Sie dörrten die Pflanze und drehten die langen Fasern der Stängel zu robusten Schnüren oder Seilen. Aus fein zerstoßenen Pflanzenteilen stellten sie ein linderndes Augenwasser her, eine Anwendung, die sie sogar in medizinischen Papyri beschrieben. Doch alles andere – die Blüten und Blätter, getrocknet als Marihuana bekannt, und das dunkle Harz, aus dem Haschisch gewonnen wird – fand kaum jemals Erwähnung.

Parsche machte sich seine Gedanken darüber. Während er mit seinem Kollegen Wolfgang Pirsig in München an ägyptischen Mumien forschte, begann er sich nach Möglichkeiten umzusehen, wie man sie auf Drogen testen könnte, und seine Suche führte ihn schließlich zum Haartest. Immerhin gehört das Haar zu den Teilen des Menschen, die sich am längsten erhalten. Nur wenige Bakterien verfügen über die notwendigen Enzyme, um seine Proteine aufzuspalten. Deshalb haben viele Mumien noch Locken oder Zöpfe oder sorgsam gekämmtes Haupthaar; selbst bei Skeletten hängen gelegentlich einige grotesk wirkende Haarbüschel am Schädel und erinnern uns daran, dass es einmal ein Mensch aus Fleisch und Blut war. Dass sich Drogen in Haaren aus heutiger Zeit nachweisen lassen, war jedoch keine Garantie dafür, dass es auch bei uralten Haaren gelingen würde. Parsche wollte herausfinden, ob sich chemische Substanzen wie Tetrahydrocannabinol (THC), das wichtigste Alkaloid in Marihuana und Haschisch, jahrhunderte- oder gar jahrtausendelang im Haarschaft hielt. Also nahmen er und Pirsig Kontakt zu Svetlana Balabanova auf, einer Kapazität auf dem Gebiet der Haartests in Deutschland.

Als Toxikologin und Endokrinologin am Institut für Rechtsmedizin in Ulm hatte Svetlana Balabanova eng mit der Polizei zusammengearbeitet und zahlreiche Arbeiten über ihre Erfolge beim Nachweis von Haschisch, Kokain, Methadon, Koffein und Nikotin in menschlichem Haar veröffentlicht. Doch ihr Forscherdrang beschränkte sich keineswegs auf ihr relativ begrenztes Fachgebiet. Die äußerst selbstbewusste Wissenschaftlerin beschäftigte sich auch mit Sozialgeschichte und Anthropologie und schrieb gerade an einem Buch über die kulturelle Bedeutung des menschlichen

Haars, angefangen bei den kunstvollen Frisuren der berühmten Venusstatuetten des altsteinzeitlichen Europa bis zu den gegelten Stacheln der Punker von heute. Rundlich und kompakt, mit hohen slawischen Wangenknochen und warmen, haselnussbraunen Augen, das dunkle, kastanienbraune Haar straff aus dem Gesicht genommen, wirkt die aus ihrem Heimatland geflüchtete Bulgarin Anfang der sechzig nicht wie eine Forscherin.

Sie wusste nicht, ob sich Drogenmoleküle jahrtausendelang in menschlichem Haar erhalten konnten, hielt es aber für möglich. Ein paar Jahre zuvor hatte ein amerikanischer Kollege in einem Haar des berühmten englischen Dichters John Keats Spuren von Opium gefunden. Von Keats ist bekannt, dass er ein »Opium-Esser« war. Doch dass sich ein Opiat in einer Haarlocke hielt, die Verehrer des Lyrikers eineinhalb Jahrhunderte in liebevoller Obhut hatten, war eine Sache. Ob sich Spuren eines Betäubungs- oder Anregungsmittels auch in Haaren erhalten, die Tausende von Jahren in einem Wüstengrab den Elementen ausgesetzt waren, war etwas ganz anderes. Svetlana Balabanova mit ihrem rastlosen Forschergeist reizte es, dies herauszufinden. Sie hatte Lust auf ein wissenschaftliches Abenteuer. »Etwas Neues entdecken zu können«, erklärte sie mir, »ist immer sehr verlockend.«

Dergestalt ermutigt, begannen Parsche und Pirsig mit Genehmigung der zuständigen Behörde in München Mumienhaar zu sammeln. Es kamen über 80 Haarproben von ägyptischen und peruanischen Mumien zusammen, zwischen 500 und 3000 Jahre alt. Parsche und Balabanova einigten sich darauf, nach drei Substanzen zu fahnden: THC, Kokain und Nikotin. Eine durchaus logische Wahl, denn Tabak wie Koka waren Pflanzen der Neuen Welt und im Inkareich wohl bekannt. Damals steckten Trauernde dem Verstorbenen häufig Beutel mit Tabak- oder Kokablättern als kleine Gabe für das Jenseits ins Leichentuch. Die Tests würden vielleicht auch eine Geschichte klären helfen, die seinerzeit erhebliche Aufregung verursachte. Im Jahr 1975 hatten französische Wissenschaftler bei Ramses II., einem der bedeutendsten ägyptischen Pharaonen, im Bauchraum Bröckchen von braunen Blättern entdeckt, die verdächtig nach Tabak aussahen. Unter dem Mikroskop betrachtet, war das Zellbild dem von Tabak sehr ähnlich, und chemische Tests wiesen Moleküle von drei verschiedenen Substanzen nach; eine davon war Nikotin. Interessanterweise fand das französische Team auch winzig kleine tote Larven in den Leinenbandagen. Sie stammten von *Lasioderma serricorne*, sehr treffend auch Zigarettenkäfer genannt, der sich gerne an eingelagerten Tabakblättern und anderen getrockneten Pflanzen gütlich tut. Die Ägyptologen hatten den Fund jedoch als bedeutungslos gewertet und behauptet, es müsse sich um Brösel handeln, die einem pfeiferauchenden Ausgräber oder Museumskurator aus dem Tabakbeutel gefallen seien.

Es war vereinbart worden, dass die Münchner Mumienproben auf THC, Kokain und Nikotin untersucht werden sollten. Zuerst wusch Balabanova die Proben mit destilliertem Wasser und Äthylalkohol. Dann zerrieb sie die Haare zu feinem Pulver und löste auf chemischem Weg die in den Haarschäften verbliebenen Moleküle. Anschließend fügte sie der Lösung mit einem bestimmten Isotop markierte Antikörper hinzu, das heißt, sie führte einen so genannten Radioimmuntest durch. Antikörper werden vom menschlichen Immunsystem gebildet, um potenziell gefährliche körperfremde Substanzen zu bekämpfen und unschädlich zu machen. Sie stellen ein sehr spezifisches Abwehrmittel dar. Ein Kokain-Antikörper zum Beispiel reagiert nur auf Kokain-Moleküle, die er sich mit unheimlicher Zielsicherheit sucht. Um festzustellen, ob die Antikörper an ihren jeweiligen Zielen angedockt hatten, maß Balabanova die Isotopen mit einem Instrument ähnlich einem Geiger-Zählrohr.

Nach diesem ersten Durchgang ermittelte sie für jede Substanz die Zahl der Treffer. Dann analysierte sie zur Überprüfung der Ergebnisse jede Probe erneut mit Hilfe der so genannten Gas-Chromatographie oder Massenspektrometrie, einer Methode, die häufig zur Identifikation von Bestandteilen unbekannter Gemische eingesetzt wird. Dazu pulversierte Balabanova wieder einen kleinen Teil jeder Haarprobe und löste anschließend auf chemischem Weg die Moleküle heraus. Die daraus entstandene Flüssigkeit injizierte sie mit einer Art Spritze in ein langes, schmales Röhrchen in einem backofenähnlichen Apparat. Mit steigender Temperatur im Innern verdampften die einzelnen Komponenten in der Flüssigkeit entsprechend ihrer jeweiligen Volatilität, und dadurch ergab sich ein charakteristisches Muster, eine Art Fingerabdruck. Diese »Fingerabdrücke« verglich Balabanova anschließend mit den bekannten Mustern von Kokain, Nikotin und THC.

Die Ergebnisse waren höchst überraschend. In den Mumienhaaren aus Ägypten fand sich nicht nur THC, sondern auch Kokain und Nikotin. Die Haare aus Peru enthielten Kokain, Nikotin und winzige Spuren von THC. Das konnte eigentlich nicht stimmen, denn wie hätten Ägypter und Peruaner in grauer Vorzeit, durch Tausende von Kilometern unbekannter Meere getrennt, diese Drogen untereinander tauschen können. Die jüngste ägyptische Mumie war vor 1600 Jahren ins Grab gelegt worden, ein volles Jahrtausend, ehe Christoph Kolumbus von Spanien aus Richtung Westindien gesegelt war und damit die erste Handelsroute über den Atlantik erkundet hatte. Zwar hatten etliche Forscher, wie der norwegische Abenteurer Thor Heyerdahl, Theorien über frühere Überquerungen des Ozeans aufgestellt, doch sie galten bei den Wissenschaftlern als Spinner.

Balabanova wiederholte die Tests, überprüfte die Ergebnisse drei- bis viermal, wie sie erzählte. Jedes Mal rechnete sie damit, auf einen Fehler zu stoßen, irgendeine Quelle von Verunreinigung, doch es hatte alles seine Richtigkeit. Deshalb dachte sie, dass vielleicht mit den Proben selbst etwas nicht stimmte, und besorgte sich Haare von auf natürliche Weise mumifizierten Toten, die kürzlich in der Region von Sayala im nördlichen Sudan, einst zu Ägypten gehörend und Teil des Römischen Reichs, gefunden worden waren. Bei fast 80 Prozent dieser Mumien konnte Kokain und Nikotin nachgewiesen werden. Balabanova konnte machen, was sie wollte; an den Ergebnissen war offenbar nicht zu rütteln.

Andere Forscher wären sehr versucht gewesen, solche Resultate unter den Tisch fallen zu lassen. Nicht so Balabanova. Sie war überzeugt, dass sie eine wichtige Entdeckung gemacht hatte, und sie hasste es, wenn die Wahrheit vertuscht wurde. Während ihrer Kindheit in Sofia hatte sich ihr Vater, ein Schriftsteller, den sie ungeheuer bewunderte, mehrmals öffentlich zu Wort gemeldet und die kommunistische Partei kritisiert. Nach dem Zweiten Weltkrieg, als die Kommunisten an die Macht kamen, war er verhaftet und ins Gefängnis gesteckt worden. Die Familie war vollkommen mittellos in die Tschechoslowakei geflüchtet, und als 1968 sowjetische Panzer in Prag einrollten, packte Svetlana Balabanova wieder ihre Koffer und floh nach Deutschland. In der Tschechoslowakei konnte und wollte sie nicht länger bleiben. »Ich bin dazu erzogen worden, die Wahrheit zu sagen«, erzählte sie mir. »Vermutlich ist es eine Frage der Lebensphilosophie. Es gibt Menschen, die einfach mit dem Strom schwimmen, und es gibt Menschen, die sich, ungeachtet aller Kritik, ihren eigenen Weg suchen.«

Also entschieden sie und Parsche, ihre Testergebnisse zu veröffentlichen, hielten sich in ihrem Bericht jedoch strikt an die Tatsachen. Zum Beispiel lieferten sie in ihrem Brief an den Herausgeber des *Lancet* keinerlei Erklärung dafür, wie die Drogen in das jeweilige Land gekommen sein könnten, noch stellten sie Vermutungen über einen frühen Interkontinentalhandel an. Doch die Leser des *Lancet* hatten wenig Mühe, die einzelnen Fakten miteinander zu verknüpfen. Ihnen war sofort klar, worauf diese Arbeit hinauslief. »Hatte Thor Heyerdahl Recht mit seiner These, dass die alten Ägypter nach Südamerika segelten?«, schrieb ein Leser überschwänglich. »Kehrten sie mit Tabak und Kokablättern nach Hause zurück? Gab es bereits einen internationalen Drogenhan-

del, bei dem Haschisch gegen Kokain und Tabak getauscht wurde? Gab es schon damals Drogenbarone?«
In Zeitungs- und Zeitschriftenverlagen rieben sich die Redakteure erfreut die Hände und lockten die Leser mit Schlagzeilen wie »Bekifft wie ein Ägypter«, veranschaulicht durch Illustrationen von Mumien, die an einem Joint zogen oder sich einen Schuss setzten. Beim englischen Fernsehkanal Channel Four begann man eiligst für eine neue Dokumentation mit dem Titel *Das Geheimnis der Kokain-Mumien* zu recherchieren. Unter den eher nüchternen Wissenschaftlern überwog die Skepsis. »Dass die Geschichte des Tabak eine andere ist als bislang bekannt, halte ich für sehr unwahrscheinlich, denn dann wüssten wir mehr darüber«, erklärte Sandra Knapp, Botanikerin am Natural History Museum in London, vor laufenden Fernsehkameras. »Genussmittel wie Tabak verschwinden nicht einfach oder werden lange Zeit geheim gehalten.« Gleichermaßen skeptisch zeigte sich der Ägyptologe John Baines von der Oxford University, als er von Channel Four interviewt wurde. »Der Gedanke, dass die Ägypter nach Amerika gesegelt sein sollen, ist vollkommen absurd. Ich kenne keinen einzigen seriösen Ägyptologen, Anthropologen oder Archäologen, der das ernsthaft in Betracht zieht.«

Ich selbst hörte von dieser Kontroverse erst beim Mumienkongress. Weder hatte ich den Dokumentarfilm auf Channel Four gesehen, in dem Balabanovas Untersuchungen ziemlich positiv dargestellt worden waren, noch die reißerischen Artikel gelesen, doch in Arica wurde, wenn man entspannt beim Cocktail zusammensaß, viel darüber gesprochen. Keiner wusste so recht, was er von ihren Erkenntnissen halten sollte oder wie sie zu ihren Ergebnissen gekommen war, und ihre Abwesenheit machte es nicht gerade besser. Die Toxikologin aus Deutschland hatte ihre umstrittenen Befunde noch auf keinem Mumienkongress präsentiert. Trotz allem Gerede beschloss ich jedoch, die Sache unvoreingenommen weiterzuverfolgen. Ich wusste, dass die alten Ägypter keineswegs die unfähigen Seefahrer gewesen waren, als die viele sie hinstellten. Ich hatte vor einigen Jahren über den Weihrauchhandel im Nahen Osten geschrieben und dabei festgestellt, wie wagemutig die Erbauer der Pyramiden sein konnten, wenn es sie nach Luxusgütern verlangte.

Vor etwa 3900 Jahren zum Beispiel entwickelte der ägyptische Pharao Sesostris I. einen genialen Plan, um an das kostbare goldgelbe Harz namens Weihrauch zu kommen. Bei seinen Untertanen stand der Weihrauch hoch im Kurs. Sie verbrannten kleine Bröckchen, um Wohlgeruch zu verbreiten, und die verkohlten Reste wurden gemahlen und zu Khol, dem Eyeliner der Antike, verarbeitet. Doch leider war Weihrauch äußerst rar, und die Bäume, deren harzige Tränen so begehrt waren, wuchsen nirgendwo in Sesostris' Reich. Vielmehr kam der beste Weihrauch aus einem Land, das die Ägypter Punt nannten. Kenner der Materie nehmen an, dass es sich um das heutige Oman an der Südostküste der Arabischen Halbinsel handelt. Von dort gelangte das kostbare Harz über zahlreiche Zwischenhändler auf dem Landweg nach Norden, nach Palästina und Ägypten.

Als kluger Geschäftsmann suchte Sesostris nach einem Weg, diesen Zwischenhandel zu umgehen. Er befahl seinem Wesir, eine Flotte von Holzschiffen bauen zu lassen, und sie sollten stabil genug sein, um mit ihnen das oft stürmische Rote Meer befahren zu können. Der Wesir beorderte ein kleines Heer von Arbeitern in die Stadt Koptos am Nil, und nach monatelangem Planen, Sägen und Zurechtschneiden waren die Schiffe endlich fertig gestellt; nur die steinernen Anker fehlten noch. Dann ließ der Wesir sie von seinen Männern wieder auseinander nehmen, Planke für Planke, und schließlich machten sie sich mit Tonnen von Zedernholz auf die lange Reise an die Küste des Roten Meeres. Mehr als 100 Kilometer schleppten sie die zerlegten Schiffe durch dürre Wüste und über Bergpässe. An der Küste angelangt, mussten die Männer die Schiffe erneut zusammenbauen, und es fanden sich Handwerker aus der Gegend, die aus Steinblöcken von einer

Vierteltonne die noch fehlenden Anker fertigten. Dann nahmen sie Kurs auf Arabien.

Als die Flotte hoch beladen mit Weihrauch und vielen anderen kostbaren Dingen zurückkehrte, befahl Ameni, der Stellvertreter des Wesirs, die Schiffe wieder zu zerlegen, denn sie sollten nicht als leichte Beute für Diebe liegen bleiben. Die steinernen Anker jedoch waren zu schwer, als dass man sie nach Hause hätte mitnehmen können. Deshalb ließ Ameni die Anker zum Gedenken an die erfolgreiche Handelsexpedition über dem Hafen am Roten Meer aufstellen und einen Bericht über ihre Reise in den Stein ritzen; ihn entdeckten Archäologen in den 1970er Jahren. Dann schleppten Amenis Männer, in endlos langer Reihe wie eine Kolonne Ameisen marschierend, die zerlegten Schiffe wieder durch die glühend heiße arabische Wüste. »Die Beduinen werden sich verwundert die Augen gerieben haben, als sie diese Kerle mit Schiffsplanken auf dem Rücken vorbeimarschieren sahen«, meinte Juris Zarins, Archäologe an der Southwest Missouri State University und Experte für den frühen Weihrauchhandel, bei unserem Gespräch. »Es wird immer behauptet, dass die alten Ägypter von der Seefahrt keine Ahnung hatten. Das ist einfach Quatsch.«

Aber hätten sie den ganzen Atlantik überqueren und bis nach Südamerika gelangen können? Ein paar Enthusiasten halten es für möglich. Der Weltenbummler Thor Heyerdahl fand gewisse Ähnlichkeiten zwischen den alten Hochkulturen in Südamerika und am Nil. Beide, schrieb Heyerdahl in seinem 1970 erschienenen Bestseller *Expedition Ra*, errichteten aus behauenen Steinen riesige Stufenpyramiden, besaßen eine Hieroglyphenschrift und legten gepflasterte Straßen an. Den Anstoß dazu hätten sehr wahrscheinlich die Ägypter gegeben, meint Heyerdahl, als sie vor tausend Jahren in ihren Booten aus Schilfrohr nach Amerika gesegelt seien. Um diese These zu beweisen, bauten der sportliche Norweger und seine Freunde ein Schilfboot ähnlich denen, die auf Reliefs in ägyptischen Tempeln zu sehen sind, und nannten es *Ra*, nach dem altägyptischen Sonnengott, der alles erschaffen hat.

Dann luden sie Proviant und segelten von Marokko aus über den Atlantik, erlitten allerdings unweit der karibischen Inseln Schiffbruch.
Heyerdahls Expedition lieferte zwar reichlich Stoff für ein fesselndes Abenteuerbuch, doch von Seefahrerromantik und Spannung einmal abgesehen, taugte es kaum als Beweis dafür, dass die Ägypter jemals eine solch gefahrvolle Atlantiküberquerung unternommen hatten. Gemütlich an der Küste des Roten Meeres entlangzusegeln, wie Sesostris' Männer auf der Suche nach einem wohl bekannten und hoch geschätzten Luxusartikel, war eine Sache. Doch auf gut Glück Kurs auf eine vollkommen unbekannte Welt zu nehmen, das Mittelmeer und den Atlantik zu überqueren, war etwas ganz anderes. Nirgendwo berichteten die Ägypter von einem Handel mit den exotischen Gütern Koka und Tabak, und in keinem Tempel oder Grab fanden sich Bilder dieser Pflanzen – sehr verwunderlich für ein Volk, das seine Erfolge sonst in allen Einzelheiten festhielt. Als ägyptische Kaufleute in der Regierungszeit von Königin Hatschepsut ganze Myrrhensträucher von ihren Reisen mitbrachten, ließ die beglückte Regentin diese exotischen Gewächse wie auch ihre Überbringer an den Wänden ihres Tempels in Reliefs verewigen.
Außerdem gab es für Atlantiküberquerungen in der Antike so gut wie keine konkreten Anhaltspunkte. In keinem der größeren Häfen entlang der mutmaßlichen Mittelmeerroute, insbesondere an der spanischen Küste, dem Sprungbrett nach Amerika, fanden die Archäologen eindeutige Beweise, dass die alten Ägypter jemals hier gewesen waren; ebenso wenig auf dem amerikanischen Kontinent. Stufenpyramiden und Hieroglyphenschrift hatten sich im Laufe der Zeit unabhängig voneinander in Ägypten und Amerika entwickelt. Die gepflasterten Straßen der Inka waren anders ausgeführt als bei den Ägyptern. »Wissenschaftlich lassen sich Handelsbeziehungen zwischen dem Andenreich und dem alten Ägypten nicht erhärten«, sagte Baines. »Es gibt keinerlei konkrete Hinweise. Die Römer mit ihren wesentlich größeren Ressourcen und

Kenntnissen in Geografie wussten nichts vom amerikanischen Kontinent. Dass eine frühere und weiter entfernte Kultur davon Kenntnis gehabt haben soll, ist eine höchst unwahrscheinliche Hypothese.«

Doch Balabanova beharrt auf ihrer Meinung, und ihre unnachgiebige Haltung hat in Anthropologen- und Ägyptologenkreisen zu gewissen Irritationen geführt. Einige Forscher, darunter auch Eugen Strouhal, ein bekannter tschechischer Paläopathologe, der häufig in Ägypten arbeitet und gemeinsam mit Balabanova einen Fachaufsatz veröffentlicht hat, scheinen sich von der Sache distanzieren zu wollen. »Zur Korrektheit der Ergebnisse bezüglich verschiedener Substanzen [Nikotin, Kokain etc.], die sie gefunden hat, kann ich nichts sagen«, schrieb Strouhal in einer E-Mail, »und da ich kein Experte für Drogen bin, gebe ich keinen Kommentar zu ihren Interpretationen ab.« Und Balabanovas engster Mitarbeiter, Franz Parsche, konnte auch nichts mehr zu ihrer Verteidigung vorbringen. Er kam 1995 bei einem Unfall ums Leben.

Balabanova scheint sich ihrer Sache trotz aller Einwände sicher. Selbst wenn andere versuchten, ihre Glaubwürdigkeit als Wissenschaftlerin zu erschüttern: die chemischen Analysen hätten zweifelsfrei ergeben, argumentiert sie, dass die Ägypter Tabak und Kokain erworben und die Südamerikaner Haschisch ausprobiert hätten. Die Toxikologin ist nach wie vor überzeugt, dass ihre Testergebnisse hundertprozentig stimmen und die anderen sich irren müssen. »Auf Neues reagieren die Leute anfangs immer negativ«, meinte sie mir gegenüber, »und genauso ist es in diesem Fall. Mit der Zeit wird sich das ändern.«

Für Larry Cartmell in seinem Labor in Ada, Oklahoma, waren Balabanovas Befunde ein Rätsel, dem er unbedingt auf den Grund gehen wollte. Cartmell, als Pathologe am Valley View Hospital in Ada tätig, führte bereits seit 1990 Tests an Mumienhaaren durch. Er war sogar der Erste gewesen, der bei Mumien Drogen nachgewiesen hatte, was jedoch weder Parsche noch Balabanova wussten, als sie mit ihrer Arbeit begannen. Im Jahr 1991 hatte Cartmell im Haar südamerikanischer Mumien Kokain gefunden und seinen Aufsatz sofort bei einer kleinen medizinischen Zeitschrift in Oklahoma in Druck gegeben. Er befürchtete – zu Recht, wie sich herausstellte –, dass ihm jemand zuvorkommen könnte, wenn er zuerst abwartete, ob eines der bekannten amerikanischen oder internationalen Fachblätter ihn annahm. Seither sind Haartests Cartmells Lieblingskind, und es geht ihm sehr gegen den Strich, dass zwei *Karrieristen* in Deutschland sie in Verruf bringen.

Der kräftige Mann mit dem runden, geröteten Gesicht, das ständig zu lachen scheint, und diesem lauten Auftreten, bei dem sich unwillkürlich alle umdrehen, stand die meiste Zeit des Lebens nicht gerade auf der Sonnenseite. Auf einer Farm in der staubtrockenen Prärie von Oklahoma aufgewachsen, knapp ein Jahrzehnt, nachdem in den Turbulenzen der Weltwirtschaftskrise der halbe Bundesstaat Bankrott gegangen war, hatte er oft davon geträumt, als Entdecker untergegangener Städte in den südamerikanischen Anden berühmt zu werden, in Troja oder Mykene Goldschätze auszugraben. Später, an der Universität, hatte er zuerst vorgehabt, ein richtiges Archäologiestudium zu absolvieren, doch dann lernte er bei einem Nebenjob als Putzmann zufällig einen arbeitslosen Archäologen kennen, der sich auch nur mühsam über Wasser halten konnte. Das war es nicht, was Cartmell vorschwebte. Kurz darauf schrieb er sich an der medizinischen Fakultät ein. Dass er Pathologe wurde, bedeutete jedoch keineswegs das Ende seiner Kindheitsträume; sie wurden nur für einige Zeit auf Eis gelegt. Er sah sich, bereits jenseits der vierzig, im Fernsehen jeden Dokumentarfilm über Stonehenge, die Osterinseln und die ägyptischen Pyramiden an und investierte seinen Sommerurlaub, um unentgeltlich bei Grabungen mitzuhelfen.

Einmal fuhr er mit einer Earthwatch-Gruppe nach Arica, wo zu dieser Zeit Art Aufderheide und seine Frau Mary arbeiteten. Cartmell assistierte eine Woche lang bei der Sektion von Mumien, und als er wieder zu Hause war, begann er zu überlegen, wie auch er sich einen Namen als Mumienexperte machen könnte. Dabei kam ihm die Idee mit den Haartests. Aufderheide überließ ihm Proben aus seiner Sammlung von Mumiengewebe aus Südamerika, an denen Cartmell seine ersten Tests auf Kokain durchführte. Bei einem Viertel der Proben ergab sich ein positiver Befund. Daraufhin sandte er das Material an zwei Speziallabors, um die Ergebnisse überprüfen zu lassen. Sie bestätigten seine Feststellungen, die bei den südamerikanischen Archäologen großen Anklang fanden. Cartmells Studie untermauerte nämlich, was viele Anden-Experten schon seit langem vermuteten: dass der Konsum von Kokain im präkolumbischen Südamerika weit verbreitet war. Auf Grund dieser überzeugenden Arbeit wurde Cartmell regelmäßig zu Mumienkongressen und Tagungen von Paläopathologen eingeladen. Mit seinem unverwüstlichen Humor und seiner offenen Art, nicht zuletzt auch seinem Drang, von allen geliebt und akzeptiert zu werden, brachte er immer Leben in die Runde. »Es macht richtig Spaß, mit diesen Leuten zu arbeiten«, erzählte er mir. »Ich kenne sie ja praktisch schon aus den Filmen von Discovery Channel. Es ist toll, dass ich hierher kommen und mit einem von ihnen ein Referat halten kann.«

Als Cartmell von Balabanovas Befunden an ägyptischen Mumien hörte, erschienen sie ihm ziemlich unglaubwürdig. Ganz abgesehen von der Frage, ob die alten Ägypter wirklich den Atlantik überqueren konnten, fand er die Ergebnisse auch vom Testverfahren her recht zweifelhaft. »Sie hat in praktisch allen Proben Spuren von Drogen gefunden – Haschisch, Kokain und Nikotin«, erklärte er mit entrüsteter Stimme. »Die Leute müssen früher ständig stoned gewesen sein. Ich kann mir nicht vorstellen, dass sie da Schiffe bauen konnten, um nach Amerika zu segeln. Was meinen Sie, was mir ein Richter heute erzählen würde, wenn ich ihm solche Befunde vorlege?«

Cartmell wollte die Tests wiederholen, um zu sehen, ob er zu dem gleichen Ergebnis kam. Dazu benötigte er jedoch eine gewisse

Menge an Haarmaterial aus dem alten Ägypten, am besten von denselben Mumien, deren Haare auch Balabanova getestet hatte. Er schrieb der Toxikologin in Deutschland einen Brief mit dem Vorschlag, dass sie ihr Material doch austauschen könnten. Es kam keine Antwort. Mir gegenüber sagte Balabanova später, sie habe den Brief nie erhalten.

Doch Cartmell ließ sich nicht entmutigen; er hatte noch ein zweites Eisen im Feuer. Art Aufderheide hatte ihm angeboten, er könne nach Ägypten kommen und sich Material von ihm holen, und dieses Angebot nahm Cartmell gerne an. Als er mit einem ganzen Karton voller Haarproben, verpackt in kleinen Plastikbeuteln, wieder zu Hause in Oklahoma war, machte sich der Pathologe so bald wie möglich an die Arbeit und verbrachte seine freien Tage damit, die Haare auf Kokain und Nikotin zu testen – und auf Opium. Einige Ägyptologen vermuteten nämlich, dass diese Droge im alten Ägypten als Arzneimittel eingesetzt wurde. Ebenso wie Balabanova benutzte Cartmell für seine Drogentests markierte Antikörper und bedampfte die Proben, um ihren molekularen Fingerabdruck zu bekommen. Er spülte jede Haarprobe zuerst mit destilliertem Wasser und bewahrte die Flüssigkeit auf, um sie auf Verunreinigungen zu untersuchen.

Der Pathologe konnte in den Haaren keinerlei Spuren von Kokain finden, ebenso wenig von Opium. Bei Nikotin jedoch ergab sich in nahezu drei Vierteln der Proben ein positiver Befund, was Cartmell sehr überraschte. Er hätte nie gedacht, dass seine Tests Balabanovas Ergebnisse bestätigen würden, und an frühe interkontinentale Handelsbeziehungen glaubte er ohnehin nicht. Die Befunde machten ihm reichlich Kopfzerbrechen. Wie waren die alten Ägypter bloß zu dem Nikotin gekommen?

Nicotiana tabacum oder Virginischer Tabak ist eine erstaunliche Pflanze. Die groß wachsenden Arten lassen ein Tabakfeld wie einen Miniwald wirken; ihre Stängel werden bis zu zwei Meter hoch, die Blätter haben fast die Größe eines Handtuchs. Die klein-

wüchsigen Sorten tragen Blätter, die kaum länger sind als ein Zeigefinger. Durch jahrhundertelange Pflanzenzucht wurde *Nicotiana tabacum* den unterschiedlichsten Klimaverhältnissen angepasst, so dass Tabak heute in Indonesien und Kanada ebenso zu finden ist wie in Jugoslawien oder Kamerun. Und jahrhundertelanges Experimentieren in der Verarbeitung hat auch sehr verschiedene Geschmacksrichtungen hervorgebracht – von der kraftvollen, würzigen Havanna-Zigarre bis zur prickelnd leichten Virginia Slim. Doch *Nicotiana tabacum* ist nicht der einzige Nikotinlieferant. Chemische Studien haben ergeben, dass die Blätter von mehr als 50 anderen Pflanzen aus der Familie der Nachtschattengewächse ebenfalls Nikotin enthalten.
Die Tabakpflanze ist zwar im tropischen und subtropischen Amerika heimisch, doch kürzlich entdeckte ein Forscher der Universität München ein Mitglied dieser Familie – *Nicotiana africana* – im südlichen Afrika. Bei unserem Gespräch hatte Balabanova, mittlerweile im Ruhestand, die Vermutung geäußert, dass ebendiese Art, möglicherweise auch ein inzwischen ausgestorbener Verwandter, in Afrika früher wesentlich weiter verbreitet gewesen sein könnte. Im 18. Jahrhundert habe ein schwedischer Botaniker namens I.P. Forskal die Pflanzenwelt Ägyptens katalogisiert, erläuterte sie; er habe beobachtet, dass dort importierte Tabakpflanzen auf den Feldern gezogen wurden. Von der Küste des Roten Meeres bis nach Libyen habe er Stellen gefunden, wo wilder Tabak gewachsen sei. Nach Balabanovas Ansicht gab es diesen wilden Tabak dort schon zur Zeit der Pharaonen, und die ägyptischen Balsamierer mischten ihn in die Salbe, mit der sie Leichname konservierten. Tabak besitzt antibakterielle Eigenschaften. Botaniker wie Sandy Krapp beurteilten diese Annahmen jedoch als äußerst zweifelhaft. Schließlich hatten die Europäer den Tabak schon 200 Jahre vor Forskals Beobachtungen in der Alten Welt eingeführt. Außerdem hielt sie es für unwahrscheinlich, dass die afrikanische Tabakart jemals in Ägypten existiert hatte. »Diese Art ist nur in einem kleinen Gebiet in Namibia heimisch, mitten in

der Wüste, und es sind nur einige wenige Populationen bekannt«, erklärte sie mir. »Sie enthält zwar tatsächlich Nikotin, aber mir scheint es doch sehr weit hergeholt.«
Doch Cartmell stieß bei weiteren Recherchen schließlich auf eine andere und einfachere Erklärung. Sehr wahrscheinlich hatten die alten Ägypter das Nikotin nämlich gegessen. Das ist nicht weiter schwierig, wie Forscher des amerikanischen Gesundheitsamtes vor einigen Jahren feststellten, auch wenn es zuerst abwegig klingt. Als sie im Zuge einer Studie bei einer großen Gruppe von Versuchspersonen Bluttests durchführten, fiel auf, dass der Befund bei Nikotin überwiegend positiv war, obwohl viele der Probanden weder aktiv noch passiv rauchten – ein verwirrendes Ergebnis. Also begannen die Forscher nach anderen möglichen Quellen zu suchen. Derer gibt es viele. In Mandragora, einer Arzneipflanze mit betäubender Wirkung, findet sich reichlich Nikotin. Winzig kleine Mengen Nikotin enthalten auch Tomaten, Kartoffeln, grüner Paprika und verschiedene andere Gemüse aus der Familie der Nachtschattengewächse, und diese werden im Körper gespeichert – selten jedoch mehr als zwei Nanogramm pro Milligramm Haar. Der höchste Wert bei den Mumien in Dakhla lag bei 2,1 Nanogramm; in den meisten Fällen lag er weit darunter. Cartmell ist inzwischen überzeugt, dass die alten Ägypter das Nikotin auf diese Weise aufnahmen. Er versucht nun, zusammen mit einem Ethnobotaniker alle nikotinhaltigen Pflanzen aufzuspüren, die in Dakhla gewachsen sein könnten.
Für Balabanovas Kokainbefunde gibt es jedoch keine derart simple Erklärung. Heutige Hauptlieferanten für Kokain sind *Erythroxylum coca* und *Erythroxylum novogranatense*. Beide immergrüne Sträucher werden in vielen Teilen der Welt angebaut, auch in Afrika und Südostasien, doch ursprünglich stammen sie aus den tropischen Regenwäldern der östlichen Anden in Peru und Bolivien. Die indianische Bevölkerung dieser Länder schätzt ihre Blätter seit Jahrhunderten als Mittel zur Linderung von Höhenkrankheit, Erschöpfung und Hunger. Pflanzensammler haben in

den tropischen Wäldern auf Madagaskar weitere *Erythroxylum*-Arten gefunden, deren Blätter jedoch kein Kokain enthalten. Ebenso wenig sind die Ethnobotaniker bislang auf zeitgenössische Berichte über afrikanische Heilpflanzen gestoßen, in denen die typische stimulierende Wirkung des Kokain erwähnt worden wäre. Balabanova sieht darin kein Problem. »Trotzdem kann es in Afrika eine ähnliche Pflanze gegeben haben, die tatsächlich Kokain enthielt«, behauptet sie beharrlich. »Da jedoch damals interkontinentale Handelsbeziehungen bestanden, wurde das Kokain möglicherweise importiert.«

Diese Überzeugung teilen allerdings nur wenige Botaniker, Ägyptologen oder Archäologen, und manche fragen sich laut, ob ihre Resultate nicht eher auf fehlerhaften Testmethoden als auf Tatsachen beruhen. »Ich habe den Eindruck, als würden heutzutage eine Menge Leute auf Grund eines Nachweises von Substanzen verurteilt, mit denen sie überhaupt nichts zu tun hatten«, meint der Ägyptologe John Baines. Und das könnte tatsächlich der Fall sein, denn mehrere Studien neueren Datums haben ergeben, dass das menschliche Haar sehr leicht Stoffe aus der Umgebung aufnimmt, was dann zu falsch-positiven Befunden führt. Einfach ausgedrückt: Hält sich jemand in einem Raum auf, in dem andere zum Beispiel Kokain rauchen, kann sein Körper bereits eine hinreichend große Menge dieser Substanz aufnehmen, dass ein Haartest einen positiven Befund ergibt. Außerdem sind die Haare von Afroamerikanern, Latinos und Asiaten aufnahmefähiger als diejenigen von Weißen, was wiederum rassistische Vorurteile bestätigt. Acht Afroamerikaner haben unlängst eine Klage wegen Diskriminierung eingereicht, nachdem sie wegen eines positiven Haartests nicht in die Chicagoer Polizeiakademie aufgenommen wurden. Alle acht beteuern, keine Drogen konsumiert zu haben. Ließen sich die Drogenspuren bei den altägyptischen Mumien vielleicht auf äußere Einflüsse zurückführen? Im 19. Jahrhundert rauchten viele Ägyptologen Pfeife und hielten sie bei der Arbeit häufig in der Hand. Zweifellos gab es auch etliche, die Kokain konsumierten, denn es war damals in Europa eine beliebte und zudem legale Droge. Diese Umstände könnten Balabanovas Testergebnisse erklären, nicht jedoch Cartmells Nikotinbefunde. Der Pathologe aus Oklahoma suchte bewusst nach äußeren Verunreinigungsstoffen und testete das destillierte Wasser, in dem er die Proben aus Dakhla gespült hatte, auf Drogenspuren. Er konnte keine finden. Außerdem wiesen seine Tests eine ganz bestimmte Art von Nikotin nach – die teilweise aufgespaltene Form, wie sie bei Verstoffwechselung im menschlichen Körper entsteht.

Es kann natürlich sein, dass ein Kokain rauchender oder spritzender Forscher Spuren dieser Droge auf die eine oder andere Mumie übertragen hat, doch keiner der Experten glaubt ernsthaft, dass es sehr häufig der Fall war. Mangels anderer überzeugender Erklärungen wird man wohl annehmen müssen, dass Balabanovas Befunde auf die außergewöhnlichen Testbedingungen zurückzuführen sind. Wenn die Balsamierer im alten Ägypten den Körper eines Toten mit verschiedenen Ölen, Harzen und Gewürzen bearbeiteten, brachten sie damit einen komplexen Chemikaliencocktail ein, dessen Bestandteile die heutigen Mumienexperten überhaupt erst entschlüsseln müssen. Weder sollten mit den gängigen Haartests jemals solche Mixturen noch derart alte Stoffe geprüft werden. Sie könnten sich im Laufe der Jahrhunderte und Jahrtausende durchaus aufgespalten haben, so dass Substanzen entstanden, die dem modernen Kokain gleichen.

Trotz aller Ähnlichkeit mit uns Menschen der Gegenwart, trotz des Eindrucks, sie würde nur friedlich schlummern, ist eine Mumie doch ein uralter konservierter Körper, der sich im jahrtausendelangen Schlaf radikal verändert hat. Der Schein kann trügen, wie wir wissen, und das gilt besonders für Mumien; vielleicht möchten wir uns auch gerne täuschen lassen. Wir würden doch am liebsten die unerbittlich verstreichende Zeit anhalten, den unvermeidlichen Veränderungen unserer Welt ausweichen – und übertragen unseren Wunsch nach Unsterblichkeit auf die vor langer Zeit Verstorbenen. Ich muss es mir selbst ständig bewusst machen, wenn ich vor einer besonders gut erhaltenen Mumie stehe, und denke dann an einen Ausspruch Aufderheides, den ich in der ägyptischen Wüste ziemlich oft von ihm gehört habe. Es hätte sein persönliches Mantra sein können. »Eine Mumie«, sagte er immer wieder, sei nicht viel mehr als »halb verrottete Proteinsuppe.«

KRIMINALGESCHICHTEN

Mumien strahlen häufig eine große Ruhe aus, scheinen in ihren Glasvitrinen in den Museen der Welt friedlich zu schlafen, doch nicht immer sind sie dort ungestört. Zum ersten Mal wurde mir das in der kleinen dänischen Stadt Silkeborg bewusst, in die ich gereist war, um mir eine weltberühmte Mumie anzusehen – den Tollund-Mann. Silkeborg liegt etwa 400 Kilometer nordwestlich von Kopenhagen in einer düsteren Moor- und Heidelandschaft mit geduckten, reetgedeckten Häuschen. Dort wurde vor fast einem halben Jahrhundert die 2400 Jahre alte Leiche eines Mannes entdeckt. Er ist derart lebensecht erhalten – sogar die rötlichen Bartstoppeln und die feinen Krähenfüße um die Augen sind noch zu sehen –, dass einem fast unheimlich wird. Ein Wunder der Natur. Der Tollund-Mann zieht den Betrachter in seinen Bann wie kaum eine andere Mumie. Für die Dänen ist er eine Art Nationalheld, eine unauslöschliche Erinnerung daran, wer sie einmal waren und woher sie kamen.

Es war schon ziemlich spät, als ich müde von der langen Reise – frühmorgens mit dem Flugzeug von Amsterdam nach Kopenhagen, von dort weiter mit einem Bummelzug – in Silkeborg eintraf, aber ich wollte unbedingt noch den Tollund-Mann sehen. Ich stellte rasch mein Gepäck im Hotel ab und machte mich dann sofort auf den Weg zum Museum, einem stattlichen, in hellem Dottergelb gestrichenen Herrenhaus aus dem 18. Jahrhundert. Zwanzig Minuten ehe es geschlossen wurde, stand ich vor der Tür. Man war sichtlich überrascht, dass so spät noch eine ausländische Besucherin auftauchte, sagte jedoch aus Höflichkeit nichts, und die Dame, die die Eintrittskarten kontrollierte, beschrieb mir hastig den Weg zu dem Raum, in dem der Tollund-Mann lag. Den Übersichtsplan achtlos in der Hand zusammengerollt, eilte ich durch die hallenden Gänge. Es sollten zwanzig unvergessliche Minuten werden. Sonst war jede Vitrine mit einer Mumie von Menschentrauben umlagert, und ich hatte mittlerweile gelernt, mich recht geschickt hindurchzuschlängeln. Dieser Raum war vollkommen leer. Ich ging langsam um den Glaskasten herum und erwies dem Tollund-Mann stumm meine Reverenz, hatte dabei jedoch das eigenartige und unangenehme Gefühl, dass mich, während ich ihn von allen Seiten betrachtete, jemand ebenso intensiv beobachtete.

Am nächsten Vormittag ging ich wieder in das Museum, um mich ausgiebig mit dem Tollund-Mann zu beschäftigen und mich mit Christian Fischer, dem netten Direktor, zu unterhalten. Die dänische Regierung hat Fischer als Anerkennung für die liebevolle Fürsorge, die er seinem berühmten Schützling angedeihen lässt, und sein enormes Fachwissen über die Moorleichen des Landes in den Adelsstand erhoben. Während wir uns in seinem großen hellen Büro unterhielten, kam ich dahinter, warum ich mich tags zuvor so unwohl gefühlt hatte. Niemand, stellte sich heraus, ist jemals wirklich allein mit dem Tollund-Mann. Rund um die Vitrine sind drei Video-Überwachungskameras installiert, der Schaukasten selbst ist aus schusssicherem Glas. Es sei im Laufe der Jahre mehrmals passiert, erklärte Fischer bedauernd, dass umherschlendernde Psychiatriepatienten beim Anblick des toten Mannes vollkommen durchgedreht wären, deshalb habe das Museum notgedrungen beschlossen, für seinen berühmtesten Gast eine schusssichere Vitrine anzuschaffen. Doch so sicher der Tollund-Mann inzwischen auch untergebracht schien, Fischers Befürchtungen hatten diese Maßnahmen nicht ganz zerstreuen können. Seine große Sorge war, dass sich eines Tages Diebe seines Schützlings bemächtigen und dann Lösegeld erpressen könnten. Fischer litt keineswegs unter Verfolgungswahn. Als er kürzlich einen israelischen Professor im Museum herumgeführt hatte, hatte dieser angesichts der Sicherheitsvorkehrungen im Raum des Tollund-Mannes sichtlich erschrocken reagiert – nicht weil sie ihm übertrieben, sondern viel zu lasch erschienen. »Habt ihr hier keinen bewaffneten Wächter?«, hatte der Wissenschaftler aus Israel Fischer irritiert gefragt.

Ich fand diese Geschichte umso bewegender, als der Tollund-Mann ohnehin schon viel von seinen Mitmenschen hatte erdulden müssen. Der alte Däne starb nämlich eines gewaltsamen Todes. Wie viele frühe Europäer, die heute in den Mooren gefunden werden, hatten seine Zeitgenossen auch ihn aus unbekannten Gründen hingerichtet und anschließend ins kalte, einsame Moor geworfen. Das Mordwerkzeug, ein kräftiges Seil, so hübsch und ordentlich geflochten, dass es mir bei dem Anblick kalt über den Rücken lief, liegt noch um seinen Hals. In Dänemark wurde viel darüber spekuliert, was damals vorgefallen sein könnte im Leben dieses Mannes und Hunderter anderer Menschen, die man tropfnass und mit Torfranken behangen aus den Mooren des nördlichen Europa gezogen hat. Seit Generationen erzählte man sich Geschichten über das Schicksal dieser Moorleute aus grauer Vorzeit. Aus ihnen entwickelten sich allmählich Legenden von Wesen aus dem schwarzen See.

Wir sind heute sehr stolz darauf, wie geschickt Kriminalisten oft anhand winzigster Spuren einen Mord aufklären und den Schuldigen vor Gericht bringen. Doch diese Spezialisten arbeiten unter vergleichsweise günstigen Bedingungen, sie untersuchen relativ frische Tatorte und Leichen, die erst ein paar Tage, Monate oder Jahre alt sind. Was würden sie tun, wenn die Spuren schon seit Hunderten, wenn nicht Tausenden von Jahren kalt sind, der Ort des Verbrechens längst nicht mehr existiert? Konnte die Wissenschaft in einem solchen Fall helfen, den Täter ausfindig zu machen? Und konnten die Mumien selbst vielleicht etwas erzählen, das uns Aufschluss gibt über unsere eigenen mörderischen Impulse, darüber, was uns seit Urzeiten dazu treibt, anderen das Leben zu nehmen? Sind wir immer solche kalt berechnenden Killer gewesen?

Diese Fragen führten mich schließlich zu den Hochmooren im Norden der Niederlande. Dort wurden Leichen von Menschen entdeckt, denen offensichtlich grauenhafte Dinge angetan worden waren.

An einem schönen Frühlingstag des Jahres 1897 entdeckten zwei Dorfbewohner im trüben Wasser eines kleines Moores im Norden der Niederlande eine seltsame Leiche. Die Männer hatten schwer gearbeitet, um für den Winter einen Vorrat an Brennmaterial anzulegen, Gräben gezogen und Körbe voller tropfnasser Torfstücke an den Rand des Moores geschleppt, um ihn in der Sonne zu trocknen. In diesem Tiefland gab es viele solche Moore, die bei den Einheimischen sehr verrufen waren. Mit ihrem trügerischen Boden, den Moospolstern dazwischen, auf denen man so leicht ausglitt, und ihren tiefen kalten Wasserlöchern hatten die Moore im Laufe der Jahre schon so manches Menschenleben gefordert. In den umliegenden Dörfern erzählte man sich von bösen Geistern mit langen Armen, die unschuldige Menschen in die Tiefe ziehen konnten. In Yde, wo die beiden Torfstecher lebten, mieden die Leute das Moor, soweit es ging. Doch die zwei Männer hatten keine andere Wahl. Ein qualmendes Torffeuer war die einzige Möglichkeit, die bitterkalten Winternächte ein wenig erträglicher zu machen.

Also gingen die beiden im Frühjahr 1897 los, um Torf zu stechen. Und während sie Korb um Korb füllten, bemerkte einer von ihnen plötzlich zwischen den schwärzlichen Torfstücken etwas, das wie ein Mensch aussah, wie der geschrumpfte Körper einer alten Frau. Das Gesicht war dunkel wie ein Bovist, die Augenlider waren fest zusammengepresst, als hätte sie nichts mehr von der Welt sehen wollen. Der Mund schien zu einem Schmerzensschrei geöffnet und ließ einen einzigen stiftähnlichen Zahn sehen, der wie eine schwarze Perle glänzte. Seitlich am Kopf hing ein dicker Strang rotblondes langes Haar bis auf die Schulter herab. Ungläubig starrten die beiden Männer auf ihren Fund. Einen Moment lang dachten sie voller Schrecken, sie hätten einen rothaarigen Dämon zu Tage gefördert. Sie ließen ihr Werkzeug fallen und rannten davon.

Später kehrten sie, all ihren Mut zusammennehmend, zu der Stelle zurück und gruben die zusammengeschrumpfte Leiche vollständig aus. Etwa eine Woche darauf begab sich der Bürgermeister von Yde zum Fundort, um der Sache auf den Grund zu gehen. Er besah sich die Leiche, die unter einem Torfhaufen verborgen lag, und verständigte dann die Polizei. Auch mit dem Museum im nahe gelegenen Assen setzte er sich in Verbindung, denn man wusste um die besonderen konservierenden Eigenschaften des Moores. Untersuchungsbeamte eilten herbei. Als sie den nahezu nackten Leichnam eingehend begutachtet hatten, kamen sie zu dem Schluss, dass die Frau schon sehr lange in ihrem nassen Grab gelegen hatte; kein Toter aus jüngerer Zeit, der aus dem Moor geborgen wurde, hatte eine derart lederne Haut und war derart mumienhaft geschrumpft. Sie konstatierten außerdem, dass es sich keineswegs um eine alte Frau handelte, sondern um ein Mädchen, denn sie hatte die kleinen Füße eines Kindes. Vor allem fiel den Untersuchungsbeamten auf, dass sie offenbar nicht durch einen Unfall ums Leben gekommen war. Um ihren Hals lag ein dreifach geschlungenes, gut zwei Meter langes Band. Jemand hatte einen Laufknoten hineingemacht und auf der linken Halsseite, unter ihrem Ohr, so lange zugezogen, bis sie nicht mehr atmete – eine Tötungsart, die von kalter Berechnung und Sachkenntnis zeugt.

Die Moorleiche bekam den Namen »Mädchen von Yde« und wurde dem Museum in Assen übergeben, wo man sie zur Schau stellte. Jahrzehnte später, als Physiker ein neues Verfahren zur Altersbestimmung, die so genannte Radiocarbonmethode, entwickelt hatten, ließ die Museumsleitung anhand eines winzigen Stoffstückchens, das man bei ihr gefunden hatten, eine Datierung vornehmen. Wie sich herausstellte, war das Mädchen von Yde sehr, sehr alt. Sie hatte ihren letzten Atemzug vor 2000 Jahren getan, gegen Ende der Eisenzeit, als die ersten römischen Legionen Eroberungszüge in den Norden unternommen hatten. In dieser unruhigen Zeit erwarben sich die in lockeren Stammesverbänden zusammengeschlossenen Germanen den Ruf wilder Krieger. Sie kämpften mit Eisenschwertern gegen ihre Feinde, trugen Kleidung aus fein gewebtem Wollstoff und glänzend polierte Bronzehalsbänder. Sie wärmten ihre Hütten mit Torffeuern, stießen mit Bier auf das Wohl ihrer Verbündeten an und maßen ihren Reichtum an der Zahl ihrer Rinder.

Dass diese Tote aus fernen Tagen, das Mädchen von Yde, erhalten blieb, war kein Verdienst des Menschen, sondern der Natur, de-

ren geheimnisvolle Kräfte im Moor wirken. Die Forscher haben im Laufe der Jahre viele Theorien zur Erklärung dieses Phänomens entwickelt. Nach heutiger Lehrmeinung kommt die Konservierung durch komplexe chemische Veränderungen zu Stande, die durch absterbende Torfmoose (Sphagnum), die im Moor überwiegende Vegetationsform, ausgelöst werden. Während dieses Zersetzungsprozesses wird eine instabile Substanz namens Sphagnan freigesetzt, die sich in mehreren Schritten in Humussäuren umwandelt. Das Sphagnan und seine Übergangsverbindungen ebenso wie die Humussäuren wirken in eigenartiger Weise auf einen Leichnam ein. Sie entziehen den Knochen Kalzium, das Skelett wird weich. Unter dem Gewicht der aufliegenden Torfschichten verbiegen sich die Knochen und brechen, bis die Leiche am Ende manchmal wie ein geschmolzenes Toffee aussieht. Dieselben chemischen Substanzen lösen auch bei dem in allen Weichteilen enthaltenen Stickstoff komplexe Reaktionen aus; das Bakterienwachstum wird verlangsamt, Haut und Organe werden gegerbt wie Leder. So kam es, dass das Mädchen von Yde nicht den Weg allen Fleisches gegangen ist, sondern 2000 Jahre erhalten blieb – ihre Mörder sind schon längst zu Staub zerfallen.
Überall in Nordeuropa, wo es Moore gibt, machten Torfstecher immer wieder ähnliche Leichenfunde. Der deutsche Forscher Alfred Dieck sammelte sogar an die 1900 Berichte und Geschichten von Einheimischen über Leichen in solchen nassen Gräbern, und sie reichen von Irland bis nach Schweden. Einige Wissenschaftler bestreiten zwar Diecks Zahlen, dennoch stimmen die meisten überein, dass es früher einmal weit verbreitete Praxis in Europa war, bestimmte Mitglieder der Gesellschaft im Moor zu versenken. Und sie sind entsetzt, welches Schicksal viele von diesen Menschen erleiden mussten. Dem Grauballe-Mann in Dänemark zum Beispiel gab jemand eine Schleimsuppe mit Giftpilzen zu essen und schnitt ihm dann die Kehle durch, von einem Ohr bis zum anderen. Dem Jungen von Kayhausen, einer in Deutschland entdeckten Moorleiche, hatte man die Hände hinter dem Rücken zu-

sammengebunden und ihn anschließend durch einen Stich in den Hals getötet. Auf den Worsley-Mann in England hatte jemand zuerst eingeknüppelt, ihn dann erwürgt und am Ende den Kopf abgehauen.

Derart scheußliche Gewalttaten stehen dem, was heutzutage auf den Straßen Europas oder Nordamerikas passiert, in nichts nach, doch über die näheren Umstände waren die Archäologen lange Zeit geteilter Meinung. Viele Forscher in Europa nahmen an, dass es sich bei den Opfern um Homosexuelle, Ehebrecherinnen und Außenseiter der Gesellschaft handelte, die für ihre Verfehlungen mit dem Tod bestraft wurden. Andere vertraten die Ansicht, man habe sie für Menschenopfer ausgewählt oder getötet, weil man in ihnen Rachegeister sah. Schlüssig beweisen konnte seine Theorie jedoch niemand, und in den 1970er Jahren waren Moorleichen für die Archäologie nicht mehr interessant. Ausgedehnte Moorgebiete wurden mit Hilfe riesiger Bagger abgebaut, um die Gärtner mit Torf zu versorgen, und darin versenkte Leichen ohne viel Federlesens zerstückelt. Der Forschung blieben nur die älteren Funde, die man in einer Zeit geborgen hatte, als die Archäologie noch nicht über die modernen Verfahren verfügte. Mit solch schlecht dokumentierten Funden wollten sich die meisten Wissenschaftler nicht abgeben. An diesem Punkt wäre man vielleicht stehen geblieben, wäre da nicht der wenig bekannte niederländische Forscher Wijnand van der Sanden gewesen, dessen archäologisches Fachgebiet keineswegs Moorleichen, sondern Dörfer der Eisenzeit waren. »Wijnand hat wieder Interesse für Moorleichen geweckt«, sagte Torsten Capelle, Archäologie-Professor an der Westfälischen Wilhelms-Universität in Münster, »nachdem sich fast 30 Jahre keiner darum gekümmert hatte.«

Van der Sanden ist ein liebenswürdiger Mann Ende der vierzig mit einem zurückhaltenden Lächeln und der förmlichen, etwas steifen Art von jemand, der sich in Gesellschaft von Büchern wohler fühlt als mit Menschen. Er lebt in dem kleinen Dorf Rolde im Norden der Niederlande. Ich traf mich mit ihm an einem sonnigen Samstagvormittag, dem ersten schönen Tag nach einem langen Winter, im benachbarten Assen. In der Straße vor dem Restaurant bauten Händler gerade Verkaufsstände für ihre hausgemachten Würste, Käse, Spielzeug und Holzschuhe auf. Es herrschte eine geradezu festtägliche Atmosphäre, doch van der Sanden nahm kaum Notiz davon. Mit seinem kurz geschnittenen weißen Bart, den stahlgrauen Haaren und den intensiven blauen Augen wirkte er wie der typische Gelehrte, als er mir gegenüber Platz nahm. Nach ungefähr einer Stunde kam seine Frau mit dem kleinen Sohn vorbei, um ihn zum gemeinsamen Bummel abzuholen. Er bat die beiden sehr nett, ihm eine Stunde Zeit zu geben und sich inzwischen noch ein wenig auf dem Markt umzuschauen. Eine Stunde später erschienen sie wieder im Restaurant, eine Stunde darauf erneut, und jedes Mal ließ er sie wieder alleine losziehen. Da er sich von seinem Lieblingsthema offenbar nicht losreißen konnte, machten sie sich schließlich ohne ihn auf den Heimweg. Van der Sanden und ich saßen bis zum frühen Abend zusammen. Ich hatte ein schlechtes Gewissen, weil ich seiner Familie praktisch den Tag verdorben hatte, doch ich hatte den Eindruck, dass so etwas ziemlich häufig vorkam. Van der Sanden sah sich wohl zu einer Rechtfertigung genötigt, denn er bemerkte mit einem nervösen Lachen: »Meine Frau hasst Moorleichen.«

Trotz aller Begeisterung für diese Zeugen der Vergangenheit bleibt der sympathische Archäologe immer streng wissenschaftlich und objektiv. Seine Ausdrucksweise ist sachlich, präzise und überlegt; selten gestattet er sich ein Wort zu viel, ein Adjektiv oder einen Satz, die ihm zu farbig und damit unwissenschaftlich erscheinen. Ich fragte mich, während ich ihm zuhörte, wie es kommt, dass ein solcher Mann, der jedes Wort auf die Goldwaage legt, eine derartig ungewöhnliche Leidenschaft entwickelt. Doch diese nüchterne Art ist nur Fassade. Im Grunde ist van der Sanden ein Romantiker. Als Jugendlicher hatte er das Buch *The Bog People* gelesen, ein schwärmerischer Bericht über Moorleichen und ihr rätselhaftes Leben. Sein Verfasser, der dänische Archäologe

Peter Vilhelm Glob, war als einer der Ersten am Ort des Geschehens gewesen, als man den Tollund-Mann entdeckt hatte. Dieses Erlebnis hatte bei Glob einen unauslöschlichen Eindruck hinterlassen. Als einer der Ausgräber während der Bergung des Leichnams einen tödlichen Herzinfarkt erlitt, erkannte Glob darin eine gewisse poetische Gerechtigkeit. »Das Moor hat sich ein Leben zurückgeholt«, schrieb der dänische Wissenschaftler, »oder, wie mancher denken mag, die alten Götter nahmen sich einen heutigen Menschen an Stelle des Mannes aus der Frühzeit.« Van der Sanden fand das faszinierend. Der Zauber der fernen Vergangenheit erschien ihm wesentlich reizvoller als der vernünftige Pragmatismus der modernen niederländischen Gesellschaft. »Kein Buch hat mich jemals so beeindruckt wie dieses«, erzählte er mir. Und er beschloss, Archäologe zu werden.

Da er sich auf niederländische Frühgeschichte spezialisiert hatte, bewarb er sich nach dem Studium beim Drents Museum in Assen, das eine der größten Sammlungen von Moorleichen in Europa besaß. Doch als van der Sanden 1987 dort zu arbeiten begann, stellte er fest, dass die meisten Besucher mit dem Mädchen von Yde und den anderen Moorleichen, die im Laufe der Jahre hinzugekommen waren, wenig anzufangen wussten. Sie betrachteten sie kurz und gingen dann schnell weiter; offenbar fiel es ihnen schwer, in den Gebilden aus bräunlich schwarzer Haut und Haaren einen Menschen zu erkennen. Die wenigen wirklich Interessierten jedoch löcherten ihn mit Fragen, was damals geschehen sei. Zu seinem großen Bedauern konnte ihnen van der Sanden nur wenig Konkretes erzählen. »Ich musste ständig sagen: ›Es tut mir Leid, aber mit diesen Sachen hat sich die Forschung nicht beschäftigt.‹«

Das störte ihn gewaltig. Er wusste, dass die Wissenschaft – insbesondere die Disziplinen Pathologie, Radiologie und Biochemie, die in der Rechtsmedizin oft sehr hilfreich sind – sehr viel Aufschlussreiches über Moorleichen herausfinden könnte. Erst kürzlich hatte er von einem solchen Fall gelesen. Drei Jahre zuvor hatten Arbeiter in England in einem Torfstich unweit von Manchester, dem Lindow Moss, einen grausigen Fund gemacht. Was sie zuerst für ein Stück altes Holz gehalten hatten, entpuppte sich als schlammverkrusteter menschlicher Unterschenkel mit rechtem Fuß. Kurz darauf wurde ganz in der Nähe ein Fetzen menschlicher Haut entdeckt.

Diese Nachricht rief die Polizei von Manchester auf den Plan, die sich gerade mit einem Vermisstenfall beschäftigte. Eine Frau aus der Umgebung des Lindow Moss, Malika Reyn-Bardt, war unter mysteriösen Umständen verschwunden. Die Kriminalbeamten verdächtigten den homosexuellen Ehemann Peter Reyn-Bardt, sie nur aus egoistischen Gründen geheiratet, dann ermordet, zerstückelt und ihre sterblichen Überreste im Garten seines Hauses vergraben zu haben. Dieser Garten lag unmittelbar oberhalb des Lindow Moss. Reyn-Bardt hatte gegenüber einem Freund, der in einem englischen Gefängnis eine Haftstrafe absaß, den Mord zugegeben. Doch der Polizei von Manchester war es bislang nicht gelungen, die Leiche der Frau – vielmehr die einzelnen Teile – zu finden. Es konnte durchaus sein, dass das aufgefundene Bein von der vermissten Frau stammte.

Rick Turner, Archäologe in Cheshire County, hielt das für eher unwahrscheinlich. Im Jahr 1983 waren Arbeiter im Lindow Moss auf einen teilweise samt Augapfel erhaltenen Schädel gestoßen, und die anschließende Untersuchung hatte erbracht, dass er von einer Frau aus der Eisenzeit stammte. Nach Ansicht des Archäologen gehörte das abgetrennte Bein wohl auch zu dieser Frau oder stammte zumindest aus jener Zeit. Er konnte die Kriminalbeamten dazu bewegen, ihn den neuen Fund unter polizeilicher Aufsicht ausgraben zu lassen. Unterstützt von sechs Helfern schnitt er einen ganzen Torfblock heraus und ließ ihn in einem Lastwagen des Torfabbauunternehmens zur nächstgelegenen Leichenhalle transportieren. Um die darin konservierte Leiche zu identifizieren, fertigten die Pathologen Röntgenbilder des Gebisses an. Kein einziger Zahn wies eine Füllung auf, was bei einem Menschen aus der Zeit der modernen Zahnmedizin äußerst selten vorkommt. Nachfolgende Tests zur Altersbestimmung mittels der Radiocarbonmethode bestätigten Turners Vermutung. Der Lindow-Mann – als solcher wurde der Fund bald bekannt – war vor annähernd 2000 Jahren gestorben.

Um möglichst viel über den Mann herauszufinden, bürstete Turner zunächst alle Erd- und Torfanhaftungen an der Leiche sorgfältig ab und legte auf diese Weise den knorrig deformierten Schädel und den zusammengeschrumpften Körper frei. Dann organisierte er ein eigenes Forschungsprojekt, bei dem er fünfzig Spezialisten einschaltete – von Chemikern und Mikrobiologen bis zu Entomologen, Botanikern und Knotenexperten. Der Lindow-Mann, stellte sich heraus, war in der Blüte seines Lebens gestorben, Mitte der zwanzig. Er war einsachtundsechzig groß gewesen, eine durchschnittliche Größe für das Alter, und hatte etwa 60 Kilogramm gewogen. An seinem Todestag schimmerte sein Körper blau oder grün von einem aus kupferhaltiger Erde gewonnenen Pigment ähnlich der dunkelblauen Bemalung, die Julius Cäsar bei seinen Feldzügen an den Kelten, den damaligen Bewohnern Britanniens, sah. Der Mann aus der Eisenzeit hatte zuletzt ein angebranntes Stück Fladenbrot oder eine Art Pfannkuchen gegessen. Außerdem fand man in seinem Magen Pollen der Mistel, einer toxischen Pflanze, die häufig mit den Druiden in Verbindung gebracht wird, den keltischen Philosophen und Priestern, die römischen Berichten zufolge Menschenopfer vollzogen haben sollen. Und der Lindow-Mann starb nicht friedlich, vielmehr erlitt er nicht nur einen, sondern drei gewaltsame Tode. Man hatte ihm auf den Kopf geschlagen, wahrscheinlich mit einer kleinen Axt, ihn mit einer als Schlinge verwendeten Tiersehne erdrosselt und ihm zuletzt die Kehle durchgeschnitten, so dass er verblutete.

Nach Sichtung des gesamten Beweismaterials kamen die Wissenschaftler zu dem Schluss, dass der Lindow-Mann als Menschenopfer gestorben sein musste. Besonders interessant fand die bekannte Forscherin Anne Ross die Tatsache, dass er Mistel und angebrannten Kuchen oder Ähnliches zu sich genommen hatte. Es erinnerte sie an ein altes keltisches Fest, das so genannte Beltane Fire, das die Bewohner des schottischen Hochlands noch bis ins 18. Jahrhundert am 1. Mai feierten. Am Vorabend wurden alle anderen Feuer gelöscht, und in der folgenden Nacht versammelten sich die Menschen auf Berggipfeln, um das heilige Feuer zu entzünden. Dann machte eine Mütze mit Stückchen von geröstetem Haferkuchen die Runde, von denen eines mit Holzkohle geschwärzt worden war, und jeder nahm sich blind eines heraus: Derjenige, der nach dem schwarzen Stück gegriffen hatte, war zum Opfer an die Götter bestimmt, um sich ihres Wohlwollens zu versichern. Im Schottland des 18. Jahrhunderts bedeutete das nicht mehr den Tod, sondern der Betreffende musste lediglich dreimal durch das lodernde Feuer springen. Ross und andere waren überzeugt, dass der Brauch des Feuersprungs irgendwann die rituelle Opferung durch Druiden ersetzt hatte.

Van der Sanden jedoch hatte starke Zweifel. Er fand diese Theorie ziemlich weit hergeholt, und seiner Ansicht nach konstruierte Anne Ross hier anhand von ein paar verkohlten Getreidekörnern und vier Mistelpollen eine phantasievolle Geschichte. Details wie diese, auf denen allerdings Ross' gesamte Argumentation fußte, ließen sich leicht anders erklären. Zerstreute Köche dürfte es schon früher gegeben haben; es könnte jemand das Brot, das der Lindow-Mann aß, versehentlich verbrennen haben lassen. Außerdem könnte der Altbritannier Mistel als Medizin zu sich genommen haben. Aus römischer Zeit ist uns durch Plinius den Älteren überliefert, dass die Druiden einen aus Mistel gebrauten Trank als Mittel gegen Gift einsetzten. Trotz allem fand der vorsichtige niederländische Forscher Turners Untersuchungen hochinteressant, zeigten sie doch, wie viel man durch eine zusammengeschrumpfte mumifizierte Leiche über die ferne Vergangenheit erfahren konnte.

Fasziniert von den Möglichkeiten, die sich hier eröffneten, nahm van der Sanden Kontakt mit verschiedenen Experten aus Forensik, Medizin und Anthropologie auf. Er wollte den Moorleichen, die sich in seiner Obhut in Assen und in anderen Museen der Niederlande befanden, so viel von ihren Geheimnissen entlocken wie möglich und bat sie dabei um ihre Unterstützung. Er wollte unbedingt mehr über das letzte Kapitel ihres Lebens herausfinden.

Bei gedämpfter Museumsbeleuchtung stand van der Sanden inmitten der stummen Versammlung von Toten und lächelte. Weit weg vom Restaurant, dem Markt und anderen Menschen, schien er vollkommen in seinem Element. Um uns herum lagen, hier im zweiten Stock des Drents Museum, lauter uralte Moorleichen, gekrümmt wie knorrige Baumwurzeln. Die Szenerie hatte etwas Surreales. Da waren der Exloermond-Mann, ein fassförmiger Körper, an dessen Hals nur noch ein schmaler Streifen Kopfhaut mit einer Strähne roten Haares hing, und der Emmer-Erfscheidenveen-Mann, papierdünne Überreste eines Stücks Torso mit dem oberen Teil der Beine. Er erinnerte mich sehr – ich sagte van der Sanden jedoch nichts – an Wile E. Coyote nach einem besonders bösen Sturz. Und da war das Weerdinge-Paar, zwei kopflose männliche Spukgestalten, einander in zärtlicher Umarmung zugewandt. Ihr Anblick bewegte mich sehr, nur eines war irritierend: Jemand hatte dem größeren der beiden Männer den Bauch aufgeschlitzt und aus ihm hingen, sich wie Korkenzieherlocken ringelnd, die lederartig vertrockneten Eingeweide hervor.
Doch der Star der ganzen Sammlung war zweifellos das Mädchen von Yde, das dank seines gut erhaltenen Gesichts ungleich menschlicher wirkte als alle anderen. Schrumpelig wie eine Trockenpflaume, schien sie unendlich alt, und trotzdem strahlte sie etwas Mädchenhaftes aus. Man konnte noch ihre kleine, zerbrechliche Gestalt erahnen, und van der Sanden war es durch kunstvolles Arrangement ihrer sterblichen Überreste sogar gelungen, einen gewissen kindlichen Ernst zum Ausdruck zu bringen. Unter einem großen, rotbraunen Umhang sahen nur ihr Kopf und die Zehen heraus. Es gelang mir kaum, mich von ihr loszureißen. Wer war sie

wohl gewesen, wie hatte ihr Lachen geklungen, welche Gedanken waren ihr am letzten Tag ihres Lebens durch den Kopf gegangen? Ich starrte auf das grob um ihren Hals geschlungene Band, und sie tat mir unsagbar Leid. Was für ein schrecklicher Tod!

Im Zuge seiner Untersuchungen an niederländischen Moorleichen schickte van der Sanden Gewebeproben des Mädchens von Yde an Humangenetiker und Spezialisten für Blutgruppenbestimmung. Er brachte sie persönlich mit dem Wagen zur Universität Groningen, um dort Röntgenbilder und Computertomogramme anfertigen zu lassen; Textilexperten untersuchten die Reste wollener Kleidung, die man bei ihr gefunden hatte. Er schaltete Anthropologen und Pathologen ein, damit sie in schonender Weise, ohne etwas zu zerstören, untersuchten, wie sie gestorben war und an welchen Krankheiten sie im Leben gelitten hatte. Er nahm Verbindung mit Rechtsmedizinern auf und bat sie, die noch deutlich erkennbaren Papillarleisten an ihren Fußsohlen zu begutachten. Er ließ nichts unversucht.

Trotz aller Erfolge musste van der Sanden jedoch auch immer wieder Fehlschläge hinnehmen. Zum Beispiel konnten die Genetiker aus den Gewebeproben keine DNA entnehmen und vervielfältigen, denn die chemischen Substanzen im Moorwasser, die die Weichteile konservieren, hatten die fragilen DNA-Stränge zerstört. Damit war den Forschern jede Chance genommen, die Spur heute lebender Nachkommen aus der Familie des Mädchens aufzunehmen oder irgendwelche Erbkrankheiten festzustellen. Doch van der Sanden hatte viel Geduld. Auf den Schichtbildern ihres Schädels konnte man erkennen, dass die Weisheitszähne weder durchgebrochen waren noch Wurzeln entwickelt hatten. Dies bedeutete, dass sie als Heranwachsende, mit etwa 16 Jahren, gestorben war. Röntgenaufnahmen des Rückgrats zeigten, dass sie an Skoliose litt, einer in ihrem Fall seitlichen S-förmigen Verformung der Wirbelsäule, möglicherweise schon seit ihrer Geburt. Eine solche Verkrümmung führt zu einer Fehlhaltung des Körpers, zu der Tendenz, eine Seite mehr zu belasten als die andere. Dass der große Zeh am rechten Fuß geschwollen war und der Zeh daneben Schwielen aufwies, bestätigte die Diagnose. Vermutlich hatte das Mädchen von Yde leicht gehinkt, da ihr Gewicht sich mehr auf den rechten Fuß verlagerte.

Den unteren Teil des Körpers einschließlich des Magen-Darm-Trakts hatten ihre Entdecker unabsichtlich zum großen Teil zerstört, so dass die Forscher nicht mehr feststellen konnten, was sie zuletzt gegessen hatte. Doch die Textilexperten konnten ansatzweise rekonstruieren, wie sie an ihrem Todestag gekleidet war. Die Untersuchung der am Fundort geborgenen Tuchreste ergab, dass sie mit einem großen, vielfach gestopften wollenen Umhang begraben wurde, der mit hübschen hellgelben, blauen und roten Bändern verziert war. Getötet wurde das Mädchen vermutlich ebenfalls mit einem Teil seiner Bekleidung. Das um seinen Hals geschlungene gewebte Band konnte einmal ein Gürtel oder der Bund eines Rockes gewesen sein.

Dem Mädchen von Yde war zweifellos grausam mitgespielt worden. Die rechtsmedizinische Untersuchung ergab, dass ihr jemand auf der rechten Seite des Kopfes das lange rotblonde Haar abgeschnitten hatte, vermutlich mit einer Schere, und ihr möglicherweise direkt unter dem Schlüsselbein ein Messer hineingestoßen hatte. Dann hatte ihr Mörder das Band dreimal um ihren Hals geschlungen, unter ihrem linken Ohr einen Laufknoten gemacht und erbarmungslos zugezogen, bis sie erstickte. Die Spuren dieses kaltblütigen Mordes konnte man auch nach 2000 Jahren noch sehen – um ihren Hals zog sich eine tiefe Furche, und eine große eingedrückte Stelle unter dem linken Ohr markierte die Stelle, wo der Knoten ihr die Luft abgedrückt hatte. Doch das hatte ihrem Mörder offenbar noch nicht gereicht. Als Abschiedsgeschenk hatte er sie noch mit dem Gesicht nach unten ins Moor geworfen; der vordere Teil ihres Kopfes war nämlich wesentlich besser erhalten als der Hinterkopf.

Van der Sanden fand die bisherigen Erkenntnisse faszinierend, doch sie genügten ihm noch nicht. Er wollte wissen, wie das Mädchen einmal ausgesehen hatte, und nahm Kontakt zu dem Spezialisten Richard Neave an der Universität Manchester auf. Der agile Mittsechziger mit dem hintergründigen Humor arbeitet eng mit der Polizei von Manchester zusammen, unterstützt sie bei der Identifizierung von Kriminellen, wenn nur unscharfe Bilder von Video-Überwachungsanlagen vorliegen, und rekonstruiert die Gesichter unidentifzierbarer Mordopfer. Hin und wieder hat der Künstler auch schon die Gesichter historischer Gestalten neu geschaffen – vom Lindow-Mann bis zu Philipp II. von Makedonien, dem Vater Alexanders des Großen. Van der Sanden war sehr erleichtert, als Neave zusagte, sein Können auch am Mädchen von Yde zu erproben. Er bat ihn, die Leiche nach England zu bringen.

Im Stopford Building in Manchester arbeitete Neave monatelang an der Rekonstruktion. Als Erstes ließ er vom Kopf des Mädchens eine Reihe von Computertomogrammen anfertigen, auf denen alle Knochen und Knochenfragmente deutlich sichtbar wurden. Anschließend setzte er sich mit Experten am London University College Hospital in Verbindung, die die Fragmente digital wieder zu einem kompletten Schädel zusammensetzten. Dann fertigte Neave mit Hilfe einer computergesteuerten Fräsmaschine, die er mit den Daten gefüttert hatte, ein exaktes dreidimensionales Plastikmodell des Schädels an. Mit dieser Replik konnte er nun beginnen, das Gesicht zu modellieren. Dazu steckte er an 24 Schlüsselpunkten, vom Kinn bis zum Augenbrauenwulst, unterschiedlich lange Holzstifte ein, die jeweils die durchschnittliche Gewebedicke an der entsprechenden Stelle beim Gesicht eines heranwachsenden Mädchens anzeigten. Dank dieser Methode konnte Neave ziemlich genau die Gesichtsmuskeln und sonstige Weichteile in Ton nachbilden. Von dieser Rekonstruktion fertigte er schließlich einen Wachsabguss an.

Für van der Sanden war der Tag, an dem er nach England flog, um sich das Mädchen von Yde anzuschauen, einer der aufregendsten seines Lebens. »Ich fühlte mich, als wäre ich zu einem Blind Date unterwegs«, erzählte er mir ein wenig verlegen. Doch er wurde nicht enttäuscht. In Manchester erwartete ihn eine junge, rotblonde Frau von eindringlicher Schönheit, die nicht im Entferntesten an das vermeintlich alte Weib erinnerte, das man einst aus dem schmutzig trüben Moorwasser gezogen hatte. Van der Sanden war begeistert und ebenso die Niederländer, die nach ihrer Rückkehr ins Assener Museum in Scharen kamen, um das Mädchen aus der Eisenzeit zu besuchen. Nun, da man ihr Gesicht und Gestalt wieder gegeben hatte und sie nicht mehr an eine Erscheinung aus einem Albtraum erinnerte, wurde das Mädchen von Yde von den Schriftstellern und Dichtern des Landes gefeiert. »Man hat Hörspiele über sie verfasst, Gedichte und Bücher über sie geschrieben«, erzählte van der Sanden. »Die Leute können sie jetzt als realen Menschen sehen.«

Die forensische Untersuchung brachte wichtige neue Indizien ans Licht, doch van der Sanden war sich bewusst, dass sich das Geheimnis um den Tod des Mädchens von Yde trotz dieser Erkenntnisse nie ganz würde aufklären lassen, ebenso wenig wie bei den anderen zwölf Moorleichen in niederländischen Museen. Man musste sich einen genauen Überblick verschaffen und alle alten Moorleichen einbeziehen, die in den Niederlanden im Laufe der Zeit in Vergessenheit geraten, zerstört oder ein zweites Mal bestattet worden waren. Eine Gesamtsicht all dieser Fälle wäre wahrscheinlich wesentlich aufschlussreicher, dachte sich van der Sanden, als die Details einzelner Tötungen; mit kritischem Auge betrachtet, würde man vielleicht ein gewisses Muster erkennen. Und so trug er, während die rechtsmedizinischen Untersuchungen weiterliefen, alle verfügbaren Informationen über die niederländischen Moorleichen zusammen. Er wollte wissen, wer diese Menschen gewesen waren, wann sie gelebt hatten und wie sie gestorben waren.
Van der Sanden war nicht der Erste, der sich an einer solchen Datensammlung versuchte. Der deutsche Forscher Alfred Dieck hatte fast fünfzig Jahre in ganz Europa nach historischen Berichten

über Moorleichen gefahndet und mit den Torfstechern und Dorfbewohnern gesprochen, die sie vorgeblich gefunden hatten. Anhand dieses Materials hatte der betagte Archäologe annähernd zwei Dutzend Artikel geschrieben und Europas Moorleichen zahlenmäßig erfasst. Diecks letzte Aufstellung, veröffentlicht im Jahr 1986, verzeichnet über 1850 Funde von Moorleichen in Europa, wobei jedoch auch Flieger aus dem Zweiten Weltkrieg und Opfer der politischen Unruhen in Irland gezählt wurden. Seiner Liste zufolge entfielen 49 dieser im Laufe der Jahrhunderte entdeckten Moorleichen auf die Niederlande.

Dieck war jedoch ziemlich leichtgläubig, wie es scheint, denn er nahm offenbar viele Geschichten, Gerüchte und Legenden für bare Münze. Als ein Arzt ihm erzählte, ein aus dem Moor geborgenes junges Mädchen sei so hervorragend erhalten gewesen, dass man sogar das zarte Jungfernhäutchen noch habe erkennen können, schrieb Dieck die Geschichte pflichtschuldigst nieder. Als jemand anders berichtete, die von ihm entdeckte Leiche sei mit Kränzen aus Eichenlaub geschmückt gewesen – Laub hätte sich im sauren Moorwasser niemals erhalten –, notierte sich Dieck arglos auch diese Aussage. Und als ein Informant sich erinnerte, er sei im Moor auf ein ganzes Schlachtfeld gestoßen, und neben den Leichen hätten noch Schwerter und zerschmetterte Schilde gelegen, wie sie die Welt noch nicht gesehen habe, nickte Dieck nur und schrieb eifrig mit, ohne auf die Idee zu kommen, sich Beweise zeigen zu lassen. Er zählte sogar Ortsnamen, wie das norwegische Daumannsmoor, was so viel heißt wie »Toter-Mann-Moor«, als Funde.

Van der Sanden beschloss, sich der Sache selbst anzunehmen, und machte sich auf die Suche nach zuverlässigen Berichten über Moorleichen, die in Vergessenheit geraten waren. Er durchstöberte Sammlungen alter Textilien und menschlicher Überreste in niederländischen Universitäten nach Fragmenten von Kleidungsstücken oder Geweben, mochten sie auch noch so klein sein. Er arbeitete sich durch die Korrespondenz von Archäologen des 19. und 20. Jahrhunderts und schrieb sich jede Stelle heraus, in der

Moorleichen erwähnt wurden. Er durchforstete Berge von alten Zeitungen nach Artikeln über Leichen, die in Mooren gefunden worden waren, und entdeckte dabei etwas überaus Interessantes – einen ausführlichen Bericht über eine Moorleiche, den Dieck offenbar übersehen hatte.

Durch diesen Fund ermutigt, machte van der Sanden mit doppeltem Eifer weiter, und gelegentlich konnte er auch einen Treffer verzeichnen. Als er zum Beispiel den *Emmer Courant* vom 21. Mai 1921 studierte, stieß er auf einen kleinen Artikel. »Bei Arbeiten im Torfstich«, schrieb der Reporter, »wurde in etwa 25 Zentimeter Tiefe im schwarzen Torf ein sehr vollständiger, sehr alter Mensch gefunden, vermutlich eine männliche Person. Der Körper war vollkommen intakt und die Haut dunkel gefärbt. Die Knochen hatten sich aufgelöst, Beine und Hände waren in sehr gutem Zustand. Eines der Augen war geöffnet. Der örtliche Polizeibeamte brachte die Leiche fort.«

Dank solch beharrlicher Kleinarbeit entdeckte van der Sanden Berichte über 56 Moorleichenfunde in den Niederlanden. Manche hatten Apotheker erworben, um sie im Mörser zu zerstoßen und eine damals in Europa populäre Medizin herzustellen. Andere hatte man eilig außerhalb der Friedhofsmauern begraben, wo normalerweise Selbstmörder und ungetaufte Kinder ihre letzte Ruhe fanden. Insgesamt 46 von ihnen hatten, wie sich aus den veröffentlichten Berichten über ihre Bekleidung und den Ergebnissen der Radiocarbontests schließen lässt, in der Bronze- oder Eisenzeit gelebt. Meistens handelte es sich um erwachsene Männer. Viele waren splitternackt, all ihres persönlichen Besitzes beraubt, im Moor versenkt worden. Fast alle hatten in der unruhigen späten Eisenzeit ihr Leben lassen müssen, als die Römer nordwärts zogen und die alte germanische Welt ins Chaos stürzten. Bei sieben der Leichen hatte man die Todesursache feststellen können, denn alle sieben wiesen Zeichen von Gewaltanwendung auf – vom zerschmetterten Schädel bis zur Schlinge um den Hals.

Zu diesen Moorleichen gab es im Wesentlichen drei Lehrmeinungen. Viele Archäologen vertraten die Ansicht, es handle sich bei den Tötungen um die eisenzeitliche Version der Todesstrafe. Die Henker nahmen den Opfern häufig ihre Armbänder, Gewandnadeln und andere Wertgegenstände ab, stellten die Wissenschaftler fest, nicht anders als im heutigen Justizvollzug. Als zusätzliche Demütigung schoren sie ihren Gefangenen teilweise den Kopf und befahlen ihnen, sich vollkommen zu entkleiden. Sie verweigerten ihnen ein angemessenes Begräbnis, vielmehr wurden die Toten irgendwo in der Wildnis beseitigt. Manchmal verankerten sie die Leichen mit Hilfe von Holzpflöcken oder Ästen am Boden der Moore und sorgten auf diese Weise dafür, dass die Übeltäter niemals mehr ans Tageslicht kamen.

Das alles klang sehr nach den Strafen, mit denen die germanischen Stämme einstmals ihre unerwünschten Elemente belegten. Im 1. Jahrhundert n.Chr. verfasste Tacitus, hochrangiger Magistrat im antiken Rom, einen Bericht über die Bräuche und Lebensweise dieser Menschen, der sich fast wie eine Moralpredigt liest. Vermutlich bezog Tacitus seine Informationen von germanischen Fürsten und Kriegsgefangenen, die in Rom lebten. Er rühmte die einfachen Tugenden der Barbaren und beschrieb seinen hedonistischen Lesern mit eindringlichen Worten, wie es sich bei ihnen mit der Ehe verhielt. Die Nordländer, erklärte er, schätzten die Ehe sehr hoch, und Ehebrecherinnen würden hart bestraft. Gehörnte Ehemänner schoren ihren Frauen ohne viel Federlesens die Köpfe, rissen ihnen die Kleider vom Leib und jagten sie auf die Straße. Mit einer noch schrecklicheren Strafe mussten diejenigen rechnen, die andere Stammesgesetze übertraten. »Feiglinge, Verräter und Homosexuelle wurden ertränkt«, schrieb Tacitus, »indem man ihren Kopf mit Weidenruten am Grund von Mooren und Sümpfen fixierte.«

Im Deutschland des 19. Jahrhunderts erfuhren diese Passagen wieder Beachtung bei den Wissenschaftlern. Einige von ihnen, darunter Johanna Mestorf, Professorin an der Universität Kiel, erkannten darin eindeutige Parallelen zu den Gegebenheiten bei mehreren Moorleichen, und ihre Thesen fanden zahlreiche Anhänger, zu denen im 20. Jahrhundert auch ein prominenter Nazi zählen sollte – Heinrich Himmler, Führer der Schutzstaffel, der SS-Verbände. Ihm unterstanden sowohl die Polizeikräfte als auch die Konzentrationslager, und er selbst betrachtete sich als großen Historiker. Er übernahm in der Tat vieles aus der Mythologie der alten germanischen Stämme für die Insignien und Rituale seiner geliebten SS. Als ihm Ende der 1930er Jahre klar wurde, dass alles auf einen Krieg hinauslief, in dem auch deutsches Blut vergossen werden würde, trieb er seine Maßnahmen zur Züchtung einer neuen Generation blonder Menschen energisch voran. Er drängte seine SS-Offiziere, möglichst viele Nachkommen zu zeugen, und zwar mit jeder Frau, die im Sinne des NS-Rassenwahns dafür geeignet erschien. Gleichzeitig richtete er seinen Hass gegen die Homosexuellen, die er zutiefst verachtete und als überflüssige Belastung des Staates betrachtete.

Während einer Rede vor der SS im Jahr 1937 erteilte Himmler den ihm unterstellten Männern eine erschreckende Lektion in Geschichte und stellte die Exekutionen im Moor als Beispiel alter arischer Tradition dar, die es wieder aufzugreifen gelte. »Der Homosexuelle, den man Urning nannte, wurde im Sumpf versenkt«, erklärte er. »Die Herren Professoren, die diese Leichen im Moor finden, sind sich bestimmt nicht dessen bewusst, dass sie jeweils in neunzig von hundert Fällen einen Homosexuellen vor sich haben, der mit seinem Gewand und allem im Sumpf versenkt wurde. Das war nicht eine Strafe, sondern das war einfach das Auslöschen dieses anomalen Lebens.« Die Geschichte stand also scheinbar auf Seiten der Nazis, und so machte sich die SS daran, das Unvorstellbare auf brutalste Weise in die Tat umzusetzen, zerrte homosexuelle Männer und Frauen mitten in der Nacht aus dem Bett und stieß sie in Kraftwagen. Insgesamt wurden 15 000 Homosexuelle in die europäischen Todeslager verschleppt – noch mehr unschuldige Opfer des Nazi-Hasses.

Nach dem Krieg legten die meisten deutschen Forscher die Theorie, dass es sich bei den Moorleichen um Opfer der Todesstrafe handelte, still und leise zu den Akten. Sie schämten sich dafür, wie die Nazis im Dritten Reich diese Toten als Rechtfertigung für ihren Rassenwahn benutzt hatten. Es war nicht das erste und leider auch nicht das letzte Mal, dass Politiker Verstorbene für ihre Zwecke benutzten, doch viele deutsche Anthropologen bedauerten zutiefst, dass Himmler ihre Forschung für seine Pläne missbraucht hatte. Sie suchten nach neuen Erklärungen für die Moorleichen. Einige spielten Tacitus' Aussagen herunter und begannen in den deutschen Volkssagen nach neuen Ansätzen zu forschen. In diesen alten Geschichten, entdeckten sie, wimmelte es geradezu von Wiedergängern – den unerlösten Seelen von hingerichteten Verbrechern, Selbstmördern, Mordopfern und anderen Menschen, die eines unnatürlichen und gewaltsamen Todes gestorben waren, und diese ruhelosen, missgünstigen Geister wollten nichts anderes, als die Lebenden zu schikanieren. Um sich vor diesen unwillkommenen Gästen zu schützen, halfen sich die Bauern in den Geschichten oft damit, dass sie die Leichen der gewaltsam zu Tode Gekommenen in irgendeiner Weise verstümmelten – oder ihnen die Hände fesselten, den Kopf schoren und die Augen verbanden.

Auf die meisten Moorleichen schien jedoch weder die Wiedergänger- noch die Todesstrafetheorie zu passen. Dem Mädchen von Yde hatte zwar jemand eine Seite des Kopfes geschoren, doch an ihrem Körper fanden sich keinerlei Spuren einer Fesselung und ebenso wenig Hinweise, dass sie am Grund eines Moores fixiert worden war. Gleichermaßen problematisch stellte sich die Sache bei anderen Moorleichen dar. Die beiden Weerdinge-Männer hatte man in der Tat in ewiger Umarmung gefunden, doch nichts ließ darauf schließen, dass sie Liebende gewesen waren – sie hätten genauso gut Bluts- oder Waffenbrüder sein können. Und dass es sich um Ausgestoßene handelte, schien ebenfalls äußerst unwahrscheinlich – im Gegenteil; man hatte sie im Tod behutsam Seite an Seite gelegt, so dass sie einander auf ewig nah waren. Das sah nicht danach aus, als hätte sich ein Henker achtlos seiner Opfer entledigt oder ein furchtsamer Bauersmann Unheil abwehren wollen; es wirkte vielmehr wie eine Geste der Zuneigung.

Doch wenn es sich bei den Moorleichen weder um Opfer der Todesstrafe noch um die Überreste von Wiedergängern handelte, wer waren sie dann? Einige Forscher außerhalb Deutschlands schlossen sich der Meinung an, dass es sich um Menschenopfer handelte, einstmals gängige Praxis im nördlichen Europa. In *Germania* beschrieb Tacitus ein solches Ereignis. Es fand während eines Festes zu Ehren einer germanischen Göttin statt, die über die Fruchtbarkeit von Pflanzen und Tieren gebot. Nerthus war eine mächtige Gottheit, der man gebührenden Respekt schuldete, deshalb suchten sich die Stämme des Nordens mit Festlichkeiten immer wieder ihrer Gunst zu versichern. Die Männer legten ihre Waffen ab, und der ganze Stamm versammelte sich, wenn ein Priester das Bild der Göttin auf einem Wagen von ihrem Heiligtum herbeiholte. Es folgte ein mehrtägiges Fest. War die Göttin schließlich all dieser Sterblichen überdrüssig, befahl sie ihren Sklaven, ihr Bild und ihren Wagen zur rituellen Reinigung zu einem nahe gelegenen See zu bringen. Dort wurden die Sklaven dann von den Priestern geopfert.

Dass man für dieses Schauspiel einen See wählte, war keineswegs Zufall, sondern wohl überlegt. Die meisten germanischen und keltischen Stämme sahen ihre Götter nicht als ätherische Wesen, die im Himmel schwebten oder wie Zeus majestätisch auf einem Berg thronten, sondern als Bewohner der Unterwelt. Der Eingang zum Reich der Götter lag im Wasser, dessen Oberfläche wie ein gläsernes Tuch die Seen, Quellen, Moore und Flüsse bedeckte. Tacitus beschrieb in *Germania*, wie zwei Germanenstämme einmal bis aufs Blut um die Kontrolle über einen Fluss kämpften. Beide wollten unbedingt siegen, denn sie glaubten, dort habe man unmittelbaren Zugang zu den Göttern, und die Gebete der Menschen würden sie sofort erreichen. Für andere Völker im alten Europa scheint das Wasser eine ähnliche Bedeutung gehabt zu haben. Wie der griechische Geschichtsschreiber Strabon berichtet, brachten westkeltische Stämme ihren Göttern in heiligen Seen häufig kostbare Opfergaben aus Gold und Silber dar.

Archäologische Funde haben dies inzwischen bestätigt. Im Dänemark der Bronzezeit versenkten wohlhabende Stammesmitglieder rituelle Gerätschaften und wertvolle Geschenke in den Mooren – komplette Streitwagen mit schimmernden Bronzeachsen, hölzerne Kriegsschiffe, Äxte, Dolche und Schwerter aus Bronze, goldene Armreifen und herrliche bronzene Blasinstrumente, so genannte Luren. Bei einer besonders wichtigen Feierlichkeit opferte jemand einmal einen riesigen silbernen Kessel, verziert mit Götterszenen und Darstellungen, die möglicherweise ein Menschenopfer zeigen. In anderen Teilen Europas fielen die Opfergaben und Ritualgegenstände jedoch häufig bescheidener aus. In den Niederlanden zum Beispiel hinterließen die Menschen eher praktische Dinge aus ihrem Alltag im Moor: Lederschuhe, hölzerne Räder, Pflugscharen, Haarzöpfe, Speerspitzen und Dolche aus Bronze, Wollballen, bronzene Arm- und Halsreifen, wollene Kleidung, Hirschgeweihe, Stierhörner und irdene Töpfe, in denen vermutlich gekocht wurde.

Man könne wohl davon ausgehen, sagte van der Sanden am Ende unseres Gesprächsnachmittags, dass die alten Europäer ein Menschenleben als besonders kostbare Opfergabe betrachtet und die kargen Moore sehr bewusst ausgewählt hätten. Vor 2000 Jahren und mehr hätten sie die Moore nicht als trostlose, einsame Orte angesehen, sondern als magische Wasserwelt mit tief religiöser Bedeutung. »Der beste Beweis dafür sind all die Dinge, die man im Moor gefunden hat«, meinte van der Sanden. »Ich kann mir schwer vorstellen, dass sich die damalige Gesellschaft dort einfach ihrer Übeltäter entledigt hat.«

Zu einer noch eindeutigeren Aussage will sich der vorsichtige Wissenschaftler nicht hinreißen lassen. Trotz seiner langjährigen

Forschungen wissen weder er noch sonst jemand, wer das Mädchen von Yde war oder warum sie vor 2000 Jahren sterben musste. Vielleicht war sie eine Sklavin und einem benachbarten Stamm geraubt worden. Vielleicht hatte man sie wegen ihrer kleinen körperlichen Behinderung, dem hinkenden Gang, den Göttern geopfert. Oder vielleicht hatten die Dorfältesten das unschuldige Mädchen einfach deshalb gewählt – und diese Möglichkeit möchte ich am liebsten glauben –, weil es die kostbarste Opfergabe war, die sie sich vorstellen konnten. Sie legten sie mit dem Gesicht nach unten ins Moor, damit sie die Pracht der Götterwelt sehen konnte, in die sie gerade einging. Für ein solches Schicksal bestimmt zu werden wäre dann eine große Ehre gewesen und ließe sich, obzwar vorsätzlicher Mord, kaum mit den Fällen vergleichen, die heutige Kriminalbeamte beschäftigen.

Bei unseren Bemühungen, diese versunkenen Welten besser kennen zu lernen, sind wir jedoch auf die Teleskope angewiesen, die uns die Wissenschaft an die Hand gibt. Ebenso mit Mängeln behaftet wie das echte Hubble-Teleskop, sind sie häufig unzuverlässige und ungenaue Werkzeuge. Sie zeigen uns selten, was wir am meisten sehen möchten; sie lassen winzige Ausschnitte übergroß und atemberaubend deutlich erscheinen, während sie riesige Bereiche zu einem diffusen Nebel verwischen. Diese frustrierende Erfahrung macht jeder, der sich mit Moorleichen beschäftigt. Wenn wir durch die dicken Linsen starren, die uns die Wissenschaft zur Verfügung stellt, sehen wir oft nur ein kleines Segment beleuchtet – was die Menschen aßen, wie sie sich kleideten, wie sie aussahen. Sosehr wir uns auch bemühen, bessere Linsen zu entwickeln, es wird uns nicht gelingen, die Menschen selbst zu erfassen, ihre Gedanken, ihre Wünsche, ihre Träume, ihr Seelenleben, das sie erst menschlich macht.

Die Wissenschaft wird niemals in der Lage sein, das Geheimnis um den Tod des Mädchens von Yde zu lösen. Die Ermittler werden niemals befriedigt den Fall abschließen oder den Mörder dingfest machen können. Doch wir haben das Mädchen von Yde nicht leichtfertig einem Grab übergeben, das niemand kennt. Wir haben die Augen nicht vor ihrem Leid verschlossen. Wir haben alles uns Mögliche getan, um ihr Leben der Vergessenheit zu entreißen und ihre letzten Stunden zu rekonstruieren. Mehr Gerechtigkeit können die Toten aus grauer Vorzeit nicht von uns erhoffen.

EINDRINGLINGE AUS DEM WESTEN

Auf der Zugfahrt zurück nach Amsterdam dachte ich über die zusammengeschrumpften Körper nach, die in Assen in den Vitrinen lagen. Für van der Sanden und viele andere Mumienexperten, die ich kennen gelernt hatte, waren die konservierten Toten Boten einer untergegangenen Welt, Boten aus dem Dunkel der Zeit. Es sind schon immer die Sieger gewesen, die Geschichte schrieben, und nicht diejenigen, die unterworfen wurden. Geschichte ist gefärbt von den Vorurteilen, Ambitionen, Loyalitäten, Ängsten und Eitelkeiten des Schreibers. Sie strotzt vor Berichten über die geringsten Taten von Königen und Königinnen und schweigt sich aus über das Leben der gewöhnlichen Menschen. Sie verbreitet sich über die Feldzüge, die Generäle führen, und würdigt mit keinem Wort, wie die Soldaten im Feldlager leben. Sie liebt die Stadtbewohner und ignoriert die Menschen im Grenzgebiet. Sie strotzt vor Mängeln. Deshalb sind gewissenhafte Historiker ständig auf der Suche nach zuverlässigeren Informationen aus grauer Vorzeit, nach frischem Material aus uralten Gräbern. Genau solche Informationen versprechen Mumien zu enthüllen, und je höher die geschichtliche Bedeutung dieser Mumien eingeschätzt wird, umso intensiver gestaltet sich auch die Suche der Historiker.

Kaum eine Mumie hat die Forschung über Jahrhunderte hinweg so sehr beschäftigt wie der Leichnam des berühmten makedonischen Königs Alexanders des Großen, eines der größten Feldherren, die die Welt je gesehen hat. Alexander starb in Babylon im Jahr 323 v.Chr. mit 32 Jahren an einem Fieber, nachdem er das persische Reich und die meisten anderen den Griechen damals bekannten Länder erobert hatte. Die Trauer um ihn war groß. Sein Leichnam wurde, wie klassische Texte berichten, in goldenem Honig konserviert – eine bei den Reichen und Mächtigen Babylons übliche Praxis – und anschließend in einen goldenen Sarg gebettet, der in einem ebenfalls goldenen Miniaturtempel mit Rädern stand. Dann machte sich der Leichenzug aus 64 Maultieren, jedes mit einer Krone und einem klingenden Glöckchen aus Gold geschmückt, auf den Weg Richtung Westen, nach Makedonien, wo Alexander seine letzte Ruhe finden sollte. Doch der junge Eroberer kehrte nie mehr in seine Heimat zurück. In Syrien tauchte vor dem feierlichen Trauerzug einer von Alexanders treuesten Feldherren mitsamt einer Armee auf – Ptolemaios, der neue Herrscher Ägyptens, der dem alten Freund seine Achtung erweisen und seinen neuen Untertanen gleichzeitig an seine ausgezeichneten Beziehungen zu Makedonien erinnern wollte. Ptolemaios entführte den Leichnam und brachte ihn zurück nach Ägypten, wo er jahrhundertelang in der Obhut seiner Nachkommen blieb. Besonders wichtige Besucher wie Julius Cäsar bekamen den toten Alexander gelegentlich mit großem Stolz gezeigt. Als die Ptolemäer im Jahr 30 v.Chr. den ägyptischen Thron verloren, verschwand auch Alexanders Mumie im Dunkel der Geschichte.

Über den Verbleib Alexanders kursieren verschiedene Theorien. Nach Jahrhunderten der Suche kamen etliche Wissenschaftler zu dem Schluss, dass sein honiggetränkter Leichnam unter den Fundamenten einer Moschee an der Kreuzung zweier sehr belebter Straßen in Alexandria, der Tariq al-Hurriya und der Sharia an-Nabi Daniel, ruhen müsse. Die islamischen Behörden haben jedoch alle Grabungen bei der Moschee untersagt, weil sie befürchten, das Gebäude könnte durch solche Erdarbeiten irreparabel beschädigt werden. Allerdings ließen sich nicht alle Wissbegierigen von dem Verbot abschrecken, denn einige versuchten, einen Tunnel darunter zu graben. Etliche Forscher behaupten, an anderen Orten Hinweise auf Alexander gefunden zu haben. Im Jahr 1995 dachte die Archäologin Liana Souvaltzi, sie hätte das verschollene Alexandergrab entdeckt – unweit von Siwa, einer abgelegenen Wüstenoase südwestlich von Alexandria. Sie berichtete von uralten Steintafeln, auf denen beschrieben werde, wie Ptolemaios den Leichnam des jungen Königs in die Oase brachte. Diese Übersetzung wurde später jedoch angezweifelt, und die Wissenschaftler diskutieren heute noch darüber, wo Alexander seine letzte Ruhe gefunden haben könnte.

Die Entdeckung des alten Makedoniers würde mit ziemlicher Sicherheit die ganze Historikerzunft elektrisieren. Doch ihr Interesse beschränkt sich nicht auf die sterblichen Überreste berühmter Persönlichkeiten. Denselben Effekt können auch Mumienfunde von Menschen haben, deren Leben die alten Texte nicht einmal erwähnen, insbesondere wenn sie ein völlig neues Kapitel der Geschichte zu erschließen versprechen. Genau das geschah, als ein renommierter amerikanischer Sinologe in einer entlegenen Provinz im Nordwesten Chinas auf uralte Mumien stieß, die einer bislang unbekannten ethnischen Minderheit angehörten. Dieser Fund rührte im Osten wie im Westen an einen Nerv, und es ergaben sich daraus kritische Fragen zum Thema Rasse, Rassismus und dem Wesen der Geschichtsschreibung überhaupt. Rasch bemächtigten sich separatistische Bewegungen der Mumien als Symbole ihres Protests, und ebenso rasch erklärte sie die chinesische Regierung zu einer Angelegenheit der inneren Sicherheit. Meiner Ansicht nach wurde dadurch ein grundsätzliches Problem akut: Was geschieht, wenn solche Toten aus grauer Vorzeit geschichtliche Zusammenhänge aufdecken, über die viele Leute lieber den Mantel des Schweigens breiten würden?

Bis zu seiner Begegnung mit den Mumien von Xinjiang war Victor Mair vor allem als brillanter, wenn auch exzentrischer Übersetzer komplizierter chinesischer Texte bekannt, als ausgezeichneter Wissenschaftler mit seltsamen Ansichten zu den Ursprüngen der chinesischen Kultur und als strenger Kritiker, der mit seinem Urteil über die Schwächen bei Arbeiten anderer nicht hinter dem Berg hielt. Mairs Äußerungen zu den Schriftrollen vom Toten Meer, deren Zeichen der chinesischen Schrift ähnelten, lösten in Forscherkreisen heftige Debatten aus. Sein Opus magnum über die Entstehung der chinesischen Schrift, ein Werk, an dem er in seinem Büro an der University of Pennsylvania seit Jahren intensiv arbeitete, wurde mit großer Spannung erwartet. Doch im Jahr 1988, als er eine Gruppe von amerikanischen Reisenden durch ein kleines Museum in Ürümqi führte, erlebte er etwas, das ihn geradezu erschütterte. Mair hatte das Museum in der Hauptstadt der Provinz Xinjiang im äußersten Nordwesten Chinas schon mehrmals besucht, aber dieses Mal verwies ein Schild auf einen offensichtlich neuen Ausstellungsraum. »Es stand so etwas wie ›Mumienkabinett‹ darauf«, erinnerte sich Mair, »und mir war fast unheimlich, weil der Raum sehr dunkel war und ganz abseits im hinteren Bereich lag. Ich glaube, es hing ein Vorhang davor. Man hatte wirklich das Gefühl, als würde man in eine andere Welt eintreten.«

In einer Glasvitrine, die derart schlecht beleuchtet war, dass die Besucher ihre Taschenlampen herauskramen mussten, um überhaupt etwas erkennen zu können, erwartete sie ein überraschender Anblick. Vor ihnen lag, flach ausgestreckt, der Leichnam eines knapp einsachtzig großen Mannes, bekleidet mit einer langen, elegant geschnittenen Jacke und Hosen aus burgunderfarbener Wolle, unter denen in kräftigem Gelb, Rot und Blau gestreifte Beinlinge hervorsahen – eine sehr ausgefallene Garderobe. Doch es war gar nicht so sehr die Kleidung, die Mair sofort fesselte, sondern vielmehr das Gesicht mit der pergamentähnlichen Haut: schmal und in der Farbe von hellem Elfenbein, mit hohen Wangenknochen, vollen Lippen und langer Nase, eingerahmt von rotblonden Haarsträhnen und einem ergrauten Bart. Der Mann sah ungemein europäisch aus, ja er erinnerte Mair an einen ihm sehr vertrauten Menschen. »Es kam mir vor, als würde mein Bruder Dave schlafend vor mir liegen, und das hat mich wirklich umgehauen. Ich stand einfach nur da und habe ihn angeschaut. Von diesem Gesicht konnte ich mich einfach nicht losreißen. Immer wieder bin ich um die Vitrine herumgegangen. Ich war stundenlang in dem Raum. Eigentlich sollte ich diese Gruppe führen, aber ich habe sie schlicht vergessen. Ich war zwei oder drei Stunden wie weggetreten.«

Auf die Mumie waren chinesische Archäologen bei Ausgrabungen im Tarim-Becken gestoßen, einem riesigen, unwirtlichen Ödland aus Sand und Stein im südlichen Xinjiang; normalerweise keine Gegend, die gut gekleidete Fremde anzieht. Sommers wird es dort mit bis zu 50 °C glühend heiß, ohne dass ein Tropfen Regen fällt, und im Winter sinkt die Temperatur häufig weit unter Null. Im Zentrum des Beckens liegt eines der trockensten Gebiete der Erde, die Wüste Takla Makan, was so viel heißen soll wie »Geh hinein, und du kommst nicht mehr heraus.« Die chinesische Regierung hat dieses Niemandsland im Laufe der Jahre für verschiedene Zwecke zu nutzen gewusst. Einen Teil hatte man für Atomtests reserviert, die in dieser Ecke weitab von neugierigen Augen stattfinden konnten. Außerdem wurden dort Arbeitslager für Verbannte errichtet; man konnte sicher sein, dass niemand, der noch einigermaßen bei Verstand war, einen Fluchtversuch unternehmen würde.

Einen Vorteil hatte das gnadenlose Klima in der Takla Makan immerhin; es konservierte menschliche Leichen. Und so staunten auch die Archäologen, die den Fremden mit den gestreiften Beinlingen entdeckt hatten, wie hervorragend der Leichnam erhalten war. Er sah fast aus, als würde er noch leben. Sie nannten ihn Cherchen-Mann nach dem Verwaltungsbezirk, in dem er gefunden worden war, und machten sich daran, mit Hilfe der Radiocarbonmethode sein Alter zu bestimmen. Es stellte sich heraus, dass er sehr, sehr alt war. Die Tests ergaben sogar, dass er das Tarim-Becken bereits im 11. Jahrhundert v.Chr. durchstreift haben musste. Dieses Ergebnis überraschte Mair, denn es rüttelte an einem Grundpfeiler der chinesischen Geschichtsschreibung. Die Wissenschaft war lange Zeit überzeugt, dass es erst relativ spät in der Weltgeschichte zu den ersten Kontakten zwischen China und dem Westen gekommen sei – um die Mitte des 2. Jahrhunderts v.Chr., als der chinesische Kaiser Wudi beschloss, einen Emissär in den Westen zu entsenden.

Zeitgenössischen Berichten zufolge wollte Wudi den marodierenden Hunnenhorden, die immer wieder die reichsten Dörfer seines Reiches überfielen und plünderten, das Getreide stahlen und die Frauen entführten, ein für alle Mal das Handwerk legen. Er fasste den Entschluss, seinen Nachbarn im fernen Westen ein militärisches Bündnis vorzuschlagen, um den gemeinsamen Feind zu vernichten. Als er fragte, ob jemand den Wunsch habe, das Amt des Emissärs zu übernehmen, trat Zhang Qian, einer seiner Palastwächter, vor. Diesen schickte er im Jahr 139 v.Chr. gen Westen. Zhang Qian brachte das von seinem Herrscher angestrebte Bündnis nicht zu Stande, doch der Weg durch Zentralasien, den er wählte, wurde Teil der legendären Seidenstraße. In der Folgezeit zogen Hunderte von Handelskarawanen und Europäern diese Route entlang und brachten säckeweise Elfenbein, Gold, Granatäpfel, Safran, Jade, Felle, Porzellan und Seide von Xi'an ins ferne Rom.

Chinesische Nationalisten hören diese Geschichtsversion gern, denn sie erhärtet die These, dass die chinesische Kultur, die schon lange vor Zhang Qians Reise in den Westen in hoher Blüte stand, sich ohne europäischen Einfluss entwickelt haben muss – gewissermaßen in einer Art Treibhaus-Atmosphäre. Und das lässt die kulturellen Leistungen des alten China in besonders hellem Licht erscheinen. Der chinesische Historiker Ping-ti Ho behauptete in dem bekannten Buch *The Cradle of the East* voller Stolz, dass alle frühen Errungenschaften seines Landes – darunter der Streitwagen, der Bronzeguss und ein Schriftsystem – Früchte chinesischer Genialität seien. Die Menschen des Himmlischen Königreichs hätten sich nie so weit erniedrigt, fremdes geistiges Eigentum zu übernehmen. Ihre schöpferische Kraft sei derjenigen des Westens überlegen gewesen.

An dieser Geschichtsdarstellung äußerte Mair, Sinologie-Professor am Institut für Asienkunde und Kultur des Vorderen Orients an der University of Pennsylvania, gewisse Zweifel. Seiner Ansicht nach musste es schon lange vor Kaiser Wudis Bündnisplan Kontakte zwischen China und dem Westen gegeben haben. In mehreren frühen chinesischen Büchern wird zum Beispiel von hoch gewachsenen Männern mit grünen Augen und rotem Haar erzählt, das an das Fell von Rhesusaffen erinnert. Die meisten Wissenschaftler werteten diese Berichte als bloße Legenden, doch Mair war da nicht so sicher. Er sah darin eine Beschreibung von Menschen europäischen Typs. Als er sich mit chinesischer Mythologie beschäftigte, war er immer wieder Figuren begegnet, die denen in alten griechischen und römischen Sagen auffallend ähnelten. Eine derartige Häufung von Parallelen konnte kein Zufall mehr sein. Und er stieß in frühen chinesischen Texten immer wieder auf Wörter, die aus weit im Westen angesiedelten alten Sprachen entlehnt schienen. Von diesen Wörtern – darunter die Ausdrücke für Hund, Kuh, Gans, Magier, Traube und Rad – hatte er ein Verzeichnis angelegt. Es gab jedoch auch handfestere Beweise. Man hatte Fetzen von chinesischer Seide in ägyptischen Gräbern aus dem 11. Jahrhundert v.Chr. gefunden, in Griechenland und Österreich in Gräbern aus dem 6. Jahrhundert v.Chr. Doch obwohl Mair immer wieder gute Argumente für seine These vorbrachte, nahm ihn niemand ernst. »Die Leute lachten mich aus, wenn ich sagte, dass es schon in der Bronzezeit Kontakte zwischen China und dem Westen gab, und meinten: ›Ach, ja? Interessant, aber wo sind die Beweise?‹«

Er brannte darauf, mit seiner These Anerkennung zu finden, doch er hätte nie erwartet, einen solch überzeugenden Beweis aus Fleisch und Blut zu entdecken, wie es der Cherchen-Mann zu sein schien. Trotzdem blieb er misstrauisch. Die gut gearbeitete wollene Kleidung des Mannes, deren Anfertigung eine komplexe Textiltechnik erforderte, unterschied sich grundlegend von allem, was Mair je aus dem alten China gesehen hatte. Die Mumie selbst war fast zu perfekt erhalten, um echt zu sein. »Ich dachte, dass sie vielleicht aus einem Wachsfigurenkabinett stammt. Oder dass es ein Trick ist, um mehr Touristen anzulocken. Ich war lange Zeit misstrauisch, weil ich mir gesagt habe: ›Wie können sie vor 3000 Jahren solche hoch entwickelten technischen Möglichkeiten gehabt haben?‹ Und der Mann passte einfach in überhaupt keinen historischen Zusammenhang.«

Mair hörte sich bei seinen chinesischen Kollegen um, ob sie Näheres über den Cherchen-Mann wussten. Von ihnen erfuhr er, dass europäische Wissenschaftler im Tarim-Becken vor fast hundert

Jahren mehrere ähnliche Mumien entdeckt, sie aber eher als kuriose Einzelfälle betrachtet hatten. Im Jahr 1895 zum Beispiel hatte der britisch-ungarische Forscher Marc Aurel Stein, als er im Tarim-Becken nach antiken Gegenständen und alten zentralasiatischen Texten suchte, einige Leichen europäischen Typs exhumiert. »Es war ein eigenartiges Gefühl«, berichtete Stein in späteren Schriften, »auf diese Menschen hinabzuschauen, die nur zu schlafen schienen, wäre nicht die vertrocknete Haut gewesen.« Doch Stein und die anderen Europäer, die nach ihm kamen, waren wesentlich mehr an Ruinen aus der klassischen Zeit als an mumifizierten Leichen interessiert. Sie schossen einige Fotos von den ungewöhnlichen Mumien und erwähnten sie beiläufig in ihren Büchern, doch weiter geforscht wurde nicht.
Auch chinesische Archäologen waren in dieser Region schon auf solche Mumien gestoßen, doch sie interessierten sich ebenso wenig dafür wie die Europäer. Sie dachten, es handle sich nur um ein paar Ausländer, die sich irgendwann einmal in diese Gegend verirrt hatten. In den 1970er Jahren jedoch, als man in Xinjiang Vermessungsarbeiten für neue Pipelines und Eisenbahnstrecken durchführte, entdeckten einheimische Archäologen Hunderte solcher vertrockneter Leichen. Die meisten Mumien sahen sehr europäisch aus. Ihr Haar war blond, rötlich oder kastanienbraun; sie hatten tief liegende Augen, lange Nasen, dichte Bärte und waren häufig groß von Wuchs. Sie trugen Kleidung aus buntkariertem Wollstoff und Kopfbedeckungen, die uns seltsam vertraut erscheinen: spitz zulaufende schwarze Hexenhüte, Baskenmützen und Kapuzen wie seinerzeit Robin Hood.
Manche waren durch die Seidenstraße offenbar zu Reichtum gekommen. Den Yingpan-Mann zum Beispiel fand man in eine Robe aus prächtigem Brokat mit einer Art antikem Design gehüllt, und er trug eine Maske mit einem goldenen Stirnreif. »In den Brokat sind Figuren aus der klassischen Antike eingewebt, ähnlich griechisch-römischen Gottheiten«, erklärte Mair. »Sie sehen aus wie biblische Cherubim, auch wenn es keine sind.« Viele der Mumien

waren jedoch schlichter gekleidet und einfacher bestattet, manche nur in einen wollenen Umhang gewickelt, mit Schuhen aus Fell an den Füßen und einem Hut mit einer Feder daran und kleinen Körben mit Getreide als Grabbeigabe. Das waren, wie sich herausstellte, die ältesten dieser Europäer. Die Radiocarbontests ergaben, dass sie den Nordwesten Chinas im 21. Jahrhundert v.Chr. durchstreift hatten, mitten in der Bronzezeit – wie Mair seit langem immer wieder behauptete.
Von der Echtheit der Mumien überzeugt, begann Mair sich in seinem Büro an der University of Pennsylvania den Kopf zu zerbrechen, was das alles zu bedeuten hatte. Wer waren diese fremden Eindringlinge, und woher waren sie gekommen?

Mair, Sohn eines österreichischen Emigranten, ist ein kerniger Mann Mitte der fünfzig und mit einer Körpergröße von gut einsfünfundachtzig und Schuhgröße 14 ein richtiger Hüne, der fast alle seine chinesischen Kollegen um Haupteslänge überragt. Diesen körperlichen Vorteil versucht er bei Gruppenfotos oft dadurch zu überspielen, dass er sich beispielsweise eine Treppenstufe tiefer stellt. Mit seiner kräftigen, sportlichen Statur sieht er beinahe aus wie ein ehemaliger Profi-Footballspieler. Er hat kurze, glatte graue Haare, die stets ordentlich gekämmt sind, eine große Adlernase, wache blaue Augen und eine humorvolle Art, die er oft sehr wirkungsvoll einsetzt, denn Lachen ist der beste Weg, um kulturbedingte Missverständnisse auszuräumen. Er trinkt und raucht nicht, hat es auch noch nie getan, und ist nach eigenem Bekunden ein Mann mit Führungsqualitäten. Sein stark ausgeprägtes Selbstbewusstsein lässt ihn manchmal arrogant wirken, doch er hat auch etliche seltsame Marotten. Zum Beispiel erzählte er mir einmal, dass er zu Hause den Teller nach dem Essen gerne sauber leckt, um den Geschmack des Gerichts noch länger auszukosten – ein Gedanke, der mir damals eher aus dem Osten als aus dem Westen zu stammen schien, und auch Mair selbst wirkt häufig so.
Ich hatte mit Mair ein Treffen in Shanghai vereinbart, wo er eine

neue Serie von DNA-Tests an den Mumien vom Tarim-Becken durchführen wollte. Als ich vorab mit ihm telefoniert hatte, hatte er mir erzählt, dass er einen Genetiker mitnehmen würde, der hoffte, von den im dortigen Naturkundemuseum aufbewahrten Mumien Gewebeproben zu bekommen. Das klang, als wäre bereits alles geregelt. Ich stellte jedoch bald nach meiner Ankunft in Shanghai fest, dass Mair noch lange nicht so weit war. In dem kleinen Gästehaus für ausländische Dozenten der Fudan-Universität, in dem er untergebracht war, trottete er wie ein müder Riese die Flure entlang, denn er hatte zwei volle Tage in Besprechungen mit chinesischen Kollegen gesessen, um ein Arrangement auszuhandeln. Doch die Gespräche zogen sich hin. Mair lud mich ein, ihn bei einem Spaziergang zu begleiten; er wollte den Kopf frei bekommen und etwas gegen das Ohrensausen tun, das ihn ständig plagte. Wir gerieten in einen tropischen Wolkenbruch, und ich hatte große Mühe, mit ihm Schritt zu halten, weil ich ständig darauf achten musste, Scharen von Radfahrern in glänzenden gelben Regenjacken und tiefen, fast nicht erkennbaren Schlaglöchern auszuweichen. Mair ging geistesabwesend daran vorbei. An Stelle eines Regenmantels trug er zwei langärmelige karierte Hemden übereinander. Es schien ihm nichts auszumachen, dass er tropfnass wurde.

Sobald es um die Xinjiang-Mumien gehe, erzählte er mir bei unserem Spaziergang im Regen, gebe es nur Schwierigkeiten. Diese Menschen seien seit Tausenden von Jahren tot, und trotzdem erhitzten sich ihretwegen heute die Gemüter. Eine ethnische Minderheit in China, die rebellischen Uiguren, hatte sich zu Wort gemeldet und Anspruch auf die Mumien erhoben. Die etwa sieben Millionen zählenden Uiguren, überwiegend Moslems, betrachten das Tarim-Becken als ihre Heimat. Ende des 19. Jahrhunderts wurde das früher mit den Chinesen verbündete Volk unterworfen. In den 1930er und 40er Jahren gelang es seinen Anführern zweimal, für kurze Zeit eine unabhängige Republik zu gründen, aber beide Male rissen die Chinesen wieder die Herrschaft an sich.

Doch die uigurischen Rebellen kämpften entschlossen weiter, bis ihr letzter Führer 1961 hingerichtet wurde. Seit damals geht die chinesische Regierung beim geringsten Anzeichen separatistischer Bestrebungen mit aller Härte vor. Amnesty Internationals Bericht von 1999 über Xinjiang liest sich erschreckend. »In den vergangenen zwei Jahren«, heißt es darin, »sind Hunderte von Uiguren, viele von ihnen politische Gefangene, zum Tode verurteilt und hingerichtet worden. Andere, darunter auch Frauen, sollen von den Sicherheitskräften unter Umständen getötet worden sein, die den Anschein extralegaler Hinrichtungen haben.«

Die Uiguren wollten dennoch nicht klein beigeben, und als sie von den im Tarim-Becken gefundenen Mumien hörten, bekundeten sie größtes Interesse. Nach Ansicht der Historiker waren die Uiguren zwar erst relativ spät, vor weniger als 2000 Jahren, von den Ebenen der westlichen Mongolei in dieses Gebiet gezogen, doch die Uiguren-Führer wollten das nicht recht glauben. Sie meinten, ihre bäuerlichen Vorfahren hätten schon immer in den fruchtbaren Flusstälern des Tarim-Beckens gelebt, und deshalb erhoben sie nun Anspruch auf die Mumien als ihren Ahnen – obwohl viele Wissenschaftler, Mair eingeschlossen, vermuteten, dass die uigurischen Eindringlinge die meisten echten Nachfahren dieser Mumien abgeschlachtet oder vertrieben und die wenigen, die übrig geblieben waren, assimiliert hatten. In Xinjiang erkoren Uiguren-Führer eine der ältesten Mumien zur Ikone ihrer Sache, nannten sie – ein wenig dichterische Freiheit darf sein – »die Schöne von Loulan« und ließen Poster mit ihrem Bild drucken. Dass sie sehr europäisch aussah, stellte für die Uiguren kein Problem dar; manche Uiguren hatten tatsächlich europäische Gesichtszüge. In Ürümqi wurden Leute festgenommen. Musiker fingen an, Lieder über sie zu schreiben, in denen subtil auf das Anliegen der Separatisten angespielt wurde.

Dieser plötzliche Ausbruch nationalistischer Gefühle für Mumien versetzte die chinesische Regierung in höchste Aufregung. Innerhalb kürzester Zeit wurde alles, was mit den Mumien von Xin-

jiang zu tun hatte, als Angelegenheit der inneren Sicherheit betrachtet. Kein Behördervertreter hatte es eilig, die Genehmigung für einen Gentest an ihnen zu erteilen. Falls sich in der DNA der Mumien auch nur ansatzweise eine Verbindung zu den Uiguren fand – was bei ihren aus verschiedenen Völkern stammenden Vorfahren gar nicht so unwahrscheinlich war –, würde dies den Anspruch der Separatisten auf die Region in den Augen der Welt untermauern. Das wollten die Chinesen jedoch um jeden Preis vermeiden, vor allem nachdem ihr Verhalten gegenüber einer anderen ethnischen Minderheit, den Tibetern, international verurteilt worden war. Hinzu kommt, dass die Chinesen auf alles, was mit dem Tarim-Becken zu tun hat, ohnehin sehr empfindlich reagieren. Unter seinem staubigen, windgepeitschten Boden locken nämlich gigantische Ölfelder. Nach Aussagen chinesischer Geologen lagern dort rund 18 Milliarden Tonnen Rohöl, dreimal so viel wie die bekannten Ölreserven der USA.
Doch die geplanten Gentests machten nicht nur den chinesischen Behörden Sorgen, sondern auch westlichen Wissenschaftlern. Einigen widerstrebte es zutiefst, dass Europäer schon vor Tausenden von Jahren Siedlungen im Herzen Asiens gegründet haben sollten, denn das roch nach frühem Kolonialismus, einer politischen Unterdrückung, die vielen Historikern gegen den Strich ging. »Was nach Imperialismus aussieht, ist im Westen mit starken Schuldgefühlen verbunden und immer eine heikle Sache«, meinte Mair. »Das scheint tief im Unterbewusstsein verankert zu sein, und viele Menschen in westlichen Ländern scheuen sich davor zu sagen, unsere Kultur sei in irgendeiner Weise überlegen oder breite sich aus. Es gibt also Leute, die sicherstellen wollen, dass wir die Vergangenheit auf keinen Fall falsch interpretieren.«
Die Anwesenheit früher Europäer in China könnte natürlich für politische Zwecke missbraucht werden – Menschen mit rassistischen Zielen hatten schon lange nach genau solchen Beweisen gesucht. In den 1930er Jahren zum Beispiel hatten Adolf Hitler und Heinrich Himmler ein krankhaftes Interesse für Dschingis Khan,

den berühmtesten Führer der Mongolen, entwickelt. Der schlaue und unglaublich grausame Krieger hatte im 13. Jahrhundert mit seinen schlagkräftigen Reiterhorden von Zentralasien aus sehr rasch nahezu alle Königreiche bis zu den Pforten Europas erobert, ohne einen Menschen zu verschonen. Im östlichen Persien ließ er fast die gesamte Bevölkerung abschlachten. Bei seinem Tod standen riesige Gebiete Eurasiens unter seiner Herrschaft; das Mongolenreich erstreckte sich vom Süden Sibiriens bis nach Tibet, von Korea bis zum Aralsee. Hitler und Himmler sahen darin viel Bewunderns- und Nachahmenswertes. »Unsere Stärke ist die Schnelligkeit und die Brutalität«, donnerte Hitler bei einer Rede vor den Oberbefehlshabern der deutschen Streitkräfte im Jahr 1939. »Dschingis Chan hat Millionen Frauen und Kinder in den Tod gejagt, bewusst und fröhlichen Herzens. Die Geschichte sieht in ihm nur den großen Staatsgründer ...«

Für eine Partei, die der Rasse eine derart große Bedeutung zumaß, stellte Hitlers Hochachtung für den alten Mongolenherrscher jedoch ein ernstes Problem dar. Schließlich war Dschingis Khan kein Arier. Er gehörte einer asiatischen Rasse an, die von den Nazis als absolut minderwertig verachtet wurde. Wie konnte ein solches Volk, werden sich Hitler und Himmler gefragt haben, einen derart brillanten Strategen und kühnen Staatsmann hervorbringen? Eine schwierige Frage, aber Himmler, der sich für einen großen Historiker hielt, fand schließlich eine Antwort. Sie war jedoch nichts weiter als ein Produkt seiner Phantasie. Einem Anthropologen erklärte er einmal, Dschingis Khan und seine mongolischen Elitetruppen seien tatsächlich Arier gewesen; dieser Umstand sei der Geschichtsforschung lediglich nicht bekannt. Sie stammten von den Bewohnern der mythischen Insel Atlantis ab, die das Eiland noch hätten verlassen können, ehe es in den Fluten des Meeres versank. Diese Mongolen, behauptete Himmler, seien eine besondere Art von Ariern: In ihren Adern fließe deutsches Blut.

Bei seinem Rassewahn musste es Himmlers Traum gewesen sein, diese uralten arischen Mongolen zu finden; möglicherweise ließ er auch nach ihnen suchen. In einem jüngst erschienenen Buch heißt es, dass Himmler sogar eine Auswahl an Mumien aus Zentralasien angefordert haben soll, damit die SS, der auch Archäologen und Anthropologen angehörten, Rassestudien durchführen konnte. Falls Himmler tatsächlich einen solchen Auftrag erteilte, so scheint er nicht in die Tat umgesetzt worden zu sein. Zwar unternahmen deutsche Wissenschaftler im frühen 20. Jahrhundert Expeditionen ins Tarim-Becken und andere Regionen Zentralasiens – sie suchten nach Ruinen aus der klassischen Zeit und alten buddhistischen Manuskripten –, doch darüber, dass sie Mumien geborgen oder gesammelt hätten, finden sich, wenn überhaupt, nur wenige Aufzeichnungen. »In allen Arbeiten von Teilnehmern dieser Expeditionen, die ich gelesen habe, habe ich keinen einzigen Hinweis gefunden, dass sie solche Mumien mit nach Europa brachten«, sagte Mair. Trotzdem machten die abstrusen Rassenvorstellungen der Nazis den Wissenschaftlern im Westen Probleme. Sie fragten sich besorgt, wohin Gentests an den Xinjiang-Mumien führen würden und, noch beunruhigender, wer am Ende versuchen würde, daraus Kapital zu schlagen. Solche Tests durchzuführen hieße, einen Spaziergang durch ein Minenfeld machen; man konnte nicht sagen, welche Bombe explodieren würde. »Es wäre besonders schlecht, wenn sich bei einer der Mumien eine deutsche Abstammung ergäbe«, bemerkte Mair. »Die Deutschen haben zwei Weltkriege erlebt, die sie selbst angezettelt haben, und wenn eine dieser Mumien auch nur entfernt germanischer Herkunft sein sollte, kann man die Sache vergessen. Die Leute werden nichts davon hören wollen.«

Sosehr die Mumien Mair damals, im Jahr 1988, auch fasziniert hatten: Er machte sich nicht sofort daran, sich näher mit ihnen zu beschäftigen, denn er steckte mitten in mehreren ihm sehr wichtigen Projekten. Er war ganz davon in Anspruch genommen, Licht in den Ursprung der Magier zu bringen, einer geheimnisvollen Gruppe von Wahrsagern und Heilern, die an den Höfen der frühen chinesischen Kaiser die Zukunft vorhergesagt und Kranke geheilt haben sollen. Außerdem gab er eine Zeitschrift heraus, *The Sino-Platonic Papers*, in der brillant und kontrovers über neueste Erkenntnisse in der Forschung berichtet wurde. Und er arbeitete intensiv an seiner – wie er hoffte – bahnbrechenden Studie über den Ursprung der chinesischen Schrift, mit der er unbedingt zu Ende kommen wollte.

Im September 1991 jedoch las Mair in einer Zeitung, dass man auf einem Gletscher an der österreichisch-italienischen Grenze die gefrorene, teilweise erhaltene Leiche eines 5300 Jahre alten Mannes entdeckt hatte – den berühmten Ötzi. Mair war von dieser Nachricht wie elektrisiert. Sein Vater war in Pfaffenhofen aufgewachsen, einem kleinen österreichischen Dorf nicht weit von dem Gletscher, an dem Wissenschaftler den »Mann aus dem Eis« geborgen hatten. Die Familie seines Vaters hatte ihr Vieh im Sommer auf dieselben Almwiesen getrieben, über die Ötzi vermutlich gewandert war. Der »Mann aus dem Eis« könnte durchaus ein entfernter Verwandter sein, dachte er sich. Und es könnte eine Verbindung zu den Vorfahren des Cherchen-Mannes bestehen, der Mairs Bruder so unglaublich ähnlich sah. »Diese Schlagzeile traf mich wie ein Blitz«, erinnerte sich Mair. »Mir fielen sofort die Xinjiang-Mumien ein. Ich schaute mir Ötzi an und dachte: ›Die Kerle dort im Tarim-Becken sind doch genau wie er. Den einen hat man im Eis gefunden, die anderen im Sand.‹«

Die österreichischen Forscher planten, den Gletschermann mit neuesten wissenschaftlichen Methoden zu untersuchen und auch einen Gentest durchzuführen, und Mair hatte das Gefühl, dass ähnliche Analysen beim Cherchen-Mann und den anderen Mumien viel dazu beitragen könnten, ihrer Herkunft auf die Spur zu kommen. Er schrieb auf der Stelle einen Brief an Wang Binghua, einen der führenden Archäologen in Xinjiang, und erläuterte ihm in groben Zügen das Projekt, das in seinem Kopf bereits Gestalt anzunehmen begann. Außerdem rief er Luigi Cavalli-Sforza an, einen hervorragenden Genetiker an der Stanford University und Experten für alte DNA. Cavalli-Sforza erkannte sofort die Möglichkeiten, die sich daraus ergaben. Er empfahl Mair, sich mit einem früheren Studenten, Paolo Francalacci, an der Universität von Sassari in Italien in Verbindung zu setzen. Eine Minute später griff Mair wieder zum Telefon. Er vertraute so sehr auf seine Fähigkeit, jeder Lage gewachsen zu sein, dass ihm gar nicht in den Sinn kam, es könnte ihm vielleicht doch an der nötigen Sachkenntnis für ein solches Projekt fehlen.

In enger Zusammenarbeit mit Wang ersuchte Mair bei den zuständigen Behörden um die Genehmigung für Gentests. Er verbrachte Monate damit, über einzelne Details zu verhandeln und Ängste auf chinesischer Seite zu beschwichtigen. Es war ein harter Kampf, doch Mairs Reputation als Wissenschaftler und Übersetzer öffnete Türen, die anderen verschlossen geblieben wären, und sein sicheres Gespür für die chinesische Kulturpolitik trug ebenfalls dazu bei, dass die Gespräche recht entspannt verliefen. Es half auch, dass er seinerseits noch einige Zugaben anzubieten hatte. Er versprach, sich im Westen um Gelder für ein Mumienmuseum in Ürümqi zu bemühen. Und er bot an, seine Beziehungen zu nutzen, um vom Getty Conservation Institute in Kalifornien spezielle Vitrinen für die Mumien zu bekommen. Am Ende gab Beijing dem Team grünes Licht für sein Vorhaben.

Francalacci wollte Gewebeproben von Mumien nehmen, die noch in der Erde lagen, und nicht von solchen, die sich bereits in Museen befanden. Dadurch verringerte sich das Risiko einer Verunreinigung mit moderner DNA. Also zogen er, Mair und Wang Binghua in Ürümqi von Nekropole zu Nekropole. An jedem der ausgewählten Gräber verteilte der junge Genetiker zuerst Gesichtsmasken und Latexhandschuhe, und dann schnitt er winzige Stückchen Muskelgewebe, Haut und Knochen aus den Mumien, bevorzugt von der Innenseite der Schenkel oder den Achselhöhlen, weil die Ausgräber mit diesen Körperregionen weniger in Berührung gekommen waren. Jede Probe kam in ein luftdicht schließendes Fläschchen. Nach einigen Tagen hatte er 25 Proben von elf verschiedenen Mumien gesammelt, und das genügte für eine kleine Studie. Leider konnten sie sich nicht lange darüber freuen, denn die chinesischen Behörden änderten plötzlich ihre Meinung und verlangten von Francalacci die Herausgabe der Gewebeproben; sie durften nicht mehr außer Landes gebracht werden. Mair war fassunglos.

Doch dann geschah etwas Seltsames. Kurz bevor der Sinologe deprimiert abreisen wollte, tauchte ein chinesischer Kollege bei ihm auf und steckte ihm verstohlen fünf der beschlagnahmten und versiegelten Proben zu. Diese stammten von zwei verschiedenen Mumien. Dankbar gab Mair die Proben an Francalacci weiter, der in Italien damit begann, die DNA zu vervielfältigen. Francalacci konzentrierte sich dabei auf die Gene in den Mitochondrien. Diese ursprünglich eigenständigen Organismen haben sich vor Millionen von Jahren mit kernhaltigen Zellen zusammengetan und liefern den Zellen, die ihnen Schutz und Nahrung geben, als Gegenleistung Energie. Die Mitochondrien besaßen ihre eigene DNA, aber im Laufe der Zeit wanderten viele ihrer Gene zum Zellkern, und es blieb nur eine geringe Anzahl zurück. Da jedoch jede Zelle tausend Mitochondrien oder mehr besitzt, gelingt es den Genetikern im Allgemeinen wesentlich besser, an die Mitochondrien-DNA zu kommen als an die Zellkern-DNA.

Der italienische Genetiker mühte sich monatelang mit den Mumienproben ab, um genügend DNA zum Sequenzieren zu extrahieren. Die Nukleinsäuren waren jedoch bereits erheblich abgebaut. Francalacci gab trotzdem nicht auf, und 1995 rief er Mair an, um ihm eine gute Nachricht mitzuteilen. Er hatte endlich genug Material zur DNA-Sequenzierung gewonnen, und die ersten Resultate waren hochinteressant. Die beiden Mumien aus Xinjiang wiesen dieselbe genetische Abstammung auf wie die meisten heute lebenden Schweden, Finnen, Norditaliener, Korsen und Sarden. Francalacci wollte noch mehr Mumien testen, doch das bisherige Ergebnis ließ vermuten, dass zumindest einige von ihnen europäischer Herkunft waren.

Die viel versprechenden Resultate stachelten Mairs Neugier noch weiter an. Er wollte mehr wissen. Nicht nur, weil der Cherchen-Mann seinem Bruder Dave so unheimlich ähnlich sah, dass er ihn inzwischen Ur-David nannte. Es hatte auch mit Mairs politischer Überzeugung zu tun. »Bei allem, was ich tue, egal in welchem Land der Erde, geht es mir immer um den ganz normalen Menschen, den einfachen Arbeiter, dem ich die Dinge zugänglich machen will«, erklärte er mir. »Deshalb interessiere ich mich auch für diese Mumien. Es sind ganz normale Menschen, keine berühmten Leute.«

Diese Einstellung entwickelte Mair schon in seiner Kindheit. Sein Vater, der österreichische Emigrant, den er abgöttisch liebte und ungeheuer bewunderte, arbeitete als Dreher in einer Kugellagerfabrik in Canton, Ohio. Seine Mutter schrieb Gedichte und Liedtexte. Als Arbeiterkind wurde Mair ständig daran erinnert, wie wichtig die einfachen Menschen waren, die tagsüber am Fließband schwitzten oder abends putzen gingen. Er bemühte sich, sie immer im Blick zu behalten. Im Football-Team an der Highschool spielte er als Quarterback, und da er ein kluger Junge war, bekam er anschließend ein Stipendium für Dartmouth, eines der renommiertesten Colleges in den USA. Vor ihm hatte es erst einmal ein Kind aus East Canton geschafft, an eines dieser Colleges zu kommen. Er entschied sich für Englische Literatur als Hauptfach und entdeckte seine Liebe zu Chaucer, dem ersten englischen Dichter, der in der Sprache des einfachen Mannes schrieb. Auch in Dartmouth spielte er als Erstsemester in der Footballmannschaft, und später wurde er Kapitän des Basketball-Auswahlteams. Als er seinen Abschluss in der Tasche hatte, beschloss er, sich die Welt anzusehen. Er ging zum Peace Corps, das ihn nach Nepal schickte. Im Land der safrangelb gewandeten Mönche und Gebetsmühlen stellte er bald fest, dass ihn der Buddhismus ungeheuer faszinierte, und es zeigte sich eine natürliche Sprachbegabung. Als er wieder zu Hause war, schlug ihm ein Professor vor, er solle doch zur Asienkunde wechseln, und Mair war sofort begeistert. Er belegte

Seminare in buddhistischer Geschichte und begann mit dem Studium buddhistischer Literatur, was bedeutete, dass er Sanskrit, Tibetisch, Japanisch und Chinesisch lernen musste – für die meisten Studenten ein abschreckendes Pensum. Doch während viele seiner Kommilitonen sich enorm anstrengen mussten, um sich die nötigen Kenntnisse anzueignen, vor allem in der chinesischen Schrift mit ihren Tausenden von Schriftzeichen, lernte Mair diese Sprachen offenbar fast im Schlaf. Anschließend studierte er chinesische Geschichte und Literatur, zuerst an der Londoner Universität und später in Harvard. Irgendwann in dieser Zeit heiratete er die chinesische Sprachlehrerin Li-Ching Chang.

Sein Interesse am Buddhismus führte ihn schließlich nach Xinjiang und in die Nachbarprovinz Gansu, wo buddhistische Mönche eine Unmenge alter Manuskripte in Höhlen versteckt hielten. Mair faszinierten diese Texte. Viele waren in der ältesten bekannten Form der chinesischen Normalschrift abgefasst, andere in Aufzeichnungen eingewickelt, die in zentralasiatischen Sprachen geschrieben waren. Und ein paar stellten sich als noch viel geheimnisvoller heraus. Wie linguistische Untersuchungen ergaben, waren sie in einer alten, längst untergegangenen indogermanischen Sprache verfasst, eng verwandt mit Englisch, Deutsch, Gälisch, Französisch, Spanisch und Griechisch. Die Linguisten nennen sie Tocharisch. Durch Gebirge und endlose Wüsten von seinen nächsten Verwandten getrennt, bildete Tocharisch eine Sprachinsel im großen Meer des Chinesischen. Mair fragte sich, wie das gekommen war. Zum Glück hatten die Verfasser der Texte, buddhistische Mönche, einige Hinweise hinterlassen. Sie hatten in verschiedenen Höhlen Bilder von hellhaarigen, blauäugigen und bärtigen Edelmännern gemalt, die Geschenke für buddhistische Heilige in den Händen hielten. Diese Malereien ließen sich auf das 6. und 7. Jahrhundert n.Chr. datieren – damals zogen schon seit langem Fremde über die Seidenstraße.

Man nahm allgemein an, diese hellhaarigen Männer, die Tocharisch sprachen, seien erst in relativ später Zeit nach Xinjiang gekommen. Nach seiner Begegnung mit den Tarim-Mumien vermutete Mair in ihnen jedoch Nachkommen wesentlich früherer Siedler aus Europa und bemühte sich nun umso mehr, der Herkunft der Mumien auf die Spur zu kommen. Ein chinesischer Kollege hatte ihm in Xinjiang noch ein weiteres Abschiedsgeschenk zugesteckt: einen Stofffetzen, blau, braun und weiß gemustert, der von einer Mumie aus dem 12. Jahrhundert v.Chr. stammte und wie ein Stückchen von einem karierten Umhang aussah. Mair gab den Stoff an Irene Good weiter, Textilexpertin am Museum der University of Pennsylvania, die ihn unter dem Elektronenmikroskop untersuchte. Er zeigte eine auffällige Webart, die so genannte »2 x 2 Köperbindung«, die sich deutlich unterschied von allem, was die asiatischen Weber zu jener Zeit herstellten. (Tatsächlich sollte es noch fast 2000 Jahre dauern, ehe Frauen in Zentralchina einen solchen Stoff von ihren Webstühlen nahmen.) Doch die Webart stimmte exakt überein mit Stoffresten, die man bei den Leichen von Arbeitern in österreichischen Salzbergwerken aus dem 13. Jahrhundert v.Chr. gefunden hatte. Ebenso wie die Gentests verwies auch das geheimnisvolle Stoffstück eindeutig auf eine europäische Herkunft.

Als ihm Good ausführlich ihre Erkenntnisse erläuterte, erkannte Mair, dass es noch sehr effektive andere Methoden gab, die Spur der alten Wüstenbewohner von Xinjiang bis in ihre Heimat zurückzuverfolgen. Die DNA war nur eine von vielen Möglichkeiten. »Irene erzählte von Fadendrehung, Fadendicke, Fadendichte und verschiedenen Bindungsarten – von all den Sachen, die sie unter dem Elektronenmikroskop sehen konnte. Das war schon sehr speziell, deshalb sagte ich: ›Gut, wir verfolgen auch diesen Weg, um Hinweise aufzuspüren. Wir holen so viele Spezialisten wie möglich zusammen und lassen sie machen.‹«

Er organisierte eine neue Expedition nach Xinjiang, dieses Mal zusammen mit Irene Good, Elizabeth Barber, ebenfalls Textilexpertin, und ihrem Mann, dem Kulturanthropologen Paul Barber. Während die beiden Frauen sich mit der Kleidung der Mumien beschäftigten, untersuchte Barber die Leichen selbst, um Genaueres über die Art der Mumifizierung herauszufinden. Mair hoffte, dadurch vielleicht neue Anhaltspunkte für die Herkunft der Menschen zu bekommen. Doch es stellte sich heraus, dass die mysteriösen Wüstenbewohner keine der ausgeklügelten Methoden angewendet hatten, die wir von den alten Ägyptern und anderen Meistern der Balsamierkunst kennen. Vielmehr hatten sie der Natur nur mit ein paar simplen Tricks nachgeholfen. In manchen Fällen hatten Angehörige ihren Toten in einem Salzfeld begraben, wo er wie Pökelfleisch konserviert wurde. Häufig legten sie den Leichnam an einem Ort ab, an dem die trockene Luft überall an den Körper gelangte, so dass er schnell eintrocknete. Beim Cherchen-Mann zum Beispiel hatte man beide Methoden angewandt.

Auch Mair trug seinen Teil bei. Er übersetzte in seiner Freizeit die wichtigsten chinesischen Berichte über die Mumien und veröffentlichte sie anschließend in *The Sino-Platonic Papers*, seiner eigenen Zeitschrift. Damit hatten Archäologen in westlichen Ländern zum ersten Mal Zugang zu diesen wissenschaftlichen Erkenntnissen. Um das neue Forschungsprojekt noch bekannter zu machen, verfasste er einen populärwissenschaftlichen Artikel für das Magazin *Archaeology*. Er wollte die Mumien von Xingjiang zum Mittelpunkt einer lebendigen Fachdiskussion machen, und so organisierte er eine große internationale Konferenz, auf der sich führende Wissenschaftler – Archäologen, Anthropologen, Linguisten, Genetiker, Geografen, Sinologen, Historiker, Ethnologen, Klimatologen und Metallurgen – an der University of Pennsylvania über ihre Arbeit austauschen konnten. Als alle wieder abgereist waren, veröffentlichte Mair ihre Referate pflichtbewusst in zwei großen Bänden, nachdem er die sehr fachsprachlichen Texte so weit bearbeitet hatte, dass jeder an dem Thema Interessierte sie verstehen konnte. »Wie Sie sehen, bin ich über der Arbeit an diesem Berg Papier grau geworden«, witzelte er.

Als er endlich damit fertig war, machte er sich, Schreibblock und

Stift vor sich, an die nächste Aufgabe. Er durchforstete Hunderte von Studien aus so unterschiedlichen Bereichen wie Linguistik, Keramikstile, Grabkonstruktion und Metallurgie quer durch Eurasien in den vergangenen 7000 Jahren, immer auf der Suche nach Kulturen, deren Kernfertigkeiten und Sprachen auffallende Ähnlichkeit mit denjenigen der frühen europäischen Gemeinschaften in Xinjiang aufwiesen. Langsam, mit viel Geduld, arbeitete er sich auf der Spur nach möglichen Ursprungsgesellschaften in Zeit und Raum schrittweise zurück, bis er endlich nach monatelanger Arbeit eine Karte des Gebietes zeichnen konnte, das seiner Ansicht nach ihre Heimat sein musste. Es erstreckte sich als breites Band quer durch Europa, von Norddänemark bis zum nordwestlichen Ufer des Schwarzen Meeres. Das Zentrum lag jedoch, vor etwa 6000 Jahren, in einer Zone vom heutigen Süddeutschland und Nordosten Österreichs bis zum nördlichen Tschechien. »Ich hatte das Gefühl«, erzählte mir Mair, »dass dieses Gebiet wirklich dem archäologischen Beweismaterial entsprach.«

Als er seine Karte – mit dem germanischen Stammland – schließlich einigen Kollegen zeigte, reagierten sie äußerst bestürzt. Elizabeth Barber, eine seiner engsten Mitarbeiterinnen, forderte verärgert, er müsse sie ändern, und wies nachdrücklich darauf hin, dass aus linguistischer Sicht, insbesondere was die Etymologie alter Wörter für Webstuhl betraf, alles auf einen wesentlich weiter östlich gelegenen Bereich hinwies. Offenbar hatte er sich für das Verständnis seiner Kollegen zu weit vorgewagt; er beugte sich ihrem Druck und gab zu, dass ihm der endgültige Beweis noch fehlte. Auf der neuen Karte, die er zeichnete, erstreckte sich das Ursprungsgebiet in einem breiten Bogen von der östlichen Ukraine und Südrussland bis ins westliche Kasachstan. Diese Karte veröffentlichte er zusammen mit den Referaten der Tagung. »Ich dachte, für das Buch ist es vielleicht besser«, meinte er kopfschüttelnd. »Ich wollte mich nicht so sehr gegen die Meinung der anderen stellen, denn das sind wirklich kluge Köpfe.« Er blickte wieder auf die Karte, die vor ihm lag. »Aber wenn ich ehrlich sein soll, dann würde ich die Heimat der Mumien hier sehen.« Er zeichnete ein schmales Oval ein. Der Mittelpunkt befand sich unweit von Salzburg.

Mair war überzeugt, dass er Recht hatte – selbstsicher und hartnäckig, wie er war –, und wollte um jeden Preis den Beweis finden, der alle Zweifel endgültig zerstreuen würde. Und er hielt Gentests immer noch für den besten Weg, denn wenn ein genetischer Fingerabdruck reichte, um Menschen vor Gericht für schuldig zu befinden und auf den elektrischen Stuhl zu schicken, dann müssten sich damit auch die skeptischsten Kollegen überzeugen lassen. Ebendeswegen war er nach Shanghai geflogen. Er hoffte, Gewebeproben für einen neuen, weiterentwickelten Gentest zu bekommen, doch die Chinesen äußerten immer noch Bedenken, und außerdem verlangten sie inzwischen wesentlich mehr Geld. Japanische Forscher hatten für solche Gewebeproben von Mumien gerade 100 000 Dollar auf den Tisch gelegt, und eine ähnliche Summe erwartete die Leitung des Shanghaier Naturkundemuseums nun auch von Mair.

Einen solchen Preis konnte der Sinologe nicht bezahlen, aber er hoffte, sich mit ihnen auf einen weniger kostspieligen Kompromiss einigen zu können. Doch nach tagelangen Gesprächen hatten die Chinesen immer noch nicht angebissen, und Mair lief langsam die Zeit davon. Trotzdem blieb er erstaunlich optimistisch. Während einer Verhandlungspause am Nachmittag lud er mich ein, mit ihm und dem Kollegen Xu Yongqing ins Kellergeschoss des Shanghaier Naturkundemuseums hinunterzusteigen. Xu, ein schmaler Mann mit krummen Schultern und dünnen, sorgfältig über die Glatze gekämmten Haarsträhnen, ist der Leiter der anthropologischen Abteilung des Museums und der Dichtkunst offenbar ebenso leidenschaftlich zugeneigt wie dem Reiswein. Während er liebenswürdig plaudernd die Stufen hinunterging, erklärte er uns, wie diese zweite Passion mit seiner Arbeit zusammenhing. »Er sagt, er trinkt so viel Reiswein«, übersetzte mir Mair schmunzelnd, »weil er ständig Leichen ausgraben und Särge öffnen muss.«

Hinter dem Bereich, in dem die Museumsmitarbeiter ihre Fahrräder abstellten, schloss Xu die Tür zu einem kleinen Raum auf und ging voran. Entlang dreier Wände standen Glasvitrinen, stellenweise drei übereinander, in denen auf einem luxuriösen Lager aus rotem Samt die Mumien ruhten. Sie wirkten fast wie Bahnreisende, die sich für die Nacht in ihr Schlafwagenabteil zurückgezogen hatten. Mair blieb stehen und sah sich um. Dann entdeckte er, was er gesucht hatte. In einer der Vitrinen am Boden lag, flach ausgestreckt und ihrer feinen wollenen Kleidung beraubt, eine junge Frau. Ihre Knie waren züchtig zusammengepresst, ihre Arme lagen locker neben dem Körper, und ihre Brüste waren rund und prall, als hätte sie noch kurz vor ihrem Tod einen Säugling gestillt. Doch es war ihr Haar, das sofort meinen Blick auf sich zog – langes, welliges, goldbraunes Haar, das ihr bis zur Hüfte reichte. Als ich in jenem Raum stand, fühlte ich mich ihr auf unerklärliche Weise verwandt, ebenso wie sie von Fremden umgeben. Und ich fragte mich, was ihre Vorfahren wohl veranlasst hatte, das kühle und grüne Europa gegen die glühend heiße, karge Welt des Tarim-Beckens einzutauschen. Es schien ein großes Rätsel, das vielleicht nie gelöst werden würde, doch Mair hatte eine Idee, die sich für mich durchaus plausibel anhörte. Er meinte, eine großartige neue Entdeckung habe ihre Vorfahren angespornt, sich in den fernen Osten aufzumachen – das Reiten. Vor etwa 5700 Jahren begannen die Menschen am östlichen Rand Europas, wilde Pferde einzufangen; irgendwann später legten sie ihnen ein einfaches Zaumzeug an und schwangen sich auf den Rücken der Tiere. Durch diese scheinbar simplen Handlungen eroberten sie sich einen wesentlich größeren Raum. Zum ersten Mal überhaupt konnten Menschen in kurzer Zeit enorme Entfernungen überwinden, eine derart berauschende Erfahrung, dass sie ihrem Fernweh plötzlich die Zügel schießen ließen.

Der bloße Akt, auf den Rücken dieser großen Tiere zu steigen, muss den Reitern ein unglaubliches Gefühl von Unbesiegbarkeit und Freiheit vermittelt haben, wie es sich in ähnlicher Weise erst mit dem Verbrennungsmotor und den Automobilen wieder einstellte. Es dürfte einen erheblichen physischen Vorteil gegenüber Menschen bedeutet haben, die sich ausschließlich zu Fuß fortbewegten. »Ich finde, man muss ganz schön mutig sein, um ein Pferd – immerhin rund 500 Kilogramm Muskelmasse – zu lenken«, meinte Mair. »Und in dieser erhöhten Position entwickelten die Reiter bestimmte militärische Fähigkeiten, zum Beispiel vom Pferd aus mit Pfeil und Bogen zu hantieren. Das muss die Menschen, die nicht auf Pferden saßen, in Angst und Schrecken versetzt haben.«

Solchermaßen ausgestattet, konnten die frühen Europäer leicht ganz Eurasien durchqueren; ihr rascher Vormarsch lässt sich heute noch an den alten Lagerplätzen ablesen, die sie benutzten. Ein Teil wanderte Richtung Norden, und daraus entstanden in der Folge die germanischen Stämme. Andere machten sich nach Westen auf, zu den britischen Inseln; aus ihnen wurden die Kelten. Die Vorfahren der Xinjiang-Menschen jedoch zogen ostwärts über die Grassteppen Asiens und machten jeden nieder, der sich ihnen in den Weg stellen wollte. Und dann, vor 4000 Jahren, ritt eine kleine Schar von Nachzüglern in die menschenleeren Flusstäler des Tarim-Beckens ein. Dort fanden sie genug Land, um ihren Lebensunterhalt zu bestreiten; sie blieben und gaben ihre Liebe zu schnellen Pferden und ihr Wissen um die Tiere an ihre Nachkommen weiter. Als die trauernden Angehörigen den Cherchen-Mann begruben, legten sie ein totes Pferd und einen Sattel auf sein Grab, zwei Dinge, die er im nächsten Leben brauchen würde.

Etliche dieser europäischen Eindringlinge ritten sehr wahrscheinlich noch weiter nach Osten und Norden, meinte Mair, und ließen die kargen Wüstenregionen hinter sich. Und dort führten sie solch neue Errungenschaften aus dem Westen ein wie den Streitwagen, ein schnelles und flexibles Gefährt im Krieg wie für den Sport, und die Kenntnis der Bronzebearbeitung, die ihnen die Herstellung robuster Waffen ermöglichte, deren Schneide stets scharf blieb. Einige dieser Fremden kannten höchstwahrscheinlich das Geheimnis der Schrift. Mair stieß bei seinen umfangreichen Recherchen auf zahlreiche Hinweise, doch der faszinierendste Beweis fand sich bei den Mumien aus dem Tarim-Becken. Als er die Hand einer weiblichen Mumie untersuchte, die man in der Nähe des Cherchen-Mannes geborgen hatte, fiel Mair eine eigenartige, in mehreren Reihen übereinander angeordnete Tätowierung auf. Geformt wie ein spiegelverkehrtes S, ähnelte das Motiv stark dem alten phönikischen Konsonanten, aus dem unser modernes S hervorging. Auf Artefakten aus dieser Zeit, gefunden im westlichen China, entdeckte Mair neben anderen alphabetiformen Zeichen auch ein mit unserem S identisches.

Chinesischen Wissenschaftlern, insbesondere jenen, die noch immer der Vorstellung anhingen, das alte China habe sich vollkommen unbeeinflusst vom Westen entwickelt, wird beim Gedanken an diese Eindringlinge nicht sonderlich wohl sein. Dass sie möglicherweise eine zentrale Rolle im Leben des damaligen China gespielt haben könnten, wird ihnen nicht gefallen. Schließlich haben die Errungenschaften aus dem Westen den Verlauf der Geschichte wesentlich beeinflusst. Schnelle Streitwagen sorgten dafür, dass die chinesischen Heere ihre Feinde im Kampf besiegten, mächtige Bronzeschwerter ließen die chinesischen Könige von einem Weltreich träumen. Und ein geheimes Schriftsystem gab den Hofbeamten die Möglichkeit, die eroberten Länder ohne große Mühe zu regieren.

In der heutigen Zeit haben Erfindungen einen hohen Stellenwert und kreative Köpfe, die neue Techniken entwickeln, werden sehr geschätzt. Doch die Erfindung selbst ist nur ein kleiner Teil des Ganzen, wie Historiker schon lange wissen. Was eine Gesellschaft aus diesen technischen Fortschritten macht, ist ebenso wichtig wie der schöpferische Akt selbst. Schließlich waren es geniale Menschen aus fremden Ländern, die den Westen unwissentlich stark gemacht haben. Sie brachten den Kompass nach Europa, der die Seeleute über die Meere nach Asien und Amerika führte. Sie brachten die Druckerpresse mit, dank derer die breite Bevölkerung von diesen neuen Ländern erfuhr, und das Schießpulver, das kriegerische Auseinandersetzungen entscheidend beeinflusste. All diese Dinge wurden von Chinesen erfunden. Die Völker haben also immer vom Genie anderer Kulturen profitiert.

Dieser Austausch bringt so manche paradoxe Aspekte mit sich, nicht zuletzt eben auch jene, durch die Osten und Westen in ihrer Geschichte heute untrennbar miteinander verbunden sind. Mair, dem solche paradoxen Dinge gefallen, bemüht sich jetzt um Fördergelder und verhandelt weiterhin unverdrossen um die Genehmigung für Gentests an den Xinjiang-Mumien. Inzwischen hat er erfahren, dass chinesische Archäologen vor kurzem weitere 100 seltsame Mumien aus dem Sand der Takla Makan geholt haben.

HERRENRASSE

Mair sprach zwar selten darüber, doch sein Wunschtraum war, eine größere Auswahl der Xinjiang-Mumien in Nordamerika und Europa zu präsentieren. Sie hatten ihn vollkommen in ihren Bann gezogen, als er sie zum ersten Mal sah, und dieses Erlebnis wollte er nun weitergeben. Außerdem wusste er aus Erfahrung, dass das westliche Publikum von einer solchen Ausstellung fasziniert sein würde. Mitte der 1990er Jahre beschloss das Magazin *Discover,* einen Artikel über diese uralten Mumien zu bringen, und als es um die passenden Bilder für den Bericht ging, hatte die Redaktion eine geniale Idee. Man kontaktierte Jeffery Newbury, einen bekannten Porträtfotografen aus Los Angeles, der sich auf Fernsehprominenz und eigenwillige Rockstars spezialisiert hatte. Zu seinen Kunden zählten Stars wie der ermordete Rapper Tupac Shakur, die Schauspieler der erfolgreichen TV-Serie *Friends* und die berühmte Talkmasterin Oprah Winfrey. Newbury war die exklusive Welt von Beverly Hills mit ihren Filmleuten, Stylisten und Visagisten gewohnt, aber der Anruf von *Discover* hatte ihn doch sehr neugierig gemacht, so dass er den Auftrag annahm und nach Ürümqi flog. Dank seines professionellen Blicks für das Außergewöhnliche erfasste er sofort, was an diesen Mumien so einmalig war: ihre morbide Eleganz und anmutige Würde, die einzufangen ihm ausgezeichnet gelang. Er kehrte mit hervorragenden Bildern nach Los Angeles zurück, und so gut wie jeder, der sie zu Gesicht bekam, wollte diese Mumien unbedingt auch leibhaftig erleben. Newbury hatte mit den Mitteln seiner Kunst neue Berühmtheiten geschaffen.

Die Fotos erregten ungeheures Aufsehen, als sie schließlich in *Discover* erschienen, und Mair begann sich nach geeigneten Räumlichkeiten für eine große Mumienausstellung umzusehen. Das University Museum in Philadelphia kam ihm zu klein vor für den erwarteten Besucheransturm, und außerdem verfügte es nicht über das notwendige Klimatisierungssystem für die empfindlichen Mumien. Also setzte er sich mit dem Naturkundemuseum von Los Angeles in Verbindung, dessen Direktor sich sofort für die Idee begeisterte. Daraufhin reiste Mair mit mehreren Kollegen nach Beijing, um über die Leihgaben zu verhandeln, und das Museum begann die Ausstellung vorzubereiten, was allein schon beinahe 300 000 Dollar verschlang. Doch Chinas Kulturpotentaten weigerten sich, auch nur eine einzige Mumie außer Landes zu geben, eine bittere Enttäuschung für alle – und das, obwohl die chinesische Regierung zu der Zeit den Amerikanern auf vielen Ebenen Entgegenkommen signalisierte in der Hoffnung, den begehrten Status als bevorzugter Handelspartner zugestanden zu bekommen. Eine hochrangige Funktionärin klärte Mair schließlich über die Situation auf. Die Mumien, kommentierte sie kühl, sagten überhaupt nichts über die chinesische Geschichte aus.

Allerdings vergaben diese Herren der Kultur durch ihre ablehnende Haltung gegenüber Mair auch eine seltene Chance, alle Welt für China zu interessieren. Schließlich sind Mumien schon immer ein Publikumsmagnet gewesen. Als das altehrwürdige British Museum im Frühjahr 1999 seine neue Ägyptische Galerie eröffnete, umringten die Besucher die Schaukästen in Dreierreihen und verrenkten sich fast den Hals, um mehr zu sehen. Sie kamen trotz allem Gedränge, um ein wenig Unsterblichkeit zu spüren, um ihren Hunger nach Exotischem zu stillen und ihre Lust auf Makabres zu befriedigen. Und sie bekamen offenbar, was sie suchten, denn die Ausstellung war ein glänzender Erfolg. Damit hatten erfahrene Museologen, die das Mumienphänomen kannten, allerdings schon gerechnet. »Kaum sind die Besucher zur Tür herein, fragen sie: ›Wo sind die Mumien, und wo sind die Dinosaurier?‹«, berichtete Rosalie David, Kustodin der Ägypten-Abteilung am Manchester-Museum.

Unter Experten ist dieses seltsame Phänomen seit nahezu 200 Jahren bekannt. In viktorianischer Zeit zum Beispiel befriedigten einige findige Unternehmer diese Sensationslust der Menschen, indem sie so genannte »Mumienenthüllungen« veranstalteten. Quer durch Europa stiegen sie in Theatern und Vortragssälen auf die Bühne, um als Nervenkitzel für das zahlende Publikum Mumien auszuwickeln. Durchwegs alle Berichte vermelden, dass die Zuschauer fasziniert waren. Diese Veranstaltungen mussten sie offenbar zutiefst berührt haben. Wenn man miterlebt, wie aus einem dicken Bündel zerschlissener gelblicher Tücher ein uralter Mensch herausgeschält wird, dann ist das, als wäre man bei einer seltsamen Art von Geburt dabei. Jedenfalls habe ich es in Ägypten so empfunden. Mit jeder Binde, die er entfernte, holte der Auswickler jemand in die Welt zurück. Aus der Anonymität ihres Stoffkokons befreit, wurde die Mumie wieder zu einem erkennbaren Individuum, einem Menschen mit Vergangenheit, Gegenwart und Zukunft.

Die feine Gesellschaft der damaligen Zeit liebte diese Mumienenthüllungen, und jeder, der es sich leisten konnte – von der Gräfin mit Reiherfederhut bis zum Dichter mit abgewetzter schwarzer Weste –, kaufte sich eine Eintrittskarte. Doch nicht allen Mumienenthüllern im 19. Jahrhundert ging es nur darum, mit der Sensation ein gutes Geschäft zu machen. Wie die Mumienexperten mittlerweile feststellen, bekamen solche Veranstaltungen in den Jahren vor dem amerikanischen Bürgerkrieg in den Südstaaten einen seltsam politischen Beigeschmack. Als ein kleiner, doch einflussreicher Kreis von Wissenschaftlern anfing, angebliche Tatsachen zu erfinden und die Wahrheit zurechtzubiegen, wurden Mumien zu einem höchst wirkungsvollen Propagandamittel im Kampf gegen die Abolitionisten und für die Sache, die vielen Südstaatlern am Herzen lag: die Sklaverei. Eineinhalb Jahrhunderte später machte sich in New Orleans, der schwülen Hafenstadt am Mississippi, ein junger Mumienexperte daran, dieser seltsamen Form der politischen Manipulation auf den Grund zu gehen, um deutlich zu machen, was geschieht, wenn die Lebenden die Toten heuchlerisch für ihre eigenen Zwecke missbrauchen.

Es steht der Schönheit eines antiken griechischen Tempels kaum nach, Gallier Hall, dieses Gebäude aus strahlend weißem Stein mit den anmutigen, schlanken Säulen – eine wehmütige Reminiszenz an den Alten Süden und das Louisiana vor dem Bürgerkrieg, an eine längst vergangene, unwiederbringliche Zeit. Gallier Hall wurde erbaut, als Zuckerrohr und Baumwolle hier König waren, als Raddampfer den schlammig braunen Mississippi und seine Kanäle befuhren, stets auf der Hut vor tückischen Sandbänken, als kräftige junge Schwarze von den Schiffen getrieben wurden, um auf dem Sklavenmarkt der Stadt für vielleicht 1800 Dollar pro Kopf versteigert zu werden – über ein Jahrhundert diente das Gebäude New Orleans als Rathaus. Doch nicht immer beschäftigte man sich dort mit so niederen Dingen wie Baugenehmigungen und Stadtverordnungen. In den ersten Jahren seiner Existenz, ehe der Bürgerkrieg ausbrach und so viele junge Männer aus New Orleans ihr Leben auf den Schlachtfeldern der Konföderierten ließen, war Gallier Hall – damals noch Lyceum Hall genannt – ein Ort, an dem Vortragsreisende und Wanderprediger gerne Station machten, ein Tempel der Gelehrsamkeit und des Glaubens. Und am Abend des 28. Februar 1852 strömte die feine Gesellschaft von New Orleans in das Gebäude, um einer Vorstellung beizuwohnen, die noch wochenlang für Gesprächsstoff zu sorgen versprach – der Abschlussvortrag des britischen Ägyptologen George Gliddon.

Der gut aussehende, 43-jährige Gliddon war ein bekannter Mann in den Südstaaten. Mit Überseekoffern voller Kuriositäten aus Ägypten und dem Nahen Osten zog er fast zehn Jahre lang an der Atlantikküste von einem Ort zum anderen und hielt Vorträge über das geheimnisvolle Pharaonenreich. Da er sich hervorragend in Szene zu setzen verstand, hatten ihm seine Auftritte, die sich auch etliche angesehene Gelehrte seiner Zeit nicht entgehen ließen, bereits großen Ruhm eingebracht. Doch das genügte dem ehrgeizigen Gliddon nicht; er lechzte nach dem Beifall der Menge. Für das große Finale seiner Vortragsreihe hatte er deshalb angekündigt, dass er eine Mumie auswickeln würde, eine von jenen, die er kürzlich im Land der Pyramiden erworben hatte. Zum ersten Mal überhaupt würden die Einwohner von New Orleans Gelegenheit haben, in das Gesicht eines Ägypters aus der Pharaonenzeit zu blicken.

Zutiefst beeindruckt von diesem Erlebnis, würde sich das Publikum aufgeschlossener denn je für seine Theorien zeigen, so hoffte jedenfalls Gliddon. Seine intensive Beschäftigung mit Mumien, Skeletten und alter Kunst hatte bei Gliddon ein starkes Interesse für den Ursprung der Rassenunterschiede geweckt, insbesondere was den europiden und den negroiden Menschentyp betraf. Als leidenschaftlicher Befürworter der Sklaverei argumentierte Gliddon, der wie eine Elster alle möglichen wissenschaftlichen Erkenntnisse zusammentrug und miteinander verwob, die »eigentümliche Institution« der Sklaverei existiere schon seit der Entstehung der Menschheit und gehöre daher zur natürlichen Ordnung der Dinge. Außerdem behauptete er, Gott habe wohlweislich eine minderwertige schwarze Rasse getrennt von einer höher stehenden weißen Rasse geschaffen. Gliddon und seine Anhänger nannten diese Theorie Polygenismus, und sie kam in den Südstaaten sehr gut an, vor allem bei den Plantagenbesitzern. Sie hungerten nach einer Art göttlicher Erlaubnis dafür, dass sie schwarze Afrikaner versklavten, und Gliddon schien ihnen eine solche zu bieten. »Er hat das Seine dazu beigetragen, die Position der Südstaaten für den Bürgerkrieg zu festigen«, meinte Guido Lombardi, als wir an einem Abend im Frühherbst auf der blendend weißen Vortreppe der Gallier Hall standen.

Der peruanische Mumienexperte hatte sich fast drei Jahre lang intensiv mit Gliddons Lebensgeschichte und seinen einst berühmten Mumienenthüllungen beschäftigt. Heute so gut wie vergessen, findet sich der bekannte Ägyptologe des 19. Jahrhunderts nur noch als kleine Fußnote in den Annalen der amerikanischen Südstaaten. Doch als Lombardi vor fünf Jahren in New Orleans studiert hatte, war er auf einen hoch interessanten Hinweis zu Gliddons beliebten Vorträgen gestoßen. Daraufhin begann er, Informationen über seine Auftritte zusammenzutragen, und die Geschichte faszinierte ihn immer mehr. Er durchforstete staubige Archive und Bibliotheken nach neuen Anhaltspunkten, bombardierte Ägyptologen von England bis Ägypten mit seinen Fragen. Er grub Gliddons obskure Bücher aus und las sie Wort für Wort. Am Ende wusste er über Gliddons Mumienenthüllungen besser Bescheid als jeder andere, doch das hatte seinen Preis. Lombardi träumte schon lange davon, seinen Doktor in Anthropologie zu machen, aber seine intensiven Nachforschungen in Sachen Gliddon kosteten ihn so viel Geld und Energie, dass nun beides nicht mehr ausreichte, um sein Studium an der Tulane University fortzuführen. Der untersetzte Lombardi, eigentlich Arzt von Beruf, ist ein freundlicher Mann, dessen leicht nach vorne hängende Schultern verraten, dass er sehr viel Zeit am Schreibtisch verbringt. Meistens trägt er eine dunkel getönte Brille mit Metallrahmen. Von Natur aus impulsiv und begeisterungsfähig, klatscht er gerne spontan in die Hände, wenn ihm im Gespräch eine besonders treffende Bemerkung gelingt, und das ist ziemlich oft der Fall. Er ist liebenswert höflich in einer Art, wie man sie aus der Alten Welt kennt, die im Nordamerika von heute jedoch selten anzutreffen ist, am wenigsten bei Menschen unter sechzig. Lombardi ist fünfunddreißig. Und er ist ein Typ, der alles sehr gewissenhaft macht. Als ich ihn in New Orleans besuchte, drückte er mir, kaum dass wir uns begrüßt hatten, ein bis zur letzten Stunde ausgetüfteltes, fein säuberlich ausgedrucktes Programm in die Hand, was wir alles unternehmen würden.

Lombardi wohnte damals in einem kleinen Apartment in der Nähe der Tulane University. Bei einem unserer ersten Gespräche erzählte er, wie sehr er das weitläufige Haus seiner Familie in Lima vermisste, den Swimmingpool und den Garten mit den seltenen Kakteen, von denen er selbst etliche Exemplare beigesteuert hatte. In Peru lebten junge Männer, solange sie nicht verheiratet waren, üblicherweise bei ihren Eltern, erklärte er mir. Lombardi hatte diesen Schritt noch nicht getan, und er fühlte sich in New Orleans oft sehr allein. Seine Begeisterung für Mumien schienen hier nur wenige zu teilen, und er hatte ständig das Gefühl, als müsse er sich rechtfertigen. »Die Leute sagen immer: ›Warum willst du noch mal studieren, wenn du schon Arzt bist? Du musst verrückt sein.‹ Denn in Amerika erwarten sie von einem Arzt, dass er reich werden will.« Lombardi hingegen war das genaue Gegenteil von einem amerikanischen Arzt. Er legte alle Wege mit dem Bus oder zu Fuß zurück. Er verstaute seine Unterlagen in einem Nylonrucksack und drehte jeden Dollar zweimal um, ehe er ihn ausgab. Er betrieb seine Studien mit geradezu mönchischer Inbrunst. »Ich finde einfach, dass es befriedigendere Dinge im Leben gibt, als eine Menge Geld zu verdienen.«

Zu diesen Dingen gehört für Lombardi an vorderster Stelle, Mumien zu finden und zu untersuchen, vor allem solche, die irgendwo vergessen in einem Depot lagen und damit für die Wissenschaft verloren waren. Er hätte niemals erwartet, dass diese einsame Beschäftigung ihn zu jemanden wie Gliddon führen würde. Doch genau das geschah. Eines Nachmittags unterhielt er sich mit Antonio D'Alessandro, einem Arztkollegen von der Tulane University, der sich auf Tropenmedizin spezialisiert hatte, und D'Alessandro erwähnte zufällig, dass ihm irgendjemand erzählt hätte, an der medizinischen Fakultät seien irgendwann einmal zwei ägyptische Mumien ausgestellt gewesen. Lombardi wurde sofort hellhörig. Der Gedanke, zwei auf irgendeinem Dachboden vergessene Mumien wieder zu entdecken, war ungeheuer reizvoll für den jungen Forscher.

Lombardi fragte im Institut für Anthropologie herum und erzählte die Geschichte allen Archivaren und Bibliothekaren, mit denen er seit seiner Ankunft in New Orleans näheren Kontakt hatte. Zwei oder drei meinten sich dunkel zu erinnern, hatten jedoch keine Ahnung, was weiter mit ihnen geschehen war. Im Archiv entdeckte Lombardi einen schmalen Akt über die Mumien. Zu seiner Enttäuschung erfuhr er daraus wenig mehr, als dass sie tatsächlich existierten, also fing er wieder an, jeden, dem er begegnete, nach ihrem Verbleib zu fragen. Schließlich erzählte er auch seiner Kommilitonin Sharon Halton, die einmal als Sekretärin an der medizinischen Fakultät gearbeitet hatte, von der Geschichte. Sie bot ihm an, mit ein paar Leuten zu telefonieren. Einige Monate später meldete sie sich dann bei ihm. Einem der pensionierten Ärzte, mit denen sie gesprochen hatte, war etwas eingefallen. Ende der 70er Jahre, erzählte er, habe die Universität aus einem Raum unterhalb der Zuschauertribüne des Tulane Stadium zwei ägyptische Mumien geborgen, die dort unfreiwillig drei Super-Bowl-Footballspiele miterlebt hatten. In der ersten Begeisterung habe man den Fund an der Fakultät ausgestellt, die beiden Mumien dann jedoch bald im Keller der Howard-Tilton Library eingelagert. Seit damals habe niemand mehr etwas von ihnen gehört oder gesehen. Lombardi zitterten die Hände vor Aufregung, als er den Hörer auflegte. »Ich weiß nicht, ob Sie an Vorsehung glauben«, sagte er. »Ich nicht. Aber wenn so etwas passiert, kommt man schon ins Grübeln.«

Lombardi fand nicht, dass diese Geschichte doch ziemlich seltsam klang. Er war es gewohnt, an den ungewöhnlichsten Orten Mumien zu entdecken. Mit zehn Jahren zum Beispiel war er beim Geburtstagsfest eines Freundes, Sohn eines hochrangigen Marineoffiziers, auf eine Mumie gestoßen. Man feierte auf einer Insel, wo sich der Marinestützpunkt befand. »Wir machten eine Art Schnitzeljagd, und dabei liefen wir auch ein wenig auf der Insel herum, und ich erinnere mich noch genau, wie jemand sagte: ›Schau mal, da ist was.‹« Lombardi drehte sich um zu der Stelle, auf die der Mann deutete, und sah den Kopf einer mumifizierten Leiche mit Resten von orangefarbenen Federn daran aus dem Sand ragen. Später erfuhr er, dass im Jahr 1624 die gesamte Besatzung mehrerer holländischer Schiffe vor der Küste an Cholera erkrankt war. Vom Durchfall völlig entkräftet, waren viele der Männer gestorben, und da ihre Körper ohnehin schon stark ausgetrocknet waren, hatte es nicht lange gedauert, bis die Leichen mumifizierten. Die Mumie im Sand war einer dieser Männer; der federgeschmückte Hut ließ darauf schließen, dass er eine höhere Position gehabt hatte. »Ich glaube, der, den ich gesehen habe, war ein holländischer Admiral«, sagte Lombardi.

Er zweifelte keinen Augenblick daran, dass die Geschichte mit den Mumien im Footballstadion stimmte, lief sofort in die Bücherei und sprach mit den Bibliothekaren. Sie suchten etliche Schlüs-

sel zusammen. In einer Ecke im Keller, wo die Studenten sich manchmal aufhielten, um schnell eine Zigarette zu rauchen oder Magazine mit leicht bekleideten Mädchen durchzublättern, entdeckte Lombardi einen Schaukasten aus Glas, der mit einer schweren Holzplatte abgedeckt war. Er rief einen Freund an und bat ihn, sofort zu kommen. Sein Herz schlug bis zum Hals, als sie die Platte abhoben. In dem Kasten lagen die beiden ägyptische Mumien. Die eine, fast so schwarz wie Ebenholz, war unglaublich gut erhalten. »Ich konnte es kaum glauben«, erzählte Lombardi, »und gleichzeitig dachte ich: ›Lieber Gott, ich danke dir für dieses Wunder.‹«
Wer auch immer die Mumien dort im Keller abgestellt hatte: Er hinterließ auch einen Hinweis auf ihre Geschichte. Neben einer der Mumien lag ein kleines Schild aus Pappe, auf dem mit Tusche geschrieben stand: »Mumie aus Werda, Theben, um 1844-45. Der Tulane University 1851 als Geschenk überreicht von Geo. Gliddon & Prof. J.C. Nott.«

Kaum etwas beschäftigte die Phantasie der Wissenschaftler im frühen 19. Jahrhundert so stark wie das geheimnisvolle Reich der Pharaonen. Die Forscher wussten enttäuschend wenig über die Erbauer der Pyramiden und die Schöpfer der Sphingen, und von Seiten der Wissenschaft hatte man offenbar wenig Erhellendes zu erwarten. Die Altertumskundler mussten erst lernen, wie sie dem Erdboden wertvolle Informationen über die Vergangenheit entlocken konnten, denn die Archäologie steckte noch in den Kinderschuhen, und die Linguisten hatten den scheinbar unlösbaren Code der ägyptischen Hieroglyphenschrift noch nicht geknackt. Erst im Jahr 1822 fand der junge französische Gelehrte Jean-François Champollion mit dem Stein von Rosette den Schlüssel zur Entzifferung des mit seltsamen Vögeln und Menschen übersäten Textes. Doch selbst nach Champollions grandioser Leistung ging es mit den Erkenntnissen über die alten Ägypter nur langsam voran. Die Gelehrten mussten zunächst die Hieroglyphen noch

vollständig entziffern und sich durch Tausende von Papyri, Tonfragmente und Tempelinschriften arbeiten.
Mangels konkreter Beweise ergingen sich die Intellektuellen Europas in wilden Spekulationen darüber, wer die alten Ägypter gewesen waren. Schließlich zeichnete sich das moderne Ägypten durch ein buntes Gemisch von Völkern aus. Welches von ihnen – wenn nicht gar ein ganz anderes – hatte das prachtvolle Reich am Nil geschaffen? Die Gelehrten waren uneins. Einige hatten bei Ausgrabungen altägyptischer Tempel gemalte und in Stein gehauene Szenen mit europäisch aussehenden Männern entdeckt, die über den Köpfen schwarzer Gefangener Knüppel schwangen. Diese Szenen erinnerten sie an Sklavenjagden des 19. Jahrhunderts, und sie schlossen daraus, dass im alten Ägypten eine weiße Schicht über eine Armee schwarzer Sklaven geherrscht hatte. Andere äußerten Zweifel an dieser These und verwiesen auf kurze Passagen in den Texten antiker Schriftsteller. Der griechische Geschichtsschreiber Herodot zum Beispiel beschrieb die Ägypter als »von schwarzer Hautfarbe mit wolligem Haar«. Aus solchen Bemerkungen folgerten einige Gelehrte, dass die Wunder am Nil die Frucht schwarzer Schöpferkraft waren.
Ohne handfeste Beweise ließ sich diese Frage jedoch nicht klären. Wie sich die Sache wirklich verhielt, könne man nur herausfinden, wenn man die alten Ägypter selbst untersuchte, argumentierten Gelehrte wie der Engländer Samuel Johnson. Doch das war nicht annähernd so einfach, wie es sich anhörte. Die meisten ägyptischen Mumien waren derart durchtränkt von den Harzen und Ölen der Balsamierer, durch den Mumifizierungsprozess und die lange Zeit derart verändert, dass es schwierig war, ihre Gesichter zu rekonstruieren oder ihre ursprüngliche Hautfarbe zu erkennen. Wenn die Forscher herausfinden wollten, zu welcher Rasse sie gehört hatten, mussten sie einen anderen Weg finden. Zufällig hatte in Deutschland ein junger Medizinprofessor und Förderer der vergleichenden Anatomie, Johann Friedrich Blumenbach, im späten 18. Jahrhundert eine neue Methode hierfür entwickelt.

Wie andere Gelehrte seiner Zeit interessierte sich auch Blumenbach sehr für die Entstehung der Rassen. Er fragte sich, ob Völker wie die Hottentotten in Afrika und die Mongolen in Asien, die körperlich derart verschieden waren, überhaupt zur selben Art gehörten. Um dieser Frage auf den Grund zu gehen, sammelte er menschliche Schädel aus allen möglichen Weltgegenden, um durch sorgfältige Messungen festzustellen, ob sie gemeinsame Merkmale besaßen, die sie von anderen Primaten unterschieden. Er berücksichtigte auch jegliche Besonderheit des Gesichts, die er für typisch hielt, etwa die breite flache Nase bei einigen Völkern Schwarzafrikas. Nach Jahren fleißiger Arbeit kam Blumenbach, der oft als Vater der biologischen Anthropologie angesehen wird, zu dem Schluss, dass alle Menschen tatsächlich einer einzigen Art angehörten. Doch er stellte auch fest, dass es innerhalb der Menschenfamilie erhebliche physische Unterschiede gab. In seinem klassischen Werk *De generis humani varietate nativa*, erschienen im Jahr 1776, schlug er vor, die Art *Homo sapiens* in vier Hauptrassen einzuteilen – aus heutiger Sicht wären es die Europiden, Mongoliden, Indianiden und Negriden. Erst später, im Jahr 1795, fügte er eine fünfte Rasse hinzu, die Malayen.

Blumenbach vermutete, dass sich diese Rassen infolge unterschiedlicher Lebensbedingungen entwickelt hatten, doch eines blieb ihm rätselhaft: Welche war die Ursprungsrasse? Er beschloss, bei den ägyptischen Mumien nach der Lösung zu suchen. Wie die meisten Gelehrten seiner Zeit glaubte auch Blumenbach, dass die Welt erst wenige Jahrhunderte vor der Hochkultur am Nil geschaffen worden war – so stand es im Alten Testament geschrieben. Die alten Ägypter mussten also wahrscheinlich große Ähnlichkeit mit dem Urmenschen haben, folgerte der deutsche Anatom. Nun begann sich Blumenbach nach einigen Mumien zu Studienzwecken umzusehen. Er reiste nach England und sprach dort unter anderem beim British Museum vor, das ihm freundlicherweise erlaubte, drei seiner Mumien auszuwickeln; es war das erste Mal in der Geschichte des altehrwürdigen Museums, dass man Derartiges gestattete. Erfreut machte sich Blumenbach an die Arbeit. Er entfernte die Bandagen, notierte sich die Gesichtsmerkmale der Verstorbenen und vermaß ihre Schädel. Anschließend verglich er diese Maße mit jenen, die ihm von jeder der modernen Rassen vorlagen, und kam zu dem Schluss, dass die von ihm untersuchten alten Ägypter zur weißen Rasse gehörten. Dieses Ergebnis bestätigte seine Vermutungen über die Vorrangstellung der weißen Europäer. »Der Europäer muss, nach allen physiologischen Prinzipien, als Ursprungs- oder Zwischenglied dieser fünf Hauptrassen angesehen werden«, konstatierte er im Jahr 1825. »Daraus haben sich zwei Extreme entwickelt: auf der einen Seite der Mongole, auf der anderen der Äthiopier [Schwarzafrikaner].« Doch dies war nur eine kleine Studie. Um allgemeine Aussagen treffen und viele andere wissenschaftliche Fragen beantworten zu können, mussten die Anatomen mehr Mumien untersuchen, also zwangsläufig auswickeln. Innerhalb weniger Jahre nahm dieser Vorgang den eigentümlichen Charakter einer Anatomievorlesung an – das heißt, er wurde zum öffentlichen Ereignis. In Europa waren die Anatomen seit langem gewohnt, ihre Arbeit durch den Verkauf von Eintrittskarten für ihre Obduktionen zu subventionieren. Jeder konnte diesen Vorstellungen beiwohnen, und sie wurden sorgfältig inszeniert. Während einer der Dozenten laut aus einem Anatomietext vorlas, schnitt ein anderer die Leiche mit einem Skalpell auf. Ein Dritter, der so genannte Ostensor, deutete auf das Organ oder Körpersystem, das gerade beschrieben wurde. Die besten Anatomen zogen Scharen elegant gekleideter Zuschauer an. In Frankreich zum Beispiel erschienen zum Zeitvertreib gerne die örtlichen Aristokraten, das Gesicht hinter einer Maske verborgen, und nippten an vorzüglichem Wein, während sie dem Demonstrator zusahen, wie er eine frische Leiche aufschnitt.

Den Mumienexperten jener Zeit blieben diese Vorgänge nicht verborgen. Sie nahmen sich diese Anatomievorlesungen zum Vorbild, und es dauerte nicht lange, bis einige besonders Gewitzte erkannten, dass man mit solchen Vorstellungen auch einen hübschen Profit machen könnte. Im Jahr 1837 – Königin Victoria bestieg damals den englischen Thron – beschloss Giovanni D'Athanasi, ein prominenter Händler von ägyptischen Antiquitäten, in London eine große Mumienenthüllung zu veranstalten. Er hatte sich nämlich überlegt, dass nichts die bevorstehende Auktion, bei der seine Sammlung ägyptischer Skulpturen und Papyri versteigert werden sollte, besser bekannt machen könnte als eine solche Vorstellung. Also bat er einen berühmten englischen Mumienforscher, Thomas Pettigrew, die Enthüllung vorzunehmen, und mietete einen Saal in Exeter Hall, einem neuen, für Veranstaltungen allgemein bildenden, religiösen und philanthropischen Charakters gedachten Gebäude an der Strand. Um die Vorführung bekannt zu machen, ließ D'Athanasi Handzettel drucken, auf denen dreist verkündet wurde: »Sehen Sie mit eigenen Augen die faszinierendste aller Mumien, die je in Ägypten entdeckt wurde. Im großen Saal von Exeter Hall, Strand.« Ein reservierter Sitzplatz in der Nähe des Tisches, auf dem die Mumie ausgewickelt wurde, kostete sechs Shilling Eintritt, ein weiter entfernter Platz auf dem Balkon oder der Bühne vier Shilling und alle anderen Plätze im Saal zwei Shilling.

Am Abend des 10. April 1837 drängten an die 500 Menschen in die Exeter Hall. Vornehme Damen, reiche Nichtstuer, Mitglieder des Parlaments, Künstler und Diplomaten nahmen neben Altertumskundlern und Ägyptologen Platz. Als Pettigrew auf die Bühne trat und die Aufmerksamkeit des Publikums mit großer Geste auf den Tisch mit der Mumie lenkte, senkte sich eine erwartungsvolle Stille über den Saal. Doch was folgte, war enttäuschend. Die äußeren Bandagen ließen sich zwar schnell entfernen, aber es gelang Pettigrew nicht, die hart gewordene Harzschicht aufzubrechen, die den Leichnam wie eine Schutzhülle aus schwarzem Beton umgab. Er versuchte es mit Hämmern, Messern und Meißeln, bis er schließlich frustriert aufgab. »Da es sich als unmöglich erwies, die im Zuge der Konservierung entstandenen Hindernisse

Kopf einer 2000 Jahre alten Mumie in der Atacama-Wüste, Südamerika. Der vielleicht trockenste Ort der Erde ist übersät mit konservierten Toten aus alter Zeit – genau die richtige Umgebung für einen Mumienkongress.
(Mit freundlicher Genehmigung von Peter Bennett)

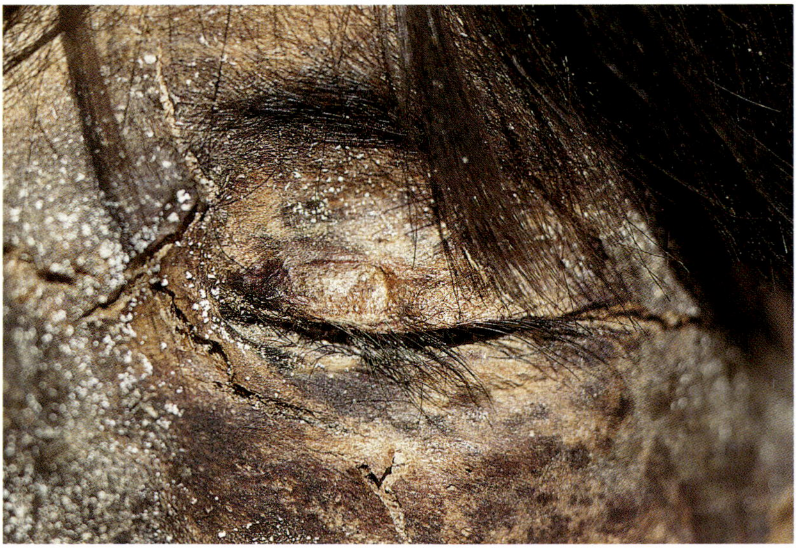

Sobald eine außergewöhnlich gut konservierte Mumie gezeigt wurde, ging ein erregtes Murmeln durch das Publikum. Die besterhaltenen Leichname besaßen Jahrtausende nach ihrem Tod noch ihre Wimpern, und an ihren Fußsohlen waren noch deutlich die Schrunden zu sehen.
(Mit freundlicher Genehmigung von Peter Bennett)

Eine vergoldete Mumienmaske ist alles, was nach dem Besuch von Grabräubern in der altägyptischen Stadt Kellis von den kostbaren Grabbeigaben übrig blieb. Am wertvollsten für die Experten sind jedoch die Mumien selbst und das, was sie uns über uns erzählen können.
(Mit freundlicher Genehmigung von Peter Bennett)

Die Köpfe zweier altägyptischer Mumien ruhen einträchtig nebeneinander in Art Aufderheides zugigem Arbeitsraum in Kellis. Er fand sie so schön, dass er sie nicht sezieren wollte.
(Mit freundlicher Genehmigung von Peter Bennett)

Behutsam legt der Pathologe Art Aufderheide eine Mumie zum Fotografieren zurecht; anschließend wird er sie in Kellis sezieren. Als einer der weltweit führenden Experten sammelt Aufderheide Gewebeproben von Mumien für die Erforschung von Parasiten, Infektionskrankheiten und Mumifizierungsmethoden.
(Mit freundlicher Genehmigung von Peter Bennett)

Der Tod zerstört einen Leichnam im Allgemeinen mit grausamer Präzision. Auf der Haut bilden sich Blasen, die Fingernägel fallen ab, die Haut löst sich. Doch die ägyptischen Balsamierer fanden heraus, wie sich der Verwesungsprozess stoppen und ein lebensähnliches Aussehen bewahren lässt. Hier die Hand einer Mumie aus Kellis.
(Mit freundlicher Genehmigung von Peter Bennett)

Kunstvoll frisiert, begegnet eine ägyptische Mumie der Ewigkeit.

Erstaunlicherweise hält sich Haar oft wesentlich länger als die Weichteile. Die Forschung untersucht heute solche Haarsträhnen, um dem Drogengebrauch in der Antike auf die Spur zu kommen.
(Mit freundlicher Genehmigung von Peter Bennett)

Das Mädchen von Yde in einem niederländischen Museum; im schmerzverzerrten Mund ist nur noch ein einziger stiftähnlicher Zahn zu sehen. Die forensische Untersuchung ergab, dass das junge Mädchen, eine der berühmtesten Moorleichen Europas, vermutlich niedergestochen und dann von einem unbekannten Angreifer erdrosselt wurde.
(Mit freundlicher Genehmigung des Drents Museum, Assen.)

Von der Zeit und den Substanzen im Moorwasser bis zur Unkenntlichkeit verändert, war das Mädchen von Yde doch einmal von eindringlicher Schönheit, wie der britische Spezialist Richard Neave nach der Gesichtsrekonstruktion feststellte.
(Mit freundlicher Genehmigung des Drents Museum, Assen)

Die Weerdinge-Männer, in ewiger Umarmung aufgefunden, gelten als das älteste schwule Paar der Niederlande. Trotz überzeugender Gegenbeweise sehen manche Experten in Moorleichen immer noch aus der Gesellschaft Ausgestoßene, die für ihre Verfehlungen bestraft wurden – eine Theorie, die von den Nazis mit tragischen Folgen wieder aufgenommen wurde.
(Mit freundlicher Genehmigung des Drents Museum, Assen)

Der Cherchen-Mann, rothaarig und langnasig, ist einer von mehreren hundert europäisch aussehenden Mumien, die im Nordwesten Chinas entdeckt wurden. Der hagere Mann lebte vor 3000 Jahren in Zentralasien und widerlegt die gängigen Theorien darüber, wann China und der Westen zum ersten Mal in Kontakt kamen.

(Mit freundlicher Genehmigung von Jeffery Newbury/ Discover Magazine)

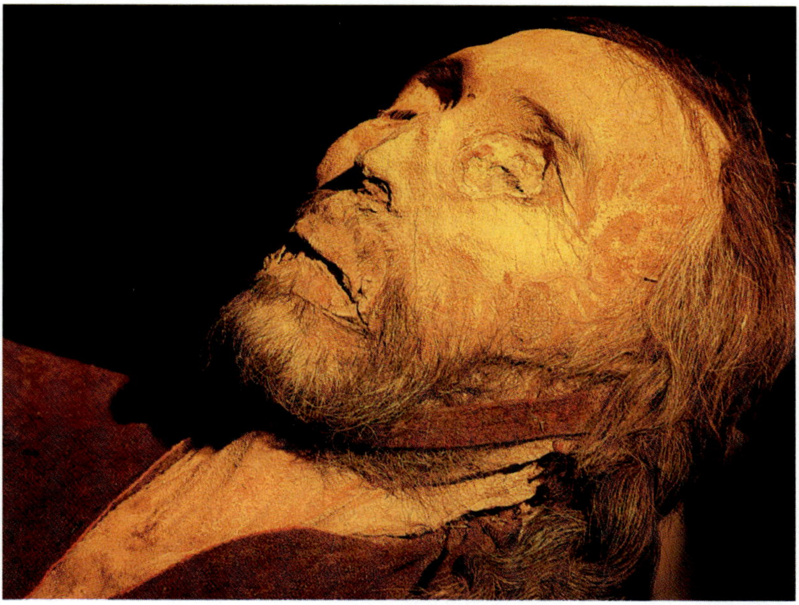

Als der amerikanische Forscher Victor Mair den Cherchen-Mann zum ersten Mal sah, war er zutiefst bewegt, denn er sah seinem Bruder Dave unglaublich ähnlich.
(Mit freundlicher Genehmigung von Jeffery Newbury/Discover Magazine)

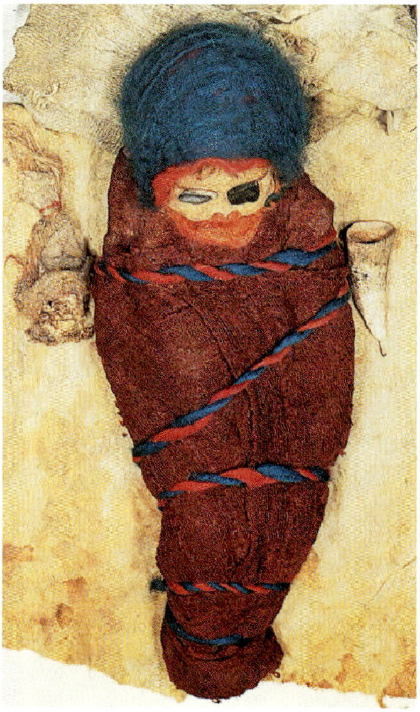

Ein drei Monate altes Cherchen-Kind, in ein rotes Leichentuch gewickelt. Die DNA- und Textiluntersuchung lassen vermuten, dass es sich bei diesen Menschen um Nomaden aus Europa handelt, die verschiedene bedeutende Erfindungen – unter anderem die Schrift – nach China brachten.
(Mit freundlicher Genehmigung von Jeffery Newbury/Discover Magazine)

Europäische Maler verwendeten jahrhundertelang gerne eine durchscheinende braune Farbe namens Mumia, hergestellt aus pulverisierten ägyptischen Mumien. Die Illustrated Mail *von 1903 zeigt ihren Lesern ungeniert, wie ein Arbeiter ein Stück Mumie zu Pigment verarbeitet.*
(Mit freundlicher Genehmigung des Fitzwilliam Museum, Cambridge)

Rechte Seite:

Kaum ein Reisender kam früher aus Ägypten ohne eine Mumie als Souvenir nach Hause. Während seiner Expédition d'Égypte begann sich auch Napoleon Bonaparte für ägyptische Antiquitäten zu interessieren. Er brachte mehrere Mumienköpfe mit nach Frankreich – einen für seine kapriziöse Frau Josephine. (Mit freundlicher Genehmigung von Chester Higgins.)

Die Presse verfolgte Howard Carter nach der Entdeckung von Tutanchamuns Grab im Jahr 1922 unerbittlich, um aus dem enormen Interesse der Öffentlichkeit an Mumien Kapital zu schlagen. Carter weigerte sich, die Wissenschaft dem Ruhm zu opfern; heutigen Mumienexperten fällt es manchmal schwer, seinem Beispiel zu folgen.
(Mit freundlicher Genehmigung der Mary Evans Picture Library)

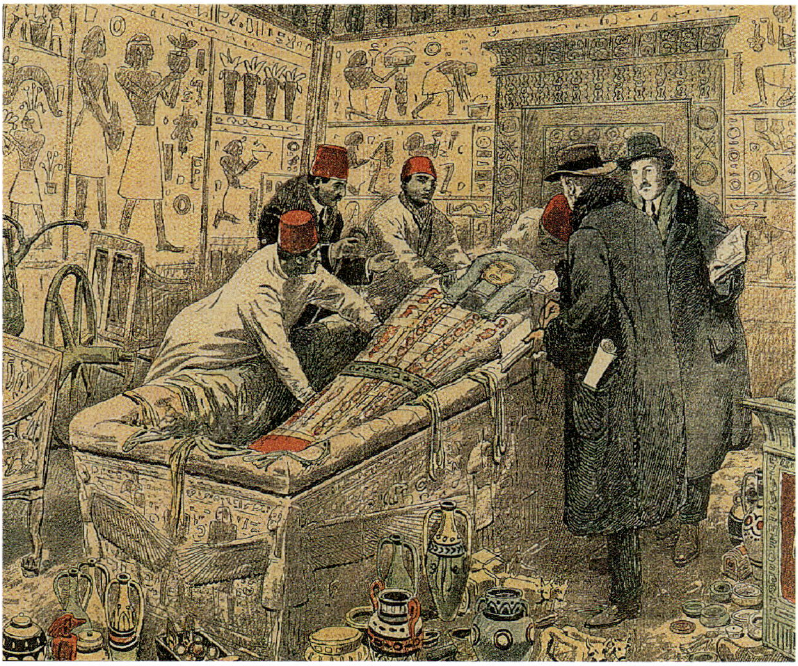

Ein Inkamädchen im ewigen Schlaf, 1999 auf einem Andengipfel von dem Archäologen Johan Reinhard und seinem Team aus dem Eis geborgen. Das Mädchen, eine der besterhaltenen jemals entdeckten Mumien, wurde vor mehr als 500 Jahren den Göttern geopfert.
(Mit freundlicher Genehmigung von National Geographic)

Johan Reinhard hat in den Hochanden 18 Mumien von Inkakindern geborgen, darunter die berühmte Juanita (oben), und dieses junge Mädchen vom Llullaillaco (unten). Die durch die Medien weltweit bekannt gewordenen Funde werfen eine Frage auf: Kann die Forschung unter Scheinwerferlicht vernünftig arbeiten?

(Mit freundlicher Genehmigung von National Geographic und Reuters)

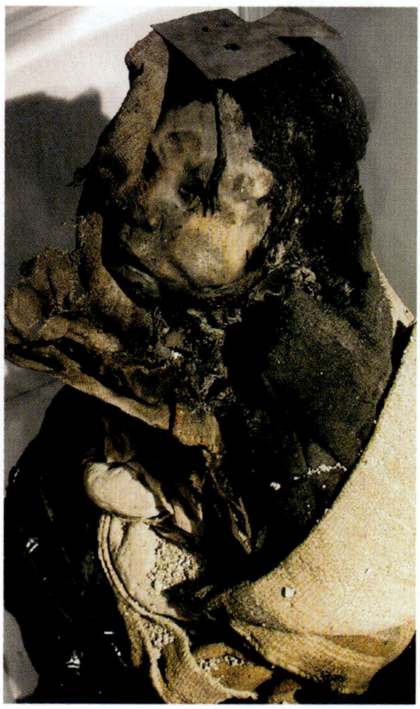

Die hl. Zita, eine Unvergängliche seit über 700 Jahren, erwartet die Gläubigen in einer toskanischen Kirche. Jüngste Untersuchungen weisen darauf hin, dass ihre Erhaltung eher auf das konservierende Mikroklima der Kirche San Frediano in Lucca denn auf einen Akt Gottes zurückzuführen ist.
(Foto der Autorin)

Als Ersatz für die heiligen Unvergänglichen der Kirche schufen Stalin und führende Männer der Kommunistischen Partei in Moskau ihre eigene Ikone: Lenin. Einer der Balsamierer litt unter einem immer wiederkehrenden Albtraum. Er sah eine Fliege in Lenins Sarkophag herumschwirren.
(Mit freundlicher Genehmigung von Reuters)

Frühe Mumienexperten meinten sicher zu wissen, wo die Mumifizierung ihren Anfang nahm: natürlich in Ägypten. Aktuelle Studien widerlegen dies. Die frühesten Mumien, mit einer Lehmhülle überzogen, wurden vor 7000 Jahren von den Chinchorro in Chile angefertigt.

(Mit freundlicher Genehmigung von David Littschwager und Susan Middleton/Discover Magazine)

Eine Chinchorro-Mumie, eher außerirdisch als menschlich aussehend, blickt den Betrachter ausdruckslos an. Die frühesten Chinchorro-Mumien sind kleine Kinder. Vielleicht begann die Mumifizierung mit einer untröstlichen Mutter.

(Mit freundlicher Genehmigung von Bernardo Arriaza.)

zu überwinden«, merkte der Reporter der Londoner *Literary Gazette* trocken an, »gab man bekannt, dass diese Aufgabe anderenorts mit der gebotenen Sorgfalt zu Ende gebracht und das Ergebnis der Öffentlichkeit präsentiert würde.«

So peinlich dieses Debakel für Pettigrew, einen seriösen Wissenschaftler, auch war – andere mit ähnlichen Absichten ließen sich davon nicht abschrecken, im Gegenteil. Das Auswickeln von Mumien kam in den vornehmen Kreisen richtig in Mode. Im Spätfrühling des Jahres 1850 zum Beispiel sandte Lord Londesborough Dutzende von Einladungen an seine Freunde und bat sie zu einer kleinen Nachmittagsgesellschaft in sein Stadthaus. In feinem Prägedruck, auf der Vorderseite die Zeichnung einer ägyptischen Mumie, kündigten die Einladungen zurückhaltend die besondere Attraktion an: »Um 14.30 Uhr Auswickeln einer Mumie aus Theben.« Andere Liebhaber kurioser Neuheiten folgten dem Beispiel, und überall in England, in herrschaftlichen Häusern wie in städtischen Museen, begann man Mumien auszuwickeln. »Sie brauchen nur einen Blick in die örtlichen Archive zu werfen«, meinte John Taylor, Ägyptologe am British Museum. »Alle, die irgendwo eine Mumie liegen hatten, machten das Gleiche. Sie wickelten sie vor ein paar Zuschauern aus und ließen eine Blaskapelle dazu aufspielen.«

Wissenschaftliche Aspekte kümmerten die wenigsten, und manche machten sich nicht einmal die Mühe, den Körper der Mumie zu enthüllen – es genügte, wenn die Zuschauer das Gesicht sahen. Sie würden ohnehin nie erfahren, wer der Mensch war, der, in meterlange, verschlissene Leinenbandagen gewickelt, vor ihnen lag, und dieses Rätsel beflügelte ihre Phantasie noch mehr. Die Mumie konnte eine berühmte Person gewesen sein, vielleicht die Königin von Saba, oder die ägyptische Prinzessin, die den kleinen Moses in seinem Körbchen vor dem nassen Tod im Nil rettete. Das Publikum lechzte nach irgendeinem Zeichen. Ob es ein junges, schönes Gesicht war? Mit kostbaren Edelsteinen bedeckt? Das Haar sittsam von einer Haube bedeckt? Sie wollten es mit eigenen Augen sehen. Bei einer solchen Vorführung mischten sich Spiritualität und Sinnlichkeit, Makabres und Melancholie, Phantasie und Realität, Wissenschaft und Gruselatmosphäre – eine hoch wirksame Mischung.

Um die Mitte des 19. Jahrhunderts ließ die Begeisterung für derartige Vorführungen in England jedoch allgemein stark nach. Gelehrte begannen die ersten Hieroglyphentexte zu übersetzen, die ihnen wesentlich mehr über das Leben im alten Ägypten erzählten, als sie beim Auswickeln einer Mumie erfuhren. Seit exakte Übersetzungen der Inschriften auf den Sarkophagen vorlagen, war auch die Identität der Mumien kein Geheimnis mehr. Es handelte sich um gewöhnliche Menschen – Priester, Sänger, Künstler und dergleichen –, nicht um sagenumwobene Gestalten aus dem Alten Testament. In Europa war die Gier der Öffentlichkeit nach allem, was aus dem alten Ägypten stammte, vorläufig gestillt. Sie sollte erst wieder aufflammen, als Howard Carter die Siegel an Tutanchamuns Grab erbrach.

Jenseits des Atlantik jedoch, in Amerika, standen die Menschen noch immer unter dem Bann der Ägyptomanie. Dort hatte ein junger, gut aussehender Engländer namens George Gliddon begonnen, unter dem Vorwand wissenschaftlicher Erkenntnissuche Verstorbene aus dem alten Ägypten auszuwickeln.

»Inzwischen ist mir George Gliddon so vertraut wie ein guter Bekannter«, sagte Lombardi eines Abends beim Essen zu mir. Für einen Dozenten der Ägyptologie habe Gliddon genau die richtigen Referenzen gehabt, erklärte er. Als Sohn eines englischen Kaufmanns verbrachte er einen großen Teil seiner Kindheit in Alexandria, wo sein Vater das Amt eines britischen Konsuls innehatte. Beim Abendessen hatten die Gliddons ihren aufgeweckten Sohn einigen der berühmtesten Männer der Archäologie im 19. Jahrhundert vorgestellt – von Sir John Gardner Wilkinson, dem Begründer der britischen Ägyptologie, bis zu John Lloyd Stephens, einem amerikanischen Schriftsteller und Forscher, der in den stei-

nernen Tempeln Mittelamerikas als erster Ruinen der alten Maya erkannte.
Der junge Gliddon erwies sich als gelehriger Schüler mit einem Gespür für Chancen, die seinem persönlichen Fortkommen dienten. Er eignete sich alles Wissenswerte über den Handel mit Antiquitäten an, las über das Reich der Pharaonen, so viel er konnte, und half seinem Vater beim Export archäologischer Fundstücke. Als im Jahr 1832 der Posten des amerikanischen Vizekonsuls in Kairo vakant wurde, sicherte ihn sich der 23-jährige Gliddon. Dort fiel er, während er sich um Visa und Zolldokumente kümmerte, Mohammed Ali auf, dem sprunghaften osmanischen Statthalter von Ägypten. Der mächtige Herrscher war von dem ehrgeizigen jungen Gelehrten sehr angetan. »Mohammed Ali plante damals, in Ägypten eine richtige Baumwollindustrie aufzubauen«, erzählte Lombardi, »deshalb schickte er George Gliddon in die Vereinigten Staaten, um dort Informationen zu sammeln und Maschinen zu kaufen.«
Gliddon war von Amerika fasziniert. Es beeindruckte ihn, was die Einwanderer mit ihrer Tatkraft geschaffen hatten; wie anders waren die verschlafenen Städte am Nil, die er hinter sich gelassen hatte. Und er genoss das unkonventionelle, freiere Leben. Dass sich die Rassentrennung wie ein Lindwurm mitten durch Amerikas Kernland wand, störte ihn nicht. Bei seinen Reisen durch die Südstaaten wunderte er sich weder über die Tatsache, dass es Sklaven gab, noch über die Kolonnen schwarzer Feldarbeiter, die per Hand die Baumwolle pflückten. Ebenso wenig nahm er Anstoß an der Einstellung vieler weißer Südstaatler, die Menschen schwarzer Hautfarbe nicht als Menschen betrachteten. Zufällig teilte Gliddon nämlich diese Ansicht, wie viele seiner Zeitgenossen in Europa.
Der junge Diplomat war deshalb keineswegs abgeneigt, einem prominenten Wissenschaftler aus Philadelphia mit seinen Erkenntnissen über die Entstehung der Rassen den Rücken zu stärken. Samuel Morton hatte bereits zahlreiche Aufsätze über ver-

schiedene Themen von der Anatomie bis zur Geologie veröffentlicht, doch am bekanntesten war er für seine Arbeit in biologischer Anthropologie. Morton sei, ebenso wie Blumenbach, ein akademisch gebildeter Kopfjäger gewesen, meinte Lombardi. Er trug menschliche Schädel aus allen Ecken der Welt zusammen; später taufte man seine Sammlung »das amerikanische Golgatha«. Für seine Studien führte Morton verschiedene Messungen an diesen Schädeln durch und ermittelte unter anderem ihr Volumen. Letzteres hielt er für besonders wichtig, denn daraus ließ sich seiner Ansicht nach nicht nur die Größe des Gehirns, sondern auch die Intelligenz ablesen. Je größer das Gehirn, desto klüger der betreffende Mensch. Er füllte jeden Schädel entweder mit weißen Senfsamen oder Schrotkugeln und maß anschließend den Inhalt ab. Aus diesen Messungen schloss er, dass die weiße Rasse die größten Gehirne, die schwarze Rasse die kleinsten besaß. Dass das Gehirn eines Elephanten größer war als das jedes Menschen, kümmerte ihn nicht; ebenso wenig die Prinzipien streng wissenschaftlicher Arbeit. Untersuchungen des amerikanischen Paläontologen Stephen Jay Gould ergaben, dass Morton seine Daten fälschte – möglicherweise unbewusst. Er fasste willkürlich größere männliche Schädel mit kleineren weiblichen zusammen, und er scheint in die Schädel von Weißen mehr Senfsamen gepackt zu haben als in diejenigen von Schwarzen.

Wie der Wissenschaftler William Stanton in seinem Buch *The Leopard's Spot* darlegte, war Morton selbst überzeugt, dass die Weißen zu Herren ausersehen und die Schwarzen zu Sklaven bestimmt seien. Nach Mortons Ansicht hatte Gott persönlich im Paradies jede der Rassen einzeln geschaffen und damit auch diese Unterschiede. Doch ihm fehlten handfeste Beweise, deshalb hoffte er, ebenso wie Blumenbach, auf Unterstützung aus dem alten Ägypten. Er bat den jungen Vizekonsul Gliddon mit ein paar Zeilen, ihm bei der Beschaffung einer Auswahl altägyptischer Schädel zu helfen. Morton wollte unbedingt beweisen, dass die unterschiedliche Intelligenz der Rassen bis in die Frühzeit der Zivilisation am Nil zurückging, also der Bibel zufolge kurz nach Erschaffung der Welt.

Gliddon kam Mortons Bitte gerne nach und korrespondierte ausführlich mit seinem neuen Freund. Er trieb an die hundert altägyptische Schädel und zwanzig mumifizierte Köpfe für ihn auf und schickte das Ganze nach Amerika. Insbesondere die Köpfe erwiesen sich für Morton als besonders wichtig. Einige schienen ihm von Weißen zu stammen, andere von Schwarzafrikanern, wieder andere von Mulatten. Morton war hoch erfreut über diese frühe Rassenvielfalt. Diese Tatsache untermauere die Theorie, schrieb er Gliddon, dass mehrere Rassen erschaffen wurden. Dann machte er sich daran, die Schädelvolumen zu ermitteln, und die Ergebnisse erfreuten ihn noch mehr. Die europäisch aussehenden Köpfe alter Ägypter hatten große Gehirne; diejenigen, die negroid wirkten, ziemlich kleine. Also sei diese Disparität, folgerte Morton, »so alt wie die ältesten Aufzeichnungen unserer Spezies«. Morton und Gliddon waren begeistert von diesen Resultaten, die ihre Theorie nur zu bestätigen schien. Es hatte nicht nur einen Adam und eine Eva gegeben, folgerten sie, sondern mehrere – nämlich ein Paar für jede Rasse.

Mortons Arbeit animierte Gliddon, in Ruinen aus dem alten Ägypten nach weiterem Beweismaterial zu suchen, das die Thesen seines Mentors untermauern konnte. Er machte sich umfangreiche Notizen über Grabmale und Tempelwände, auf denen schwarze Sklaven dargestellt waren, ignorierte jedoch die Tatsache, dass es sich bei ihnen um Kriegsgefangene aus mächtigen schwarzen Königreichen im Süden handelte. Er schrieb aufmerksam alles nieder, was an neuen Daten über die Anfänge der ägyptischen Hochkultur auftauchte. Und er fing an, seine Emigration in die Vereinigten Staaten zu planen. Ihm war nämlich der Gedanke gekommen, dass er dort mit öffentlichen Vorträgen über Ägypten, bei denen er nebenbei Mortons Theorie unterstützte, ganz schön Geld verdienen und recht angenehm leben könnte. Gliddon sah immer mehr Parallelen zwischen den amerikanischen

Südstaaten und dem alten Ägypten. »In Ägypten gab es sehr viele Neger«, schrieb er, »doch ihre Stellung in der Gesellschaft war dieselbe wie heute, die von Dienern und Sklaven.«

In den 1840er Jahren war Gliddon, der tourende Ägyptologe, ein Star in den Vereinigten Staaten. Er hatte bald gelernt, das Publikum in seinen Bann zu schlagen, und sorgte von Philadelphia bis Savannah für volle Säle. Er kleidete sich stets schwarz, wie ein Prediger, und befleißigte sich einer geschraubten, mit wissenschaftlich klingenden Ausdrücken gespickten Sprache. Besonders mehrsilbige Wörter hatten es ihm angetan. Doch trotz allem Schwulst – oder vielleicht gerade deswegen – wurde er sehr berühmt. Anerkannte Wissenschaftler drängten in seine Vorträge, prominente Schriftsteller diskutierten seine Ansichten. Edgar Allan Poe machte Gliddon zu einer Figur in » Some Words with a Mummy«, einer seiner weniger bekannten Erzählungen, und er scheint Gliddon für einen ziemlichen Narren gehalten zu haben. »Man wird sofort erkennen«, bemerkte Poe trocken, »dass sich Mr. Gliddons Vortrag hauptsächlich darum drehte, welchen ungeheuren Nutzen die Wissenschaft aus dem Auswickeln und Ausweiden von Mumien zieht.«
Als gewitzter Unternehmer gab sich Gliddon große Mühe, seine Vorträge lebendig zu gestalten. Er kaufte ein riesiges, von dem englischen Kulissenmaler John Martin gestaltetes Rollbild, auf dem berühmte Schauplätze am Nil dargestellt waren – von den Memnonkolossen in West-Theben bis zu den Pyramiden von Giseh und dem Hafen von Alexandria. Während Gliddon dozierte, entrollten Bühnenarbeiter eifrig das Panoramabild, so dass das Publikum das Gefühl hatte, auf einem Schiff den Nil hinunterzufahren, und ein Klavierspieler begleitete den Vortrag mit Musik, die für westliche Ohren orientalisch klang. Unterdessen lief Gliddon wie ein Löwe im Käfig auf und ab, griff mal nach dem einem, mal nach dem anderen Stück aus seinem Fundus von über 600 Requisiten, die er stets mitführte, und erzählte zu

jedem irgendeine phantastische Geschichte. Reporter der etwas kritischeren Sorte amüsierten sich königlich über ihn. »Was er nicht alles hatte: von Samsons Füchsen einen Schwanz, gehüllt in der schönen Delila Schleier«, reimte ein Kritiker spöttisch. »Dazu in einem rostigen Topf / aus China einen uralten Zopf / Und kann das sein, man glaubt es kaum / den roten Apfel von Evas Baum ...«

Trotz seiner Erfolge war Gliddon nie ganz zufrieden. Er träumte von einer noch größeren, noch besseren Show. Von seinen Aufenthalten in England wusste er, dass nichts die Leute mehr faszinierte, als wenn eine Mumie ausgewickelt wurde. Als ihm ein Freund in Ägypten, der eine Grabungsstätte namens Werda besucht hatte, etliche Mumien liefern konnte, machte sich Gliddon voller Begeisterung an die Planung einer spektakulären Vorstellung, die im Jahr 1850 in Boston stattfinden sollte. Um das Interesse seines Publikums noch ein wenig anzuheizen, verkündete er, dass es sich bei der Mumie, die er auswickeln würde, um die Tochter eines ägyptischen Priesters handelte; das habe er den Hieroglyphen auf einem der Sarkophage entnommen, behauptete er. Die örtliche Presse leckte sich die Lippen bei dieser Nachricht, machte in ihrer Aufregung aus der Tochter eines Priesters allerdings eine Prinzessin, womit Gliddons Mumie unversehens in den Adelsstand erhoben wurde.

Ganz Boston fieberte der Sensation entgegen. Am letzten Abend der Vortragsreihe füllten zweitausend Menschen – darunter der Dichter Henry Longfellow und der Rektor der Harvard University, Jared Sparks, der Anatom Oliver Wendell Holmes und der berühmte Schweizer Naturforscher Louis Agassiz – den großen Saal. »Alle waren gekommen«, erzählte Lombardi, »die Crème de la Crème der Bostoner Akademikergemeinde«. Bei zwei vorangegangenen Vorträgen hatte Gliddon die äußeren Bandagen der Prinzessin entfernt – eine Art wissenschaftlich verbrämter Striptease – und das Publikum ein wenig auf die Folter gespannt, indem er die Leinenbinden nach versteckten Amuletten und anderen wertvollen Gegenständen absuchte. Am letzten Abend nun wollte er die Prinzessin in all ihrer Schönheit enthüllen. Er durchschnitt die restlichen Bandagen und klopfte die Harzklumpen ab. Doch als er mit schwungvoller Geste den letzten Leinenstreifen von ihren Lenden zog, ging ein hörbares Stöhnen durch die erste Reihe. Die Prinzessin besaß einen ansehnlichen Penis. Gliddon stand vor Schreck wie versteinert. »Die Mumie war eindeutig ein Mann«, sagte Lombardi, »eine äußerst peinliche Sache. Der ganze Saal brach in Gelächter aus.«

Dass er zum Gespött der Leute geworden war, traf den Ägyptologen so sehr, dass er eilig Briefe an die Bostoner Zeitungen schrieb, in denen er seinen Irrtum zu erklären versuchte. Der Fehler sei, behauptete er, durch die schlecht leserliche Schrift des Sargmachers entstanden. Doch sein Ruf als Ägyptologe war unwiderruflich geschädigt – zumindest im Norden. Gliddon zog sich gedemütigt in die Südstaaten zurück, wo man seine Referenzen und seine Theorien nicht allzu genau unter die Lupe nahm. Er schlüpfte bei dem berühmten Arzt Josiah Nott in New Orleans unter, Anhänger Mortons und lautstarker Verfechter des Polygenismus. »Angesichts Gliddons Haltung zur Sklaverei war das genau der richtige Ort«, meinte Lombardi.

Der Unterstützung Gleichgesinnter gewiss, kündigte Gliddon eine weitere Vortragsreihe in der Lyceum Hall von New Orleans an und versprach, erneut eine Mumie auszuwickeln. Dieses Mal würde es etwas intimer zugehen, denn die Lyceum Hall fasste nur rund 200 Personen. »Interessanterweise erklärte Gliddon nun, überhaupt nichts über die Mumie zu wissen«, erzählte Lombardi. »Er sagte, es gebe keine Anhaltspunkte für das Geschlecht der Mumie. Er hatte offenbar gelernt, den Mund lieber nicht zu voll zu nehmen.« Diese neu gewonnene Diskretion zahlte sich aus. Das Auswickeln der Mumie ging reibungslos über die Bühne. Wie die *Daily Picayune* anschließend berichtete, erklärte Gliddon vor seinem Publikum mit stolzgeschwellter Brust: »Wenn einige von [Ägyptens] großen Gelehrten wieder zum Leben erweckt werden könnten, würden sie sehen, dass wir gelehrige Schüler gewesen sind; und dass wir manche Dinge wussten und taten, denen sie, bei aller Wertschätzung ihrer Kunst und Gelehrsamkeit, nicht ganz gewachsen waren.« Am Ende der Veranstaltung machte er beide von ihm ausgewickelte Mumien der medizinischen Fakultät der Stadt zum Geschenk.

Doch Gliddon konnte seine öffentliche Demütigung in Boston nicht vergessen. Er wollte seinen Ruf als Wissenschaftler unbedingt wieder herstellen. Nach Mortons Tod im Jahr 1851 tat er sich mit Nott zusammen, um ein grundlegendes Werk über den Ursprung der Rassen zu schreiben. Die Frucht ihrer Zusammenarbeit, 1854 veröffentlicht, trug den pompösen Titel *Types of Mankind: or Ethnological Researches, Based upon the Ancient Monuments, Paintings, Sculptures and Crania of Races and upon Their Natural, Geographical, Philological and Biblical History*. Darin legten Gliddon und Nott auf 738 Seiten in nahezu unlesbarer Prosa und gnadenlos kleiner Schrift ihre Theorien dar. Falls sie jedoch gehofft hatten, damit ein bleibendes Ansehen als Wissenschaftler und Scharen neuer Anhänger gewonnen zu haben, sahen sie sich bitter enttäuscht. Das Buch erhielt sofort schlechte Kritiken, und schon wenige Jahre später wurde seine zentrale Aussage, der Polygenismus, vollkommen verworfen. Charles Darwins neue Theorie von der natürlichen Zuchtwahl und der menschlichen Evolution machte all die alten Vorstellungen von der Schöpfung zunichte, der Polygenismus eingeschlossen. Auch die Anthropologen griffen zur Bestimmung der Menschenrassen nicht mehr auf derart simple und grobe Merkmale wie die Hautfarbe oder das Schädelvolumen zurück.

Gliddon erlebte diese Demütigung nicht mehr; ebenso wenig die Zerstörungen, die der Bürgerkrieg in seinen geliebten Südstaaten anrichtete. Vielleicht war es besser so. Finanziell in Schwierigkeiten, nahm der Ägyptologe im Jahr 1857 eine Stelle bei der kurz zuvor gegründeten British-Honduras Railway an und ging nach Mittelamerika. Er sollte nie mehr zurückkehren. Wegen ständiger

Streitereien mit seinen Kollegen wurde er bereits wenige Monate später wieder entlassen. In einem Hotel in Panama nahm er sich mit 48 Jahren das Leben. Er soll eine Überdosis Opium geschluckt haben.

An meinem letzten Nachmittag in New Orleans nahm mich Lombardi mit in seinen kleinen Arbeitsraum an der Tulane University, eigentlich eher ein Hinterzimmer der Bibliothek, kaum größer als ein Schrank und dennoch das Zentrum seiner Welt in New Orleans. Lombardi schaltete das Licht ein, quetschte sich an zwei altägyptischen Sarkophagen vorbei, die an der Wand lehnten, und griff nach einem Paar Latexhandschuhen. Dann zog er mit dramatischer Geste das Leintuch von dem Tisch nächst dem Fenster. Darauf lag die zerbröckelnde Mumie, die George Gliddon einst mit so unerfreulichen Folgen in Boston ausgewickelt hatte.
Der Mann auf der weichen, weißen Zellstoffunterlage sah sehr mitgenommen aus; wo einmal seine Nase gewesen war, klaffte nun ein großes, hässliches Loch. Sein verschrumpeltes Gesicht zeigte Sprünge wie trockener Lehmboden, und sein Torso, oder vielmehr dessen Überreste, war zu kleinen Bröckchen zerfallen. Es ließ sich unmöglich sagen, was einmal zu Pleura, Herz oder Nieren gehört hatte. Nicht einmal die noch vorhandenen Knochen lagen an der richtigen Stelle. Es sah wirklich aus, als hätte jemand die Mumie in einen Plastiksack gesteckt und kräftig durchgeschüttelt. Mir tat der Mann seines elenden Schicksals wegen Leid. Er musste nun zu Staub zerfallen; es war nur eine Frage der Zeit. Gliddons Hände hatten ihm eine traurige Wiedergeburt beschert.
Lombardi hatte die Mumie monatelang behutsam untersucht und sich bemüht, dem weitgehend zerfallenen Leichnam noch etwas an bleibender Erkenntnis zu entlocken. Er hatte vorsichtig geröntgt, was noch erhalten war. Er hatte ihn vermessen, beschrieben und sich ausführliche Notizen gemacht – und am Ende noch eine Überraschug erlebt. Nun schob er sacht eine Hand unter den Schädel des Mannes und hob ihn hoch. »Der Kopf wurde abge-

trennt«, erklärte er, »also müssen sie ihn vermessen und sein Volumen ermittelt haben, aber sie waren sehr, sehr voreingenommen.« Er drehte die Hand, in der er den Schädel hielt, und wies mit einem Latex geschützten Finger auf einen kleinen Schnitt am Hinterkopf. Es dauerte einen Augenblick, bis ich begriff, worauf er hinauswollte, doch dann sah ich, was er mir zeigen wollte. Wie festzementiert vom schwarzen Harz der Balsamierer klebte dort ein dicker Streifen von einer Leinenbandage. »Sie haben nicht alle Binden entfernt«, sagte Lombardi kopfschüttelnd, und ich verstand sofort. Das Stückchen Leinen hätte den Kopf größer wirken lassen, hätte Gliddons Theorie untermauert. Lombardi lächelte, als könne er meine Gedanken lesen. »Vielleicht hielt Gliddon den Schädel damals hoch, damit alle ihn sehen konnten, und sagte: ›Schauen Sie sich diesen großen Kopf an. Er ist ebenso groß wie beim modernen Menschen.‹«

Ich starrte auf dieses Beispiel von Falschheit und begriff endlich, wie leicht es für die Lebenden ist, die Toten zu manipulieren, sie für ihre eigenen Zwecke zu missbrauchen, ihnen Worte in den Mund und ein Schildchen zwischen die Hände zu legen. Die mumifizierten Toten sind Wachs in unseren Händen; wir Lebenden können sie uns zurechtbiegen, wie wir wollen. Die Gelehrten und Wissenschaftler, die für die Menschenwürde kämpften, die gegen Bigotterie und Vorurteile zu Felde zogen, ob sie sich nun gegen die Nachkommen schwarzer Sklaven in Amerika oder die frühen Bewohner Chinas richteten, hatten allen Grund, den unvergänglichen Toten mit Argwohn zu begegnen. Sie sahen harmlos aus, und doch stifteten sie manchmal ganz schön Unheil.

MUMIENHÄNDLER

Mit frisch Verstorbenen gehen wir oft sehr zart fühlend um; wesentlich weniger Behutsamkeit legen wir an den Tag, wenn es um Menschen geht, die vor Hunderten oder sogar Tausenden von Jahren gestorben sind. Die Zeit, die so vieles aus dem menschlichen Gedächtnis tilgt, macht uns schließlich alle zu bloßen Objekten, zu einer schlichten Anordnung brüchiger Knochen oder Häufchen feinen Staubs, die, je nach Lust und Laune der Lebenden, in Ehren gehalten werden – oder auch nicht. Der Tod macht alle Menschen gleich, das stimmt sicherlich, doch ein wenig anders als bei sonstigen menschlichen Überresten verhält es sich mit Mumien wegen ihrer Seltenheit, die ihnen einen besonderen Nimbus verleiht. Dieser Umstand gereichte ihnen allerdings nicht immer zum Vorteil, denn dadurch erregten sie das Interesse kühl kalkulierender Kaufleute.

Um den Handel mit Mumien rankten sich im Laufe der Jahre viele Legenden. Manche sind zweifellos wahr, andere mit ziemlicher Sicherheit reine Erfindung. Für eine der kuriosesten Geschichten scheint der große amerikanische Humorist Mark Twain verantwortlich zu sein. Als Twain in den 1860er Jahren *Die Arglosen im Ausland* schrieb, bereiste er unter anderem Ägypten, und dort kam ihm eine Geschichte zu Ohren, die ihm offenbar sehr gefiel. Die Dampflokomotiven der Züge dort, schrieb er, würden weder mit Klaftern von Holz noch mit eimerweise Kohle befeuert, wie andernorts zu jener Zeit. Die Ägypter hatten sich etwas ganz Neues einfallen lassen. »Ich sage nur so viel, dass sie als Brennmaterial für ihre Lokomotiven 3000 Jahre alte Mumien verwenden, die sie zu diesem Zweck tonnen- oder friedhofsweise kaufen, und manchmal hört man den respektlosen Lokführer dem Heizer missmutig zurufen: ›Dieses verfl … Gesindel brennt nicht für einen Cent – schieb mal einen König rein!‹«

Dieser kurze Sketch war derart eindrucksvoll, dass Twains Schilderung sich einen festen Platz unter den Mumienlegenden erobert hat. Allerdings konnte bislang noch kein Mumienexperte die Geschichte verifizieren, obwohl es mehrere versucht und über ihren Misserfolg berichtet haben. Twain scheint die einzige publizierte Quelle zu sein – noch dazu eine ziemlich fragwürdige, angesichts seiner Schwäche fürs Fabulieren und seiner dazu veröffentlichten Erklärung. »Es wurde mir als Tatsache berichtet«, schrieb er in einer Anmerkung zu dieser Episode in *Die Arglosen im Ausland*, »ich gebe es nur so weiter, wie es mir erzählt wurde. Ich bin bereit, es zu glauben. Ich kann alles glauben.«

Ebenso unverbürgt und mit Vorsicht zu genießen sind andere Berichte über den Handel mit Mumien. Eine besonders beliebte Geschichte hat mit Papier zu tun. Um die Mitte des 19. Jahrhunderts verwendeten die amerikanischen Papiermühlen für die Herstellung des Schreib- und Packmaterials nahezu ausschließlich alte Lumpen, denn dass man aus Holzbrei Papier machen konnte, hatte noch niemand entdeckt. Mit der ständig steigenden Nachfrage nach Papier wuchs auch der Bedarf an Lumpen, und als diese einmal knapp wurden, importierten angeblich mehrere Papiermühlen an der Ostküste ganze Schiffsladungen ägyptischer Mumien, die sie von extra eingestellten Frauen aus dem Ort auswickeln ließen. Mit den Bergen uralter Leinenbinden wurden Stampfmaschinen und Pressen beschickt, aus denen schließlich wie am Fließband das braune Einwickelpapier herauskam, das die Lebensmittelhändler so schätzten. Dem Experten für Zeitungsgeschichte Dard Hunter zufolge war der *Syracuse Standard* davon derart beeindruckt, dass er eine ganze Ausgabe auf diesen Bögen drucken ließ. Doch das Mumienpapier war nicht so segensreich, wie es anfangs schien. In den uralten Stoffbinden steckten Krankheitskeime, die durch die Papiermühlen verbreitet worden sein sollen. Um den Ausbruch von Seuchen zu verhindern, ordnete die amerikanische Regierung an, dass zukünftig alle Lumpen vor der Verarbeitung sterilisiert werden müssten.

Diese Geschichte enthält alle klassischen Elemente moderner Schundliteratur: Habgier, Respektlosigkeit und strenge Bestrafung der Schuldigen. Deshalb hat sie im Laufe der Jahre auch immer wieder den Argwohn von Mumienexperten erregt. Mitte der 1990er Jahre machte sich der amerikanische

Anglistik-Professor Joseph Dane auf die Suche nach Beweisen, dass Papiermühlen jemals Mumienbinden verwertet hatten. Er fand keinen einzigen. Weder entdeckte er konkrete Unterlagen über derartige Einkäufe noch einen einzigen Bogen dieses Papiers – erstaunlich, wenn man bedenkt, was für eine Aufsehen erregende Neuheit es damals gewesen sein muss. Zudem war von der Ausgabe des *Syracuse Standard* auf Papier aus Mumienbinden, sofern sie überhaupt existiert hat, keine Spur mehr zu finden. »Dennoch hält sich diese reizvolle Legende hartnäckig«, schrieb Dane abschließend in einem Aufsatz, »und sie taucht in einschlägigen Büchern zur Zeitungsgeschichte sowohl vor als auch nach Hunter in verschiedenen Varianten auf.«
Die erstaunliche Geschichte des Mumienhandels noch auszuschmücken erschien mir ziemlich überflüssig; sie ist schon phantastisch genug. Hunderte von Jahren hatten Europas Kolonialwarenhändler, Apotheker und Farbenmacher, Antiquitätenhändler und Künstler, Diplomaten, Barone, Herzöge und Fürsten wann und wo immer möglich ägyptische Mumien zusammengerafft, sie en gros oder einzeln gekauft. Sehr viel Geld hatte den Besitzer gewechselt. Schon die Lektüre kurzer Berichte über diese Geschäfte hatten meine Neugier geweckt. Welches waren die Beweggründe, dass Europa eine derartige Gier nach vertrocknetem Menschenfleisch entwickelte? Und wie weit waren Käufer und Verkäufer bereit zu gehen, um diese Gier zu befriedigen? Die Suche nach Antworten führte mich geradewegs zu damaligen Großabnehmern von Mumien, den Apothekern.

Kaum ein Anblick flößte den Kranken und Verwundeten im Europa der Renaissance mehr Entsetzen ein als das Erscheinen des Doktors. Tauchte er mit einer Tasche voller blutbefleckter Messer und Glasgefäßen im Arm auf, in denen sich Blutegel wanden, wussten sie, welche Qualen ihnen bevorstanden. Die ärztliche Heilkunst in Europa hatte sich seit Hippokrates' Zeit kaum weiterentwickelt, und die Ärzte experimentierten aufs Geratewohl, um die klassischen Arzneimittel zu verbessern. Meist waren ihre Behandlungen schlichtweg barbarisch. Sie gossen den Opfern von

Schussverletzungen kochendes Öl auf den Leib. Sie brannten Amputationswunden mit rot glühenden Feuerhaken aus. Sie schmierten Syphilitikern giftige Quecksilberpaste auf die Haut, und Menschen, die an Blutarmut litten, ließen sie zur Ader und zapften ihnen auf einmal einen ganzen Liter Blut ab, bis sie so schwach waren, dass sie ihr Krankenlager gar nicht mehr verlassen konnten. Dann brachten sie grässliche Instrumente zum Vorschein, die an Fahrradpumpen erinnerten, um ihren Patienten Einläufe zu verabreichen, und das bis zu drei- oder viermal am Tag.

Kein Wunder, dass so viele Patienten in den Armen ihres Arztes ihr Leben aushauchten. Nach solch tagelanger Folter muss der Tod eine willkommene Erlösung gewesen sein. Zu jener Zeit hungerten die Menschen in Europa nach einer Wunderdroge, irgendeinem Mittel, das ihnen die schlimmsten Verabreichungen der Heilkundigen ersparte. Diese Wunderdroge fand sich in *Mumia vera aegyptiaca*. Zu feinem Pulver zerstoßen, galten Fleisch und Knochen der konservierten Toten als das Allheilmittel der Renaissance. Schon eine winzige Dosis, hieß es, könne die vielfältigsten Leiden heilen: Vergiftungen, Inkontinenz, Migräne, Abszesse, Schwindelanfälle, Lähmungen, Knochenbrüche, innere Geschwüre, Quetschungen, Gehirnerschütterung und Skorpionstiche. *Mumia* sah ekelhaft aus und schmeckte widerwärtig. Es löste heftige Herzschmerzen aus und drehte einem den Magen um; die Folge waren Erbrechen und ein scheußlicher, saurer Geschmack im Mund. Außerdem war es sehr teuer. Doch offenbar war den Menschen damals kein Preis zu hoch, wenn sie dadurch den barbarischen Heilversuchen ihrer Ärzte entgingen.

Die Reichen und Gebildeten Europas schworen auf diese Droge. Der französische König Franz I., Gönner Leonardo da Vincis und Inbegriff eines aufgeklärten Renaissance-Monarchen, trug stets ein kleines Päckchen mit Mumia und pulverisierter Rhabarberwurzel um den Hals, um für Notfälle gerüstet zu sein. Ebenso überzeugt von diesem Allheilmittel war seine Schwiegertochter, Katharina de Medici. Als junge Mutter von dreißig Jahren schickte sie im Jahr 1549 ihren eigenen Beichtvater auf die lange Reise nach Ägypten, damit er ihr die Wunderdroge beschaffte. Nicht minder begeistert waren viele andere wie der große englische Philosoph Francis Bacon, der die Heilkraft des Pulvers pries und seine Wirkung zu beschreiben versuchte. »Mumia hat große Kraft im Stillen von Blutfluss«, erklärte er, »was man der Mischung von Balsamen zuschreiben mag, die klebrig sind; es mag auch eine geheime Eigenschaft besitzen, insofern das Blut des Menschen Fleisch aussaugt.« Ärzte in ganz Europa teilten seine Ansicht und verschrieben das Mittel jedem, der es sich leisten konnte. Ein hoch angesehener Genueser Chirurg war sogar derart beeindruckt, dass er Mumia unter denjenigen Heilmitteln aufführte, die jedes Dorf und jedes Schiff stets vorrätig haben sollten.

Die große Schwierigkeit war jedoch, genügend Nachschub zu bekommen. Echte Mumien waren eine Rarität, denn Ägypten sah es nicht gerade mit Wohlwollen, wenn die Leute seine alten Begräbnisstätten plünderten. Um den Handel zu unterbinden, verhängten die Behörden empfindliche Geld- und Gefängnisstrafen, doch davon ließen sich die Abenteurer nicht abschrecken. Im Jahr 1586 traf Sir John Sanderson in Ägypten ein und machte sich sofort auf den Weg zu den Pyramiden und einem alten, wenige Kilometer entfernten Begräbnisplatz mit Namen Momia. Auf seinem Streifzug durch die Dünen stieß er nicht nur immer wieder auf Haufen alter Leinenbandagen und ausgebleichte Knochenstücke, sondern er entdeckte auch ein Grab, in dem dicht an dicht altägyptische Mumien lagen. Sanderson ließ sich an einem Seil hinunter und stöberte beglückt herum. »Ich brach alle Teile von den Leichen ab, um zu sehen, ob das Fleisch sich zur Arznei eignete«, schrieb er später, »und brachte verschiedene Köpfe, Hände, Arme und Füße zum Herzeigen mit nach Hause.« Nachdem er den örtlichen Amtspersonen ein angemessenes Bakschisch zugesteckt hatte, ließ er 600 Pfund mumifizierte Leichen auf ein Schiff mit Ziel England verladen und verkaufte sie dort mit einem hübschen Profit.

Wie viele ägyptische Mumien für diese Zwecke nach Europa verschifft wurden, ist nicht bekannt, doch offenbar liefen die Geschäfte hervorragend, und das über einen erstaunlich langen Zeitraum. Engländer, Franzosen, Spanier, Deutsche und nahezu alle anderen in Europa handelten jahrhundertelang mit Mumien – als Kuriositäten und als Rohstoff zur Weiterverarbeitung. Sie erwarben sie von Antiquitätenhändlern und stellten sie als Souvenir oder besondere Kostbarkeit in Vitrinen zur Schau. Oder sie kauften sie von Grabräubern und zerrieben sie Glied für Glied zu Pulver, aus dem anschließend Medizin oder Farbpigmente für Künstler hergestellt wurden. Und zwar, wie gesagt, jahrhundertelang. »Noch 1904 erschien in der Londoner *Daily Mail* eine Anzeige, in der für eine Mumie zur Herstellung von Farbpigmenten geworben wurde«, erzählte Sally Woodcock fassungslos. »Das hörte nur auf, weil keine Mumien mehr zu bekommen waren.«
Die junge Engländerin Sally Woodcock arbeitet als Kunstkonservatorin in der Londoner Guildhall Art Gallery im Herzen von Moorgate. Sie verdient sich ihren Lebensunterhalt mit dem Restaurieren alter Gemälde, und daraus entwickelte sich auch ihr Interesse am Mumienhandel. Sie ist eine ruhige, zurückhaltende Mittdreißigerin mit kinnlangen, glatten schwarzen Haaren und hübschen Ponyfransen, die ein herzförmiges Gesicht einrahmen. Als wir verabredet waren, trug sie eine adrette blau-weiß gestreifte Schürze über ihrer Freizeitkleidung und sah aus wie aus dem Ei gepellt, ein Kunststück unter den gegebenen Umständen. Seit Wochen kletterte sie auf einem Arbeitsgerüst herum, weil sie gerade einen der Schätze der Guildhall restaurierte, ein imposantes Gemälde aus dem 18. Jahrhundert von einer berühmten Seeschlacht vor der Küste Gibraltars – eine gigantische Arbeit, die Woodcock aber offensichtlich sehr viel Spaß machte. Sie erläuterte mir ziemlich ausführlich sowohl die Hintergründe der Schlacht wie auch die Entstehungsgeschichte des Gemäldes und reihte die vielen Daten und Persönlichkeiten so mühelos aneinander, als wäre sie Historikerin. Für sie war offensichtlich jedes Detail von

Bedeutung, und sie erfasste jede einzelne Tatsache unglaublich rasch.
Dass sie sich intensiv mit dem Mumienhandel beschäftigte, hatte sich fast zufällig ergeben. Sie arbeitete zu der Zeit als Forscherin am Hamilton Kerr Institute in Cambridge und sah die Geschäftsunterlagen von Roberson and Co. durch, einer mittlerweile erloschenen, altehrwürdigen englischen Firma, die bis in die viktorianische Zeit zurückging. Roberson and Co. war im Farbenhandel tätig und hatte reichen Künstlern zur Seite gestanden. Die Angestellten hatten Pigmente gemahlen, Leinwände gespannt, fertig gestellte Gemälde zu Ausstellungen transportiert und waren den einflussreichen Kunden der Firma auch sonst in allem, was sie wünschten, behilflich gewesen. Vor einigen Jahren jedoch war die Firma in Schwierigkeiten geraten, sie hatte ihre Tore geschlossen und den Namen verkauft. Die verstaubten Akten und vieles andere landeten auf einem Dachboden, mit einer Plastikplane notdürftig vor durchsickerndem Regenwasser geschützt. Sally Woodcocks Aufgabe war, »etwas aus dem Zeug zu machen«, und als sie sich damit beschäftigte, entdeckte sie etwas sehr Ungewöhnliches – ein kleines Glasgefäß mit Stückchen von Mumia, mumifizierten menschlichen Überresten.
Während ihres Studiums hatte sie zwar von der Vorliebe einiger europäischer Maler für Mumia oder Mumien-Braun, wie es manchmal genannt wurde, gehört und die Substanz sogar hin und wieder als Pigment in Fachaufsätzen von Kollegen erwähnt gefunden. Sie hatte sich jedoch nie große Gedanken darüber gemacht; bis sie das Glasgefäß in der Hand hielt und es öffnete. Bestürzt starrte sie auf die kleinen Stückchen schwarzbraunes Menschenfleisch. Sie fand es abstoßend, was manche Leute im Namen der Kunst alles getan hatten, doch als jemand, der sich gerne mit Geschichte beschäftigte und Fakten aufstöberte, war sie auch äußerst neugierig. Also fing sie an, in den Bibliotheken von Cambridge nach Informationen zu suchen.
Zu ihrer Überraschung fand sie heraus, dass der Handel mit ägyp-

tischen Mumien gewissermaßen auf einem Versehen beruhte, nämlich auf der fehlerhaften Übersetzung einiger alter, in Arabisch geschriebener medizinischer Bücher. Bei den verhängnisvollen Texten ging es um Bitumen, ein alter Sammelbegriff für Asphalt und ähnliche natürliche Kohlenwasserstoffgemische. Die arabischen Ärzte des Mittelalters hatten Bitumen, wie sich herausstellte, sehr geschätzt. Sie wendeten es äußerlich als Salbe bei Verletzungen, Quetschungen und Knochenbrüchen an und innerlich für alle möglichen Krankheiten von Magengeschwüren bis zu Tuberkulose. Die beste Wirkung jedoch erzielten sie mit einer bestimmten Art von Bitumen, einem schwarzen Teer, der aus einem Berg in der Region Darábjerd in Persien austrat. Dort wurde diese Substanz *mumiya* genannt.

Bis zu diesem Punkt war alles klar, doch als Gelehrte in Europa sich daranmachten, diese Passagen aus dem Arabischen zu übersetzen, schlich sich ein Fehler ein. Sie kannten das Wort *mumiya* nicht und versuchten, sich seine Bedeutung irgendwie zu erschließen. Gerard von Cremona, ein berühmter Übersetzer des 12. Jahrhunderts und überaus gebildeter Mann, wusste aus klassischen Berichten, dass die alten Ägypter Bitumen zum Einbalsamieren verwendet hatten. Er nahm deshalb an, das Wort *mumiya* beziehe sich auf »die Substanz, die in dem Land gefunden wird, wo die Verstorbenen mit Aloeblättern bestattet werden, wodurch das Leichenwasser, gemischt mit dem Aloesaft, zu einem Stoff ähnlich dem Erdpech verwandelt wird«. Leider kam niemand auf die Idee, diese Definition zu hinterfragen; außerdem waren kompetente Übersetzer aus dem Arabischen zu jener Zeit Mangelware. Und so setzte sich in den Köpfen der abendländischen Menschen die Vorstellung fest, dass das Wort *mumiya* sich auf die einbalsamierten ägyptischen Toten bezog. Die Apotheker in London, Paris und Venedig begannen sich für die neue Wunderdroge, Mumia oder Mumie, zu interessieren, und bald nannten die Leute auch die alten Leichname selbst Mumien.

In gewisser Weise geschah das alles zum richtigen Zeitpunkt. Im

12. Jahrhundert zogen aus Europa ganze Heerscharen in den Nahen Osten; es war die Hochzeit der Kreuzzüge. In Palästina, als jüdische Ärzte ihnen die schwarzbraune Paste auf die Verletzungen schmierten, machten die Ritter dann ihre ersten Erfahrungen mit Mumia. Es sprach sich bald herum, dass die Arznei Schwertwunden und Knochenbrüche heilen konnte, und als sich die Armeen der Christenheit schließlich wieder gen Heimat schleppten, brachten sie nicht nur Appetit auf die Gewürze des Ostens mit nach Hause, sondern auch eine Vorliebe für Mumienmedizin. Das war gewissermaßen die Geburtsstunde des Mumienhandels, der sich schon zu Beginn des 14. Jahrhunderts zu einem florierenden Geschäft entwickelte. Nach den Unterlagen eines Florentiner Kaufmanns in der Bardi-Bank zählten Mumien zu den 288 Spezereien und Viktualien, die regelmäßig nach Europa importiert wurden.
Die Obrigkeit in Ägypten war jedoch nicht allzu erfreut über die seltsame neue Vorliebe der Christen. Man ging scharf gegen Mumienschmuggler vor, soweit man ihrer habhaft wurde, und das machte diese Betätigung doch relativ gefährlich. Im Jahr 1424 zum Beispiel wurde in Kairo eine Horde von Grabräubern gefangen genommen, die einen ganzen Berg von Mumien aus nahe gelegenen Gräbern gestohlen hatten. Unter der Folter gestanden die Beschuldigten ihr Verbrechen und schilderten, wie sie die Mumien in Bottichen weich gekocht, das schwarzbraune Öl in Töpfe abgeschöpft und die kostbare Substanz dann an Käufer aus Europa verhökert hatten, die ihnen 25 Goldstücke pro Zentner zahlten. Die Geständnisse wurden schriftlich festgehalten, die Diebe anschließend ins Gefängnis geworfen.
Aus Angst vor Bestrafung wählten manche Mumienhändler einen Weg, der ihnen sicherer erschien. Sie gingen unter die Fälscher. Im Jahr 1564 berichtete Guy de la Fontaine, ein Arzt aus dem spanischen Königreich Navarra, etwas über diese Zunft, nachdem er einen Händler in Alexandria aufgesucht hatte. Auf de la Fontaines Bitten hin hatte der Alexandriner ihm seinen Vorrat gezeigt, einen Stapel von 30 bis 40 mumifizierten Leichen. Als der Arzt ihn

mit Fragen über altägyptische Balsamierungsmethoden zu löchern begann, hatte der Händler lachend erklärt, er habe die Leichen selbst einbalsamiert. Einige seien kürzlich verstorbene Sklaven, andere irgendwelche Toten aus Alexandria, die er habe erwerben können. Der Händler hatte keine Ahnung, woran die Menschen gestorben waren, und es kümmerte ihn auch nicht sonderlich. Mumie war schließlich Mumie.

Dabei war de la Fontaines Geschichte noch nicht das Schlimmste, was in Europa bekannt wurde. Andere Reisende jener Zeit wussten noch Grässlicheres über die Praktiken der Fälscher zu berichten und beschuldigten äthiopische Ärzte, lebende Opfer zu Mumien zu verarbeiten. »Sie nehmen einen gefangenen Mohren von bester Hautfarbe«, schrieb ein gewisser Fray Luys, »und nachdem sie ihn lange traktiert und fasten lassen haben, schneiden sie ihm im Schlaf den Kopf ab, schlitzen den Körper an mehreren Stellen auf, stopfen die besten Spezereien hinein und wickeln ihn dann in Heu.« Dann vergruben sie den Leichnam in feuchtem Boden, fuhr der Mönch fort, holten ihn einige Zeit später wieder heraus und hängten ihn zum Trocknen in die Sonne, »wobei sich der Körper auflöst und eine Substanz wie reiner Balsam heruntertropft, und diese Flüssigkeit hat einen hohen Preis …«

Diese grausige Schilderung war vermutlich das Produkt einer überreichen Phantasie, doch Europas Gelehrte beunruhigten solche Geschichten sehr, und Ärzte, die sich die Mühe machten, die Droge zu prüfen, wurden argwöhnisch. Der brillante französische Chirurg des 16. Jahrhunderts Ambroise Paré, ein früher Spezialist für die sterile Behandlung von Kriegsverletzungen, bewertete Mumia ebenso wie die Hörner des Einhorns als erfundenes Allheilmittel und schrieb, dass »diese erbärmliche Art von Droge den Kranken durchaus nicht hilft …« Andere Gelehrte wie Petrus Baerdt, einen niederländischen Arzt des 17. Jahrhunderts, schockierte die Vorstellung, dass das, was als wundersames Elixier aus dem alten Ägypten galt, vermutlich nichts anderes war als ein »Arm oder Bein eines im Verfall begriffenen oder aufgehängten

Aussätzigen oder irgendeines Hurenbocks, der an Syphilis litt«. Und einige wenige, wie der niederländische Arzt und Philosoph J. van Beverwijck, verurteilten den Mumienhandel aus moralischen Gründen und führten an, es würden dadurch Gräber entweiht, die Toten zu einer Ware gemacht und »wir selbst, wie irgendwelche wilden Indianer, zu grausamen Kannibalen«.

Dennoch war Mumia vielen Menschen in Europa lieber als die schmerzhaften Anwendungen ihrer Doktoren, und die Apotheker bereiteten die Arznei weiterhin zu. Kam nicht genügend Nachschub an ägyptischer Mumie – gefälscht oder echt –, nahmen sie einfach einen Ersatz. In Nordeuropa griffen sie auf die ledrig verschrumpelten Leichen zurück, die Torfstecher gelegentlich in den Mooren fanden, und zerstießen sie zu Pulver. Ein gewitzter Kaufmann namens Moses Isaak gab öffentlich bekannt, dass er einen guten Preis zahle für jede solche Leiche aus den Mooren der nördlichen Niederlande, und die dortigen Dorfbewohner gingen erfreut auf das Angebot ein. Zwischen 1784 und 1803 verkauften sie Isaak zwölf Moorfunde – vier menschliche Leichen, zwei Hunde und sechs Pferde.

Anfang des 20. Jahrhunderts schien selbst diese obskure Quelle für Nachschub ausgeschöpft. Ohnehin hatten nur die wenigsten Apotheken echte Mumie vorrätig. *Hagers Handbuch der pharmazeutischen Praxis*, ein deutsches Standardwerk für Apotheker, vermerkte dazu in seiner Ausgabe von 1905: »Was an Mumia angeboten wird, ist größtenteils nur Imitation aus rotbraunen oder schwarzbraunen Harzbröckchen, vermischt mit bräunlichen Knochenresten und kleinen Leinenfetzen. Mumia wird im Stück oder als Pulver aufbewahrt. Wenn Sie echtes Mumia erhalten oder abgeben, sollten Sie in jedem Fall den Gehalt an Arsen, insbesondere Arsensulfid prüfen.« Wenig später verbannten die Apotheker die Gläser mit Mumia endgültig aus den Regalen. Niemand wollte mehr mit einem Geschäft in Verbindung gebracht werden, bei dem mit Leichen gehandelt wurde.

Zu den erstaunlichsten Funden, auf die Sally Woodcock bei ihren Recherchen stieß, gehörte ein Artikel, der 1903 in der Londoner *Illustrated Mail* erschien und unter dem Titel »Mit Mumia gemalte Bilder« mehrere Fotos zeigte. An dem Nachmittag, als ich sie besuchte, zeigte mir Sally Woodcock Kopien davon. Auf dem ersten Bild war ein Angestellter der Firma Roberson and Co. zu sehen, ein Mann mittleren Alters. Die Hemdsärmel säuberlich bis zu den Ellbogen aufgerollt, stand er an einem hellen Fenster; seine Hände ruhten auf einem Mahlstein. Daneben lagen auf einer Granitplatte dunkle Brocken von etwas, das wie Lakritz aussah. War es aber nicht. »Hier, sehen Sie, das sind Stückchen einer Mumie, die er pulverisiert«, sagte Woodcock. »Und dazu braucht man ein solches Palettenmesser wie auf dem Bild, weil man abwechselnd schabt und klein hackt, die Bröckchen dann zu einem Haufen zusammenschiebt und das Ganze noch feiner zerstößt.«
Woodcock nahm ein zweites Foto zur Hand, das einen anderen Angestellten der Firma Roberson zeigte. Der schon ältere, gebeugte Mann mit rundem Gesicht und weißem Vollbart stand vor einem glänzenden, trommelförmigen Apparat und füllte mit einer Art Spritze Mumia in nebeneinander aufgereihte silbrige Farbtuben. Woodcock schüttelte den Kopf und zeigte dann auf ein drittes Foto, auf dem eine solche bereits etikettierte Farbtube zu sehen war. »Da«, sagte sie mit einer Stimme, als könne sie es gar nicht glauben, und sah zu mir hoch. »Das ist Mumia.«
Wann Künstler mit Mumia zu malen begannen, weiß niemand. Apotheker und Farbenhändler standen jahrhundertelang in enger Verbindung – oft waren sie beides in einer Person –, so dass sich schwer sagen lässt, ob sie Mumia als Arznei an Kranke abgaben oder als Farbe an die Künstler unter ihren Kunden. »Es gab Farbenhändler, die Pigmente, Leinwand und Heilmittel verkauften«, erläuterte Woodcock, »und in vielen ihrer Rezepturenbücher finden sich auch Anweisungen für die Zubereitung von Arzneien und sogar Kochrezepte, ein Rezept für eingelegte Zwiebeln neben den Angaben zur Herstellung von Schweinfurter Grün, für das

man früher Arsen verwendete.« Doch Sally Woodcock glaubt, dass die Künstler in Europa schon sehr früh Mumia eingesetzt haben. Sie entdeckte in Cambridge nämlich einen Text aus dem Jahr 1598, in dem der Schreiber sich auf eine noch frühere Abhandlung bezieht, die wiederum beschreibt, dass italienische Maler bereits im 12. Jahrhundert Mumia verwendeten.

Dass Künstler eine Vorliebe für ein Pigment entwickelten, das aus mumifiziertem Menschenfleisch hergestellt wurde, ist so überraschend nicht. Die europäischen Maler experimentierten ständig mit Farbe und stellten manchmal die verrücktesten Dinge an, um einen brillanten Farbton zu erzielen. Zum Beispiel packten sie einen Tontopf mit Stückchen von Elfenbein voll und stellten ihn dann in den Brennofen; daraus wurde dann ein sattes, tiefes Schwarz hergestellt. In der Renaissance kauften sie für die traditionell blauen Kleider der Jungfrau Maria den teuren Schmuckstein Lapislazuli, der zu Pulver gemahlen wurde. Und später griffen sie auf noch exotischere Rohstoffe zurück. Für ein schönes Goldgelb, das wir heute als Indisch-Gelb kennen, kauften sie Erde aus Indien, getränkt mit dem Urin von Kühen, die ein spezielles Futter, nämlich Mangoblätter, bekommen hatten.

Die Künstler im mittelalterlichen Europa dürften also kaum erbleicht sein bei dem Gedanken, dass sie eine Farbe aus gemahlenen Leichen kauften. Das bitumenähnliche Pulver ergab einen schönen, durchscheinenden Braunton, wenn man es in Öl oder Bernsteinlack verrührte, und es war fast unmöglich, diese Farbe zu erzielen, ohne mit großem Aufwand eine Vielzahl anderer Pigmente miteinander zu mischen. Mumifiziertes Muskelgewebe soll das feinste Mumia ergeben haben, und die Künstler liebten seinen seidenglatten Strich; er hatte fast etwas Sinnliches. »Es fließt erfreulich leicht und gleichmäßig vom Pinsel«, schrieb ein begeisterter Engländer im 19. Jahrhundert. »Besonders hübsch und ansprechend wirkt ein dünner Film, auf weißem Untergrund aufgetragen von Malern, die sich auf die Finessen ihrer Kunst verstehen.« Zudem war Mumia recht vielseitig. Die Künstler konnten es als Lasur einsetzen oder dünn auf der Leinwand auftragen, um weiche Schattentöne oder dunkle Wellen auf einer Wasserfläche im Mittelgrund darzustellen. Aus ästhetischer Sicht hatte Mumia nur einen einzigen Nachteil: Es wurde fürchterlich rissig. Ein mit Mumia lasiertes Gemälde sah nach wenigen Jahren aus wie eine Handtasche aus Krokodilleder. »Es war offensichtlich doch nicht besonders geeignet«, meinte Woodcock.

Manche Maler schienen sich jedoch um die Nachwelt wenig zu sorgen, noch machte es ihnen großes Kopfzerbrechen, woher das Mumia auf ihrer Palette kam. Zur Zeit der französischen Revolution nahmen sie alles, was sie bekommen konnten. Fast auf den Tag genau ein Jahr nachdem Ludwig XVI. für abgesetzt erklärt worden war, beschlossen Frankreichs neue Herren, das revolutionäre Ereignis gebührend zu feiern. Sie entsandten einen Trupp von Arbeitern, ausgerüstet mit Hämmern und Brechstangen, in die königliche Abtei Saint-Denis in Paris, ehrwürdige Grablege vieler französischer Könige und Königinnen. Ein Mönch sah fassungslos zu, wie die Arbeiter einen Sarkophag nach dem anderen zertrümmerten und die Leichen in ein Massengrab nördlich der Abteikirche warfen. Dann brachen sie in der Kapelle die Urnen auf, holten den Inhalt heraus und reckten die mumifizierten Herzen der französischen Könige triumphierend in die Höhe. Einige der Vandalen trugen die erbeuteten Körperteile gleich zum Apotheker, der sie mit Freuden bezahlte und zu Malerfarbe verarbeitete. In einer Geschichte heißt es, der elsässische Maler Martin Drolling habe etwas von dieser Königsfarbe gekauft und bei einem Porträt verarbeitet, das heute in der Sammlung des Louvre hängt.

Mumia blieb in der Kunstwelt fast das ganze 19. Jahrhundert über sehr beliebt, doch das änderte sich gegen Ende des viktorianischen Zeitalters. Als der prominente Londoner Maler Lawrence Alma-Tadema im Jahr 1881 einmal seinen Farbenhändler aufsuchte, sah er mit Entsetzen, dass dieser gerade Stücke von ägyptischer Mumie zu Pulver mahlte. Alma-Tadema hatte sich unter anderem mit Gemälden schöner Frauen in durchscheinenden Leinengewändern vor ägyptischer Szenerie einen Namen gemacht und keine Ahnung gehabt, was Mumia wirklich war. Er eilte zu seinem Freund und Kollegen Edward Burne-Jones, um ihm die Neuigkeit zu berichten, und auch Burne-Jones war schockiert. Er überlegte einen Augenblick, ging dann in sein Atelier und kehrte mit einer Tube Mumia in der Hand zurück. Sie sollte ein anständiges Begräbnis bekommen. »Und so wurde in den Rasen zu unseren Füßen ein Loch gebohrt«, notierte Georgiana Burne-Jones später, »und wir alle sahen zu, wie sie behutsam darin versenkt wurde, und eines der Mädchen pflanzte dort einen Maßliebchenstock, um die Stelle zu kennzeichnen.«

Doch der Mumienhandel fand kein Ende. Zwar verzichtete man darauf, die uralten Leichen als Rohstoff zu verwenden, aber nun schmückten viele reiche Europäer ihre Salons mit den mumifizierten Toten selbst, eine Mode, die ursprünglich ein junger Korse initiiert hatte, der davon träumte, ein zweiter Alexander der Große zu werden. Der Sohn aus vornehmer Familie, an verschiedenen französischen Militärschulen ausgebildet, war fest entschlossen, sich einen Platz in der Geschichte zu erobern. »Ich bin dazu ausersehen, das Gesicht der Welt zu verändern; dessen bin ich gewiss«, schrieb er einmal an seinen Bruder Joseph. Im Jahr 1798 hielt der junge General seine große Chance für gekommen, denn das Direktorium, die französische Revolutionsregierung, hatte ihm den Befehl zur Eroberung Ägyptens erteilt, das ein Sprungbrett zur Einnahme Indiens sein sollte. In dem Bewusstsein, dass Alexander der Große sich seinen Ruhm im Osten erworben hatte, entwarf Napoleon ehrgeizige Pläne – er beschloss, in Ägypten eine französische Kolonie zu errichten. Um ein solides Fundament zu legen, rekrutierte er an die 150 Wissenschaftler aus Frankreich, die ihn begleiten und in allen Fragen der ägyptischen Natur- und Frühgeschichte, Wirtschaft und Industrie beraten sollten.
Allerdings erlebte Napoleon in Ägypten einiges, womit er nicht

gerechnet hatte. Kaum hatte er Kairo eingenommen, erschienen englische Kriegsschiffe in den Gewässern nahe Alexandria und versenkten einen Großteil seiner Flotte mit Tonnen wissenschaftlicher Ausrüstung. Doch der französische General und sein Gefolge hatten nicht vor, sich von einer solchen Niederlage aufhalten zu lassen. Während Napoleon versuchte, das Land fest in den Griff zu bekommen, schwärmten seine Gelehrten aus, um so viel wie möglich zu beobachten, aufzuschreiben und in Skizzen festzuhalten. Einige verliebten sich rettungslos in Ägyptens Ruinen. Sie vermaßen die Sphinx, gruben den Stein von Rosette aus, fertigten eine Karte des Tals der Könige an und bestaunten den großen Amun-Tempel in Karnak. Gleichzeitig rafften sie antike Gegenstände zusammen, und selbst den jungen General hatte bald das Sammlerfieber gepackt. Als ihn schließlich eine vereinte Streitmacht aus Engländern und Türken vom Nil vertrieb, verstaute Napoleon noch zwei Mumienköpfe in seinem Reisegepäck. Den einen behielt er selbst, den anderen schenkte er seiner kapriziösen Frau Josephine.

Napoleons Gelehrtentruppe dokumentierte ihre Reisen nilauf- und abwärts mit außergewöhnlicher Gründlichkeit. Ihr Abschlussbericht mit dem Titel *Description de l'Égypte* umfasste 24 Bände, von denen fünf den prachtvollen Darstellungen auf antiken Gegenständen und Monumenten gewidmet waren. Die Entdeckungen der Franzosen legten den Grundstein für die wissenschaftliche Ägyptologie und entfachten in Europa eine maßlose Ägyptomanie. »Alles muss jetzt ägyptisch sein«, bemerkte der englische Schriftsteller Robert Southey im Jahr 1807 recht trocken. »Die Damen tragen Krokodilornamente, und man sitzt auf einer Sphinx in einem Raum, der rundum ausgehängt ist mit Mumien und schmalen, schwarzen, dünnarmigen, langnasigen, hieroglyphisch anmutenden Männergestalten …«

Angesichts dieser Begeisterung in Europa begann das diplomatische Korps in Ägypten mit einer beispiellosen Sammelaktion. Man schickte die Mitarbeiter auf die Suche nach Altertümern, die anschließend kistenweise in die vor kurzem eröffneten Nationalmuseen wanderten. Henry Salt, der britische Konsul in Alexandria, erwarb drei riesige Sammlungen, zu denen auch viele großartige Mumien gehörten. Eine dieser Sammlungen verkaufte er dem British Museum, die zweite dem Louvre in Paris. Die dritte kam nach seinem Tod in London zur Versteigerung. Das meiste Interesse fanden Salts Mumien. Damit die potenziellen Käufer auch wirklich bis zum Ende sitzen blieben, riefen die Auktionatoren die einbalsamierten Leichname klugerweise erst ganz am Schluss auf. Ein Stück – »eine weibliche Mumie hoher Qualität, 1,62 m groß, mit prachtvoll bemaltem und ornamentiertem Sarg« – war besonders begehrt; es wurde für 105 Pfund Sterling zugeschlagen.

Die neuen Ägypten-Ausstellungen fachten die Begeisterung der Menschen weiter an, und bald fielen Scharen reicher junger Europäer in Alexandria und Kairo ein. Tuberkulosekranke trugen sich mit dem Gedanken, nach Ägypten auszuwandern, da die trockene Wüstenluft als heilsam galt. Die meisten jedoch kamen während ihrer großen Reise ins Heilige Land an den Nil, um dort zu überwintern, ehe sie im Frühjahr nach Syrien, Palästina und in den Libanon weiterzogen. In Giseh mieteten sie Männer aus dem Ort – drei pro Person –, die sie auf die Cheopspyramide hinaufziehen und -schieben mussten. Am Ufer des Nil besorgten sie sich dann ein Transportmittel für die Weiterfahrt nach Süden. Eine Gesellschaft von vier Leuten konnte sich ein privates Segelschiff, eine so genannte *Dahabieh*, samt Kapitän, dem *Dragoman*, für nur 224 Pfund Sterling mieten und dann zehn Wochen auf dem Nil segeln, umsorgt von einem Koch, einem Diener und einem Kabinenreiniger. »Der Gast«, hieß es in einem Reiseführer von Lloyd's, »war vollkommen König auf seinem Schiff.« Am Nachmittag konnten es sich diejenigen, die an Bord blieben, unter einem Sonnensegel an Deck bequem machen, aus feinen Porzellantassen Tee trinken, eine Pfeife rauchen und die Krokodile beobachten, die sich am Ufer sonnten. Abends konnten sie auf leinengedeckten Tischen mit Kristallgläsern, silbernen Kerzenleuchtern und französischem Champagner speisen. Und natürlich konnten sie jederzeit bei den Ortschaften, Ruinen und Begräbnisstätten entlang des Nil Halt machen und sich ein Reiseandenken mitnehmen.

Die ägyptischsten – und daher begehrtesten – aller Souvenirs waren Mumien, und manche Reisende bestanden darauf, sich selbst auf die Jagd nach ihnen zu machen. Der französische Schriftsteller Gustave Flaubert und sein Begleiter Maxime Du Camp wanden sich in el-Cheguel Guil wie Würmer durch einen dunklen Gang zu einer unterirdischen Höhle mit Mumien. »Man kriecht auf der Brust, entsetzliche Anstrengung«, notierte Flaubert später in seinem Reisetagebuch. »Allein würde man sich nicht weiterwagen, Angst und Entmutigung würden einen fassen. Man wendet, es geht hinauf, hinab; oft muss man auf der Seite rutschen, um weiterzukommen, oft bin ich gezwungen, mich auf den Rücken zu legen und wie eine Schlange durch Bewegungen der Wirbel vorwärts zu gleiten.« Flaubert war nicht wohl in seiner Haut, und in der Höhle selbst ging es ihm nicht besser. Beide, Flaubert und Du Camp, hatten entsetzliche Angst, dass ein verirrter Funke von ihrer Kerze die gesamte Grabkammer und die harzgetränkten Mumien in Brand setzen könnte. Ein solches Unglück hatte nämlich zwanzig Jahre früher einen amerikanischen Reisenden und seine Begleiter das Leben gekostet. Doch immerhin mussten die beiden Franzosen nicht auf ihre Trophäen verzichten. Du Camp ließ von den Führern »einen Vorrat an einbalsamierten menschlichen Gliedern und Krokodilen« hinaustragen. Flaubert begnügte sich mit einem mumifizierten menschlichen Fuß. Er sollte bis zu seinem Tod auf seinem Schreibtisch liegen.

Vorsichtigere Reisende zogen es vor, bei einem Händler eine Mumie zu kaufen, doch das hieß noch lange nicht, dass sie ihre Neuerwerbung auch wirklich mit nach Hause brachten. Im Jahr 1835 begann die ägyptische Regierung den Antiquitätenhandel stärker zu kontrollieren, und offiziell war die Ausfuhr von antiken Stücken nun untersagt. Doch echte Sammler ließen sich selbst durch dieses

Verbot nicht abschrecken. Rosalie David entdeckte in England das Tagebuch einer jungen Frau, die versucht hatte, einen dieser uralten Leichname an Bord ihres Schiffes außer Landes zu schmuggeln – mit unangenehmen Folgen. Außerhalb ihres trockenen Grabes begann die Mumie nämlich erschreckend schnell zu verwesen, und die Nase des Kochs, der in Diensten des ägyptischen Vizekönigs stand, hatte das Geheimnis bald gewittert. Vor lauter Angst, dass er sie den Behörden melden würde, schlichen sich die junge Frau und ihr Begleiter eines Nachts an Deck und warfen die Mumie über Bord. Nur der Sarg gelangte nach England.

Manche Reisende genossen jedoch den Reiz des Verbotenen, und in gewissen Kreisen galt es als Zeichen bewundernswerter Geschicktheit, wenn man mit einer Mumie nach Hause kam. »Es wird als geradezu unschicklich angesehen«, schrieb ein Pater Geramb einmal an den ägyptischen Herrscher Mohammed Ali, »ohne eine Mumie in der einen und ein Krokodil in der anderen Hand in Europa zu erscheinen.« Das heißt, man musste sich etwas einfallen lassen. Eine ganze Mumie in einen Überseekoffer normalen Umfangs zu quetschen, war einfach unmöglich, und größere Behältnisse erregten zu viel Aufmerksamkeit bei den Behörden. Und so fragten die Touristen aus Europa immer häufiger nach kleineren Mumien, insbesondere abgesägten Köpfen, Händen und Füßen. Die Verkäufer mussten sich plötzlich als Leichenzerleger betätigen, ein groteskes Geschäft; das Ergebnis ihrer Arbeit ist, dass heute in Europa und Nordamerika eine erstaunliche Menge mumifizierter Körperteile im Umlauf ist. Beinahe jedes größere Museum besitzt eine Sammlung solcher mumifizierter Hände und Füße, manche auch Köpfe, montiert in viktorianischen Schmuckvitrinen aus Glas, die sich als Dekoration für den Kaminsims eignen. Immerhin waren sie in jener Zeit hoch geschätzte Andenken – exotische Relikte irgendjemandes großen Ägyptenabenteuers, verschrumpelte Symbole des Mutes, eine bittersüße Mahnung an den Tod, der jeden erwartet, und greifbare Zeichen ewigen Lebens – in der einen oder anderen Form.

Dennoch war es nicht leicht, eine Mumie im kalten, feuchten Klima eines englischen Landhauses vor dem Verfall zu bewahren, und viele gingen im Laufe der Jahre verloren. Rosalie David vom Manchester Museum hat bereits Dutzende von Malen versucht, in Zeitschriften und Tagebüchern aus viktorianischer Zeit erwähnte Mumien aufzuspüren in der Hoffnung, ihnen Proben für ihre Gewebebank entnehmen zu können. Hin und wieder und an den seltsamsten Orten stöbert sie ein Exemplar auf, unter Gerümpel auf dem Dachboden von Privathäusern oder in der Abstellkammer einer Public School. »Vor ein paar Monaten sind wir nach Nordwales gefahren, um uns eine Mumie anzuschauen«, erzählte sie, »und das war ein wirklich herrschaftliches Anwesen. Die Ururgroßeltern des heutigen Besitzers hatten die Mumie als Souvenir aus Ägypten mitgebracht.«

Gelegentlich gelangt eine dieser importierten Mumien auf den freien Markt. Mitte der 1990er Jahre bot in Wiscasset, Maine, ein Antiquitätenhändler eine altägyptische Mumie in seinem Laden zum Kauf an. Angeblich hatte ein reicher Schuhfabrikant sie in den 1920er Jahren in die Vereinigten Staaten gebracht. In der Zwischenzeit war sie jahrelang in einem kleinen, in Familienbesitz befindlichen Museum ausgestellt gewesen. Als man das Museum schloss, wurde die Mumie an besagten Antiquitätenhändler verkauft, der seine Neuerwerbung für eine der seltensten und bedeutendsten Mumien hielt, nämlich eine ägyptische Prinzessin. Für das kostbare Stück verlangte er auch einen hübschen Preis – $ 20 000. Eines Tages schaute eine Reporterin aus Boston in seinem Laden vorbei und war entsetzt, als sie ein menschliches Wesen zum Kauf angeboten sah. Daraufhin führte sie einige Telefongespräche, was zur Folge hatte, dass die amerikanische Zollbehörde die Mumie beschlagnahmte und eine Untersuchung in die Wege leitete.

Die Mumie entsprach jedoch nicht ganz den Behauptungen des Händlers, wie der Schriftsteller David Hewett 1997 im *Maine Antique Digest* schrieb. Als Ägyptologen vom Boston Museum of

Fine Arts in Wiscasset eintrafen und die Mumie untersuchten, entdeckten sie – vermutlich ähnlich überrascht wie seinerzeit George Gliddon – ein verschrumpeltes kleines Etwas zwischen den Lenden der Prinzessin, einen Penis. Offenbar hatte ihn vorher nie jemand wahrgenommen. Aller Wahrscheinlichkeit nach, meinten die Ägyptologen, handelte es sich bei der Mumie um einen gewöhnlichen Tempelpriester. Als die ägyptische Botschaft in Washington dies erfuhr, verzichtete sie auf ihre Ansprüche an dem Leichnam. Aus ägyptischer Sicht war die Mumie einfach zu gewöhnlich, als dass man ihretwegen große Umstände gemacht hätte. Doch außerhalb des Nillandes waren ägyptische Mumien inzwischen eine Rarität. Der Tempelpriester steht weiterhin zum Verkauf. Einem Internetbericht zufolge bot ein Interessent im Tausch vier aufpolierte Harley-Davidson-Maschinen an, doch der Antiquitätenhändler lehnte das Angebot ab: Es war ihm zu wenig. »Ich habe von einem Typ gehört, der eine Mumienhand verkauft hat«, soll der Händler einem Reporter gesagt haben. »Und er hat $ 40 000 bekommen, für die eine Hand! Ich biete schließlich eine komplette Mumie – mit Kopf, Händen, Armen und Beinen – für $ 40 000.«

Das ist eine drastische Aussage, doch man sollte nicht vergessen, dass die wenigsten von uns ganz unschuldig sind, was das Geschäft mit Mumien betrifft. Sosehr wir die Geschäftemacherei mit den uralten Toten missbilligen: Die meisten von uns haben sich irgendwann einmal schon daran beteiligt. Die Zeiten, als Mumien pulverisiert und in Farbtuben abgefüllt wurden, wie Sally Woodcock entdeckte, oder im Mörser zerstoßen und zu Arznei verarbeitet wurden, sind zum Glück vorbei, doch stattdessen hat sich eine neue Art von Mumienhandel entwickelt, eine Art Mumie.com. Nur schlägt man inzwischen nicht mehr aus der konkreten »Ware« Kapital, sondern aus immer wieder neuen sensationellen Geschichten und Bildern von Mumien, die unseren anscheinend unstillbaren Hunger nach den unsterblichen Toten zu befriedigen suchen. Mit Mumien werden heute gute Geschäfte gemacht,

und die modernen Medien bemühen sich nach Kräften, uns ständig zu füttern – mit Filmen, Dokumentationen, Sonderprogrammen, Werbung, Websites, Postern … und natürlich auch Büchern über Mumien.
Insofern bin ich auch nicht besser als alle meine Kollegen. Durch meine Entscheidung, Bücher und Artikel für Zeitschriften über die konservierten Toten zu schreiben, beteilige auch ich mich am Geschäft mit den Mumien.

BERÜHMTHEITEN

Schon die Nachricht, dass eine neue Mumie entdeckt worden ist, lässt den Puls von Redakteuren deutlich schneller gehen. Und je außergewöhnlicher die Mumie, umso größer auch das Interesse der Reporter. Im Spätherbst des Jahres 1922 zum Beispiel machte ein unbekannter englischer Ägyptologe einen der spektakulärsten Funde der Neuzeit: das Grab des Kindkönigs Tutanchamun. Einunddreißig Jahre lang hatte Howard Carter die verlassenen Ruinen im Niltal durchstreift, Seite an Seite mit den berühmtesten Ausgräbern seiner Zeit gearbeitet. Er kannte, wie ein Berichterstatter schrieb, »beinahe jeden Quadratmeter Sand im Tal der Könige«. Doch auf den Ansturm der Presseleute, den seine Bekanntgabe der Entdeckung des Grabes von Tutanchamun auslöste, war er nicht vorbereitet. Fast über Nacht stand Carter im Rampenlicht wie sonst nur Staatsoberhäupter oder Hollywoods Filmdiven; er und seine Kollegen waren geradezu geblendet. »Keine Macht der Erde konnte uns vor dem Licht der Öffentlichkeit schützen, das auf uns herunterbrannte«, klagte er kurze Zeit später. »Wir waren hilflos und mussten das Beste daraus machen.«

Das war nicht ganz einfach, denn eine Horde von Reportern und Fotografen belagerte die Ausgrabungsstätte. In dunklen Tweedanzügen und verknitterten weißen Hemden, die Krawatte gelockert, auf dem Kopf steife Strohhüte standen sie wie schwarze Krähen jeden Tag auf der hohen Umfassungsmauer, um hin und wieder einen Blick auf den plötzlich so berühmten Ägyptologen und das Grab zu erhaschen, das er nun freilegte. Sie gierten nach sensationellen Neuigkeiten für ihre Leser in der Heimat und taten alles, um sich mit Carter, einem schroffen Mann mit aufbrausendem Temperament, gut zu stellen; er zeigte sich für ihre Schmeicheleien jedoch wenig empfänglich. Als alles andere nichts half, verfolgten sie ihn wie Jagdhunde. Schließlich über-

ließ ein aufs Höchste enervierter Lord Carnarvon, dessen wohl gefüllte Taschen die Grabung finanzierten, der Londoner *Times* die Exklusivrechte für die Geschichte, um die Reportermeute loszuwerden.
Doch die Medien ließen nicht locker. Filmgesellschaften bombardierten ihn mit Briefen und boten enorme Geldsummen, hartnäckige Reporter jagten weiterhin jedem Schatten eines Gerüchts über die Ausgrabung und Tutanchamun hinterher. Als besonders erfinderisch erwies sich Arthur Weigall, ein früherer Inspekteur der Altertümerverwaltung in Theben. Er hatte sich auf Grund seiner guten Verbindungen zu Ägyptologen beim Londoner *Daily Mail* eine Stelle als Korrespondent verschaffen können und war so naiv zu glauben, er könne eine Vorzugsbehandlung erwarten. Doch da kannte er Carter schlecht; der mürrische Ägyptologe behandelte alle Pressevertreter mit der gleichen Verachtung. Weigall musste also improvisieren. Da er an authentische Neuigkeiten über die Ausgrabung nicht herankam, fütterte er seine Heimatredaktion unablässig mit wilden Geschichten, die dem Mythos vom Fluch der Mumie reichlich Nahrung gaben.
Es war auch Weigall, der die Geschichte von Carters bedauernswertem gelben Kanarienvogel in Umlauf brachte. Carter hatte ihn als Haustier mitgebracht, und seine ägyptischen Grabungshelfer, die einen solchen Vogel noch nie gesehen hatten, betrachteten ihn bald als Maskottchen und Glücksbringer. Doch viel Glück sollte das Vögelchen nicht haben, wie sich wenig später herausstellte. Nachdem Carter Tutanchamuns Grab geöffnet hatte, schob sich unbemerkt eine umherstreifende Kobra durch die Gitterstäbe des Vogelkäfigs und verschlang das unglückliche Tier. Weigall machte aus dieser kleinen Episode mit dem listigen Reptil in seinem Bericht an die Zeitung ein Ereignis von mystischer Bedeutung. Er konnte es sich nicht verkneifen, seine Leser darauf hinzuweisen, dass diese Kobra zur selben Art gehörte wie die goldene Schlange auf Tutanchamuns Totenmaske.
Carter nahm solche reißerischen Geschichten überhaupt nicht zur Kenntnis. Schließlich war der Fluch der Mumie eine Erfindung der Medien, zusammengestrickt aus einer Reihe von Zufällen. Carter lebte noch 16 Jahre, nachdem er das Grab des Kindkönigs geöffnet hatte, und hatte für solche Hirngespinste bis zu seinem Tod nur Spott übrig. »Jeder vernünftige Mensch sollte diese Phantasien mit Verachtung strafen«, bemerkte er einmal verärgert. Er wid-

mete sich stattdessen der Erhaltung von Tutanchamuns Grab und allem, was sich darin befand. Mit einer Hand voll Forscher – Chemikern, Anatomen und anderen – dokumentierte er dessen Schätze und wickelte Schritt für Schritt die Mumie des Kindkönigs aus. Carter wollte unbedingt wissen, woran der junge Mann gestorben war, doch das Forscherteam konnte trotz gründlicher Untersuchung nicht einmal eine Vermutung anstellen. Also legte Carter den jungen Pharao respektvoll in seinen Sarg zurück und brachte ihn wieder ins Tal der Könige, um ihn erneut zur letzten Ruhe zu betten.
Carter wehrte sich zeitlebens gegen das kommerzielle Ausschlachten seiner Tätigkeit. Er bewahrte Tutanchamuns zahlreiche Schätze in hervorragender Weise für die Nachwelt, und dafür sind ihm die Ägyptologen überaus dankbar. Doch Carter ging einen steinigen Weg bei seiner Arbeit. Heute schaffen es nur wenige Mumienentdecker, derart konsequent Abstand zur Presse zu halten, vielleicht weil es kaum noch archäologisch interessierte Mäzene wie Lord Carnarvon gibt, die ihre Arbeit finanziell unterstützen. Vielmehr ist in den letzten Jahren eine eigenartige Symbiose zwischen den modernen Medien und einigen Mumienexperten entstanden, und diese Entwicklung wirft schwierige Fragen auf hinsichtlich der Rolle der Medien in der modernen Mumienforschung und den konservierten Toten selbst, die nun zu Personen öffentlichen Interesses gemacht werden.

Mit seinen 6739 Metern ist der Llullaillaco einer der höchsten Berge Südamerikas, nur 220 Meter niedriger als der Aconcagua, der höchste Gipfel des Kontinents. Dort oben weht ständig ein rauer böiger Wind, und plötzliche Schneestürme sind keine Seltenheit. In der steinigen Atacama-Wüste im Norden Chiles gelegen, ist der Llullaillaco kein Ziel für gewöhnliche Touristen. Und selbst erfahrenen Kletterern wird er manchmal zum Verhängnis. Im Frühjahr 1995 verschwand hier ein amerikanischer Bergsteiger, der einen Solo-Aufstieg versuchte. Als sich ein Suchtrupp des chilenischen Militärs und der örtlichen Bergrettung auf den Weg zum Gipfel machte, musste die Suche vorzeitig abgebrochen werden, weil sich das Wetter extrem verschlechtert hatte. Trotz all seiner Gefahren hat der Llullaillaco aber auch etwas ganz Besonderes vorzuweisen. Auf seinem Gipfel, fast sieben Kilometer über Meeresniveau, liegt eine große Inkaruine, deren Steinmauern noch erhalten sind. Es ist die höchstgelegene archäologische Stätte der Welt, und im Frühjahr 1999 organisierte der bekannte amerikanische Forscher Johan Reinhard eine Expedition, um dort mit Grabungen zu beginnen.

Neben vielem anderen beschäftigt sich Reinhard auch mit Anden-Archäologie, und er ist auf diesem Gebiet ein hoch angesehener Fachmann. Berühmt wurde er vor allem durch die Entdeckung eines Inkamädchens, das als Juanita Schlagzeilen machte, doch er hat in den Anden auch viele andere solcher Leichen geborgen. Nachdem er beinahe zwei Jahrzehnte lang die Berge Südamerikas erkundet und bereits drei Expeditionen zum Llullaillaco durchgeführt hatte, war Reinhard nun überzeugt, dass auf dem Gipfel dieses Berges noch mindestens ein, möglicherweise auch mehrere Inkakinder begraben sein müssten. Vermutlich wären sie, wie Juanita, in feine Gewänder gekleidet, und neben ihnen würde man perfekt erhaltene Grabbeigaben finden: kunstvolle Töpferwaren, Gewandnadeln und kleine Statuetten aus Gold, Silber und Muschelschalen. Und diese Kinder würden jeden seiner bisherigen Mumienfunde übertreffen. Da sie auf fast 7000 Metern Höhe begraben waren, würden sie gefroren sein, und zwar aller Wahrscheinlichkeit nach seit ihrer Todesstunde, ohne ein einziges Mal aufzutauen. In diesem Fall wären sie die besterhaltenen und fotogensten Mumien aus der Inkazeit, die jemals geborgen wurden. Reinhard war fest entschlossen, sie zu finden. Er gewann einen jungen Archäologen aus Argentinien als Mitarbeiter und engagierte sein bewährtes Team aus peruanischen Bergsteigern und Studenten. Das nötige Geld für eine große Expedition zum Llullaillaco im Frühjahr 1999 beschaffte er von der National Geographic Society.

Reinhard hatte den Aufstieg für März geplant, denn er hoffte, dass

die schweren Schneestürme, die in den vorhergehenden Monaten am Llullaillaco regelmäßig auftraten, dann vorbei wären. Seine Hoffnung wurde leider enttäuscht. Vom schlechten Wetter arg mitgenommen, verbrachten er und sein Team die ersten vier Tage der Expedition im Zelt, nur 60 Meter unterhalb des Gipfels, und es sah fast so aus, als wären all seine Mühe und sorgfältige Planung umsonst. Doch am Morgen des fünften Tages lösten sich die Schneewolken auf, und ein blassblauer Himmel kam zum Vorschein. Richtung Osten sahen sie bis zum Horizont nichts als weiß überzuckerte Berge. Mit Eisäxten bewaffnet, machten sich Reinhard und sein Team auf den Weg zum Gipfel und stapften im Gänsemarsch den steilen Hang hinauf. Oben stellte er zu seiner Erleichterung fest, dass die Inkaruinen nicht von der harten Eiskruste überzogen waren, wie sie sich auf anderen Gipfeln durch wiederholtes Gefrieren und Auftauen bildet. Eine Knochenarbeit, wie sie Reinhard im Laufe der Jahre bei Ausgrabungen immer wieder erlebt hatte, würde ihnen am Llullaillaco also erspart bleiben. Allzu einfach würde es trotzdem nicht werden. Auf dem Gipfel fällt die Temperatur häufig bis auf –37 °C, und die dünne Luft enthält 60 Prozent weniger Sauerstoff als auf Meereshöhe. Eine derartige Unterversorgung mit Sauerstoff macht Körper und Gehirn schwer zu schaffen. Sie führt zu Übelkeit und fast unerträglichen Kopfschmerzen, schneller Erschöpfung und Desorientierung. Außerdem kann sie potenziell tödliche Hirn- und Lungenödeme bewirken. Für Amateure ist der Gipfel des Llullaillaco nicht der richtige Ort.
Doch Reinhard und sein Team hatten bereits reichlich Erfahrung. Nachdem sie eineinhalb Tage gegraben hatten, stieß einer der Peruaner, Arcadio Mamani, auf eine gefrorene Leiche. Es war ein Junge von etwa acht Jahren, in Hockstellung erstarrt, die Knie an die Brust gezogen, das Gesicht in den Falten eines karminroten Umhangs verborgen. Reinhard drängte seine Leute, zügig weiterzumachen. Gerade als er und ein Mitarbeiter den Jungen aus seinem Eisgrab hoben, wurde eine zweite Mumie entdeckt, in ein

Tuch gehüllt, mit einem phantastischen Kopfschmuck aus weißen Federn als Beigabe. Wenige Tage später fand das Grabungsteam eine dritte Leiche, ein junges Mädchen. Als Reinhard behutsam die Stoffhülle von Gesicht und Schultern entfernte, sah er, dass ein Blitz ihre Brust versengt, Nase und Mund verkohlt hatte. Es war dennoch ein ausgesprochen schönes Gesicht mit vollen, noch kindlich runden Wangen und sanft geschwungenen Lippen. Sie sah aus, als würde sie jeden Moment die Augen aufschlagen.

Reinhard und seine Mitarbeiter brachten die drei Leichen in die argentinische Stadt Salta, wo sich Konservatoren sofort an die Arbeit machten. Sie entfernten vorsichtig das Tuch, das um den Kopf der zweiten Mumie gewickelt war. Es zeigte sich, dass das Mädchen keine zwanzig Jahre alt geworden war. Auf seinem zarten, ovalen Gesicht lag ein goldener Schimmer, als würde es noch leben. An der Oberlippe klebten Reste grüner Kokablätter. Das Haar, von liebevollen Händen vor 500 Jahren zu einem Zopf geflochten, glänzte im Licht. Reinhard war hoch zufrieden. Das Mädchen schien tadellos erhalten, sogar die inneren Organe. Auf den CT-Bildern konnte man erkennen, dass sich in seinem Herzen noch Blut befand, ebenso bei den beiden anderen Kindern – ein bislang einmaliger Befund bei Inkamumien. »Ich glaube nicht, dass man jemals Mumien finden wird, die besser erhalten sind«, schrieb Reinhard später in seinem Artikel in *National Geographic*.

Öffentlichkeit und Presse reagierten begeistert auf diese Entdeckungen, ebenso viele Anden-Archäologen. Einige Stellen in alten spanischen Chroniken lassen vermuten, dass die Kinder vom Llullaillaco ein Opfer der Inka an ihre Götter waren, doch in diesen Texten finden sich kaum Details zu dem dramatischen Ritual. Die Archäologen wollten unbedingt herausbekommen, wer diese Kinder gewesen waren und was auf den Gipfeln der Berge geschehen war. Und die Mumien vom Llullaillaco hatten viel zu erzählen. »Kein anderer Archäologe hätte tun können, was Johan getan hat«, bemerkte anerkennend Daniel Sandweiss, Anden-

Archäologe an der University of Maine. »Er hat uns Daten zugänglich gemacht, die wir anderen sonst niemals bekommen hätten, und es sind bedeutsame Daten. Sie erzählen uns von wichtigen Ereignissen in der Welt der Inka.«

Doch nicht alle waren so beeindruckt von Reinhards Funden; einige erfahrene Forscher reagierten sogar mit irritiertem Kopfschütteln. Seit 1995, kritisierten sie, betreibe Reinhard eine beispiellose Jagd auf Mumien in den Hochanden. Teilweise von der National Geographic Society in Washington finanziert, hatte er einheimische Bergsteiger und südamerikanische Archäologen engagiert, um ähnliche, einst heilige Gräber von Inkakindern aufzuspüren. In nur vier Jahren hatte er beinahe ein halbes Dutzend Expeditionen durchgeführt und 18 dieser seltenen Kindermumien exhumiert. Doch Reinhards Arbeit als Forscher und Fürsprecher der konservierten Toten lasse manches zu wünschen übrig, meinten seine Kritiker. Seine erste große Entdeckung – Juanita, so genannt zu Ehren von Reinhard, dessen Vorname auf Spanisch Juan lautet – ist einer der bedeutendsten Mumienfunde des 20. Jahrhunderts, doch seine wissenschaftliche Erforschung ging ziemlich daneben. Da man Juanita schon acht Monate nach ihrer Entdeckung für die Öffentlichkeit freigab, konnten über sie vergleichsweise wenige wissenschaftliche Arbeiten veröffentlicht werden. »Meiner Ansicht nach war Juanita ein großes Fiasko«, sagte Sonia Guillén, früheres Mitglied in Reinhards Forschungsteam.

Was genau schief gelaufen war, wurde nicht sofort deutlich, doch manche Experten meinten, Reinhard habe mit seinem Fund ungewollt eine Büchse der Pandora geöffnet. Die spektakulären Umstände ihrer Entdeckung, behaupteten sie, hätten geradezu eine weltweite Hysterie ausgelöst und einen unersättlichen Markt für Fotos und neue Informationen über das Inkamädchen aus dem Eis geschaffen. Der Medienrummel machte Juanita zu einer öffentlichen Figur und führte zu erbitterten Kämpfen in Reinhards Forschungsteam, da es unterschiedliche Interessen gab und jede Seite den Fund für sich beanspruchte. Am Ende hätten nicht mehr die

Wissenschaftler bestimmte wichtige Entscheidungen getroffen, meinten manche Kritiker, sondern *National Geographic*, und damit einen beispiellosen Run auf Mumien in den Anden ausgelöst.

Diese Kritik traf Reinhard tief, denn er hatte bisher nur Anerkennung für seine wissenschaftliche Arbeit bekommen. Als ich ihn zu Hause in der Nähe von Franklin, West Virginia, besuchte, hatte ich den Eindruck, dass er diese Vorwürfe eindeutig als Verleumdung empfand. Der kräftige, grobknochige Anthropologe Mitte der fünfzig mit kalten blauen Augen, schon etwas schütteren grauen Haaren und einem markanten Kinn, das – zu Recht, wie sich herausstellte – auf einen leicht reizbaren, aggressiven Charakter schließen ließ, war entschlossen, die Sache klarzustellen. Die National Geographic Society habe sich bei wichtigen Entscheidungen, die das Projekt betrafen, niemals eingemischt, erklärte er. Vielmehr habe der amerikanische Mediengigant verschiedene unentbehrliche Dinge finanziert, was der Regierung eines armen Landes wie Peru nicht möglich war; so hatte er unter anderem dringend benötigte Gelder für die Konservierung von Mumien zur Verfügung gestellt. Seine persönlichen Motive, warum er Expeditionen in die Anden auf der Suche nach Inkakindern im Eis unternehme, seien simpel und ehrenhaft, versicherte Reinhard. Es gehe ihm keineswegs um sensationelle Fotos oder Filme, und ebenso wenig wolle er einen Run auf Mumien auslösen. Er betrachte seine Expeditionen als Rettungsmission, um die Mumien in wissenschaftlich korrekter Weise zu bergen und vor Grabräubern zu schützen, die lediglich auf die Beigaben aus Gold und Silber scharf seien und nicht davor zurückschreckten, das umgebende Eis mit Dynamit wegzusprengen, um an sie heranzukommen. »In meinen Augen beweist man keinen besonderen Respekt für diese Stätten, wenn man sie den Plünderern überlässt«, bemerkte er.

Als einer der erfahrensten Kenner der Andenregion hatte Reinhard selbst oft genug die Folgen solcher Sprengungen und Plünderungen gesehen. Über 20 Jahre lang, seit ihn befreundete Bergsteiger 1980 zu Expeditionen nach Südamerika eingeladen hatten, durchstreifte Reinhard nun die Hochanden nach Hinterlassenschaften der Inka. Damals war er 37 Jahre alt. Nachdem er an der Universität Wien seinen Doktor in Kulturanthropologie gemacht hatte, war er nach Nepal gegangen, um die in entlegenen Bergregionen lebenden Volksgruppen zu erforschen und seiner Leidenschaft, dem Bergsteigen, zu frönen. Um seine Rechnungen bezahlen zu können, hatte er freiberuflich anthropologische Forschungsarbeiten durchgeführt, einige ethnografische Filme gedreht und für die amerikanische Everest-Expedition im Jahr 1976 als Manager des Basislagers gearbeitet. Doch er war rastlos und am liebsten ständig unterwegs. Er hatte nie geheiratet, hatte auch keine Kinder, und so nahm er das Angebot, nach Südamerika mitzugehen, gerne an.

In Santiago de Chile stieß Reinhard auf eine Broschüre über geheimnisvolle Inkastätten auf allen möglichen Andengipfeln; der Bergsteiger und Anthropologe war sofort fasziniert. Die Anden-Archäologen waren der Meinung, diese eigenartigen Ruinen seien Orte gewesen, an denen die Inka die Sonne verehrt oder Signale in weit entfernte Dörfer geschickt hätten, doch Reinhard war von dieser These nicht ganz überzeugt. »Da ich keine akademische Ausbildung in Anden-Archäologie habe, konnte ich meiner Phantasie freien Lauf lassen.« Die im Himalaya lebenden Völker haben stets Berge als Schutzgottheiten verehrt, und Reinhard meinte, dass es in den Anden ebenso gewesen sein könnte. »Aber ich hätte nie gedacht, dass ich herausfinden könnte, warum die Inka auf diese Gipfel hinaufgestiegen waren.«

Geheimnisse ziehen Reinhard magnetisch an, eine Eigenschaft, die er von seinem Vater, einem Postangestellten, geerbt hat, und er träumte davon, diese rätselhaften Orte selbst zu erkunden. Als Schüler an der High School in New Lenox, Illinois, hatte er sich durch Sommerjobs einmal Geld für einen Flug nach Brasilien zusammengespart, um das Land auf eigene Faust zu erforschen. Dort hatte sich bei ihm ein besonderes Interesse für fremde Kulturen entwickelt, eine Leidenschaft fürs Tauchen und andere ausgefallene Sportarten, und ein Hang zum Alleinsein – drei Aspekte, die sein späteres Leben prägten. »Seit damals, als ich sechzehn war, hat keiner meiner Freunde mehr verstanden, wie ich denke und wie ich die Dinge sehe«, sagte er.

Nachdem er die Broschüre über die Inkaruinen in den chilenischen Anden gelesen hatte, begann er Nachforschungen anzustellen. Eines Nachmittags, als er von einer seiner Exkursionen zurückkehrte, begegnete er einem alten Mann mit etlichen Eseln. Reinhard fing ein Gespräch an und erzählte von den Ruinen der Steinmauern, die er sich gerade angesehen hatte. Der alte Chilene war selbst nie dort gewesen; er und andere Einheimische mieden die Berggipfel, denn es waren gefährliche Orte. Trotzdem, erzählte er Reinhard, würden sich in zwei Wochen die Leute versammeln, um eine Zeremonie zu Ehren des Berges abzuhalten, auf dem die Ruinen standen. Die Menschen in den Anden glaubten, fuhr er fort, dass die Berge Götter seien, die über den Regen, die Fruchtbarkeit der Äcker und die Gesundheit der Lama- und Alpakaherden geboten. Dieser Glaube bestimme das Leben in den Anden. Als Reinhard sich später noch einmal durch den Kopf gehen ließ, was der alte Mann erzählt hatte, wurde ihm klar, dass die südamerikanischen Archäologen bei der Interpretation der alten Inkastätten in den Anden diese traditionelle Praxis der Bergverehrung schlicht übergangen hatten.

Reinhard richtete sich in Peru und Bolivien eine neue Operationsbasis ein. »Es reizte mich, dass es dort eine Menge Dinge zu sehen, zu tun und zu erforschen gab, über die man kaum etwas wusste.« In den folgenden 15 Jahren erstieg er beharrlich einen Andengipfel nach dem anderen, oft allein, immer auf der Suche nach Lagerplätzen und Gipfelbauten der Inka. Er habe in diesen Jahren mehr südamerikanische Gipfel »gemacht« als jeder andere bekannte Bergsteiger, so ein prominenter Alpinismusexperte. Es war Reinhards beste Zeit. »Ich wollte endlich mit der Vorstellung aufräumen, dass Archäologen in großer Höhe keine Archäologie betreiben könnten, denn das war 1980, als ich anfing, die allgemeine Meinung.«

Es gefiel Reinhard, dass er bei seiner Arbeit vollkommen frei war, doch es war auch eine gefährliche Zeit, denn in Peru herrschte damals ein furchtbarer Bürgerkrieg zwischen der maoistischen Guerilla-Bewegung Sendero Luminoso (Leuchtender Pfad) auf der einen und der peruanischen Armee auf der anderen Seite. Allein zwischen 1980 und 1990 wurden 17 000 Menschen getötet, Peruaner wie ausländische Staatsbürger. Angesichts dieser bedrohlichen Situation, in der sie um ihr eigenes und das Leben ihrer Studenten fürchten mussten, gingen die meisten Archäologen aus Nordamerika und Europa nach Chile oder in andere sicherere Länder. Reinhard jedoch blieb. Da er allein reiste und arbeitete, entwickelte er bald eine Routine, wie er sich in den vom Sendero Luminoso kontrollierten Gebieten unauffällig bewegen und wieder verschwinden konnte, ohne Aufmerksamkeit zu erregen. Ein Freund aus jenen Tagen, der amerikanische Kulturanthropologe Gary Urton, erinnerte sich, dass Reinhard sich im Privatleben ähnlich verhielt. »In Cuzco tauchte Johan oft völlig unerwartet auf, dann war er eben da, und irgendwann auch wieder fort. Bis man ihn wieder zu Gesicht bekam, konnten zwei Jahre vergehen.«

Offenbar führte Reinhard ein äußerst kärgliches Leben. Er war von Gelegenheitsjobs und der Unterstützung anderer abhängig, um finanziell über die Runden zu kommen. »Ich hatte eine Freundin«, erzählte er mir, »bei der ich wohnen konnte. Ich musste also nichts für die Unterkunft bezahlen – zumindest einen Großteil des Jahres.« Einmal bekam er eine Beihilfe von der National Geographic Society, manchmal auch von anderen Organisationen. Im Jahr 1987 wurde er mit dem Rolex Award ausgezeichnet; das Geld reichte für drei Jahre Forschung. Mit derart kargen Mitteln ausgestattet, entdeckte und kartografierte Reinhard über 40 Kultstätten auf Berggipfeln und publizierte zahlreiche Artikel über seine Arbeit, die ihm große Anerkennung von Seiten mehrerer

Anden-Archäologen eintrug. Helaine Silverman, führende Expertin für die präkolumbische Nazca-Kultur in Südamerika, nannte sein Buch über die Nazca-Linien »die befriedigendste und einfachste Erklärung«, die ihr je untergekommen sei. Andere waren nicht minder beeindruckt. Im Jahr 1992 bekam Reinhard von Bolivien den Puma de Oro verliehen, die höchste Auszeichnung des Landes auf dem Gebiet der Archäologie.

Mit Ende vierzig stand Reinhard auf dem Höhepunkt seiner Karriere. Er hatte nicht nur Anerkennung gefunden, sondern wurde von bekannten Anthropologen und Anden-Archäologen hoch gelobt. »Es interessierte ihn, was die Inka früher hoch oben auf den Bergen taten, und darüber arbeitete niemand sonst«, sagte Gary Urton. »Er hat mit seiner Forschungsarbeit viele Jahre lang wirklich einen wichtigen Beitrag geleistet.« Im Jahr 1995, als er an den Hängen des Ampato in Peru eine gefrorene Inkamumie entdeckte, war es dann mit dem ruhigen Leben vorbei.

Ursprünglich war Reinhard gar nicht auf der Suche nach Mumien gewesen. Er hatte einmal zwei Inkakinder im Museum gesehen, die andere Bergsteiger geborgen hatten, doch sie hatten ihn nicht sonderlich beeindruckt. »Anfangs haben mich Mumien nicht besonders interessiert«, erinnerte er sich. Im September 1995 jedoch beschloss er, mit einem Freund den Ampato zu besteigen, um dort für seine Dia-Sammlung Fotos von einem benachbarten Vulkan zu machen, aus dem zu der Zeit eine Hunderte von Metern hohe Rauch- und Aschesäule aufstieg. An dem Tag, als sie die Mumie fanden, ging sein Partner Miguel Zarate streckenweise voraus, während Reinhard sich etwas notierte, und dabei erspähte Zarate auf dem aschegrauen Eis ein leuchtend rotes Federbüschel. Es war der winzige Kopfschmuck einer Statuette aus der Inkazeit, geschnitzt aus Muschelschale. Nach wenigen Minuten entdeckten sie zwei weitere, ähnliche Figürchen. Begeistert von dem Fund, machten sie sich daran, das ganze Gebiet gründlich abzusuchen. In einem tiefer gelegenen Krater bemerkte Zarate einen Sack aus grobem Tuch. Zuerst dachten die beiden, dass es ein Mumienbündel sein könnte, doch diesen Gedanken verwarfen sie sofort wieder – es war einfach zu unwahrscheinlich. Als Zarate den vermeintlichen Sack hochhob, machten sie eine schaurige Entdeckung – ihnen blickte das ledrige Gesicht eines Inkamädchens entgegen. Reinhard entschied, das Mädchen und die Statuetten auf der Stelle ins Tal zu bringen, denn ihm war klar, dass es sich um einen äußerst wichtigen Fund handelte. Die Mumie wog beinahe so viel wie ein schlankes lebendes Mädchen, und das bedeutete, dass sie gefroren war, wie der berühmte Ötzi in Europa, und nicht in der Kälte getrocknet wie die meisten anderen bislang bekannten Inkakinder. Ihr Kopf war zwar nach dem Sturz in den Krater getrocknet, doch der Torso und die Extremitäten waren noch dick in schützendes Tuch gewickelt und hervorragend erhalten, was die Mumie für die Forschung ungleich wertvoller machte.

Zweieinhalb Tage waren Reinhard und Zarate zu Fuß, per Esel und Bus nahezu nonstop unterwegs, dann hatten sie endlich die Katholische Universität in Arequipa erreicht, wo sie die Mumie in eine Tiefkühltruhe legen konnten. Zu ihrer großen Erleichterung hingen an dem Umhang, den das Mädchen trug, immer noch Eisbrocken. Die Nachricht von dem Fund verbreitete sich an der Universität wie ein Lauffeuer, und die dortigen Archäologen waren sich ziemlich einig, dass es sich bei dem Mädchen wohl um ein *capacocha*-Kind handelte. Capacocha gehörte bei den Inka zu den heiligsten Ritualen. Spanischen Berichten aus jener Zeit zufolge hofften die Inka, dass die Götter, wenn sie ihnen so etwas Wertvolles wie ein Menschenleben gaben, ihre Bitten wohlwollender aufnehmen und den Regen schicken würden, damit er Täler und Felder bewässerte und frisches Grün sprießen ließ, denn Wasser ist kostbar in den Anden. Die Inka glaubten auch, dass ein *capacocha*-Opfer die Pestilenz oder anderes Unheil abwehren und einem neuen Herrscher Weisheit und Gesundheit verleihen könne, was für das gesamte Inkareich glückliche Zeiten bedeutete.

Die Inka opferten ihren Göttern stets nur ihren wertvollsten Be-

sitz. Für das *capacocha*-Ritual waren ihre Kinder ausersehen, und diese mussten, historischen Berichten zufolge, gesund und wohlgestaltet sein und durften nicht den geringsten körperlichen Makel aufweisen. In einem Text aus den 1570er Jahren ist von einer Inkafrau die Rede, die den Spaniern erzählte, dass sie erst zum Opfer an die Götter bestimmt war, doch dann entdeckte jemand einen kleinen Fleck auf ihrer Haut, und sie wurde wieder fortgeschickt. Oft waren es Kinder, die an der Schwelle zum Erwachsenwerden standen, kurz vor dem heiratsfähigen Alter. Reinhard meinte, dass die Inka damit Reinheit und Unschuld der menschlichen Opfergabe sicherstellen wollten. Einige andere Fachleute bezweifeln dies jedoch und weisen darauf hin, dass der Begriff der Unschuld in den traditionellen Andenkulturen keine besonders große Rolle gespielt habe. Ihre Theorie geht vielmehr dahin, dass die Inka solche Kinder auswählten, weil sie ein Höchstmaß an Vitalität und Lebensfreude besaßen.
Einig sind sich die Anden-Spezialisten darin, dass dieses Ritual für die Inka von größter Bedeutung war. Im 15. Jahrhundert zum Beispiel erklärte sich ein hoher Würdenträger aus Cajatambo bereit, seine Tochter, ein Mädchen »von unbeschreiblicher Schönheit«, für das *capacocha*-Ritual herzugeben. Er begleitete sie zuerst in die Inka-Hauptstadt Cuzco, und die feierliche Prozession galt als so heilig, dass die Bewohner der Dörfer am Weg sich in ihren Hütten verbargen, wenn sie vorbeizog; wer sie behinderte oder aufzuhalten versuchte, wurde sofort getötet. In Cuzco wurden Vater und Tochter und andere Kinder aus verschiedenen Gegenden des Reiches, die man für dieses Ritual ausgewählt hatte, auf dem zentralen Platz der Stadt bereits vom Inkaherrscher erwartet. Er saß auf einem goldenen Thron, begrüßte die Ankommenden feierlich und betete zur Sonne, während Priester kleine Kuchen an die Kinder verteilten. Es folgten tagelange Festlichkeiten und Zeremonien, und als sie beendet waren, machten sich Vater und Tochter wieder auf den Heimweg. Das Mädchen fand sich allmählich mit seinem Schicksal ab, und sobald sie ihr Dorf erreicht hatten, hielt

sie eine kleine Rede. »Macht ein Ende mit mir«, soll sie zu ihren Verwandten gesagt haben, »denn die Feste in Cuzco mir zu Ehren waren genug.« Daraufhin wurde das Mädchen auf einen weithin sichtbaren Berggipfel gebracht, wo man einen tiefen Schacht grub, in den Keramikkrüge und silberne Schüsseln gelegt wurden. Dann ließ man das Mädchen in sein Grab hinunter und deckte es mit Steinen zu. Das war das Letzte, was man von ihr sah.

Das Mädchen im Berg wurde für seine Gemeinschaft zu einem Schutzgeist. Die Menschen zogen zu ihrem Grab hinauf, um sie bei wichtigen Angelegenheiten um Rat zu bitten, und es hieß, sie habe mit den Stimmen der Priester, die sich um sie gekümmert hatten, zu ihnen gesprochen. Reinhard vermutete stark, dass das schmalgliedrige Inkamädchen vom Ampato ein ähnliches Schicksal erfahren hatte.

Als er Juanita in sicherer Obhut der Katholischen Universität wusste, begann Reinhard sofort das weitere Vorgehen zu planen. Er rechnete damit, dass auf dem eisigen Gipfel des Ampato noch mehr Inkakinder und Grabbeigaben lagen. Er wollte sie unbedingt bergen, denn er befürchtete, dass Schatzgräber sie zerstören würden, sobald die Geschichte publik wurde. Eine größere Expedition zum Ampato hätte jedoch Geld gekostet, wesentlich mehr Geld, als Reinhard zur Verfügung hatte. Also rief er George Stuart bei *National Geographic* an, Archäologe in der Redaktion der Zeitschrift, der eben zum stellvertretenden Vorsitzenden des einflussreichen Forschungs-Komitees der Gesellschaft ernannt worden war. Der sehr umgängliche Südstaatler interessiert sich leidenschaftlich für die präkolumbische Geschichte Lateinamerikas; sein Sohn David ist sogar einer der führenden Spezialisten für die Hieroglyphenschrift der Maya. Stuart war begeistert, als er die Neuigkeiten aus Arequipa hörte.

Reinhard wollte auch möglichst schnell Experten finden, die ihm dabei halfen, die Mumie vor dem Verfall zu bewahren. Er bat José Antonio Chávez, einen Kollegen von der Katholischen Universi-

tät, sich mit Sonia Guillén in Verbindung zu setzen, einer bekannten peruanischen Anthropologin, die Reinhard einige Jahre zuvor bei einer Cocktailparty in Cuzco kennen gelernt hatte. Sonia Guilléns Fachgebiet waren die Mumien der wüstenartigen Küstenregion Perus. Außerdem leitete sie das Centro Mallqui, ein großes neues Institut zur Erforschung von Mumien, nahe der peruanischen Stadt Ilo. Und sie interessierte sich seit langem für Reinhards Arbeit. Sie hatte ihn sogar gebeten, sie zu verständigen, wenn er auf ein *capacocha*-Kind stoßen sollte. Als sie von dem Fund hörte, war sie sofort bereit zu helfen. Die Untersuchungen an dem berühmtem Ötzi in Österreich erbrachten dank der Bemühungen von fast 150 Fachleuten eine Fülle von neuen wissenschaftlichen Erkenntnissen über Kleidung, Heilkunde, Infektionskrankeiten, Ernährung, Landwirtschaft und Umwelt im frühen Europa. Guillén hoffte auf einen ähnlichen Erfolg. »Mein Traum war«, erinnerte sie sich, »dass uns das mit Juanita auch gelingen würde.«
Stuart schickte von Washington aus per telegrafischer Überweisung sofort Geld für eine zweite Expedition zum Ampato. Seine Mitarbeiter von der National Geographic Society sahen sich nach einem Fotografen und einer Filmcrew um, die die Expedition dokumentieren sollten. Eigentlich kam der Mumienfund genau zur rechten Zeit, denn die Gesellschaft hatte gerade ziemlich zu kämpfen. Durch die verschärfte Konkurrenz mit dem neuen Medium Internet und einer Vielzahl spezialisierter Zeitschriften hatte sein Flaggschiff *National Geographic* schwere Einbußen bei der Auflagenhöhe hinnehmen müssen; innerhalb von sechs Jahren hatte man an die zwei Millionen Leser verloren. Um den Jahresumsatz von 463 Millionen Dollar zu erhöhen, hatte die Geschäftsleitung vor kurzem ein neues Profitcenter geschaffen, zu dem auch der TV-Bereich gehörte. Eine intensive Berichterstattung über einen bedeutenden neuen Mumienfund – ein Dauerbrenner bei Lesern und Fernsehzuschauern – konnte die wirtschaftliche Situation der Gesellschaft erheblich verbessern helfen.

Dank der finanziellen Unterstützung aus Washington konnte Reinhard zusammen mit Chávez für die nächste Expedition nun 16 Bergsteiger und Archäologen engagieren. Die Mannschaft machte sich auf den Weg zum Ampato, wo sie drei lange Wochen kampierten. Auf 5852 Metern Höhe entdeckten sie zwei weitere Kindergräber aus der Inkazeit mit zahlreichen Artefakten – verschiedene Statuetten, schön bemalte Schalen und Krüge und diverse Alltagsgegenstände wie Löffel, Trinkgefäße und Sandalen. Zur großen Enttäuschung aller war jedoch keine der beiden Mumien so gut erhalten wie Juanita.

Zurück in Arequipa, beschäftigte sich Reinhard wieder mit dem dringenden Problem, wie man Juanita konservieren könnte. Guillén hatte bereits mehrere prominente Mumienexperten, darunter Art Aufderheide und die beiden österreichischen Anthropologen Konrad Spindler und Horst Seidler, federführend in der Forschung am berühmten Ötzi, angerufen und um ihren fachkundigen Rat gebeten. Alle stimmten darin überein, dass Juanitas eingetrockneter Kopf bei weniger Luftfeuchtigkeit aufbewahrt werden müsse als der restliche Körper und ihre Kleider. Das würde sich jedoch ziemlich schwierig gestalten, und Guillén sah keinen Weg, dies angesichts der bescheidenen Ausstattung der Katholischen Universität in Arequipa zu bewerkstelligen. »Es fehlte jede Infrastruktur«, erinnerte sie sich. »Man hatte nicht einmal eine Vorstellung davon, wie man an irgendeiner Leiche forschen könnte.«

Es gab endlose Diskussionen, ohne dass sich eine Lösung des Problems abgezeichnet hätte. Reinhard tat sich schwer, diese Besprechungen durchzuhalten. Sein Kollege und enger Freund José Chávez, Dekan des Fachbereichs Archäologie an der Katholischen Universität, begegnete Sonia Guillén zunehmend gereizter. Chávez hatte nämlich den Verdacht, dass sie insgeheim ihr eigenes Süppchen kochen wollte, denn sie behauptete hartnäckig, ihr Forschungsinstitut in Ilo sei für die Aufbewahrung und Untersuchung von Juanita am besten geeignet. Das ging Chávez gehörig gegen den Strich, denn er hoffte, mit Hilfe von Juanita genügend

Geld für ein neues Präparationslabor in Arequipa zu bekommen und damit ein weiteres Zentrum für Mumienforschung aufbauen zu können. Reinhard, dem Einzelkämpfer, war das immer heftiger werdende Gezanke unangenehm, und er hatte große Probleme, das Team bei der Stange zu halten.

Der zunehmende Medienrummel verschärfte die Spannungen noch weiter. Die österreichischen Forscher kamen mit einer deutschen Fernsehcrew von Spiegel TV nach Peru; sie wollten eine eigene Dokumentation über Juanita drehen. Inzwischen forderte die peruanische Presse lautstark neue Informationen über den Fund, und peruanische Dokumentarfilmer hatten ein Bietergefecht um die Rechte an Juanita begonnen. Das Team wurde jedoch auch von anderer Seite bestürmt. Eine Firma trat mit einem besonders abwegigen Vorschlag an Reinhard heran – sie wollte Eizellen aus Juanitas Eierstöcken entnehmen und diese mit modernem Sperma befruchten. Mit diesem gewagten Experiment hoffte die Firma ein Inkababy zu zeugen.

Diese In-vitro-Zeugung eines Inkakindes lehnte Reinhard rundheraus ab. Er sorgte auch dafür, dass die Dokumentation des deutschen Fernsehteams verschoben wurde, und versuchte, die peruanische Presse auf Distanz zu halten. Die Rechte zur Erstveröffentlichung der Geschichte hatte *National Geographic* erhalten als Gegenleistung dafür, dass es die zweite Expedition zum Ampato finanzierte und die Kosten für die Konservierung von Juanita übernahm. »Das war und ist eine Grundbedingung bei allen Fördergeldern, die die National Geographic Society gewährt«, erklärte Reinhard. Der amerikanische Archäologe schrieb den Artikel sogar selbst – in der Hoffnung, dass die Forschung durch diese Publicity etwas mehr Geld für Juanita bekam. Der einheimischen Presse zu entgehen erwies sich jedoch als äußerst schwierig; die peruanischen Reporter belagerten inzwischen Guillén und ihre Kollegen, um an interessante Informationen heranzukommen.

In Lima begann man bei staatlichen Stellen bereits über eine große Museumsausstellung mit Juanita nachzudenken, und das löste unter den Mumienexperten erneut eine erregte Debatte aus. Die Österreicher waren ganz entschieden gegen jede öffentliche Zurschaustellung von Mumien. Spindler und Seidler hatten bei ihrer Arbeit am Ötzi viel darüber nachgedacht, ob so etwas ethisch überhaupt vertretbar sei. Sie fanden es in Ordnung, Mumien zu Forschungszwecken zu untersuchen, doch solche alten Leichname auszustellen, war in ihren Augen eine Pietätlosigkeit. Eine gut erhaltene Mumie, argumentierten sie, sei ebenso als Mensch erkennbar wie ein frisch Verstorbener und verdiene deshalb in ähnlichem Maße Schutz vor neugierigen Augen. Eine Mumienausstellung in einem Museum ziehe immer Sensationslüsterne an, mochte sie auch in der besten Absicht geplant sein; eine solche Ausstellung sei nicht viel besser als eine Schau auf einem Volksfest oder ein Horrorkabinett.

Abgesehen von diesen ethischen Bedenken, hielten es die Österreicher auch für unmöglich, eine gefrorene Mumie auszustellen, ohne dass sie Schaden nahm. Es gab auf der ganzen Welt keinen Schaukasten, bei dem Temperatur und Luftfeuchtigkeit ausreichend reguliert werden konnten, um Kondenswasserbildung und Bakterienwachstum auf der Mumie zu verhindern. Nachdem sie die Angelegenheit ausführlich besprochen hatten, kamen Spindler, Seidler und Guillén zu dem Schluss, dass es am vernünftigsten sei, Juanita zu stabilisieren und mit den wissenschaftlichen Untersuchungen zu beginnen. Als Erstes wollten sie ein dreidimensionales Computer-Tomogramm des Inkamädchens anfertigen, die zweitbeste Lösung an Stelle einer Autopsie. Solche CT-Bilder hatten Spindler und seinem Team in Österreich viele wertvolle Daten über den Ötzi geliefert, und sie boten Reinhard an, Juanita an ihrem Institut und mit Unterstützung ihrer erfahrenen Mitarbeiter zu untersuchen.

Reinhard hörte sich die ganzen Diskussionen mit zunehmender Gereiztheit an; er fühlte sich immer mehr unter Druck gesetzt. Hochrangige Regierungsvertreter, sogar der damalige Präsident Alberto Fujimori, wollten Juanita öffentlich präsentiert sehen, denn mit einer solchen Ausstellung ließ sich wieder Interesse an der großartigen Vergangenheit der andinen Kultur wecken, und die Berichterstattung in den Medien konnte wieder Scharen von Touristen ins Land bringen, die seit dem Bürgerkrieg einen großen Bogen um das Andenland machten. Reinhard persönlich war dagegen, Juanita auszustellen, aber er hatte das Gefühl, dass ihm gar keine andere Wahl blieb, als zuzustimmen. »Wir mussten Juanita zeigen«, erzählte er mir. »Die Leute von der Regierung kamen einfach und verlangten sie zu sehen.«

In einem vertraulichen Gespräch mit Mitarbeitern der National Geographic Society erläuterte Reinhard seine Notlage, und man erklärte sich bereit, ihm bei der Beschaffung einer geeigneten Vitrine für Juanita zu helfen. »Das ließ sich nicht aufschieben«, erinnerte sich Stuart. »Und außerdem war ihnen wohl klar, dass in diesem Fund ein enormes Werbepotenzial steckte, positiv oder negativ, aber jedenfalls ein sehr großes.« Also wurden hinter den Kulissen etliche Telefongespräche geführt. Der amerikanische Kühlsystemehersteller Carrier Corporation, von dem auch die Klimaanlage für die Sixtinische Kapelle stammt, bot an, für Juanita kostenlos zwei den speziellen Anforderungen entsprechende Schaukästen im Wert von $ 250 000 anzufertigen; der anschließende Rummel um die Mumie würde diese Kosten mehr als wettmachen. Radiologen am Johns Hopkins Hospital in Baltimore erklärten sich bereit, unentgeltlich aufwändige Computer-Tomografien durchzuführen.

Als die National Geographic Society Reinhard diese Angebote vorlegte, machte sie selbst noch einen Vorschlag. Wenn Juanita wegen der CT-Untersuchungen und der speziellen Schaukästen ohnehin in die USA kam, wäre das doch eine ausgezeichnete Gelegenheit, sie in Amerika auszustellen. Und welcher Ort wäre besser geeignet als der Hauptsitz der National Geographic Society in Washington, ganz in der Nähe des Johns Hopkins Hospital? Man veranstaltete dort häufig Ausstellungen zu einzelnen Forschungsprojekten. Außerdem würde die Presse anlässlich einer solchen

Präsentation sehr viel über Peru berichten und dadurch bekannt machen, welche Probleme man dort mit der Erhaltung von Mumien hatte. Reinhard freute sich über die Angebote, doch die Entscheidung lag nicht bei ihm. Eigentümerin der Mumie war die peruanische Regierung, und diese holte, bevor sie eine Entscheidung traf, von Gutachterkommissionen der Rechtsanwälte, Archäologen, Konservatoren und Anthropologen Stellungnahmen ein. Alle vier Kommissionen befürworteten den Export der Mumie.

Sonia Guillén in Lima war fassungslos, als sie hörte, dass Juanita in die USA und zum Hauptsitz der National Geographic Society gebracht würde. Die Gesellschaft mit ihrem enormen Einfluss hatte wesentlich mehr getan, als lediglich die Expedition zu finanzieren und anschließend darüber zu berichten. Schon das ging Guillén und den Österreichern, die sich bei wichtigen Entscheidungen Juanita betreffend zunehmend übergangen fühlten, gegen den Strich. Doch es gab noch andere Punkte. Guillén fand es unglaublich, dass die National Geographic Society sich das Recht herausnahm, einen der wichtigsten archäologischen Funde des vergangenen Jahrhunderts in Peru dem amerikanischen Publikum zu präsentieren, bevor man in Peru eine öffentliche Ausstellung organisieren konnte und bevor Wissenschaftler die Möglichkeit gehabt hatten, die Mumie eingehend zu untersuchen. Zudem befürchtete sie, dass eine solche Präsentation in den USA die Gefühle der amerikanischen Ureinwohner verletzen könnte, die eine Zurschaustellung der Überreste eingeborener Völker entschieden ablehnten. Aufgebracht veröffentlichte Sonia Guillén einen geharnischten Protest in *El Comercio*, Limas angesehenster Zeitung, den auch eine Reihe prominenter peruanischer Anthropologen unterzeichnete.

Die Österreicher waren nicht weniger erbost. Spindler und Seidler luden Vertreter der Katholischen Universität und des Nationalen Kulturinstituts von Peru zu einem Mittagessen in die österreichische Botschaft ein, um ihren Standpunkt darzulegen. Beim Dessert schließlich waren Seidler und der Botschafter äußerst verstimmt: Ihre Gäste zeigten sich nicht gewillt, von ihren Plänen Abstand zu nehmen. Entrüstet machten auch die Österreicher ihre Kritik öffentlich, und Spindler warf *National Geographic* rundheraus Kulturimperialismus vor. »Was man dort vorhat«, erklärte er gegenüber einem Mitarbeiter der *New York Times*, »ist meiner Meinung nach eine Mischung zwischen Hollywood und Disneyland mit dem Ziel, die Auflage zu steigern, während die Forschung eine Bruchlandung macht.«

Reinhard, der sich in Peru befand, traf diese Reaktion tief. »Er stand wirklich sehr unter Druck, weil er als der lange Gringo hingestellt wurde, der nur an seine Karriere denkt«, erinnerte sich Stuart mitfühlend. »In einer solchen Position ist man immer äußerst angreifbar.« Dennoch wurde Juanita im Mai 1995, nur acht Monate nach ihrer Entdeckung, an das Johns Hopkins Hospital in Baltimore geschickt. Dort nahm man eine umfassende computer-tomografische Untersuchung und Biopsien vor, und anschließend ging es weiter nach Washington, wo sie am Hauptsitz der National Geographic Society einen Monat lang ausgestellt wurde.

Die Ausstellung hatte einen ungeheuren Zulauf; gut 100 000 Menschen schoben sich in diesen vier Wochen durch die Tür. »Mehr wäre gar nicht möglich gewesen«, erzählte Reinhard. »Es gab Zeiten, da standen die Leute rund um den Block Schlange und warteten drei Stunden auf Einlass. Und drinnen hatte jeder nur vier Minuten.« Hillary Clinton kam vorbei, um sich Juanita anzuschauen, ebenso Alberto Fujimori. Und bald sprach die ganze Welt von ihr. Sogar Bill Clinton spielte bei einem Arbeitsessen einmal auf Juanita an. Ein demokratischer Parteigenosse hatte bei einer früheren Gelegenheit gewitzelt, der republikanische Präsidentschaftskandidat Bob Dole könne seinem Alter nach in seiner High-School-Zeit durchaus mit der Inkamumie ausgegangen sein. Präsident Clinton nahm diese Bemerkung auf und meinte bei seiner Tischrede launig: »Ich weiß nicht, ob Sie diese Mumie gesehen haben, aber wenn ich Single wäre, würde ich sie auch einmal ausführen. Sie sieht wirklich nicht schlecht aus.«

Als sie ihr Arbeitspensum in Washington erledigt hatte, wurde Juanita nach Arequipa zurückgeflogen und dort ausgestellt. Neugierige Besucher blickten ehrfurchtsvoll schweigend auf ihren gefrorenen Leichnam, doch nun begannen prominente Andenkenner in Nordamerika Fragen zu stellen. Sie wollten unbedingt mehr über Juanita und ihre beiden Gefährten vom Ampato wissen. Berichte aus der spanischen Kolonialzeit beschrieben die *capacocha*-Zeremonie zwar in groben Zügen, doch diesen Beschreibungen fehlten viele wichtige Details, die erhellen konnten, wie die Inkagesellschaft funktionierte. Die Anden-Archäologen und Anthropologen interessierte vor allem, was auf dem entlegenen Berggipfel genau stattgefunden hatte, wie die Kinder für dieses Schicksal ausgewählt wurden und wie sie starben.

Da er wusste, dass seine Kollegen auf Informationen warteten, schrieb Reinhard einen kurzen Artikel für *National Geographic*, in dem er über die wichtigsten Befunde der CT-Untersuchungen berichtete. Als Elliot Fishman, Radiologe am Johns Hopkins Hospital, sich die Bilder angesehen hatte, war ihm auf der rechten Seite von Juanitas Kopf eine dunkle, bogenförmige Fraktur von etwa fünf Zentimetern Länge aufgefallen. Und das Gehirn sah aus, als wäre es zur Seite gedrückt worden. Fishman vermutete als Ursache eine Blutung aus einer der großen Hirnarterien vor dem Tod. Er hatte ähnliche Verletzungen schon häufig in der Notaufnahme bei Menschen gesehen, die mit Baseballschlägern überfallen worden waren. Fishman schloss daraus, dass man Juanita auf dem fernen Andengipfel erschlagen hatte.

Doch diese überzeugte Diagnose und Rekonstruktion von Juanitas Tod löste bei einigen führenden Andenforschern Erstaunen aus; sie fanden ein solches Szenario kaum glaubhaft. Beim *capacocha*-Ritual ging es gerade darum, erläuterte Sabine MacCormack, eine amerikanische Expertin für die Inkareligion, den Göttern ein vollkommenes Menschenwesen darzubringen. Deshalb suchte man Kinder ohne jeden Makel aus, sie durften nicht einmal ein kleines Fleckchen auf der Haut haben. Warum sollten sie dann eines dieser nahezu vollkommenen Kinder niederknüppeln, den makellosen Körper durch Schläge verunstalten? Es war ja nicht so, dass die Inka keine anderen, sanfteren Methoden zur Verfügung gehabt hätten. Einem *capacocha*-Jungen, den man auf dem chilenischen Berg El Plomo gefunden hatte, hatten die Priester vermutlich berauschendes Maisbier zu trinken gegeben, bevor sie ihn in sein Grab hinunterließen. Dort musste der Junge eingeschlafen und langsam erfroren sein. MacCormack vermutete stark, dass es sich bei Juanita ähnlich verhielt. »Ich glaube, [sie] starb an Unterkühlung nach Verabreichung eines berauschenden Mittels.«

Andere Forscher äußerten sich ähnlich skeptisch. Bei seinen umfangreichen Studien über Menschenopfer in der noch älteren peruanischen Mochekultur hatte der Anthropologe John Verano ein auffallendes geschlechtsspezifisches Muster bei solchen rituellen Tötungen festgestellt. Männliche Erwachsene kamen in der Regel auf sehr brutale Weise zu Tode. Man köpfte sie oder schlitzte ihnen die Kehle auf und trank ihr Blut. Manchmal wurde ihnen sogar das Herz herausgerissen, wenn es noch schlug. Verano vermutete, dass es sich um Männer handelte, die man bei kriegerischen Auseinandersetzungen gefangen genommen hatte. Frauen und Kinder wurden, wie er feststellte, ganz anders behandelt. Sie starben einen leichteren Tod. Häufig wurden sie mit einer speziellen Schlinge erdrosselt, die eine rasche Bewusstlosigkeit herbeiführte. Verano fand es schwer vorstellbar, dass ein Inkapriester ein schönes junges Mädchen erschlagen haben sollte. Außerdem hatte er Zweifel an Fishmans Diagnose. Wäre Juanita erschlagen worden, erläuterte er, hätte sie erheblich geblutet. Doch die Textilexperten hatten auf ihrer Kleidung keinerlei Blutspuren gefunden. Es konnte gut sein, dass die Schädelfraktur erst nach ihrem Tod, und nicht vorher, entstanden war. »Wissen Sie, die Mumie ist vielleicht 50 Meter den Berg hinuntergestürzt«, erklärte mir Verano bei sich zu Hause in New Orleans, »und sie kann durchaus mit dem Kopf aufgeschlagen sein. Eine Fraktur wäre dann nur normal. Dieser Leichnam ist 500 Jahre alt und hat alle möglichen Veränderungen durchgemacht – er wurde begraben, taute zwischendurch vielleicht auf, fiel den Berg hinunter, wurde im Bus transportiert und wer weiß was noch.«

Fishman und seine Kollegen hätten ihre Diagnose, meinte Verano, von ihren Erfahrungen mit lebenden oder frisch verstorbenen Patienten abgeleitet. Sie seien mit den Veränderungen, die Leichen im Laufe von Hunderten oder Tausenden von Jahren durchlaufen, überhaupt nicht vertraut. Eben das ist das Fachgebiet von Anthropologen und Mumienexperten wie Verano, Guillén und Seidler. Fishman und seine Kollegen, sagte Verano, hätten »nie zuvor an Mumien gearbeitet«.

Vom heimischen Schreibtisch in West Virginia aus verteidigte Reinhard hartnäckig die These, dass Juanita durch einen Schlag zu Tode gekommen war. Er selbst war während seiner Recherchen auf Berichte von drei spanischen Chronisten gestoßen, in denen beschrieben wurde, dass *capacocha*-Kinder vor der Opferung auf ebendiese Weise getötet wurden. Ein solcher Tod sei wesentlich angenehmer und schneller. »Ich weiß das«, erklärte er, »weil ich schon sechsmal niedergeschlagen worden bin und überhaupt nichts gemerkt habe, bis ich aufgewacht bin.« Und hinsichtlich der Diagnosestellung seien Fishman und sein Team außerordentlich qualifiziert. Ein Arzt aus dem Team des Johns Hopkins Hospital, merkte er an, habe über hundert Todesfälle durch Erschlagen gesehen, weit mehr als Verano in seinem Leben, und die Frakturen hätten exakt dasselbe Bild gezeigt wie bei Juanita.

Verano hoffte, dass Reinhard oder seine Kollegen alle zur Verfügung stehenden CT-Daten veröffentlichen würden, damit auch andere Fachleute sie auswerten konnten und sich diese Frage klärte. Doch das, scheint mir, ist eine der großen Enttäuschungen, die das Projekt Juanita mit sich brachte. Trotz aller Hoffnungen, die sich Guillén anfangs gemacht hatte, dass das Inkamädchen den Forschern eines Tages ebenso viel über die frühen Andenbewohner erzählen würde wie der Ötzi über die frühen Europäer, war

Juanita selbst fünf Jahre nach ihrer Entdeckung immer noch ein Rätsel für die wissenschaftliche Welt. Es ist vergleichsweise wenig über sie veröffentlicht worden.
Nach Reinhards Meinung gab es hierfür gute Gründe. Chávez, sein mitverantwortlicher Partner bei diesem Projekt, war ganz davon in Anspruch genommen gewesen, in Arequipa ein Speziallabor zur Mumienkonservierung und ein Mumienmuseum einzurichten, und außerdem war er nach Japan gereist, um dort alles für eine einjährige Ausstellung von Juanita vorzubereiten. Reinhard, der bei *National Geographic* seit kurzem fest angestellter Redakteur im Ressort Forschung war, war ebenso mit Arbeit überhäuft. Er hatte sich nicht nur als Spendensammler betätigt und mehr als ein halbes Dutzend große Expeditionen in die Anden organisiert, um weitere Kultstätten der Inka und dort bestattete Mumien zu suchen; er hatte auch Vorträge über seine Funde gehalten, als Berater bei TV-Dokumentationen mitgewirkt, Artikel und Arbeitsberichte über seine neuesten Mumienfunde geschrieben und als Koautor an einem Fachbuch über seine Entdeckungen am Llullaillaco mitgearbeitet.
Die Forschungsarbeit an den Mumien, die er bereits entdeckt hatte, würde vermutlich sogar für mehrere Leben reichen, doch Reinhard schien seine Arbeit in den Höhen der Anden nicht abschließen zu wollen. Er hoffte, noch mehr Mumien vor der Habgier der Menschen retten zu können, die andere uralte Begräbnisstätten in Peru zu einer zerklüfteten Mondlandschaft gemacht hatten und so viel von Südamerikas Erbe geraubt hatten. In unseren Gesprächen betonte er immer wieder, wie wichtig es sei, die kostbaren Schätze und wertvollen wissenschaftlichen Informationen in den Anden zu sichern, ehe die Schatzgräber mit ihren Dynamitstangen anrückten. Die Grabplünderungen hätten in den letzten Jahren stark zugenommen, sagte er. Dank besserer Ausrüstung könnten heute mehr Leute in große Höhen aufsteigen. Die zunehmende Armut in Südamerika treibe die Menschen in den Dörfern zu immer verzweifelteren Anstrengungen. Das Plündern von Grä-

bern sei noch lukrativer geworden, weil Artefakte aus präkolumbischer Zeit höhere Preise als je zuvor erzielten.
All das bezweifelte ich nicht, doch ich fragte mich, wie viele Schatzgräber wohl auf den Gedanken gekommen wären, ihr Leben bei einem Aufstieg zu den höchsten Gipfeln Südamerikas zu riskieren, wenn sie nicht in den Zeitungen von Juanita und Reinhards anderen Funden gelesen hätten. »Diese Entdeckungen sind eine zweischneidige Sache«, räumte Stuart bedauernd ein. »Stößt man auf eine spektakuläre Stätte und veröffentlicht etwas darüber, gehen die Leute hin und zerstören alles.« Ich empfand das als tragisch und entsetzlich traurig. Reinhard hatte die höchsten Gipfel Südamerikas für die Wissenschaft erobert und uralte Tote unter derart strapaziösen Umständen geborgen, dass Körper und Geist das Äußerste abverlangt wurde. Er war in ein Gebiet vorgestoßen, wohin ihm die wenigsten Archäologen würden folgen können, und es war ihm dank seiner enormen körperlichen Stärke, Ausdauer und bergsteigerischen Erfahrung gelungen, Fragmente der Vergangenheit für die Wissenschaft zu bewahren. Dafür gebührte ihm zu Recht große Anerkennung und Hochachtung. Doch leider hat Reinhard damit vielleicht auch die Zerstörung mancher jener Mumien beschleunigt, die er eigentlich zu retten hoffte.

DIE UNVERGÄNGLICHEN

Die bittere Kälte auf den Andengipfeln hatte bei manchen jener Leichen in ihren eisigen Gräbern eine Art Wunder bewirkt. Ihr war etwas gelungen, das weit über die primitiven Mechanismen der Konservierung und die bloße Auszehrung einer physischen Hülle hinausging, und bewahrt, was noch seltener ist – den Eindruck von Lebendigkeit. Sie hatte den olivgoldenen Schimmer der Haut bewahrt und ihre Geschmeidigkeit, das Rot der Lippen und die Feuchte der Augäpfel. Nur ein rosiger Hauch auf den Wangen schien zu fehlen, ein Atemwölkchen vor dem Mund, eine leise Bewegung. Bei diesen gefrorenen Kindern hatte die Natur gezeigt, dass sie die Zeit besiegen konnte, und unvergängliche Meisterwerke geschaffen, die menschliche Balsamierungskünstler ziemlich schlecht aussehen ließen. Diese vergessenen Inkakinder versetzten mich in Erstaunen, und ihr Anblick bewegte mich tief. Doch ich kann nicht sagen, dass ich sonderlich überrascht gewesen wäre. Die Natur, das war mir inzwischen klar, ist höchst erfinderisch, wenn es darum geht, den Verwesungsprozess aufzuhalten. Und sie braucht nicht immer die eisige Kälte der Anden, um den gespenstischen Eindruck von Lebendigkeit zu bewahren.

Das wurde mir zum ersten Mal bewusst, als ich an einem sonnigen Frühlingsmorgen der englischen Firma Necropolis Company einen Besuch abstattete. Diskret hinter einer unauffälligen Tür verborgen, eine schmale Wendeltreppe in einer alten Leichenhalle im Londoner Vorort Kingston upon Thames hinauf, unternahm die Necropolis Company wenig, um auf ihr eigentümliches Gewerbe aufmerksam zu machen. Die Firma, gegründet in viktorianischer Zeit, im Jahr 1852 – Charles Dickens' Roman *Bleakhaus* war gerade erschienen –, war im Exhumierungsgeschäft tätig, das heißt, man grub Leichen wieder aus und sorgte für die Umbettung an irgendeinen geeigneteren Ort. Und

Exhumierungen waren in Großbritannien, wie mir die Mitarbeiter der Firma versicherten, ein einträgliches Geschäft. Es gab einfach zu viele alte Friedhöfe in zu vielen teuren Vierteln, vor allem in London, wo fast jeder Häuserblock eine alte Grabstätte zu beherbergen schien. Die Necropolis Company hatte sich darauf spezialisiert, die Toten aus alter Zeit pietätvoll umzubetten – allein in den letzten beiden Jahrzehnten von mehr als 125 alten Friedhöfen bei Kirchen, Hospitälern, Gefängnissen und auf städtischem Grund. Bei einer einzigen Umbettungsaktion, in Islington, wurden 15 000 Leichen exhumiert.
Roger Webber, der die Umbettungen vor Ort leitete, hatte im Laufe der Jahre Leichen in jedem erdenklichen Stadium der Verwesung gesehen. Der ernste, melancholisch wirkende Mann im vorgerückten Alter hatte auf junge Frauen geblickt, deren Körper fast nur noch aus weißlich grauem Leichenwachs bestand, der seifenartigen Substanz, die sich bei der Umwandlung von Fett bildet. Er hatte Särge exhumiert, in denen Leichenwasser schwappte, die dunkle Flüssigkeit, die sich durch verfaulendes Fleisch ansammelt. Er hatte den Gestank der Verwesung gerochen und schamlos grinsende Skelette gesehen, an denen noch Stoff- und Fleischfetzen hingen. Er hatte eine Menge Dinge gesehen, über die er nicht sprechen wollte. Doch den tiefsten Eindruck hatten bei ihm nicht die mehr oder weniger verwesten Toten hinterlassen, sondern die nach Jahrhunderten noch unversehrten Leichen, auf die er und seine Mitarbeiter auf den Friedhöfen Englands mit ihrem regennassen Boden manchmal stießen.
Webber war von diesen Leichen so beeindruckt, dass er anbot, mir Fotos von ihnen zu zeigen. Wie ich erfuhr, hatte es sich die Necropolis Company zur Regel gemacht, alle Projekte zu fotografieren und ihre grausige Arbeit auf diese Weise sorgfältig zu dokumentieren. Einige dieser Fotos befanden sich in Webbers dunklem, holzgetäfeltem Büro. Ob ich sie wirklich sehen wolle, fragte er. Doch, natürlich, antwortete ich, stellte meinen Stuhl neben den seinen auf die andere Seite des großen Mahagonitisches und rückte näher heran, um die Bilder zu betrachten.
Er hatte nicht übertrieben. Das Fotoalbum, das er nun zur Hand nahm, enthielt eine ganze Reihe höchst eindrucksvoller Fotografien. Eine besonders beeindruckende zeigte ein viktorianische Matrone mittleren Alters, die 1839 verstorben war. Angetan mit einem Totenhemd, darüber ein Leichentuch,

auf dem Kopf eine weiße baumwollene Haube, blickte sie mit müden Augen in die Welt; sie sah verhärmt und missmutig aus. Der Tod, so schien es, war ihr nicht willkommen gewesen. Er hatte sie dennoch freundlich behandelt und nahezu unversehrt erhalten. Webber und ich studierten ihr Gesicht, und seine Stimme bekam einen ehrfurchtsvollen Unterton, als er seine Erlebnisse zu schildern begann. »Manchmal bekommt man Särge zu Gesicht, die vor 250 Jahren in die Erde versenkt wurden«, erzählte er. »Man schaut durch das Sichtfenster, und der Leichnam ist perfekt erhalten, ohne die geringsten Verwesungsspuren, die Iris hat noch ihre Farbe und die Haut einen rosigen Schimmer.«

Solche Mumien, räumte er ein, seien in England ziemlich selten. Als er und seine Mitarbeiter die 15 000 Leichen auf dem Friedhof von Islington exhumierten, waren nur zwei solche Mumien darunter. Ich fragte Webber, warum diesen beiden seiner Ansicht nach das Schicksal aller anderen erspart geblieben war, und er überlegte eine Weile, ehe er antwortete. In viktorianischer Zeit, erklärte er dann, hätten reiche Familien oft einen großen Aufwand betrieben und massive Särge aus Eichen- oder Ulmenholz anfertigen lassen, die innen erst mit Pech abgedichtet und anschließend mit schweren Bleiplatten ausgekleidet wurden. Die Särge sollten unzerstörbar sein, doch in den meisten Fällen war die Bleiverkleidung oxidiert und korrodiert, so dass die Leiche mit der Zeit dennoch der Verwesung anheim fiel. Lag ein solcher Sarg jedoch zufällig in schwerem Lehmboden, bildete sich um ihn herum manchmal ein Vakuum, das den Leichnam vor allem schützte, was normalerweise den Verwesungsprozess vorantreibt – Wasser, Bakterien und Insekten.

Das war eine vernünftige wissenschaftliche Erklärung, doch ich hatte das Gefühl, dass Webber derartige Funde, sosehr er sie auch zu rationalisieren versuchte, im Grunde seines Herzens als großes Mysterium, fast als Wunder empfand. Diese Toten wichen so sehr von dem ab, was man gemeinhin bei Exhumierungen vorfand – Fettwachs, Leichenwasser und grausige Verwesung –, dass sie einem anderen Gesetz zu unterliegen schienen. Als nüchterner, praktisch denkender Mensch vermied es Webber tunlichst, ein Wort wie Wunder in den Mund zu nehmen, doch solche Leichname erfüllten ihn offenkundig mit Staunen. Und auch mich erfasste, als ich neben ihm saß und die Bilder betrachtete, eine ehrfurchtsvolle Scheu. Ich hätte gerne gewusst, wer

diese Menschen gewesen waren, welches Leben sie geführt hatten und warum ihnen diese eigenartige Form von Unsterblichkeit zuteil geworden war, wo doch so viele ihrer Zeitgenossen zu Staub zerfallen waren.
Später kam mir der Gedanke, dass die Menschen im mittelalterlichen Europa wohl eine ähnliche Ehrfurcht empfunden haben mussten, wenn sie Jahrhunderte nach deren Tod die unversehrten Leichname großer Märtyrer oder frommer Nonnen im Sarg liegen sahen. Die katholische Kirche betrachtete diese körperliche Unversehrtheit als Wunder und bezeichnete solche Leichname mit einem besonderen Begriff – die »Unvergänglichen«. Häufig wurden sie von der Kirche selig oder heilig gesprochen, und die Gläubigen entwickelten einen regelrechten Kult um sie. Webbers Fotoalbum hatte meine Neugier geweckt. Ich wollte wissen, wie viel von dieser heiligwürdigen Unversehrtheit im mittelalterlichen Europa auf Ursachen beruhte, die sich leicht erklären und wissenschaftlich begründen ließen, und wie viel in einen Bereich fiel, der sich logischer Beweisführung verschließt – die Welt der Wunder und göttlicher Gnade.

Selten in der langen Menschheitsgeschichte ist der Körper so erbärmlich missachtet worden wie im mittelalterlichen Europa. Schließlich war es der Körper, der die Seele täuschte und betrog; der den Menschen in Versuchung führte, sündigte und begehrte; der sich nach den weichen Brüsten der Frau des Nachbarn oder der anmutigen Schönheit des Gärtnerjungen verzehrte; der im Zorn ein unschuldiges Kind schlug oder die Hand gegen einen aufdringlichen Bettler erhob; der nach süßem Zuckerwerk gierte und heimlich Säcke voller Goldstücke hortete; der nach kostbaren Juwelen verlangte und sich mit üblen Tricks das Land eines anderen aneignen wollte; der sich in der Öffentlichkeit wichtig tat und den ganzen Tag im Bett lag, während andere sich im Schweiße ihres Angesichts ihr Brot verdienten. Es war der Körper, der den Menschen in die ewige Verdammnis führte und die Qualen der Hölle erlitt. Aus all diesen Gründen und vielen anderen mehr verachteten fromme Katholiken den Körper von ganzem Herzen und behandelten ihn dementsprechend. Sie fasteten. Sie geißelten sich. Sie trugen härene Gewänder. Sie kasteiten sich. Der Körper war die Quelle allen Übels.

Doch bei aller Ablehnung, die man dem Körper entgegenbrachte: Es gab eine bemerkenswerte Ausnahme. Nicht alle galten bei der Geistlichkeit im mittelalterlichen Europa als schlecht. Um die sterblichen Hüllen von Heiligen bildeten sich unter gläubigen Katholiken Hunderte von Kulten. Ihre Leichname – oder vielmehr das, was von ihnen übrig blieb – wurde als geheiligt angesehen, denn in ihnen hatte, wie es hieß, einmal der Heilige Geist gewohnt, der die Kranken heilte, Worte der Weisheit offenbarte, sich der Armen und Demütigen annahm. Dies hatte bei dem vergänglichen menschlichen Körper für alle Zeit Spuren hinterlassen, die durch die Macht des Glaubens in etwas Heiliges verwandelt wurden, und daher besaßen die sterblichen Überreste von Heiligen eine große wundertätige Kraft. »Gott der Herr zeichnet solche Gebeine dadurch aus, dass er in ihrer Gegenwart Wunder wirkt«, schrieb der heilige Thomas von Aquin, der große italienische Philosoph und Theologe des 13. Jahrhunderts. Mit anderen Worten, die Leichname von Heiligen waren gewissermaßen göttliche Blitzableiter, die Wunder anzogen.

Im Laufe der Zeit schrieben die Hagiografen zahlreiche Berichte über solche Vorkommnisse nieder. Ein typisches Beispiel waren die von der heiligen Zita, einer einfachen toskanischen Dienstmagd und Zeitgenossin des Thomas von Aquin, bewirkten Wunder. Als die Kirchenoberen ihren Leichnam Jahre nach ihrem Tod exhumierten, sollen Blinde wieder sehend und Lahme gehend, Fiebernde gesund und Unfruchtbare fruchtbar geworden sein, und Stumme sollen die Sprache wieder gefunden haben. Und das war nicht das letzte Wunder. Der Leichnam der heiligen Zita wies keinerlei Zeichen von Verwesung auf; sie war vollständig erhalten, eine Unvergängliche, und ist es noch bis heute, wie ich feststellen konnte, als ich der verblichenen Heiligen in einer mittelalterlichen Kirche in dem toskanischen Städtchen Lucca meine Aufwartung machte. Dort liegt sie in einem gläsernen Schrein. Ihr hageres Gesicht wirkt glatt, die Hände weich und geschmeidig, die Fingernägel schimmern. Wäre ihre Haut nicht so auffallend dunkel, ihre Kleidung nicht so antiquiert, man könnte meinen, sie würde sich im nächsten Moment von ihrem brokatenen Lager erheben und durch die Straßen des modernen Lucca spazieren, ohne Aufmerksamkeit zu erregen.

In der langen Geschichte der katholischen Kirche hat es viele solche Unvergängliche gegeben. Die amerikanische Autorin Joan Carroll Cruz unternahm in den 1970er Jahren den Versuch, sie zu zählen, und durchforstete die Hagiografien Hunderter katholischer Heiliger nach Aussagen über die unversehrte Erhaltung ihrer Leichen. Entdeckte sie einen Hinweis, schrieb sie an die Kirche, in der der Heiligenschrein stand, und bat um Bestätigung. Auf diese Weise ermittelte sie 102 Unvergängliche, von der heiligen Cäcilia, einer römischen Märtyrerin des 2. Jahrhunderts, bis zum heiligen Charbel Makhlouf, einem libanesischen Mönch des 19. Jahrhunderts, dessen Leichnam noch über 60 Jahre nach seinem Tod Blut und Schweiß absonderte. Man kann mit ziemlicher Sicherheit davon ausgehen, dass noch weitere Unvergängliche existieren, deren Leichname in irgendwelchen vergessenen Landkirchen in verstaubten Reliquienschreinen liegen. Doch leider sind sie im Laufe der Jahre in Vergessenheit geraten, selbst bei den Gläubigen. »Ich glaube nicht, dass eine genaue Zählung möglich ist«, erklärte Ezio Fulcheri in seinem Arbeitszimmer an der Universität Genua. »Nicht einmal die Bischöfe wissen, wie viele es gibt. Wissen Sie, wir haben so viele Kirchen, die inzwischen geschlossen sind, um die sich niemand mehr kümmert.«

Fulcheri, von Beruf Pathologe, ist eine Kapazität in Sachen Unvergängliche oder, wie er lieber sagt, Heiligenmumien. Er leitet das Labor im Dachgeschoß des Krankenhauses San Martino, einem der größten und betriebsamsten in Europa, wo er 20 jungen Ärzten in Blue Jeans und modischen Miniröcken beibringt, wie man Gewebeproben auf Krebszellen untersucht und anhand fetaler Zellen angeborene Erkrankungen feststellt. Die meisten Menschen würden diesen Beruf wahrscheinlich als deprimierend empfinden. Doch Fulcheri ist, wie ich bei meinem Aufenthalt in Genua feststellte, ein durchaus fröhlicher, zufriedener Mensch. Als Laborleiter energisch und schwungvoll mit der Tendenz, sich äußerst knapp und präzise auszudrücken, ist er privat ausgesprochen mitteilsam und den angenehmen Seiten des Lebens zugeneigt. Eigentlich sieht er mit seinen kurzen, ordentlich gekämmten blonden Haaren und der strengen Metallrandbrille gar nicht italienisch, sondern viel eher wie ein Nordeuropäer aus. Er liebt amüsanten Klatsch, Fünf-Gänge-Menüs und die feinsten Weine Liguriens, am besten alles auf einmal.

Der Sohn eines Landarztes aus der benachbarten Region Piemont nimmt seine Arbeit ernst, sich selbst jedoch nicht so sehr. Er hat beschlossen, in seinem angejahrten Labor mit dem phantastischen Blick über ganz Genua auf die sonst übliche Hierarchie weitgehend zu verzichten, und hat eine warme, fröhliche Atmosphäre geschaffen. Fulcheri sorgt gern dafür, dass die Menschen um ihn herum sich wohl fühlen, und schon eine halbe Stunde nach unserer ersten Begegnung hatte er mich nebenbei den meisten seiner Mitarbeiter und Studenten vorgestellt, mir in der winzigen, chaotischen Kaffeeküche des Labors höchstpersönlich einen Espresso gemacht und mir das Gefühl gegeben, ich sei bei mir zu Hause. Er hatte sogar, was ich in dem Moment noch nicht wusste, als Willkommensgruß einen Blumenstrauß in mein Hotel geschickt.

Der 47-jährige Pathologe, mit einer Kollegin verheiratet und Vater zweijähriger Zwillinge, war ständig in Bewegung. Er saß selten lange still und fuhr viel zu schnell; an dem Tag, als er mit mir eine Tour zu den Heiligen in der näheren Umgebung unternahm, hätte er beinahe einen Fußgänger erwischt. Trotz allem Chaos und Trubel in seinem Leben gelingt es Fulcheri mit seiner Heiterkeit und Energie, seine Mitarbeiter, Studenten und sogar Fremde in die freundliche Atmosphäre einer ständig wechselnden Großfamilie einzubinden. Beim Mittagessen in einer Trattoria beobachtete ich verblüfft, wie er spontan einer jungen Touristin mit einem brüllenden Baby zu Hilfe kam. Die anderen Gäste hatten das durchdringende Geschrei geflissentlich ignoriert. Nicht so Fulcheri. Er ging zu dem Tisch hinüber und begann ganz unbefangen mit dem Kind zu spielen. Er zog komische Grimassen und gab seltsame Töne von sich. Er nahm das Baby aus den Armen seiner Mutter, die es ihm mit einer erstaunlichen Selbstverständlichkeit überließ, und wiegte es sanft hin und her. Es dauerte nicht lange, und alle in der Trattoria lächelten – sogar das Baby. Irgendwie hatte Fulcheri es geschafft, er hatte sich auf die Wellenlänge des Kleinen eingestellt. Als Mutter und Kind das Lokal schließlich verließen, begleitete er sie zur Tür und winkte ihnen nach wie ein stolzer Großvater.

Mit seiner Lebensfreude und Lust, mit der er alle Facetten auskostet, scheint Fulcheri ein Mensch zu sein, der ganz im Hier und Jetzt lebt. Schon als Gymnasiast faszinierten ihn Alte Geschichte und Literatur, und als er das Medizinstudium beendet hatte, begann er sich nebenbei mit den Mumien der hervorragenden Sammlung am Ägyptischen Museum in Turin zu beschäftigen. Er forschte mit Begeisterung nach den Krankheiten, die sie einst gehabt hatten, denn hier vereinten sich zwei seiner großen Leidenschaften – die Medizin und die Geschichte. Und eben damals, im Jahr 1986, als er sich in Ägyptologenkreisen bewegte, bekam er einen eigenartigen Anruf von Monsignore Gianfranco Nolli, der sofort sein Interesse weckte.

Der anerkannte Ägyptologe Nolli war Inspektor emeritus des Ägyptischen Museums des Vatikan, das viele der antiken Stücke beherbergt, die römische Reisende einst in dem Land am Nil geraubt hatten. Doch Nolli diente dem Vatikan auch in einer weniger bekannten Funktion – als Berater der Kongregation für die Selig- und Heiligsprechungsprozesse. Dieses illustre Gremium, bestehend aus etwa zwei Dutzend Kardinälen, Erzbischöfen und Bischöfen und unterstützt von einem kleinen Kreis kirchlicher

Untersucher und wissenschaftlicher Berater, arbeitet in einem unauffälligen Gebäude nahe dem Petersplatz. Seine Hauptaufgabe ist, Leben, Schriften und angebliche Wunder von Menschen ungewöhnlicher Heiligkeit zu untersuchen und jene, die einer Anerkennung als Heilige, Selige und Märtyrer würdig erachtet werden, dem Papst zur endgültigen Entscheidung vorzuschlagen.

Die Kongregation hatte Nolli mit einer ungewöhnlichen Aufgabe betraut, und er suchte nun einen Pathologen, der sich der recht diffizilen Sache annahm. Fulcheri, ein gläubiger Katholik, erklärte sich bereit, sich in Rom mit ihm zu treffen. Nolli wohnte in einem alten, dreistöckigen Haus, dessen Räume bis zur Decke mit Büchern gefüllt waren. Der bejahrte Priester mit den wachen Augen, denen nichts zu entgehen schien, erläuterte Fulcheri, dass er vor langer Zeit eine Studie über die Verbindungen zwischen dem Heiligen Land und Ägypten bzw. ägyptischen Mumien angefertigt hatte, und auf Grund dieser Fachkenntnis war die Kongregation nun mit einer ungewöhnlichen Bitte an ihn herangetreten. Er sollte den Leichnam des ukrainischen Kardinals Josef Slipyi konservieren lassen, der vor kurzem gestorben war. Und es sollte eine Einbalsamierung nach ägyptischer Art sein.

Slipyi galt, wie bekannt wurde, als aussichtsreicher Kandidat für eine Heiligsprechung. Als engagierter Gegner des kommunistischen Regimes in der Ukraine war der Kardinal nach dem Zweiten Weltkrieg verhaftet und zu Zwangsarbeit in einem sibirischen Straflager verurteilt worden. Nach 18 Jahren Lagerhaft entließ man Slipyi ins Exil nach Rom, wo er 1984 starb. Fulcheri hatte noch nie etwas von ihm gehört, aber er begriff sofort, warum dem Vatikan daran lag, den Kardinal konservieren zu lassen. »Manchmal gibt es einen Mann – oder eine Frau –, den die Menschen besonders lieben, und deshalb möchten sie seinen Leichnam konserviert sehen, um diesen Verstorbenen verehren zu können, in vielen Fällen auch aus politischen Gründen«, erklärte mir Fulcheri. »Manche Leute verbringen viel Zeit in der Kirche, und so kam man auf die Idee, dem Leichnam dort zur Erinnerung einen festen

Platz zu geben.« Da der Kommunismus in der Ukraine zunehmend an Macht einbüßte und eine neue Ära religiöser Toleranz anbrach, befürchtete der Vatikan, dass andere Religionen großen Einfluss im Land gewinnen könnten. Die Ukrainer sollten nicht vergessen, welch lange Geschichte die katholische Kirche in Osteuropa hatte und dass sie den alten kommunistischen Regimes erbitterten Widerstand entgegengebracht hatte. Wenn Slipyi heilig gesprochen würde, konnte sein hervorragend konservierter Leichnam dem Gedächtnis der Ukrainer auf die Sprünge helfen.

Nolli hatte bereits mehrere prominente italienische Wissenschaftler für das Projekt gewonnen, unter anderem auch Nazzareno Gabrielli, Forschungsleiter an den Vatikanischen Museen. Als studierter Chemiker hatte Gabrielli verschiedene Konservierungslösungen an Stelle der von ägyptischen Balsamierern bevorzugten traditionellen Harze und Öle entwickelt. Doch Nolli brauchte noch einen Pathologen, der sich in Histologie auskannte, also mit Struktur und Funktion der Körpergewebe vertraut war. Fulcheri bot seine Mitarbeit an, und so traf sich der Pathologe aus Genua wenige Wochen später mit Nolli und den anderen in der Krypta von Santa Sophia in Rom, wo Slipyi beigesetzt worden war.

Die Krypta wurde vorübergehend zu einem provisorischen Labor, als Fulcheri und seine Kollegen den Leichnam des Kardinals aus dem Sarg hoben und auf einen Tisch aus rohem Holz legten. Der Körper war noch intakt, die Haut durch die eingetretene Verwesung jedoch bereits deutlich dunkler geworden. Wie seinerzeit die alten Ägypter, entfernte das Ärzteteam nun Gehirn sowie innere Organe und reinigte die Körperhöhlen. Dann legten sie den Leichnam in ein chemisches Bad, um den enzymatischen Zersetzungsprozess zu stoppen. Alle wichtigen Details wurden mit Fotos und umfangreichen Notizen dokumentiert. »Wir hielten fest, wie der Zustand vor Beginn unserer Arbeit war, was wir machten, welche Substanzen wir verwendeten, wie hoch die Konzentration war und warum«, erklärte Fulcheri, »weil der Leichnam für die Zukunft erhalten werden sollte.«

Vier Monate lang wurde der Kardinal in verschiedene chemische Bäder gelegt, die in der Zusammensetzung leicht differierten und die Leiche konservieren sollten. Nach einem Jahr entnahm Fulcheri Gewebeproben, die er in Paraffin einbettete, um dünne Schnittpräparate anfertigen zu können. Als er sie unter dem Mikroskop mit denjenigen verglich, die er vor Beginn der Konservierung gemacht hatte, war er hoch zufrieden – der Gewebezerfall war praktisch zum Stillstand gekommen. Nolli und Fulcheri befanden, dass die Konservierung hervorragend gelungen war, und informierten sofort die Kongregation. Wenig später ließ der Vatikan den konservierten Leichnam Slipyis per Flugzeug nach Lviv, in die Hauptstadt der Westukraine, bringen, wo er seither in der Krypta der Kathedrale ruht. Die Heiligsprechung steht noch aus. Fulcheri fand diese Arbeit faszinierend. Sie sollte der Beginn einer ungewöhnlichen neuen Karriere als Experte für Heiligenmumien sein.

Die katholische Kirche hatte Ende des 20. Jahrhunderts keine Bedenken gehabt, sich wegen der Konservierung eines zukünftigen Heiligen an Wissenschaftler zu wenden. Ob sie es auch früher so gehalten hatte, war Fulcheri nicht bekannt. Häufig hatte die Kirche im Laufe ihrer Geschichte in der Wissenschaft eine Konkurrentin gesehen, der sie mit großem Argwohn begegnete. Außerdem stellte sich die Frage, inwieweit die Wissenschaft ihr in früherer Zeit überhaupt von Nutzen hätte sein können. Die in Europa und Nordamerika übliche Form der Einbalsamierung zur kurzfristigen Konservierung mit Hilfe von chemischen Stoffen und Kosmetika entwickelte sich relativ spät. Erst im 17. Jahrhundert begannen Anatomen und Chemiker in Europa damit, tierischen und menschlichen Leichen versuchsweise so unterschiedliche Substanzen wie Wein, Terpentin, Alkohol, Zinnober, Lavendel und Rosmarin in die Adern zu injizieren. Weitere Verbreitung erlangten solche Konservierungsmethoden jedoch erst im späten 19. Jahrhundert, als amerikanische Bestattungsunternehmer Tausen-

de von konföderierten und Unionssoldaten, die auf den Schlachtfeldern des Bürgerkriegs gestorben waren, fachgerecht behandelten.
Doch Fulcheris Wissbegier, was die Unvergänglichen betraf, war noch lange nicht gestillt. Kurz nach Beendigung der Arbeit an Slipyi erhielt er von Nolli einen weiteren Anruf. Man tauschte ein paar Höflichkeiten aus, und dann bat der Priester Fulcheri erneut um Hilfe. Diesmal ging es um die offizielle Untersuchung einer bedeutenden toskanischen Heiligen des Mittelalters, der heiligen Margarete von Cortona. Derartige kanonische Untersuchungen waren dazu gedacht, falsche Reliquien aufzuspüren – sie waren einst reichlich im Umlauf und regten im Spätmittelalter den englischen Dichter Geoffrey Chaucer zu satirischen Betrachtungen an. In erster Linie dienten sie aber dazu, echte Überreste zu konservieren. Nebenbei wollte man bei dieser Gelegenheit auch mehr über das Leben des betreffenden Heiligen in Erfahrung bringen. Hagiografien waren bekanntermaßen unzuverlässig, denn sie wurden häufig von unkritischen Bewunderern verfasst und mit legendenhaften Ereignissen und literarischen Klischees ausgeschmückt.
Bei der Heiligen, um die es nun ging, handelte es sich um eine italienische Mystikerin des 13. Jahrhunderts, Margarete von Cortona. Den Geschichtsschreibern zufolge war sie die Tochter eines einfachen toskanischen Bauern, die einst die Aufmerksamkeit eines jungen reichen Mannes erregte. Sie lebte offen als seine Geliebte, trug stolz die eleganten Kleider zur Schau, die er ihr schenkte, und gebar ihm einen Sohn – ein Verhalten, das alle Welt empörte. Nach neun Jahren verschwand ihr Geliebter plötzlich; seinen Leichnam fand sie in einem hastig ausgehobenen Grab. Margarete nahm dies als Zeichen Gottes, bat öffentlich um Vergebung und widmete ihr Leben fortan der Wohltätigkeit. Im Jahr 1279, als die Truppen Karls von Anjou Cortona in Schutt und Asche zu legen drohten, baten die Bewohner sie, für ihre Befreiung zu beten. Die heilige Margarete versicherte ihnen – zu Recht,

wie sich herausstellte –, dass ihre Stadt nicht in Gefahr sei. Wenig später unterzeichnete Karl I. einen Waffenstillstand.
Der Leichnam der heiligen Margarete widerstand der Verwesung. Da sie offenbar eine Unvergängliche war, pilgerten jedes Jahr Tausende frommer Katholiken zu ihrem prächtigen gotischen Grab in der Kathedrale von Cortona. Zahlreiche Wunder wurden ihr zugeschrieben. Ihr Leichnam, schrieb Joan Carroll Cruz in ihrem Buch *The Incorruptibles*, »ist hell in der Farbe und trocken, jedoch vollständig erhalten, selbst die Augen. Auch die Nägel an Fingern und Zehen sind noch alle vorhanden – eine wahrhaft wundersame Erhaltung nach fast 700 Jahren.«
Für die Untersuchung eines solchen Leichnams benötigte die Kongregation für die Selig- und Heiligsprechungsprozesse einen medizinischen Spezialisten, und Fulcheri erklärte sich gerne zur Mitarbeit bereit. In Cortona traf er mit den anderen Experten des Teams zusammen und legte den Eid ab, der von allen an einer solchen Untersuchung Beteiligten verlangt wurde: Er schwor, die sterblichen Überreste der Heiligen respektvoll zu behandeln, nichts fortzunehmen und seine Erkenntnisse wahrheitsgemäß mitzuteilen. Erst dann durften er und seine Kollegen die Siegel an dem Reliquienschrein brechen und den Leichnam der Heiligen in einen für die Öffentlichkeit nicht zugänglichen Bereich der Kathedrale bringen. Dort begann Fulcheri im Beisein eines Vertreters des Bischofs, den Körper der Heiligen vorsichtig zu entkleiden. Als er ihr Gewand nach oben schob, gab es ein erstauntes Gemurmel. An den Oberschenkeln waren mehrere lange Schnitte zu sehen und weitere, tiefere, im Bauch- und Brustbereich. Sie waren ihr eindeutig nach dem Tod beigebracht und anschließend mit einem derben schwarzen Faden überwendlich zusammengenäht worden. Die heilige Margarete musste also künstlich mumifiziert worden sein.
Fulcheri machte sich ans Studium der historischen und kirchlichen Akten. Als Gründerin eines Hospitals und wundertätige Krankenheilerin hatte Margarete zur Zeit ihres Todes im Jahr 1297 in Cor-

tona große Verehrung erfahren. Die Bürger der Stadt waren überzeugt, dass sie eine Heilige war, und wollten ihren Leichnam unbedingt vor der Verwesung bewahrt sehen, damit ihre Stadt weiterhin in den Genuss von Wundern käme, die Gott in ihrer Gegenwart wirken mochte. »Und so baten die Bewohner von Cortona die Kirche nach ihrem Tod, den Leichnam einbalsamieren zu lassen«, erklärte Fulcheri. Den Akten zufolge wurde diese Bitte öffentlich bekannt gemacht, doch dieser Umstand geriet im Laufe der Jahrhunderte in Vergessenheit, so dass die Menschen annahmen, die Heilige sei durch die Gnade Gottes vor der Verwesung bewahrt worden. Früher durchgeführte kanonische Untersuchungen hatten wenig zur Aufklärung beigetragen. Die kirchlichen Untersucher hatten bei dem Leichnam den Wohlgeruch von Salben und Gewürzen wahrgenommen, doch sie hätten es als anstößig empfunden, ihn gründlich zu examinieren. »Sie hatten das Leibchen hochgehoben, nur ein wenig, so weit es eben schicklich war«, sagte Fulcheri.

Die Balsamierer der heiligen Margarete hatten gute Arbeit geleistet, ihre inneren Organe entfernt und die Haut mit wohlriechenden Salben eingerieben. Ihr Vorgehen erinnerte Fulcheri an die Methoden der alten Ägypter, und der Pathologe fragte sich, ob diese Ähnlichkeiten reiner Zufall waren – das Ergebnis eigenständiger Erkenntnis in zwei verschiedenen Kulturen zu unterschiedlicher Zeit – oder ob die katholische Kirche irgendwann in der fernen Vergangenheit manches aus der ägyptischen Tradition des Mumifizierens übernommen und für ihre Zwecke genutzt hatte.

Immerhin fand sich in der Bibel ein bedeutender Präzedenzfall. Im Alten Testament wird erzählt, dass Joseph, der als junger Mann in Ägypten als Sklave verkauft worden war und später zum Herrn über das ganze Land wurde, den Ärzten in seinen Diensten befohlen hatte, den Leichnam seines Vaters einzubalsamieren. Einzelne Elemente dieser Praxis dürften in Palästina mehr als tausend Jahre überdauert haben. Das Neue Testament schildert, wie die Trauernden den Leichnam Jesu mit natürlichen Konservierungsmitteln aus Pflanzen einbalsamierten. Auch Nikodemus kam zum Grab mit hundert Pfund Myrrhe, dem bevorzugten Harz der ägyptischen Balsamierer, und Aloe, einer antibakteriell wirkenden Substanz verschiedener Aloe-Arten, die in Süd- und Ostafrika heimisch sind. »Sie nahmen den Leichnam Jesu und umwickelten ihn mit Leinenbinden, zusammen mit den wohlriechenden Salben, wie es beim jüdischen Begräbnis Sitte ist«, heißt es im Johannes-Evangelium. Der Stein, auf dem Jesus gesalbt wurde, befindet sich noch heute in der Grabeskirche in Jerusalem.

Die christlichen Vorväter, vom Glauben durchdrungen, waren entschlossen, dem Beispiel Jesu in jeder erdenklichen Weise zu folgen. »Wenn Christus gesalbt und einbalsamiert wurde«, sagte Fulcheri, »dann, dachten sie sich, sollte es auch mit bedeutenden und heiligen Menschen so geschehen.« Und die frühen Christen fingen an, die Leichname verehrungswürdiger Menschen mit natürlichen konservierenden Substanzen zu salben und sie in Leinentücher zu wickeln – einfache Handlungen, die die Mumifizierung vieler Heiliger wesentlich unterstützten. Als sich die ersten christlichen Missionare nach Rom aufmachten, brachten sie auch diese Bräuche mit, und bald verbreitete sich die Anwendung solcher Konservierungsmittel in ganz Europa. Historischen Berichten zufolge bestatteten umbrische Christen im 4. Jahrhundert den Leichnam des hl. Emiliano mit »balsamischen Harzen und kostbaren Essenzen und weißen Leinentüchern«, und noch über tausend Jahre lang salbten die Christen ihre Heiligen und Märtyrer mit solchen Substanzen. Aus dem Jahr 1697 ist zum Beispiel der Bericht eines italienischen Arztes überliefert, in dem er 27 pulverisierte Kräuter und Drogen aufführt, die er für die Einbalsamierung des hl. Gregorio Barbarigo verwendet hatte. Ganz oben auf seiner Liste standen Myrrhe, Aloe und Weihrauch, ein bei den alten Ägyptern ebenfalls sehr beliebtes Harz. »Das Wissen der Ägypter wurde also nach Palästina gebracht«, erläuterte Fulcheri, »und von dort gelangte es nach Europa.«

Doch während die Leichname von Heiligen und Märtyrern sorgsam einbalsamiert wurden, ging man in anderen Fällen, wie Fulcheri feststellte, wesentlich weniger rücksichtsvoll vor – wenn die Staatsräson es gebot. Der Tod eines europäischen Monarchen brachte stets beträchtliche politische Wirren und Spannungen mit sich. Um alle Zweifel zu zerstreuen, musste die königliche Familie den Angehörigen des Hofes und fremden Würdenträgern zeigen, dass der König oder die Königin tatsächlich gestorben war und jemand anderer einen rechtmäßigen Anspruch auf den vakanten Thron erheben konnte. In der Praxis bedeutete dies, dass der königliche Leichnam eine Zeit lang zur Schau gestellt wurde, ehe er endlich begraben werden konnte. Doch dieser Brauch war nicht unproblematisch. Es konnte Wochen dauern, bis wichtige ausländische Würdenträger zum Staatsbegräbnis eintrafen, und bis dahin wäre die Leiche eine faulende Fleischmasse. Also mussten an den Königshöfen von London bis Wien die Ärzte zur Tat schreiten, um ihren verblichenen Souverän so lange vor der Verwesung zu bewahren, bis man ihn unbesorgt zur letzten Ruhe betten konnte.

Wann die Ärzte in Europa mit diesem morbiden Geschäft begannen, können die Historiker nicht sagen; es gibt kaum Aufzeichnungen, und die Herrscherhäuser waren nie sonderlich erpicht darauf, Forscher in den sterblichen Überresten ihrer Vorfahren herumstochern zu lassen. Zeitgenössische Berichte lassen jedoch vermuten, dass einer der frühesten Fälle auf den Spätsommer des Jahres 1087 zu datieren ist, als Ärzte herbeigeholt wurden, um den Leichnam eines der berühmtesten Könige Englands, Wilhelm des Eroberers, zu konservieren. Wilhelm war recht unerwartet durch einen Reitunfall zu Tode gekommen, während er die brennenden Ruinen der französischen Stadt Mantes inspizierte, die er soeben dem Erdboden gleichgemacht hatte. Sein Ross war in glühende Asche getreten und der fettleibige Monarch, als es sich aufbäumte, hart gegen den Sattelknopf geschlagen. Die daraus resultierende Verletzung bewirkte, was sämtliche Feinde Wilhelms bei der Schlacht von Hastings nicht geschafft hatten – sie brachte ihn um. Tief bestürzt begannen seine Familie und Höflinge eilig mit den Vorbereitungen für das Begräbnis. Sie ließen Ärzte kommen, die den Leichnam des Königs reinigen und die inneren Organe entfernen sollten, um die Verwesung zu verhindern, doch diese Maßnahmen erwiesen sich als unzureichend. Die Feierlichkeiten hatten kaum begonnen, als Williams gewaltiger Körper, von Fäulnisgasen aufgebläht, zum Entsetzen aller mitten in der Kirche platzte und die edlen Herrschaften fluchtartig aus dem Gotteshaus stürmen ließ.

Zum Glück waren nicht alle Leibärzte an europäischen Höfen solche Stümper. Manche entwickelten eine derartige Kunstfertigkeit in der Konservierung von Leichen, dass sie den Körper ihres verstorbenen Souveräns über Jahrhunderte vor der Verwesung bewahrten. In den 1980er Jahren hatte der italienische Pathologe Gino Fornaciari die seltene Gelegenheit, sich einige ihrer besten Arbeiten anzusehen. Der Fachmann für Mumifizierung erhielt die Erlaubnis, in der Basilika San Domenico Maggiore in Neapel, Grablege der königlichen Familie von Neapel während der Renaissance, Dutzende von Leichnamen in ihren alten Holzsärgen zu untersuchen. Insgesamt befassten sich Fornaciari und sein Team mit den sterblichen Überresten dreier Könige und einer Königin sowie den Leichnamen verschiedener bekannter neapolitanischer Prinzen und Adeliger aus dem 15. und 16. Jahrhundert. Der Pathologe war sehr beeindruckt. Die Hälfte der Leichen war von den Ärzten jener Zeit meisterhaft mumifiziert worden. An den Torsi konnte man die Schnitte zur Entfernung der inneren Organe sehen. Die Schädel wiesen Löcher auf, durch die das Gehirn herausgeholt worden war. In der Bauchhöhle klebten häufig noch Reste von Kräutern wie Rosmarin, Lorbeer, Wermut und Myrte. Die Haut war durchtränkt mit Kiefernharz. »Selbst bei den Särgen bevorzugte man harzreiche Holzsorten«, schrieb Fornaciari später in einem Aufsatz, »von denen man annahm, dass sie der Erhaltung des Leichnams förderlich waren.«

Die komplexen Methoden jener Leibärzte wiesen eine große Ähnlichkeit zur Vorgehensweise bei der heiligen Margarete auf. Doch Fulcheri fragte sich, warum man bei einer Heiligen zu derart drastischen Maßnahmen gegriffen hatte. Die Balsamierer von Cortona waren weit über das traditionelle Einsalben des verehrungswürdigen Leichnams hinausgegangen, hatten den Körper der Heiligen aufgeschnitten und den größten Teil der inneren Organe entfernt. In den Akten der Kirche fand sich keine Erklärung, also begann Fulcheri anderweitig nach Hinweisen zu fahnden. Er versuchte noch weitere Heilige in Italien zu finden, die auf ähnliche Weise mumifiziert worden waren, denn vielleicht, überlegte er, würde ihre Geschichte die Motive deutlicher werden lassen.
Seine Nachforschungen förderten nur fünf ähnliche Fälle zu Tage – die hl. Klara von Montefalco, die sel. Margarete von Metola, die hl. Katharina von Siena, den hl. Bernhardin von Siena und die hl. Rita von Cascia. Alle hatten in den italienischen Provinzen Umbrien und Toskana gelebt, alle innerhalb einer relativ kurzen Zeitspanne, nämlich zwischen 1297 und 1447. Und sie alle waren Mystiker eines Typus, wie er im Norditalien des 14. und frühen 15. Jahrhunderts populär war. Ihre Anhänger waren fest entschlossen, ihre Leichname vor der Verwesung zu bewahren, doch wie Fulcheri aus den alten Akten sehen konnte, hatte ein einfaches Einsalben für ihre Zwecke nicht genügt. Manche trauernden Gläubigen wollten die inneren Organe herausnehmen, um sie als Heiligenreliquien in andere Kirchen zu schicken. Andere wollten die Organe selbst auf besondere Merkmale untersuchen. Die hl. Klara von Montefalco zum Beispiel hatte einmal zu ihren Anhängern gesagt: »Wenn ihr das Kreuz Christi sucht, nehmt mein Herz; dort werdet ihr den leidenden Herrn finden.« Die Nonnen, die sie im Leben so gut gekannt hatten, nahmen diese Bemerkung wörtlich. Als sie gestorben war, schnitten sie ihre inneren Organe heraus und untersuchten sie auf Zeichen göttlicher Gnade. Sie fanden drei Gallensteine, die sie als Symbol der Dreieinigkeit ansa-

hen. Am Herzen stellten sie Merkmale einer Erkrankung fest, die die Herzklappen mitsamt Papillarmuskeln und Sehnen geschädigt hatte. In dieser Abnormität erkannten sie den ausgestreckten Körper Christi am Kreuz.

Nicht alle Unvergänglichen jedoch ließen sich so leicht auf die Arbeit geschickter Ärzte im Dienst der Kirche zurückführen. Einige von ihnen, wie die hl. Zita, der ich in Lucca einen Besuch abgestattet hatte, wiesen keinerlei Anzeichen menschlicher Eingriffe auf. Als der Pathologe Gino Fornaciari in den 1980er Jahren ihren 700 Jahre alten Leichnam untersuchte, fand er keine Spuren konservierender Salben oder Harze auf ihrer Haut, ebenso wenig irgendwelche Schnitte. Die hl. Zita war vollkommen unversehrt, im Besitz aller inneren Organe. Sie und einige andere – der hl. Ubald von Gubbio, die sel. Margarete von Savoyen und die hl. Savina Petrilli, um nur ein paar zu nennen – waren durch irgendwelche anderen Einflüsse der Verwesung entgangen. Als Wissenschaftler vermutete Fulcheri, dass die Natur ihre Hand im Spiel gehabt hatte. Er fragte sich, ob nicht bestimmte Umgebungsbedingungen für die Konservierung der Heiligen verantwortlich waren, denn viele waren nach ihrem Tod zuerst in Grüften unter dem Kirchenboden bestattet worden.
Die besondere Konstruktion und Lage dieser Grüfte wurde in der Frühzeit der christlichen Kirche festgelegt. Der römische Kaiser Nero hatte es im 1. Jahrhundert n.Chr. politisch angezeigt gefunden, die Christen zu verfolgen. Dem verschwenderischen und unbeliebten Herrscher war vorgeworfen worden, er habe in Rom einen großen Brand legen lassen, um Platz für einen neuen Palast zu schaffen. Um diese Gerüchte zu zerstreuen, schob Nero die Schuld den Christen zu. Er gab Befehl, eine möglichst große Zahl von ihnen gefangen zu nehmen und in den Circus Maximus zu schleifen. Dort, vor aller Augen, ließ er sie bei lebendigem Leib verbrennen, von Hunden zerreißen und kreuzigen. Während seine Opfer unter Todesqualen schrien, mischte sich Nero als Wa-

genlenker gekleidet unter die Zuschauer. Als er sein grausames Vergnügen weidlich ausgekostet hatte, konnten die Familien der Getöteten die Leichname mitnehmen. Sie bestatteten ihre Angehörigen in der Nähe des Circus Maximus oder in den unterirdischen Gängen der römischen Katakomben.
Auch unter anderen Kaisern kam es immer wieder zu solchen Verfolgungen. Zu Beginn des 4. Jahrhunderts, unter Konstantin, der den Christen Religionsfreiheit gewährte, konnten sie schließlich erleichtert aufatmen. Sie holten ihre Märtyrer aus den Katakomben und provisorischen Gräbern und gaben ihnen sicherere, schönere Ruhestätten unter den Altären ihrer neu erbauten Kirchen. Konstantin selbst ließ in Rom eine prächtige Kathedrale errichten, die Peterskirche, deren Altar sich über dem Grab des Stellvertreters Christi erhebt, einem von Neros Opfern. Seit dieser Zeit wurde die sterbliche Hülle katholischer Märtyrer oder Heiliger überall in Europa unter dem Altar einer Kirche bestattet. Früher wurde ihr Grab oder ihre Gedenkkirche selbst als *Martyrium* bezeichnet.
Mit der neuen Kirchenarchitektur entwickelten sich auch neue Bestattungssitten. Fromme Christen gaben sich nicht mehr damit zufrieden, ihre Verstorbenen auf alten Friedhöfen und in Katakomben zu beerdigen; sie sollten innerhalb der Kirche ihre letzte Ruhe finden, und zwar möglichst nahe am Altar. Den italienischen Kirchenbaumeistern fiel eine einfache Lösung ein. Sie bauten unterhalb des Kirchenbodens Krypten, um die Toten unterzubringen, und schufen damit Andachtsstätten, die oft den Charakter eines Mausoleums hatten. In diesen Grüften wurden Bischöfe nächst dem Altar bestattet, Priester und Mönche ein wenig davon entfernt. Gleich neben ihnen kamen Könige zu liegen, die Herrscher von Gottes Gnaden, und etwas weiter entfernt wiederum die Adeligen. Bis zum Mittelalter war es sogar einigen wenigen reichen Kaufleuten gelungen, sich und ihren Familien einen Platz in solchen Grüften zu erkaufen. Nur der gemeine Pöbel musste sich mit einem Grab draußen auf dem Friedhof begnügen. Die

christlichen Kirchen waren zu Totenhäusern geworden, ziemlich exklusive noch dazu.
Da sie innerhalb der Kirchenmauern lagen, waren Krypten ebenfalls Sakralräume, doch manche hatten noch einen weiteren Vorteil. In den kühlen Erdboden gegraben oder mit Alkaligestein ausgekleidet, boten sie chemisch wie klimatisch ein Umfeld, das eine Mumifizierung förderte. »Die Bedingungen für die Erhaltung von Leichen waren sehr günstig«, erläuterte Fulcheri. »In einer solchen Krypta herrscht eine ziemlich niedrige Temperatur, und es gibt kaum Temperaturschwankungen zwischen Sommer und Winter. Deshalb sind viele Verstorbene, die dort liegen, ausgesprochen gut erhalten.« Manche Krypten verfügten über derart ideale Voraussetzungen, dass sie die ihnen Anvertrauten über Jahrhunderte vor der Verwesung bewahrten.
Künftige Heilige wurden häufig in solchen Krypten bestattet, bis sie im Zuge eines Selig- oder Heiligsprechungsprozesses untersucht werden sollten. Mittlerweile war der Leichnam durch das Mikroklima in der Gruft ausgetrocknet, und die Haut hatte die Textur von altem Leder angenommen. Wenn es bei den Kirchenvertretern irgendwelche Zweifel gab, welcher der Leichname nun zu dem Heiligen gehörte, nahmen sie manchmal einfach den am besten erhaltenen, denn Unvergänglichkeit galt als Zeichen der Heiligkeit. Die einfachen Menschen wussten damals nicht, dass die Natur eine solche Konservierungskraft besaß, und in einer Zeit, da beinahe jeder Dorf- oder Stadtbewohner schon einmal mit Pestbeulen bedeckte Leichen an den Straßen hatte liegen sehen oder den Gestank verwesender Leichen kannte, die man nach einer verheerenden Niederlage auf dem Schlachtfeld aufeinander gestapelt hatte, musste ein unversehrter alter Leichnam wie ein Wunder erscheinen.
Im Zeitalter der Aufklärung jedoch fingen auch Männer der Kirche an, die Sache mit der Unversehrtheit zu hinterfragen. Besonders gute Beobachter hatten nämlich bemerkt, dass manche Heilige, wenn man sie aus der Krypta herausnahm, fast unmittelbar danach

zu verwesen begannen. Daraus ergaben sich unbequeme Fragen zu den Heiligen selbst, so dass ein sehr gelehrter Kirchenmann, der spätere Papst Benedikt XIV., im Jahr 1734 das erste von vier Büchern über Heilige veröffentlichte und einen strengeren Maßstab für Unversehrtheit einführte. Nur jene Leichname, die viele Jahre lang geschmeidig, beweglich, lebensähnlich in der Farbe und frisch im Aussehen blieben und nachfolgend keine Zerfallserscheinungen zeigten, ohne dass kundige Hände nachgeholfen hätten, bestimmte Benedikt, würden als Wunder betrachtet. Doch damit war das Problem nicht gelöst. Es gab immer noch einen Spielraum hinsichtlich der Auslegung, welcher Leichnam unversehrt war und welcher nicht, und diesen Spielraum wussten fromme Kirchenmänner bei einem Lieblingskandidaten auch zu nutzen. Um zu demonstrieren, dass der Arm eines Heiligen noch vollkommen beweglich war, brachen manche Untersucher die Gliedmaße, so dass der Unterarm locker hin und her gebogen werden konnte. »Das ist kein schöner Anblick mehr«, räumte Fulcheri ein.

Manche gingen, wenn sie einen Heiligen besonders verehrten, sogar noch weiter, um seine Unversehrtheit zu erhalten. Vor etlichen Jahren, erzählte Fulcheri, habe der inzwischen verstorbene Monsignore Nolli das Kloster der Klarissinnen in Assisi besucht und dort am Schrein der hl. Klara gebetet, die den Orden im 13. Jahrhundert gründete. Die Predigten des hl. Franz von Assisi hinterließen bei dem jungen Mädchen einen so tiefen Eindruck, dass sie im Jahr 1212 von zu Hause fortlief und die klösterlichen Gelübde ablegte. Klara wurden zahlreiche Wunder zugeschrieben. Zweimal rettete sie Assisi vor den Schwertern seiner Feinde, und es hieß bei den Bewohnern der Stadt, sie könne Dinge sehen, die andere nicht sahen. Während ihrer langen schweren Krankheit erschien auf der Wand gegenüber ihrem Bett ein Bild der Heiligen Messe, die in der Franziskus-Basilika am anderen Ende der Stadt abgehalten wurde. Klara betrachtete es mit großer Freude. Im Jahr 1958 wurde die Heilige des 13. Jahrhunderts zur Patronin des Fernsehens gemacht.

Was viele nicht wissen: Die hl. Klara war nicht ganz das, was sie zu sein schien. Als Monsignore Nolli die Heilige in ihrer Kirche in Assisi besuchte – sie liegt in einem gläsernen Schrein hinter einem massiven schmiedeeisernen Gitter –, kam ihm ihre Haut unnatürlich dunkel vor. Und er bemerkte, dass sich unter ihren Händen und entlang des Gesichts ein wenig Staub angesammelt hatte. Sie sah überhaupt nicht aus, wie ein 700 Jahre alter Leichnam aussehen sollte. Nolli bat um Erlaubnis, die hl. Klara zusammen mit Fulcheri, Gabrielli und zwei ihrer Kollegen untersuchen zu dürfen. Als sie Gitter und Reliquienschrein öffneten und sie in Augenschein nahmen, stellten sie fest, dass sie keineswegs eine Mumie vor sich hatten. An Stelle eines weichen, geschmeidigen Körpers fanden Fulcheri und seine Kollegen eine Nachbildung der Heiligen aus Silber vor, in deren Innern ihre Knochen lagen, mit Silberdraht, Stoffstreifen und Pech verbunden.
Doch dahinter steckte keine böse Absicht seitens der Klarissinnen. Irgendwann in der fernen Vergangenheit war die hl. Klara schlicht den Weg allen Fleisches gegangen. »Weil die Heilige so sehr verehrt wurde«, erläuterte Fulcheri, »nahmen sie die vorhandenen Knochen und schufen einen Körper darum herum. Statt die Knochen in einer Urne oder einem Reliquiar aufzubewahren, schufen sie einen *corpus sanctus* – einen heiligen Leichnam.« Solch ein vollständiger Körper lud viel mehr zu Kontemplation und Verehrung ein als eine bloße Ansammlung von Knochen. Die Klarissinnen folgten damit lediglich einer wenig bekannten Kirchentradition, denn in anderen Teilen Europas fertigten fromme Christen ähnliche heilige Leichname an. Neueste Studien von Forschern der Universität Padua besagen, dass ganze 70 heute die Kirchen Europas zieren.
Im Laufe der Jahrhunderte waren die Gläubigen schließlich davon überzeugt, in der silbernen Klara einen Menschen aus Fleisch und Blut vor sich zu haben. Doch die Bemühungen der Nonnen, Klaras sterbliche Überreste schön herzurichten, hatten leider einen unerwünschten Effekt. Statt ihre Knochen zu schützen, zogen die

verwendeten Materialien hungrige Insekten an. Da Fulcheri und seine Kollegen befürchteten, dass bald überhaupt nichts mehr von der Heiligen übrig sein würde, baten sie um die Erlaubnis – und erhielten sie auch –, die verbleibenden Teile in einem Reliquiar in Menschengestalt mit einer Porzellanmaske konservieren zu dürfen. Es war das erste Mal in hundert Jahren, dass sich ein Mann im Kloster aufhielt. Die Nonnen störten sich jedoch nicht daran, sondern begegneten Fulcheri und seinen Kollegen mit großer Herzlichkeit. Während die Wissenschaftler arbeiteten, sangen sie dieselben gregorianischen Choräle, die die Klarissinnen 700 Jahre zuvor angestimmt hatten, als die hl. Klara gestorben und ihre Seele in den Himmel gestiegen war. »Es war sehr bewegend«, sagte Fulcheri.

Mittlerweile hat sich die katholische Kirche, vielleicht auch durch solche Entdeckungen beeinflusst, von der alten Vorstellung der Unvergänglichkeit praktisch getrennt. Die körperliche Unversehrtheit gilt nicht mehr als eines von zwei Wundern, die verlangt werden, ehe ein Heiliger vom Papst anerkannt werden kann. Vielmehr hat die Unvergänglichkeit in den letzten Jahren denselben Weg genommen wie die traditionelle lateinische Liturgie und die mittelalterliche Vorstellung von der Hölle als einem Ort voller Schwefelgestank und Feuer, wo die Verdammten ewig körperliche Qualen leiden. Doch das machte Fulcheri nichts aus, und ebenso wenig beeinträchtigte es seinen Glauben. »Warum sollte ich meine innerste Überzeugung ändern?«, gab er ein wenig gereizt zurück, weil ich überhaupt gewagt hatte, ihm eine solche Frage zu stellen. »Die Heiligen sind ein Naturphänomen. Gut, die hl. Klara ist keine Mumie, sondern nur Knochen. Trotzdem verehre ich sie noch in gleichem Maße wie zuvor. Daran hat sich nicht das Geringste geändert.«

Doch was der Vatikan auch tun mag, es wird ihm nie ganz gelingen, das ehrfürchtige Staunen, das eigenartige Gefühl des Wiedererkennens zu bannen, das wir empfinden, wenn wir vor einem dieser Leichname stehen. Es ist in seiner Mischung aus Ehrfurcht und Sehnsucht viel zu sehr ein Teil von uns selbst, viel zu sehr eine Spiegelung unserer innersten Wünsche, als dass wir leichten Herzens darauf verzichten würden. Solch ein alter Leichnam liefert uns gewissermaßen den Beweis, dass es eine Macht gibt – ob göttlich oder natürlich –, die so außerordentlich und gütig ist, dass sie beschließt, unsere Mitmenschen für alle Ewigkeit so zu bewahren, wie sie sind. Er ist eine wunderbare Bestätigung, ein Zeichen unserer Bedeutung in einer Welt, die uns so oft mit kalter Gleichgültigkeit begegnet. Er lässt uns hoffen, dass der Tod nicht unser Ende sein wird, dass uns irgendetwas doch vor der endgültigen Auslöschung, die wir alle fürchten, bewahren wird.

DESPOTEN

Zu Hause in Vancouver ließ ich mir noch einmal die Geschichten durch den Kopf gehen, die Fulcheri mir erzählt hatte, seine Erlebnisse als Mumifizierer und Untersucher toter Heiliger. Ich konnte gut verstehen, warum er von ihnen so fasziniert war, und teilweise ging es mir genauso, doch andererseits befremdete mich die eigenartige Diskrepanz zwischen dem demütigen Glauben frommer Katholiken und der kalten Logik des Vatikan, der sich ohne zu zögern der modernsten wissenschaftlichen Methoden bediente, um einen regimekritischen ukrainischen Kardinal konservieren zu lassen. Ich fragte mich – obwohl mir dieser Gedanke ziemliche Schuldgefühle verursachte –, ob der Vatikan die Menschen in Lviv wohl darüber aufklären würde, was man mit Kardinal Slipyi gemacht hatte, wie man seinen Leichnam mit chemischen Mitteln für die Ewigkeit präpariert hatte. Oder würde Rom einen anderen Weg gehen? Würde der Vatikan Stillschweigen bewahren und die Ukrainer irgendwann in ferner Zukunft ihre eigenen Schlüsse aus der Unvergänglichkeit des Kardinals ziehen lassen?

Am meisten hat mich in Italien jedoch beeindruckt, welch tiefe Verehrung die Katholiken den unversehrten Körpern von Heiligen entgegenbringen und wie leicht Menschen in Machtpositionen sie zu ihrem Vorteil nutzen können. Die Kardinäle in Rom hatten aus dieser traditionellen Verehrung Kapitel geschlagen, um die Menschen in ihrer Gläubigkeit zu bestärken und die politischen Ziele der Kirche zu fördern, doch sie waren nicht die Einzigen, die auf diese Weise ihren Vorteil suchten. Auch andere, weit skrupellosere Machthaber in Europa machten sich diese Verehrung zu Nutze, manchmal mit entsetzlichen Folgen. Radikale Nationalisten in Serbien nutzten diese Verehrung für unversehrte Tote aus alter Zeit in den 1980er Jahren sogar, um einer ethnischen Säuberung den Weg zu bereiten.

Die Serben sind Menschen mit einem sehr langen Gedächtnis. Sie leben als orthodoxe Christen an einer uralten kulturellen Scheidelinie, die das christliche Europa vom muslimischen Asien trennte. Im 14. Jahrhundert von den türkischen Osmanen erobert, zettelten sie in den folgenden knapp 500 Jahren immer wieder Aufstände an, bis sie schließlich im 19. Jahrhundert ihre Freiheit erlangten. Im 20. Jahrhundert entstand dann der Schmelztiegel-Staat Jugoslawien. Es war eine krisenanfällige Union. Den serbischen Nationalisten behagte es überhaupt nicht, dass sie die Macht mit anderen, vor allem der ziemlich großen muslimischen Bevölkerungsgruppe in Jugoslawien, teilen sollten. Ende der 1980er Jahre arbeiteten sie mit allen Mitteln darauf hin, das ganze Land unter Kontrolle zu bekommen. Eine wichtige Rolle spielte dabei die dramatisch inszenierte »Tournee« eines serbischen Fürsten des 14. Jahrhunderts namens Lazar.

Ebenjener Lazar, ein hoch verehrter Volksheld, hatte die Serben in die glücklose Verteidigungsschlacht gegen die türkischen Invasoren geführt. Nachdem er seine Landsleute eindringlich gemahnt hatte, alle Feldarbeit liegen zu lassen und sich ihm anzuschließen, stand der Fürst mit seiner Streitmacht den Türken im Juni 1389 auf dem Kosovo Polje, dem Amselfeld, gegenüber. In der Hitze des Gefechts gelang es den serbischen Rittern, den Anführer des türkischen Heeres, Sultan Murad I., zu töten, was jedoch dem Kampfesmut seiner Männer keinen Abbruch tat. Sie schlachteten die serbischen Ritter in ihren schweren Rüstungen und Kettenhemden reihenweise ab; am Ende war das Schlachtfeld mit metallen blinkenden Leichen übersät. Und sie nahmen den Anführer der serbischen Verteidigung gefangen – Lazar, der einen Monat später enthauptet wurde.

Die orthodoxe Kirche sprach Lazar als Märtyrer heilig, und Gefolgsleute brachten seinen Leichnam in ein Kloster in Ravanica, wo er jahrhundertelang als Unvergänglicher verehrt wurde. Es gab wohl wenige Dinge, überlegten sich extreme serbische Nationalisten Ende der 1980er Jahre, die die Serben derart in Begeisterung versetzen konnten wie ein Blick auf den ermordeten Fürsten, von dessen mumifizierter Hülle kaum mehr übrig war als die Knochen. Das störte die Serben jedoch nicht. Lazar wurde in feierlicher Prozession durch Bosnien und Kroatien bis ins Kosovo getragen, und die Gläubigen versanken vor ihm ehrfürchtig im Gebet. Zwei Jahre später sprach der neue

Serbenführer Slobodan Milosevic auf dem alten Schlachtfeld zu über einer Million Menschen und stachelte mit seiner Rede nationalistische Gefühle an. Milosevic, der sich als Wiedergeburt Lazars darstellte, kam schließlich an die Macht und entfesselte einen Krieg, verbunden mit den Greueltaten einer ethnischen Säuberung, in deren Verlauf Zehntausende von Moslems aus ihrer Heimat im Kosovo vertrieben wurden.
Milosevic wusste genau, was er tat, doch er war beileibe nicht der erste Politiker, der erkannte, dass sich aus den sterblichen Überresten längst Verstorbener ein Gewinn ziehen läßt. Von der russischen Revolution bis zu den dunkelsten Tagen des Kalten Krieges schlugen die Kommunisten Osteuropas Kapital aus alten christlichen Glaubensvorstellungen im Zusammenhang mit konservierten Toten. Die Kirche wurde in diesen Ländern zwar unterdrückt, Priester wurden vor Exekutionskommandos gestellt und Erzbischöfe in die eisigen Arbeitslager Sibiriens geschickt, doch man scheute sich nicht – welch ein Zynismus –, nach dem Vorbild Roms eine eigene Art von Unvergänglichen zu schaffen.

Das Haus Nr. 2 in der Krasinstraße, nur gute zehn Fußminuten vom Kreml entfernt, sieht aus wie jedes andere moderne Moskauer Bürogebäude aus der Sowjetzeit. Es fügt sich gewissermaßen unschuldsvoll getarnt in seine triste Umgebung. Bei meinem Besuch an einem Vormittag im März hatte der Schneematsch auf der Straße dieselbe Farbe wie die nüchterne graue Fassade. Die schwärzlichen Baumskelette vor dem Haus sahen erschöpft und niedergeschlagen aus – wie alle Bäume in Moskau in dieser Jahreszeit. Das Schild über der Eingangstür dürfte kaum interessierte Blicke von Passanten auf sich ziehen. Darauf steht, in kyrillischer Schrift: Wissenschaftliches Forschungs- und Methodikzentrum für Biomedizinische Technologie. Wie so vieles andere in der früheren Sowjetunion sagt jedoch auch dieses Schild wenig über die geheimnisvollen Vorgänge hinter der Fassade aus. In der Krasinstraße 2 arbeiten einige der besten Mediziner Russlands, wie seit Jahrzehnten, an einer bizarren Aufgabe – tote Diktatoren in die perfektesten Mumien zu verwandeln, die die Welt je gesehen hat.

Das Team in der Krasinstraße hatte außerordentlich erfolgreich gearbeitet. Dank seiner Fürsorge liegt Wladimir Iljitsch Uljanow, besser bekannt als Lenin, von der Zeit scheinbar unberührt in seinem schmucklosen Mausoleum am Roten Platz. Obwohl schon seit fast einem drei viertel Jahrhundert tot, ist Lenin noch heute eine wichtige Figur in Russland und spielt im öffentlichen wie im politischen Leben Moskaus eine ebenso große Rolle wie viele lebende Politiker. Und Lenin ist nur eines der Meisterwerke der Mausoleumsleute, wie die verschwiegenen, langsam in die Jahre kommenden Balsamierer aus der Krasinstraße 2 inoffiziell genannt werden. Ihre Kundenliste liest sich wie das Who's Who des Kalten Krieges – Josef Stalin, Ho Chi Minh, Kim Il Sung.

Als ich in Moskau landete, hatte ich bereits einen festen Termin für ein Gespräch mit den Mausoleumsleuten, doch nun stellte sich heraus, dass der Zeitpunkt schlecht gewählt war. Die Vereinigten Staaten, Kanada und andere NATO-Mitglieder hatten nach massiven Übergriffen serbischer Truppen gegen die albanische Bevölkerung im Kosovo gerade die ersten Luftangriffe auf Belgrad geflogen. Vor der amerikanischen Botschaft demonstrierten junge Russen, die sich über dieses Vorgehen gegenüber ihren alten serbischen Verbündeten empörten. Der Kreml hatte zum Schutz der Botschaft vor der aufgebrachten Menge auf der Straße Militär abkommandiert, um zu verhindern, dass die Lage außer Kontrolle geriet. Meine Dolmetscherin Natalia, eine Anglistik-Dozentin aus St. Petersburg, war krank vor Sorge. Ihre Studenten wollten unbedingt so schnell wie möglich nach Jugoslawien, um die serbische Armee als Freiwillige zu unterstützen. Doch ich tat mich schwer, den Zorn der Russen nachzuvollziehen. Als ich in meinem Hotelzimmer den Fernseher einschaltete, lief gerade ein in Moskau sehr beliebtes Programm: der amerikanische Zeichentrickfilm *Beavis and Butthead,* in russischer Synchronfassung.

Trotzdem war ich ausgesprochen nervös, als ich mich zu meinem

ersten Termin in die Krasinstraße 2 auf den Weg machte, und ich wurde nicht unbedingt entspannter, als ich die Eingangstür hinter mir geschlossen hatte. Vor der gegenüberliegenden Wand stand ein einsamer Schreibtisch, an dem eine Empfangsdame saß; sie wirkte sehr verloren in dem riesigen, leeren Raum. Sie sah Natalia und mich mit großen Augen an, notierte sich unsere Namen und tätigte dann mit einem uralten Telefon einen diskreten Anruf, indem sie irgendetwas in den Hörer flüsterte. Ich blickte mich in dem Empfangsraum nach weiteren Anzeichen von Leben um. Keine Spur, das Einzige, was ich sah, war eine Tür zu einem leeren Zimmer an der Ecke, die einen Spalt offen stand. Früher einmal konnte sich die Krasinstraße 2 einer individuellen Überwachung durch den KGB rühmen, doch die Zeiten hatten sich eindeutig geändert. Um die laufenden Rechnungen bezahlen zu können, waren die Mausoleumsleute und ihre Partner gezwungen gewesen, an zwei Firmen aus Branchen unterzuvermieten, die in der alten Sowjet-Ära praktisch nicht existiert hatten: eine Reiseagentur und eine Bank.
Schließlich erschien eine Sekretärin und geleitete uns an einer angestaubten Büste des großen Revolutionärs Lenin vorbei ein Stück die Treppe nach oben zu einem kleinen Fahrstuhl. Als sich Mitarbeiter in weißen Labormänteln neben uns hineinquetschten, breitete sich ein durchdringender Geruch nach Formaldehyd aus. Im dritten Stock stiegen wir aus, und als sich die Fahrstuhltür öffnete, sah von einer großen geschnitzten Holztafel ein gütig lächelnder Lenin auf uns herab. Die Sekretärin führte uns einen schmalen Gang entlang und bat uns dann in ein riesiges, hallendes Büro ohne jegliche persönliche Fotos oder Gegenstände. Am anderen Ende des Zimmers saß hinter einem Schreibtisch ein gepflegt aussehender Mann Anfang sechzig – Juri Denisow-Nikolski, der für Lenins Leichnam verantwortliche Mediziner. Er war klein und rundlich und trug das grau melierte Haar schwungvoll aus dem Gesicht gekämmt, sprach ein gewähltes, altmodisches Russisch und sah mich mit unverhohlener Neugier an. Als

wir uns unterhielten, merkte ich, dass er sich auf dieses Treffen gefreut hatte. Er liebt nämlich Wortgefechte.
Denisow-Nikolski war ganz anders, als ich erwartet hatte. Ich hatte mir einen sehr nüchternen, humorlosen, schwierigen und ziemlich arroganten Mann vorgestellt, denn Natalia hatte ihn am Telefon so empfunden. Doch das ist er nicht. Er ist ein Pedant, das schon, aber er lacht ausgesprochen gern, besonders auf Kosten anderer. Seine buschigen schwarzen Augenbrauen hüpfen wild auf und ab, wenn er sich amüsiert, und das schien in meiner Gegenwart ständig der Fall zu sein. Zuerst musste er aber Natalia und mich zu einem offiziellen »Verhör« ins Büro des Institutsleiters hinaufbringen, das darüber entscheiden würde, ob er überhaupt mit mir sprechen durfte. Es sollte, wie sich bald herausstellte, eine harte Prüfung werden. Doch irgendwie bestanden Natalia und ich dieses Examen, und anschließend marschierten wir alle wieder in das andere Büro, um einen Termin zu vereinbaren. Denisow-Nikolski lockerte seine Krawatte, als käme jetzt der vergnügliche Teil des Tages.
Als wir am nächsten Morgen wieder erschienen, war er in leutseliger Stimmung. Er begrüßte uns herzlich und machte sich über mich lustig, als ich auf die Geheimniskrämerei der Mausoleumsleute hinsichtlich ihrer Methoden anspielte, von der ich gelesen hätte. »Dann mache ich wohl einen großen Fehler, wenn ich mit jemandem wie Ihnen spreche«, erwiderte er mit einem breiten verschwörerischen Grinsen. »Ich sollte wahrscheinlich wie ein Eremit irgendwo fernab der Welt leben.« Ich kam mir ziemlich albern vor, wie er so entspannt und belustigt reagierte. Vielleicht hatte ich einfach zu viel John le Carré gelesen. Also begann ich ihm präzise Fragen zu stellen, wie er und seine Kollegen bei der Einbalsamierung Lenins vorgegangen waren. Er lehnte es ab, darauf zu antworten. Ich fragte ihn, wie viele Menschen die Mausoleumsleute bisher konserviert hätten. Er weigerte sich, mir darüber Informationen zu geben. Ich bat um Erlaubnis, mir ihr Labor ansehen zu dürfen. Ich hatte gehört, was ich aber nicht erwähnte,

dass dort große Behälter mit Konservierungsflüssigkeit stünden, in denen menschliche Leichen lagen, die teilweise aus dem Jahr 1949 stammten. Ich wollte sie sehen. Denisow-Nikolski wechselte das Thema.

In anderen Dingen, zum Beispiel was seine Herkunft und seinen Werdegang betraf, zeigte er sich jedoch etwas gesprächiger. Denisow-Nikolski gehört, wie seine Mitarbeiter, zur alten russischen Ärzte-Elite. Er kam in Aserbaidschan als Sohn eines Ingenieurs zur Welt und machte seinen Abschluss an einer der besten medizinischen Fakultäten der damaligen Sowjetunion, der Medizinischen Militärakademie in St. Petersburg. Er hat einen Doktor in Anatomie, Fachgebiet Morphologie – also Struktur – des menschlichen Skeletts, ist unter anderem Experte für Osteoporose, den krankhaften Abbau von Knochensubstanz, der vielen Frauen jenseits der Wechseljahre zu schaffen macht, und hält zu diesem Thema häufig Vorträge in Russland. Er führt ein recht angenehmes Leben in Moskau, wenn auch nicht mehr ganz so angenehm wie vor der drastischen Abwertung des Rubel Ende der 1990er Jahre, und war zahlreiche Male im Ausland. Er ist mit einer Kollegin verheiratet, die in der medizinischen Forschung arbeitet. Seine Tochter ist Ärztin, und auch sein Enkel wird bald mit dem Medizinstudium beginnen. Er ist Mitglied der renommierten Akademie der Medizinischen Wissenschaften.

Seinen spektakulären Aufstieg im medizinischen Establishment verdankte er größtenteils seiner Tätigkeit am Mausoleumslaboratorium. Der junge Arzt Denisow-Nikolski hatte im Jahr 1970 gerade einen Arbeitseinsatz bei der russischen Armee und als Forscher an einem medizinischen Institut in Moskau hinter sich und wusste nicht recht, was er nun anfangen sollte, als ihn jemand an Sergej Debow weiterempfahl, den damaligen Leiter des Laboratoriums am Lenin-Mausoleum – wie das Forschungszentrum seinerzeit genannt wurde. Der Biochemiker Debow, ein hoch gebildeter und charmanter Mann, gehörte zu Russlands Pionieren in der DNA-Forschung, war Vizepräsident der Russischen Akade-

mie der Wissenschaften und damals gerade auf der Suche nach einem erstklassigen Mediziner. Er und die anderen Mausoleumsleute hatten es gut getroffen. Als Gegenleistung für ihre Verschwiegenheit und ihr Engagement bei der Entwicklung neuer und besserer Methoden zur Konservierung von Toten hatte jeder von ihnen ein eigenes Labor bekommen. Diese waren relativ gut mit modernsten Geräten ausgestattet – für viele Wissenschaftler in der Sowjetunion keineswegs die Regel. Zudem durften Debow und seine Kollegen nebenher an eigenen Forschungsprojekten arbeiten; auch das eine Neuheit. Ein Posten in der Krasinstraße 2 garantierte eine geräumige, komfortable Wohnung in Moskau, eine Menge Reisen ins Ausland, die besten Schulen für die Kinder und all die Medaillen und Auszeichnungen, die eine dankbare Regierung vergeben konnte. Denisow-Nikolski unterschrieb.
Nach fast 30 Jahren Arbeit an diesem Labor wurde er zum Hüter der geheimen Formeln für die Behandlung des leninschen Leichnams. Einige russische Journalisten, die sein lebensechtes Aussehen erstaunte, hatten Denisow-Nikolski beschuldigt, ihn heimlich durch eine Wachsnachbildung ersetzt zu haben. Als ich ihn fragte, ob das stimme, lachte er nur. Zweimal in der Woche untersucht einer der Mausoleumsleute den Leichnam auf Anzeichen eines Verfalls. Alle 18 Monate etwa lässt Denisow-Nikolski Lenin per Aufzug in ein Labor im Kellergeschoss des Mausoleums bringen, das eine konstante Temperatur von 15 °C aufweist – wie an einem schönen Frühlingstag, sagen die Mausoleumsleute. Dort wird der Leichnam entkleidet, auf Verfallszeichen untersucht und dann in ein chemisches Bad gelegt. Einige Wochen später wird er wieder in die Welt der Lebenden zurückgebracht.

Dank solch ausgeklügelter Methoden hat Lenin, die treibende Kraft der Russischen Revolution, der Gründer von Europas ersten Arbeitslagern und Architekt des Terrors nach Sowjetart, alle seine Mitstreiter und Zeitgenossen auf gespenstische Weise überdauert. Als Lenins Frau Nadeschda Krupskaja ihn im Jahr 1938 zum letzten Mal sah, soll sie traurig den Kopf geschüttelt haben. Während sie selbst alt geworden sei, habe sie einem Wächter zugemurmelt, sehe ihr Mann noch genauso aus wie an seinem Todestag. Weder sie noch Lenin hatten das je gewollt. Lenin selbst verachtete alle, die verstorbene Revolutionäre zu Idolen machten, und seine Frau teilte diese Sichtweise. Kurz nachdem ihr Mann im Januar 1924 an einem Schlaganfall gestorben war, schrieb sie einen Brief an die *Prawda*, in dem sie für ihren Gatten ein schlichtes Begräbnis in einem einfachen Grab forderte. »Geben Sie Ihrer Trauer um Iljitsch nicht durch öffentlich inszenierte Verehrung seiner Person Ausdruck«, mahnte sie. »Errichten Sie keine Denkmäler ihm zu Ehren.«

Lenins potenzielle Nachfolger ignorierten diesen Wunsch. Schon vor Lenins Tod hatte Stalin vorgeschlagen, den Revolutionär einbalsamieren zu lassen, damit die Russen sich langsam daran gewöhnen konnten, dass er nicht mehr lebte. Damals nahm niemand Stalin oder seine Ansichten sonderlich ernst. Als Lenin schließlich starb, erzählte Denisow-Nikolski, »wurde Lenins Begräbnis vorbereitet, sogar das Grab war schon ausgehoben und der Tag der Beisetzung festgelegt«. Aus ganz Russland machten sich Delegationen auf den Weg, um daran teilzunehmen, doch viele blieben – es war mitten im Winter – irgendwo stecken. Der Kreml ordnete an, dass Lenin entsprechend der im Westen üblichen Praxis vorübergehend konserviert werden sollte. Dadurch hätten auch verspätet in Moskau eintreffende Delegationen Gelegenheit, ihm die letzte Ehre zu erweisen. Doch es vergingen fünf Wochen, und die Menge der Trauernden wurde nicht kleiner. Auf Lenins Kopfhaut zeigten sich jedoch schon braune Flecken, ein beunruhigendes Zeichen beginnender Verwesung.

Stalin, der die Zügel der Macht nach und nach in der eigenen Hand versammeln wollte, bestand darauf, dass Lenin einen festen Platz am Roten Platz bekommen sollte. Überall im Land lagen Leichname russisch-orthodoxer Heiliger, hinter Glas konserviert, in den Kathedralen. Warum sollte nicht auch Lenin in einem Glasschrein bestattet werden, zu dem das trauernde Volk pilgern und ihm seine Reverenz erweisen konnte? Die Idee war an Zynismus nicht zu überbieten. Schließlich hatte Lenin einen brutalen Feldzug gegen die russisch-orthodoxe Kirche geführt. Die Vernichtung der Kirche lag ihm so sehr am Herzen, dass er sich sogar täglich die Liste der Priester kommen ließ, die exekutiert werden sollten. Doch Stalin erkannte scharfsinnig, dass Lenins Kampagne gegen die Kirche ein enormes Vakuum in der russischen Gesellschaft hinterlassen hatte. Stalin stammte aus einer tief gläubigen Familie und hatte sogar ein Priesterseminar besucht. Er wusste, dass eine kommunistische Regierung, wenn sie sich durchsetzen wollte, einen Ersatz für die orthodoxen Heiligen anbieten musste. Stalin offerierte Lenin.

Niemand hatte jemals zuvor versucht, einen menschlichen Leichnam in exakt dem Zustand zu erhalten, in dem er auf dem Höhepunkt seines Lebens war, nicht einmal die alten Ägypter. »In Ägypten wurden die großen Führer mumifiziert, damit ihre Seele später wieder in den Körper zurückfand«, erläuterte Denisow-Nikolski. »Es ging nicht darum, ihre äußere Erscheinung möglichst lebensecht zu erhalten, deshalb werden wir nie wissen, wie Ramses V. ausgesehen hat.« Doch Stalin schwebte ein perfekter Lenin vor. Er wollte einen Leichnam, den jeder Russe sofort erkennen und verehren konnte, einen Leichnam, der noch lebensähnlicher – und daher heiliger – war als jene der Heiligen. In aller Eile wurde ein Komitee zur Unsterblichmachung von Lenins Andenken gegründet. Eines der Mitglieder, Leonid Krasin, ein enger Vertrauter Lenins, schlug vor, den alten Freund wie eine Rinderhälfte einzufrieren. Doch nach einigen Experimenten mit anderen Leichen gab Krasin diese Idee auf, denn ihm war klar, dass es äußerst schwierig sein würde, den Leichnam exakt auf der benötigten Temperatur zu halten. Außerdem würde sich an der Innenseite des Sarkophags Kondenswasser bilden und die Verwesung beschleunigen.

Da sich sonst niemand fand, übergab das Komitee Lenins Leichnam widerstrebend zwei als Balsamierer vollkommen unerfahrenen Männern, dem Biochemiker Boris Zbarski und dem Anatomen Wladimir Worobjow. Immerhin genoss Worobjow in der Stadt Charkow einen guten Ruf als Verfertiger anatomischer Präparate für Lehrzwecke. Er häutete, zergliederte und behandelte menschliche Leichen mit Chemikalien, um die anatomischen Details sichtbar zu machen. Seine Leichen waren lehrreich für die Medizinstudenten, doch nicht besonders schön anzusehen. Zbarski hingegen war ein sehr von sich überzeugter junger Biochemiker jüdischer Herkunft und fest entschlossen, im neuen Sowjetsystem seinen Weg zu machen. Er hatte noch nie an Toten gearbeitet, doch er sagte sich, dass es ihnen dank seiner Chemiekenntnisse und Worobjows Erfahrung in Anatomie schon gelingen würde, Lenin für Jahrzehnte zu konservieren, so wie es der Kreml wollte. Zbarski war bereit, alles auf eine Karte zu setzen. Er wusste, dass im Falle eines Misserfolgs das Exekutionskommando auf sie wartete.

Im März 1924 bezogen er und Worobjow einen Kellerraum unterhalb Lenins provisorischer Krypta aus schlichten Holzplanken auf dem Roten Platz. Anfangs weigerte sich der junge Biochemiker, den berühmten Toten zu berühren; er brachte es nicht über sich, einen Leichnam anzufassen. Er rechnete damit, dass Worobjow alle notwendigen Prozeduren übernehmen würde, doch der Anatom ließ sich nicht darauf ein. Eines Tages soll Worobjow, so erzählt man sich, seinem jungen Kollegen einen OP-Kittel zugeworfen haben mit der Bemerkung, dass sie ab sofort alles gemeinsam machen würden. Zbarski stimmte notgedrungen zu, und sie gingen an die Arbeit. Zuerst bestellten sie fässerweise Chemikalien – Formalin, Glyzerin, Alkohol, Äthanol, Kaliumazetat und Chininchlorid, dazu Guttapercha und Honig. Sie nahmen auch Kontakt mit Alexander Pasternak auf, Maler und Bruder des berühmten russischen Schriftstellers Boris Pasternak, der *Doktor Schiwago* schrieb. Worobjow wollte von Pasternak ein naturgetreues Aquarell von Lenins Leichnam haben, auf dem seine Hautfarbe, seine

Muttermale und Warzen festgehalten waren. Diese Art Protokoll, das sich über neun Papierbögen erstreckte, sollte der Maßstab für die spätere Beurteilung ihrer Arbeit sein. Es gab keine Zeit zu verlieren: Lenins Augen begannen bereits auszutrocknen und tiefer in die Höhlen zu sinken. Außerdem zogen sich die Muskeln der Unterlippe langsam zusammen, erster Ansatz einer schaurigen Grimasse. Und, am schlimmsten: Lenin fing an zu riechen.

Zbarski, Worobjow und ihre Helfer arbeiteten rund um die Uhr. Sie aßen und schliefen in dem Kellergewölbe. Sie haben sich nie öffentlich dazu geäußert, was sie mit Lenin machten. Doch laut Zbarskis Sohn Ilja, der in die Fußstapfen seines Vaters trat und ebenfalls am Mausoleumslaboratorium arbeitete – er hat später ein fesselndes Buch über seine Erlebnisse geschrieben –, entfernten die Balsamierer zuerst Lenins innere Organe und reinigten die Körperhöhle mit destilliertem Wasser und Essigsäure. Dann injizierten sie Formalin und senkten den Leichnam anschließend vorsichtig in ein Formalinbad, in dem er aussah wie ein exotischer Fisch in einem Aquarium. Nach einiger Zeit hoben sie ihn wieder heraus und trockneten ihn ab. Dann tauchten sie ihn wiederholt in ein Bad aus Glyzerin, Kaliumazetat, Wasser und Chininchlorid – genau die Lösung, behauptete Ilja Zbarski, die auch nachfolgend bei den Behandlungen zur Erhaltung von Lenins Leichnam verwendet wurde.

Vier Monate später war die Arbeit getan, und der Kreml lud Lenins Angehörige ein, sich den Verstorbenen anzusehen. Sein Bruder Dimitri Uljanow bemerkte verblüfft, Lenin sehe sogar besser aus als wenige Stunden nach seinem Tod, als die Familie ihn zum letzten Mal gesehen hatte. Diese Aussage erleichterte die Verantwortlichen sehr, und der Leichnam bekam seinen festen Platz in einem eleganten, pyramidenförmigen Mausoleum am Roten Platz. Zbarski erhielt für seine Bemühungen eine für die damalige Zeit enorme Geldsumme, 25 000 Rubel, die er im Laufe der nächsten drei Jahre für Kleidung und feudale Partys mit Freunden und Bekannten ausgab. Allerdings hatte die nervliche Belastung

der vorausgangenen Monate ihre Spuren hinterlassen. Zbarski wurde immer wieder von einem bestimmten Albtraum heimgesucht, wie er einem Reporter erzählte. Er sah im Traum eine Fliege in Lenins gläsernem Sarkophag herumschwirren.
Zbarski und Worobjow kümmerten sich weiterhin um Lenin und gingen zweimal in der Woche ins Mausoleum. Es gelang ihnen jedoch trotz ihrer großartigen Leistung nie, sich bei Russlands neuem Herrscher Stalin beliebt zu machen. Worobjow hatte eine ausgesprochene Abneigung gegen den kleinen Georgier und scheute sich nicht, das in Gegenwart anderer zu äußern, wenn er zu viel getrunken hatte. Das war sehr unklug; Worobjow starb 1937 unter ungeklärten Umständen. Zbarski blieb dem Mausoleum noch länger verbunden, wurde 1952 jedoch während einer von Stalins antisemitischen Kampagnen ins Gefängnis geworfen und starb kurze Zeit später. Um Lenins Bedürfnisse kümmerte sich nun einer seiner Studenten, Sergej Debow, und es dauerte nicht lange, bis Debow und der Kalte Krieg die sowjetische Ikone der Unsterblichkeit zu neuen Ehren brachten.

Ljudmilla Debowa tupfte sich eine Träne von der Wange, als wir uns in ihrer eleganten, sonnendurchfluteten Wohnung in der Begowaja-Straße eine Videoaufnahme ihres Mannes ansahen. Sergej Debow, der bei der Einbalsamierung von Stalin, Ho Chi Minh und vielen anderen mitgewirkt hatte, war 1995 an Hautkrebs gestorben. Seine Frau ließ sein Arbeitszimmer zum Andenken an ihren Mann jedoch unberührt; es war alles noch so wie zu seinen Lebzeiten. Nachdem ich mich einen ganzen Nachmittag mit ihr und ihrer temperamentvollen Schwester Walentina Wictorowna unterhalten hatte, kam es mir vor, als hätte ich ihn selbst gekannt. In den Regalen standen immer noch Debows offensichtlich häufig gelesene Bücher – Shakespeares Dramen, Bildbände über Monet und Degas, Handbücher über Schalentiere und Fossilien, Biografien von Martin Luther King und anderen bedeutenden Persönlichkeiten des 20. Jahrhunderts. In einem Eckfenster stand noch das Mandarinenbäumchen, das Debow einmal aus Hanoi mitgebracht hatte, und blühte. Auf einem Wandbord lag noch das getrocknete Krokodil aus Angola. Und auch das kleine Lackschränkchen, als Hausbar gedacht, das er in Nordkorea geschenkt bekommen hatte, war noch da. Offensichtlich hatte Debow von seinen Auslandsreisen immer ein Souvenir mitgebracht. »Hier ist die ganze Welt vertreten«, sagte Walentina Wictorowna stolz.

Das Video zeigte einen hochgewachsenen, distinguierten Mann Anfang siebzig mit dicken, schwarz gerahmten Augengläsern. Er wirkte entspannt und leicht amüsiert, wie er die Fragen eines russischen Fernsehjournalisten beantwortete. Der plötzliche Tod Stalins im März 1953, sagte er, sei für die Mausoleumsleute völlig überraschend gekommen. Nahezu ein Vierteljahrhundert hatte Stalin die Sowjetunion mit List und Tücke und harter Hand regiert, seine Gegner eliminiert und von den eisigen Weiten Sibiriens bis zu den komfortablen Datschas in der ländlichen Umgebung Moskaus Terror verbreitet. Stalin war ebenso unsterblich wie unbesiegbar erschienen. Auf dem Höhepunkt der großen »Säuberungen« Ende der 1930er Jahre hatte er täglich Listen mit Todesurteilen für 5000 Menschen abgezeichnet; abends amüsierte er sich bei georgischem Wein in seinem privaten Kino mit amerikanischen Western und Unterhaltungsfilmen.

Stalins potenzielle Nachfolger ließen ihm sofort die höchste Ehre des Landes zuteil werden, und die Mausoleumsleute bekamen Anweisung, ihre Chemikalien bereitzustellen – höchst beunruhigende Aussichten für Debow und seine Kollegen, denn Stalin war unter verdächtigen Umständen gestorben. Im Kreml ging das Gerücht, es sei Gift im Spiel gewesen, denn Stalins Gesicht sei unmittelbar vor seinem Tod schwarz angelaufen, und er habe wilde Flüche gegen alle ausgestoßen, die um ihn herum waren. Debow und seine Kollegen befürchteten, dass es im Kreml, wo Stalins mögliche Nachfolger einander wie hungrige Haie umkreisten, ein Blutbad geben würde, wenn sie auf einen Beweis für Gift stießen. Andererseits würde der geringste Hinweis, dass die Mausoleumsleute einen solchen Beweis unterdrückten, für sie alle unweigerlich die Verbannung ins Straflager oder Schlimmeres bedeuten. Der russische Fernsehjournalist fragte Debow auf dem Video, ob er Angst gehabt habe. Debow lächelte leicht und zögerte. »Niemand wollte die Obduktion durchführen«, gab er schließlich zu. »Man trieb einen Studenten auf, der es machte.«

Zum Glück fand der Student keinen Anhaltspunkt für einen unnatürlichen Tod. Stalin war an einem Schlaganfall gestorben. Doch den Balsamierern machte ihre Arbeit ziemlich Mühe. Stalins Gesicht war von Pockennarben zerklüftet, was man auf offiziellen Porträts des Sowjetführers stets taktvoll weggelassen hatte. Das bedeutete für die Mausoleumsleute, dass sie einen Weg finden mussten, die Narben verschwinden zu lassen. Schließlich zogen sie Beleuchtungspezialisten zu Rate, die die Lichtquellen so verteilten, dass Stalins Pockennarben und Falten kaum noch zu sehen waren; er sah um Jahre jünger und wesentlich angenehmer aus als jemals zu Lebzeiten. Als der Leichnam endlich zur Besichtigung vorbereitet war, rief Debow im Kreml an und bat, ihm Sachen für die Einkleidung zu schicken. »Ein Bediensteter brachte eine schäbige, abgetragene Uniform und ein Paar alte Stiefel«, erinnerte sich Ljudmilla Debowa. »Sergej war sehr überrascht, doch es stellte sich heraus, dass Stalin tatsächlich nichts anderes gehabt hatte. Er schlief auf einem Feldbett und führte ein spartanisches Leben.«

Als die Mausoleumsleute fertig waren, wurde Stalins Leichnam in einem Sarkophag mit gläsernem Deckel neben Lenin am Roten Platz aufgebahrt. Eine Zeit lang stand eine endlose Schlange von Neugierigen vor dem Mausoleum, doch das Interesse ließ schnell nach. Irgendwann später erhob sich bei einem Parteitag eine junge Frau und erzählte von einem Traum, den sie schon mehrmals gehabt hatte. Darin hatte Lenin zu ihr gesagt: »Es ist mir unangenehm, neben Stalin zu liegen, der so viel Unglück über die Partei gebracht hat.« Nach diesem Vorfall erschien eines Nachts im Jahr 1961 eine Gruppe von Männern aus dem Kreml im Mausoleum. Sie hatten Papiere dabei und einen gewöhnlichen Holzsarg. Debow und seine Kollegen halfen ihnen, Stalin aus seinem Sarkophag in den Sarg zu legen. Dann sahen sie zu, wie die Soldaten den Deckel festnagelten und den Sarg zu einem frisch ausgehobenen Grab hinter dem Mausoleum trugen. Debow hat Stalins Leichnam nie mehr gesehen.

Den Mausoleumsleuten machte es nicht sonderlich viel aus, dass Stalin plötzlich in Ungnade gefallen war; sie hatten damals alle Hände voll zu tun. Andere kommunistische Staaten standen bei ihnen Schlange, um ihre eigene Leninversion zu bekommen, und immer wenn ein Prominenter starb – von Chorlojin Choybalsan, dem starken Mann der Mongolei, bis zu dem angolanischen Revolutionär Agostinho Neto, vom bulgarischen Ministerpräsidenten Georgi Dimitrow bis zum tschechoslowakischen Kommunistenführer Klement Gottwald –, erhielten die Mausoleumsleute einen Anruf aus dem Kreml, wobei sich die Anweisungen von Fall zu Fall scharf unterschieden. Herrscher und Despoten kleinerer Satellitenstaaten wie der Mongolei bekamen die billigste, am wenigsten haltbare Ausführung der sowjetischen Mumifizierung zugedacht, während Debow und sein Team bei Machthabern von Staaten, die für die russische Außenpolitik wichtig waren, ihre ganze Kunst als Balsamierer beweisen durften.
Der nordvietnamesische Führer Ho Chi Minh, der dem Selbstvertrauen des amerikanischen Militär einen schweren Schlag versetzt hatte, verdiente eine Behandlung erster Klasse. Er starb im Jahr 1969, auf dem Höhepunkt des Vietnamkriegs, an einem Herzinfarkt. Mit Instruktionen aus dem Kreml versehen, packten Debow und seine Kollegen sämtliche notwendigen Chemikalien und Gerätschaften in ein Flugzeug und flogen nach Hanoi. Die Nordvietnamesen schienen wegen der Einbalsamierung sehr in Sorge. Mittlerweile hatten die Amerikaner nämlich begonnen, nach Ho Chi Minhs Leichnam zu suchen, denn es ging das Gerücht, dass die Kommunisten alle Kriegsgefangenen gegen ihn austauschen würden. Hanoi musste alles tun, damit der Leichnam

nicht den Amerikanern in die Hände fiel, und so versteckte man ihn immer wieder in einer anderen Höhle. Eines Morgens weckte Debow und seine Kollegen das Geräusch eines amerikanischen Panzers, der sich ihrem getarnten Unterstand näherte. »Es waren natürlich Leute zu ihrem Schutz dabei«, sagte Ljudmilla Debowa, »aber sie sahen die Kanone des Panzers praktisch direkt auf sich gerichtet.«

Zu der ohnehin angespannten Situation kamen noch technische Probleme. Es war das erste Mal, dass die Mausoleumsleute an einem Leichnam nicht-weißer Hautfarbe arbeiteten, und sie waren sich unsicher, wie sie diese Pigmentierung konservieren sollten. Also probierten sie verschiedene chemische Lösungen an Leichen ähnlicher Hautfarbe in Hanoi aus, bis sie endlich die richtige gefunden hatten. Auf das Ergebnis ihrer Arbeit waren sie ungeheuer stolz. Debow erzählte später seiner Frau, dass Ho Chi Minh sogar besser konserviert sei als Lenin. Die nordvietnamesische Führung zeigte sich sehr dankbar. Debow bekam ihre höchste Auszeichnung, den »Held der Arbeit«, verliehen und als Abschiedsgeschenk ein kostbares Souvenir – ein Paar Vasen, angefertigt aus den Metalltrümmern eines abgeschossenen amerikanischen Kampfflugzeugs.

Wo immer Debow in seiner Funktion als Balsamierer auftauchte, überschütteten ihn seine Gastgeber mit Ehrungen und Geschenken. Sie richteten üppige Festessen aus und sorgten dafür, dass Debow und seine Mitarbeiter während ihres Aufenthalts auch ihren Hobbys nachgehen konnten. »Debow ging sehr gerne fischen«, erzählte Ljudmilla Debowa, »also organisierten sie überall, wo er hinkam, Angelausflüge für ihn.« Als der nordkoreanische Präsident Kim Il Sung 1994 starb, flogen Debow und sein Team in die Hauptstadt Pjöngjang, und man quartierte sie im Palast des toten Führers ein. Walentina Wictorowna sagte, sie seien »wie Zaren behandelt worden« in diesem Land, das immer wieder von Hungersnöten heimgesucht wurde. Kim Il Sungs öffentlichkeitsscheuer Sohn und Nachfolger Kim Jong Il posierte bereitwillig für ein Foto mit den Experten aus Moskau, und als Debow nach Russland zurückflog, platzten seine Koffer schier vor Geschenken, darunter eine Flasche Schnaps mit Goldflöckchen. Ljudmilla Debowa besaß sie noch immer. Sie holte die Flasche hervor und bot mir liebenswürdig ein Gläschen an. Als ich dankend ablehnte, glitt ein erleichtertes Lächeln über ihr Gesicht. »Es ist koreanischer Schnaps«, erklärte sie naserümpfend, »keine gute Qualität.«

Obwohl die Mausoleumsleute einen hervorragenden Ruf hatten, gibt es einige berühmte Persönlichkeiten des Kalten Krieges, die nicht zu ihren Kunden zählten. Im Spätsommer 1976 zum Beispiel, als Mao Tse-tung starb, blieben die Telefone in der Krasinstraße 2 stumm. Zu jener Zeit waren die Beziehungen zwischen China und der Sowjetunion äußerst angespannt. Die Chinesen wagten nicht, in Moskau um Hilfe zu bitten. Stattdessen schickten sie eine kleine Delegation nach Hanoi in der Hoffnung, den Betreuern des einbalsamierten Ho Chi Minh die Geheimnisse der Russen entlocken zu können, doch die Vietnamesen weigerten sich, irgendetwas preiszugeben. Die neue Führung in Beijing kam zu dem Schluss, dass sie die Konservierung des Großen Steuermanns wohl ohne fremde Hilfe bewältigen musste. Allerdings fehlte den Chinesen in dieser Hinsicht jede Erfahrung. In dem ängstlichen Bestreben, ihre Arbeit möglichst perfekt zu machen, injizierten die zu Balsamierern ernannten Ärzte dem toten Mao etliche Liter Formaldehyd mehr, als einschlägige medizinische Lehrbücher vorschrieben. »Das Ergebnis war erschreckend«, erklärte Maos Leibarzt Li Zhisui in seinen Memoiren. Maos Gesicht blähte sich prall auf wie ein Fußball; aus der vollkommen aufgeweichten Haut sickerte Formaldehyd; die Ohren standen wie aufgeblasene Schwimmflossen vom Kopf ab. Erst nach stundenlangen verzweifelten Bemühungen war es Li und seinen Mitarbeitern gelungen, Mao eine gewisse Ähnlichkeit mit sich selbst zurückzugeben.

Die Mausoleumsleute hörten diese Geschichten mit heimlicher Schadenfreude. Es tat ihnen überhaupt nicht Leid, dass ihre chinesischen Genossen derartige Schwierigkeiten hatten. Doch zu jener Zeit waren auch die glorreichen Tage der Krasinstraße 2 schon fast vorbei; Debow und seine Kollegen wussten es nur noch nicht. Die alte Sowjetunion hatte unter der Last der wirtschaftlichen Stagnation zu schwanken begonnen wie ein Betrunkener, und die Völker Osteuropas konnten es gar nicht erwarten, ihre Marionettenregierungen endlich loszuwerden. Anfang November 1989 schließlich rissen die Berliner die ersten Betonplatten der verhassten Mauer ein, und es folgte die Wiedervereinigung. Einen Monat später wurden in Rumänien der kommunistische Diktator Nicolae Ceausescu und seine Frau verhaftet und ihre Exekution für das Fernsehen auf Video aufgenommen. Im Jahr darauf setzten die Bulgaren ihre kommunistische Führung ab und demolierten in ihrem Zorn das stalinistische Grabmal von Georgi Dimitrov, den die Moskauer Mausoleumsleute einbalsamiert hatten. Dimitrovs Familie holte den Leichnam in aller Eile ab und ließ ihn verbrennen, um Schlimmeres zu verhindern.

Die Menschen in Moskau schienen ebenso sehr danach zu verlangen, sich ihrer Vergangenheit zu entledigen. Auf Betreiben von Boris Jelzin, der das alte Sowjetregime scharf kritisierte, erklärte die Russische Förderation ihre Souveränität und läutete damit den Zusammenbruch der Sowjetunion ein. Die alte sowjetische Fahne mit Hammer und Sichel verschwand von den Mauern des Kreml, die Standbilder Lenins landeten krachend auf dem Kopfsteinpflaster. Die Menschen sprachen davon, dass man Lenins Leichnam endlich begraben sollte, und meinten, es werde keinen Frieden im Land geben, ehe nicht der Architekt der Russischen Revolution aus seinem großartigen Mausoleum am Roten Platz verbannt und in der kalten Erde, wo er hingehöre, bestattet worden sei. Doch der Kreml zögerte. Wer konnte garantieren, dass Lenin in seinem Grab in Frieden ruhen würde? Lenin hatte auch als Toter viele, viele Feinde. Die Staatsvertreter bemühten sich, eine saubere Lösung zu finden. Es ging das Gerücht, dass man überlegte, ob man den Leichnam nicht unter ausländischen Interessenten versteigern solle. Die lästige Leiche wäre damit aus dem Weg und in Sicherheit, und der Regierung brächte sie noch eine hübsche Summe Geld.

Die Auktion fand natürlich nie statt. Jelzin scheiterte kläglich mit seinem Versuch, die russische Wirtschaft schnell in Schwung zu bringen; die alte Kommunistengarde ließ erneut ihre Muskeln spielen, und der Optimismus, den man in Moskaus Straßen überall gespürt hatte, löste sich in Luft auf. Lenins Leichnam ruhte weiterhin sicher am Roten Platz. Doch seine Betreuer in der Krasinstraße 2 waren verbittert. Denisow-Nikolski in seinem großen, hallenden Büro ließ seine Enttäuschung am Schreibtisch aus. Seit 1991, schnaubte er und schlug zornig auf den Tisch, würden er und seine Kollegen von der russischen Regierung praktisch ignoriert; ihre bloße Existenz scheine den Herren peinlich zu sein. Keinen einzigen Rubel habe man seither für Lenins Instandhaltung bezahlt. »Keinen einzigen Rubel!«, rief Denisow-Nikolski, fast schon brüllend, mit zornrotem Gesicht.

Die finanzielle Notlage hatte zu verzweifelten Maßnahmen geführt. Um ihre Rechungen bezahlen zu können, waren Lenins Betreuer eine Geschäftsbeziehung mit dem russischen Bestattungsunternehmen Ritual Services eingegangen. Die Firma arbeitete für Moskaus Neureiche, was in der Praxis häufig mit der russischen Mafia identisch war. Eine Zeit lang hatten die Mausoleumsleute dort als Berater fungiert und mitgeholfen, verstorbene Angehörige von Familien, die sich diesen Luxus leisten konnten, schön herzurichten und zu konservieren, doch die Beziehungen zu diesem Unternehmen hatten sich rasch verschlechtert. Denisow-Nikolski und seine Kollegen hatten jeden Kontakt abgebrochen. Einzelheiten wollte der Anatom nicht verraten, doch es war klar, dass man sich nicht aus ideologischen Gründen zerstritten hatte. Den Mausoleumsleuten war jeder reiche Kunde willkommen, sogar Amerikaner. »Wenn ein reicher Texaner sich selbst, seine Frau oder seine Geliebte einbalsamieren lassen möchte, warum nicht?«, bemerkte Denisow-Nikolski. »Wenn jemand plötzlich den Wunsch verspürt, sich einbalsamieren zu lassen, sind wir gerne dazu bereit.«

Die Kunden rannten ihnen nicht gerade die Tür ein. Um überhaupt über die Runden zu kommen, mussten die Mausoleumsleute finanzielle Unterstützung von einer öffentlichen Stiftung annehmen, die ein prominenter russischer Journalist gegründet hatte – eine demütigende Situation für ein Team von Wissenschaftlern, das zur Sowjetzeit höchstes Ansehen genossen hatte. Und eine Situation, die zu großer Sorge Anlass gab. Ohne jede finanzielle Sicherheit konnten die Mausoleumsleute kaum eine neue Generation von Medizinern für ihre Arbeit interessieren. Die jungen Russen gingen heute dort hin, wo das Geld sei, erklärte Denisow-Nikolski verächtlich und machte dabei eine bezeichnende Geste mit Daumen und Zeigefinger. Außerdem wollten die besten medizinischen Talente Russlands etwas Befriedigenderes tun, als an Leichen zu arbeiten – vor allem, wenn es nicht einmal Vergünstigungen für diese nicht besonders angenehme Tätigkeit gab. Ohne neues Blut würden die Mausoleumsleute, alle nicht mehr ganz jung, buchstäblich aussterben. Anzeichen für das nahende Ende gab es überall. Die Vorräte an Chemikalien zur Konservierung, die sie in besseren Zeiten gehortet hätten, seien nahezu aufgebraucht, erzählte Denisow-Nikolski. Für Nachkäufe sei kein Geld da. Im Vorzimmer klapperte die Sekretärin, wie um diese Aussage zu unterstreichen, auf einer alten mechanischen Schreibmaschine.

Wie den meisten seiner Kollegen war Denisow-Nikolski der Gedanke, dass Lenins Leichnam eines Tages als Futter für die Würmer enden könnte, äußerst zuwider. Er hatte die besten und produktivsten Jahre seiner Medizinerkarriere in die Arbeit am Mausoleum investiert und wollte sein Lieblingsprojekt nicht vor die Hunde gehen sehen. Er war stolz darauf, was er und seine Kollegen geleistet hatten. Im Laufe der letzten 30 Jahre, sagte er, habe man bei dem Leichnam keinerlei Anzeichen von Zersetzung oder Verwesung festgestellt. Der große Revolutionär Lenin schien sich in einem vollkommenen Schwebezustand zwischen Tod und Leben zu befinden – noch nie war Balsamierern ein solches Meisterwerk gelungen –, und Denisow-Nikolski wollte unbedingt wissen, wie lange es so bleiben würde. »Die Sowjetwissenschaft hat hier Überragendes geleistet«, betonte er nachdrücklich. »Nirgendwo in der Welt gibt es einen vergleichbaren Fall. Würden wir jetzt mit unserer Arbeit aufhören, wäre das ein schwerer Rückschlag für die russische Wissenschaft.«

Über ein halbes Jahrhundert lang hatte die sowjetische Regierung keine Kosten und Mühen gescheut, um ihren Revolutionsheiligen unversehrt zu erhalten. Sie hatte die besten Köpfe der medizinischen Fakultäten abgezogen – Studenten, deren herausragende Fähigkeiten zum Wohle der Lebenden hätten eingesetzt werden können – und sie stattdessen zur Arbeit an den sterblichen Hüllen toter Männer verpflichtet. Sie hatte ungeheure Summen für die Erhaltung von Lenins Leichnam in seinem Mausoleum aus Granit aufgewendet, während in den schrecklichen Hungersnöten der 1930er Jahre Millionen russischer Bauern starben. Sie hatte das Handwerk des Einbalsamierens zu einer Wissenschaft erhoben und eine Gruppe von Männern, deren wesentlicher Beitrag zur Gesellschaft die Pflege von Leichnamen war, mit allen erdenklichen Auszeichnungen überhäuft. Und das alles nur, um Tote vor der Verwesung zu bewahren.

Denisow-Nikolski war sich darüber im Klaren, doch der Wissenschaftler in ihm bereute nichts. Lenin sei jetzt ein großes wissenschaftliches Experiment, meinte er, und das wollte er sich, so ironisch das klingt, durch etwas so Vergängliches wie die Politik auf keinen Fall zunichte machen lassen.

KINDER

Die Mausoleumsleute hatten glücklich ihre Wissbegier befriedigt und einen Blick in eine Welt der Privilegien werfen können, die den meisten Menschen verschlossen blieb, doch sie waren sich immer sehr bewusst gewesen, wer sie waren und was sie taten. Sie hatten ein ebenso feines Gespür für soziale Unterschiede wie jeder Bedienstete am Buckingham Palace oder Chargé d'affaires am Weißen Haus. Ich hatte das ganz zufällig entdeckt, an einem Nachmittag in der Krasinstraße 2, bei einem Gespräch mit einem der ältesten Mausoleumsleute, dem 79-jährigen Juri Romakow. Ich hatte ihn gefragt, ob er sich selbst eines Tages von Kollegen nach allen Regeln der Kunst einbalsamieren lassen möchte. Romakow starrte mich mit wässrigen Augen fassunglos an und war sichtlich schockiert, obwohl er sich bemühte, es nicht zu zeigen. Eine solche Einbalsamierung, ließ er mich kühl wissen, stehe nur wirklich außergewöhnlichen Menschen zu; normale Leute seien einen derartigen Aufwand wohl kaum wert. Sie sollten sich mit dem begnügen, was ihnen von der Natur zugedacht sei – Fäulnis und Verwesung, Maden und Käfer.

Romakow, obwohl einst guter Kommunist, empfand diese Haltung offenbar nicht als widersprüchlich. Und er war mit dieser Einstellung nicht allein. Die Balsamierer in Europa und Asien hatten ihre Kunst jahrhundertelang sehr selektiv ausgeübt; physische Unsterblichkeit war nur wenigen Privilegierten vorbehalten – den Reichen, den Bedeutenden und Mächtigen, den Heiligen. Dank ihrer Geschicklichkeit entgingen die Berühmten dem zerstörerischen Werk des Todes, sie blieben unversehrt erhalten und weiterhin sehr präsentabel für ihre bewundernden Anhänger. Das hatte zur Folge, dass Einbalsamierung und Mumifizierung in manchen Kreisen zu einer Art Statussymbol wurden – ein sichtbares Zeichen, dass der Betreffende nicht nur vornehm ge-

boren, sondern auch gestorben war und dass ihn während seines Erdendaseins viele Menschen liebten, verehrten und ihm blind folgten.
Als beispielsweise der berühmte italienische Opernsänger Enrico Caruso im Sommer 1921 in Neapel starb, waren seine Bewunderer außer sich vor Kummer. Für sie war Caruso der größte Tenor gewesen, den die Welt je gesehen hatte, ein Mann, dessen Stimme eine derartige Wärme und Fülle besaß, dass sie sich kaum vorstellen konnten, noch einmal einen Fuß in ein Opernhaus zu setzen, wenn es ihn nicht mehr gab. Caruso hatte um die glühende Verehrung seiner Bewunderer gewusst. Er hinterließ ihnen zur Erinnerung über 240 Aufnahmen seiner schönsten Arien und Volkslieder, doch selbst das war vielen seiner Fans nicht genug. Sie wollten noch einmal einen Blick auf sein rundliches, gutmütiges Gesicht mit dem tiefen Grübchen am Kinn und der dunklen Haarmähne werfen. Gerührt von der Trauer der Menschen erlaubte Carusos Witwe neapolitanischen Balsamierern, deren Kunstfertigkeit weithin gerühmt wurde, ihren Gatten einzubalsamieren und im Hotel Vesuvio in Neapel feierlich aufzubahren.
Am Tag der Beisetzung drängten sich 100 000 Bewunderer an den Straßen, um den mit Kränzen geschmückten Leichenwagen zu sehen. Doch die Trauer der Menschen um den Mann mit der hinreißenden Tenorstimme nahm kein Ende. Sie wollten ihm weiterhin ihre Reverenz erweisen können, und so ließ die Familie seinen einbalsamierten Leichnam in einen Glassarg betten, der auf einem Friedhof oberhalb von Neapel seinen Platz bekam. Sieben oder acht Jahre lang pilgerten Opernliebhaber zu Carusos Totenschrein, weinten beim Anblick des Sängers und legten als Zeichen ihrer Verehrung Blumensträuße nieder; Freunde kleideten ihn regelmäßig frisch ein. Doch die Witwe fand es unerträglich, dass ihr Mann zu einem öffentlichen Spektakel geworden war. Es erschien ihr ungehörig. Schließlich durfte sie den Leichnam mit Zustimmung der zuständigen Behörden in ein privates Mausoleum überführen, wo er in einen Marmor-Sarkophag gebettet wurde.
Carusos Bewunderer hatten sich von dem großen Tenor um keinen Preis trennen wollen; für sie war er, wenn er auf der Bühne stand, eher ein Gott als ein gewöhnlicher Mensch, und deshalb hätte er unsterblich sein sollen. Jetzt, da er tot war, sehnten sie sich danach, wenigstens noch einmal einen Blick auf sein Gesicht werfen zu können, das sie daran erinnerte, wie viel

Freude er ihnen geschenkt hatte. Italiens beste Balsamierer hatten ihnen diesen Wunsch erfüllt.
Ich muss gestehen, dass ich mir Caruso selbst im Tod gerne von Freunden und Bewunderern umringt vorstelle. Der berühmte Tenor hatte eine ungeheure Vitalität ausgestrahlt, und es hatte ihm größtes Vergnügen bereitet, von seinen Kollegen verstohlen Karikaturen zu zeichnen. Ich vermute, er wäre im Tod nicht gern allein gewesen. Die Geschichte seiner Einbalsamierung machte mich nachdenklich, und ich überlegte, welche Motivation wohl der Mumifizierung ursprünglich zu Grunde lag. Ich fragte mich, ob sich die Menschen den Großen unter ihnen schon immer derart verbunden gefühlt hatten und ob die Praxis der Mumifizierung aus dieser Verehrung für außergewöhnliche Persönlichkeiten entstanden war. Waren die Balsamierer zum ersten Mal bei einem ebenso besonderen und außergewöhnlichen Menschen wie Caruso tätig geworden? Oder hatten sie diese Form der Unsterblichkeit aus einem anderen, weniger augenfälligen Grund erfunden, der im Laufe der Zeit in Vergessenheit geriet?

Die frühen Mumienexperten glaubten ganz sicher zu wissen, wo die geheimnisumwobene Kunst der Totenkonservierung ihren Ursprung hatte; die Antwort schien auf der Hand zu liegen. Ägypten war das Land der Mumien, das Land, in dem unter jeder kleinen Erhebung im Wüstensand zerschlissene Binden aus gelblichem Leinen und Stückchen von vertrocknetem Fleisch verborgen lagen. Die klassischen Schriftsteller ließen keinen Zweifel daran, dass es lange Zeit so gewesen war. Schon bevor Alexander der Große mit seinem Heer von seiner Heimat Mazedonien gen Osten gezogen war und Julius Cäsar an den Iden des März seinen Verrätern tödlich verletzt in die Arme sank, hatten Reisende das eigentümliche Handwerk der Balsamierer am Nil beschrieben. Beeindruckt von diesen schriftlichen Beweisen sahen die Mumienexperten des 19. Jahrhunderts wenig Veranlassung, sich anderweitig nach Hinweisen umzusehen. Keine andere frühe Kultur der antiken Welt, schien es, war derart brillant und derart mystisch, als dass sie fähig gewesen wäre, die rätselhaften Geheimnisse der Totenkonservierung zu enthüllen.

Diese Überzeugung beeinflusste das spätere wissenschaftliche Denken erheblich und führte zwangsläufig zu manch verstiegener Theorie. In den Jahren vor dem Ersten Weltkrieg zum Beispiel begann der prominente australische Anatom Grafton Elliott Smith, der sich sonst mit der Sektion ägyptischer Mumien beschäftigte, die Mumifizierungsmethoden rund um den Globus zu erforschen. Er arbeitete sich durch obskure anthropologische Texte über Balsamierungspraktiken bei den Stämmen Madagaskars und studierte Fotos von Kindermumien, die man im amerikanischen Südwesten geborgen hatte. Er durchforstete historische Berichte über die spanische Eroberung und untersuchte die seltsamen Muster von Einschnitten an Mumien aus dem Gebiet der Torresstraße. Aus all dem entwickelte er gewissermaßen eine große universelle Theorie der Mumifizierung, die er in einem Buch mit dem Titel *The Migrations of Early Culture* veröffentlichte. Darin kam Smith – der Mann, dessen Sammlung mumifizierter Penisse seiner Familie so peinlich war – zu dem Schluss, dass die alten Ägypter viel mehr waren als die Erfinder der Balsamierungskunst. Sie hatten auch ihre eigenständige Kultur und die Geheimnisse der ägyptischen Mumifizierung in aller Welt verbreitet, sogar bis zu den fernen Ufern Südamerikas.

Viele von Smiths Kollegen schüttelten über diese Theorie mit ihren abstrusen Annahmen und großzügigen Verallgemeinerungen nur den Kopf, manche jedoch nicht. Den Schriftsteller H.G. Wells beeindruckte sie immerhin so weit, dass er sie in seinem Buch *The Outline of History* populär machte, und am University College in London begannen sich Archäologen eifrig mit der Hypothese einer altägyptischen Diaspora zu beschäftigen. Doch sosehr Smith und seine großartigen Ideen einige britische Intellektuelle auch faszinierten: Als Visionär sollte sich der australische Mumienexperte nicht erweisen. Seine große universelle Theorie war nicht mehr als ein Kartenhaus. Es fand sich kein einziger Beweis, dass altägyptische Balsamierer in so fernen Ländern wie Indonesien und Mexiko tätig gewesen waren, wie Smith behauptet hatte. Und in den 1980er Jahren belegten einige sensationelle archäologische Funde in Chile, dass eine andere Kultur lange vor den Ägyptern die Geheimnisse der Mumifizierung entdeckt hatte. Schon mehr als zweieinhalb Jahrtausende, ehe die Balsamierer am Nil Fliegen von den Leichnamen verscheuchten, hatten chilenische Küstenbewohner am Rand der Atacama-Wüste begonnen, ihre Toten kunstvoll zu konservieren, und Mumien von solch einzigartiger Schönheit geschaffen, dass sie die Menschen noch heute faszinieren.

Die Chinchorro-Mumien, wie sie genannt werden, sind die ältesten Mumien der Welt. Bedeckt mit schimmernden schwarzen und roten Gesichtsmasken und Körperhüllen verkörpern sie, ganz wörtlich genommen, den Wunsch des Menschen, die Vergänglichkeit des Körpers und die Auflösung des Ich zu überwinden. Sie erheben den Tod zu etwas tröstlich und eindringlich Schönem und zählen zu den aufwändigsten Mumien, die in alter Zeit verfertigt wurden. »Ich bin immer wieder fasziniert, mit welcher Sorgfalt die Chinchorro diese Leichen rekonstruierten«, sagte der Anthropologe Bernardo Arriaza, »weil der Anblick von Toten uns meistens einen Schock versetzt. Wir möchten nichts mit ihnen zu tun haben. Aber von diesen Mumien kann man sich schwer losreißen. Es sind nicht einfach archäologische Artefakte, es sind menschliche Wesen, die erhalten werden sollten.«

Arriaza zählt zu den führenden Experten für Chinchorro-Mumien, und sein Engagement für diese uralten Leichname ist legendär. Ich lernte ihn auf dem Mumienkongress kennen, nachdem er ein Referat über seine neuesten Forschungsprojekte gehalten hatte, und war sofort angetan von der Begeisterung, die in seiner Stimme lag, sobald es um die Chinchorro ging. Arriaza ist Chilene. Er stammt aus dem Weinbaugebiet südlich von Santiago und lehrt physikalische Anthropologie an der University of Nevada in Las Vegas – eigenartig, dass sich ein Mann mit seinen Interessen ausgerechnet dort niederlässt. Doch Arriaza hat sich innerlich nie von Chile gelöst, wie sich herausstellte. Er träumt davon, mit seiner amerikanischen Frau und dem kleinen Sohn in seine Heimat zurückzukehren. Vorerst bleibt er jedenfalls im Herzen Chilene. An einer der Wände in seinem Büro in Las Vegas ist eine chilenische Fahne drapiert, und auf seinem Computermonitor erscheint ein persönlicher Bildschirmschoner: ein hervorragendes Foto einer Chinchorro-Mumie.

Jeden Sommer geht Arriaza nach Chile, gewissermaßen eine Art Stärkungsmittel, und arbeitet täglich viele Stunden an der Sammlung alter Mumien an der Universidad de Tarapacá. Zwischen diesen Sommeraufenthalten forscht, referiert und träumt er von Chinchorro-Mumien. Einmal hatte er ein halbes Dutzend Projekte zu ihrer Konservierung und ihrem Schutz am Laufen. Im Moment baut er in Zusammenarbeit mit einheimischen Künstlern eine Kollektion gemalter Porträts von Chinchorro-Mumien auf. Er schreibt populärwissenschaftliche Artikel und dreht Videofilme. Er plant sogar eine Art Mumien-Performance auf dem Burning-Man-Festival, das jedes Jahr in Nevada stattfindet – alles, um diese uralten Mumien besser bekannt zu machen.

Kurz gesagt, Arriaza ist ein bisschen ein Träumer, wenn es um die Chinchorro geht. Doch auf den ersten Blick käme man nie auf die Idee, dass dieser Mann sich in Gedanken von früh bis spät mit etwas so Altem und Kaltem beschäftigt. Arriaza, Anfang vierzig, mit seiner olivfarbenen Haut, den braun-grünen Augen und kantigem Kinn, wie gemeißelten Gesichtszügen und dem Ziegenbart, ist ein beunruhigend gut aussehender Mann. Er lächelt selten und läuft meistens in bequemen Khaki-Hosen und zerknittertem Polohemd herum; auf modische Kleidung legt er offenbar keinen Wert. Er sieht eher wie ein Künstler als wie ein Wissenschaftler aus – ein Maler vielleicht. Dieses Aussehen und seine unbekümmerte, etwas versponnene Art scheinen viele Frauen magnetisch anzuziehen, selbst diejenigen, die ihn nie persönlich gesehen haben. Einmal hatte ich gerade einen Artikel über seine Arbeit für eine Zeitschrift fertig geschrieben, als mich eine junge Rechercheurin aus New York anrief und mit einer äußerst wichtigen Frage überfiel. »Sieht er wirklich so gut aus wie auf den Fotos?«, fragte sie mit einem hörbaren Seufzer.

Ich bin mir nie ganz sicher, ob Arriaza bewusst ist, welche Wirkung er auf Frauen hat, aber seine Anziehungskraft ist wirklich erstaunlich. Seine Frau Vicki Cassman erzählte mir, dass sie sich kennen gelernt haben, als er am Archäologischen Museum der Universidad de Tarapacá Sektionen an Mumien durchführte – eine Atmosphäre, ungefähr so erotisch wie in einer Leichenhalle. Noch dazu war Cassman damals eine junge Konservatorin. Sie lehnte ethisch, moralisch und emotional jeden ab, der die fragilen Mumien zerstörte, und ihr wurde übel bei dem Gedanken, dass ihnen jemand mit dem Skalpell zu Leibe rückte. Logischerweise hätte sie Arriaza also zutiefst verabscheuen müssen. Doch nach ein paar Tagen hatte sie sich bis über beide Ohren in den jungen Anthropologen verliebt.

Es war ein glücklicher Zufall, der Arriaza zu den Mumien von Arica geführt hatte. Sein Vater war früher Bergarbeiter gewesen und hatte Verwandte in Arica, deshalb hatte sich Arriaza an der dortigen Universität eingeschrieben. Nach dem Abschluss bekam er eine Stelle am Museum von Arica, und dort rief ein Jahr später jemand vom örtlichen Wasserversorgungsunternehmen an. In den Bergen vor der Stadt, entlang der sandigen, tiefer gelegenen Hänge des El Morro, war ein Trupp Arbeiter gerade dabei, mit dem Bulldozer eine Rinne für eine neue Wasserleitung auszuheben. Plötzlich hatte sich die Schaufel des Bulldozers in eine Art Friedhof gegraben, der jedoch nicht neueren Datums sein konnte. Auf dem Boden lag eine Hand voll seltsam aussehender Leichname. Arriaza und ein paar Kollegen eilten zur Fundstelle, um sich die Sache anzusehen. Als sie eintrafen, hatte sich bereits eine Menge Neugieriger versammelt, die die Verantwortlichen der Baufirma zurückzuhalten versuchten. Im Sand lagen Teile von fünf maskierten Mumien.

Arriaza und seine Kollegen wussten sofort, was sie vor sich hatten. Im Jahr 1917 war der berühmte deutsche Archäologe Max Uhle bei Grabungen in Arica zufällig auf ähnliche Mumien gestoßen. Danach hatten Forscher entlang der Nordküste Chiles hin und wieder eine einzelne maskierte Mumie entdeckt. Sie waren äußerst selten, doch nach Meinung aller stammten sie von einem frühen Andenvolk, dem chilenische Archäologen den Namen Chinchorro gegeben hatten, nach einem Strand, an dem man das erste ihrer Dörfer ausgegraben hatte. Leben und Sterben der Chinchorro hatte sich ganz am Meer orientiert. Sie hatten mit kompliziert geknüpften Netzen gefischt, mit der Harpune Seelöwen gejagt, halluzinogene Pflanzen vom Amazonas konsumiert, sich mit Halsketten aus Lapislazuli und exotischen Vogelfedern geschmückt, Turbane aus Baumwollstoff um den Kopf geschlungen und in schilf- oder fellbedeckten Hütten gelebt, deren Boden aus Lehm und Seegras bestand.

Über die Mumien jedoch wusste niemand besonders viel, denn es hatte noch nie einen Fund wie den von El Morro gegeben. In den folgenden Monaten bargen Arriazas Kollegen 96 Chinchorro-Leichen, wild durcheinander über eine Fläche von knapp 23 m^2 verstreut. Viele waren künstlich mumifiziert, und von diesen trug jede eine modellierte Lehmmaske mit einem etwas anderen Gesichtsausdruck. Es machte fast den Eindruck, als hätten die Chinchorro versucht, in abstrakter Form eine Ähnlichkeit mit dem Verstorbenen herzustellen. Ein paar lagen dicht beieinander – eine Frau mit Hängebrüsten aus Lehm, ein Mann mit einem Penis aus Lehm, und mehrere Kinder –, als wären sie eine Familie gewesen. Doch abgesehen von dieser Gruppe und der Tatsache, dass die meisten Mumien mit Blick auf das Meer lagen, gab es keine planmäßige Anordnung der Gräber und sehr wenige Grabbeigaben. Es sah fast so aus, als hätte man die Mumien eigentlich gar nicht begraben wollen.

Arriaza kam das seltsam vor, doch er hatte nicht viel Zeit, sich den Kopf darüber zu zerbrechen, was es bedeuten konnte. Er arbeitete seit kurzem mit Marvin Allison zusammen, einem bekannten Mumienexperten und Pathologen der University of Virginia, der die Untersuchung der Chinchorro-Mumien übernommen hatte. Allison wollte bei jeder Alter und Geschlecht feststellen und nach Hinweisen auf Erkrankungen suchen. Er war ein sehr von sich eingenommener, schwieriger Mensch und ein großer Verfechter der Mumiensektion. Da er jedoch bereits an mehreren natürlichen Mumien arbeitete, fehlte ihm die Zeit für eine gründliche Untersuchung der neu entdeckten Chinchorro-Mumien. Er brauchte einen Assistenten, dem er zeigen konnte, wie man die benötigten Daten gewinnt und eine Mumie seziert. Seine Wahl fiel auf den jungen Chilenen Arriaza, dem er in einem Schnellkurs die erforderlichen Kenntnisse in Pathologie und Anatomie vermittelte.

Arriaza hatte großen Respekt vor Allison und seinem enormen Wissen in Anatomie, Anthropolgie, Pathologie und der Frühgeschichte Südamerikas. Es faszinierte ihn, dass er an den seltenen Mumien arbeiten durfte, die Uhle vor 64 Jahren zum ersten Mal beschrieben hatte. Arriaza erwies sich als gelehriger Schüler, und Allison gab sein Wissen großzügig weiter. Doch als Arriaza seine ersten Sektionen an einigen der am stärksten fragmentierten Chinchorro-Mumien durchführte, spürte er völlig unerwartet eine tiefe Traurigkeit. Es ging ihm sehr gegen den Strich, dass er diese ohnehin schon ihrer Würde beraubten Leichname noch weiter entwürdigte. Und es fiel ihm sehr schwer, ihr Menschsein und ihre kunstvolle Gestaltung zu ignorieren. Deshalb hielt er, unterstützt von seiner Kollegin Vivien Standen, jeden einzelnen Arbeitsschritt fest und jede Schicht, durch die er schnitt; er hoffte, dadurch auf dem Papier den Aufbau jeder Mumie exakt rekonstruieren zu können.

Doch bald erschien ihm selbst diese aufwendige Dokumentation vollkommen unzureichend. Er ließ sich das Ganze noch einmal durch den Kopf gehen und erklärte Allison dann, dass er keine weiteren Mumiensektionen durchführen würde. Der Pathologe war äußerst verärgert, dass er nun die restlichen Sektionen übernehmen musste. Mittlerweile konnte Arriaza diese zerstörerischen Eingriffe jedoch nicht mehr ertragen und begann, in einer Art verdeckter Operation Mumien beiseite zu schaffen, damit Allison ihnen nicht mit dem Skalpell zu Leibe rückte.

Die Chinchorro-Mumien, die Arriaza hatte retten können, sind in der Universidad de Tarapacá in Arica untergebracht, ganz in der Nähe des berühmten »Restaurant der Toten«. Ich wollte sie unbedingt sehen. Vermutlich würden ihnen keine noch so guten Fotos gerecht werden, und ich wollte wissen, sofern das überhaupt möglich war, was die Chinchorro vor so langer Zeit dazu veranlasst hatte, derart kunstvolle Mumien anzufertigen. Arriaza freute sich offenbar über mein Interesse und bot mir an, einen Besuch zu arrangieren. Und so kletterte ich an einem Freitagnachmittag im Mai vor dem staubigen Campus der Universität aus einem Taxi, um mich mit ihm zu treffen. Nach einem kurzen Fußmarsch gelangten wir zu einem kleinen garagenartigen Gebäude, mitten in einen Olivenhain hineingesetzt. Auf einem ausgeblichenen Schild an der Tür stand *Laboratorio Arqueología Tierras Altas*; wahrscheinlich hatte es ein früherer Benutzer hinterlassen.
Wir traten ein, und Arriaza ging gedankenverloren, so dass er ihn fast streifte, an einem langen und ziemlich breiten Tisch vorbei, auf dem jemand fein säuberlich Dutzende alter Menschenknochen aufgereiht hatte. Dazwischen lag hier und dort, auf zerknitterte Aluminiumfolie gebettet, ein schwarz gewordener, mumifizierter menschlicher Fuß oder eine Hand. Von dem Tisch stieg ein intensiver Geruch auf, der Geruch von uralten Knochen, die sich im Sonnenlicht erwärmen. Arriaza nahm keine Notiz davon, sondern griff mit einer scherzhaften Bemerkung zu Vivien Standen nach einem Schlüsselbund und schloss die Tür zum hinteren Zim-

mer auf. Er knipste das Licht an und trat dann zur Seite, um mich vorbeizulassen. Die gesamte gegenüberliegende Wand nahmen fast deckenhohe Regale ein, in denen dicht nebeneinander schwere graue Kästen standen; nicht gerade die optimale Aufbewahrung für so bedeutende Mumien, aber Besseres konnte sich die Universität nicht leisten.

Arriaza ging zu den Regalen, zog einen der Kästen hervor und nahm behutsam den Deckel ab, und ich erkannte einen kleinen, flach ausgestreckten Körper. Ich beugte mich vor, um in dem gedämpften Licht mehr zu sehen. Es war ein Kind, nicht älter als zwei Jahre, mit einer bröckeligen Schicht aus blauschwarzem Lehm bedeckt. Die winzigen Augen seiner Gesichtsmaske und der Mund waren geschlossen, als würde es schlafen, wie bei einem primitiven afrikanischen Idol oder einer Skulptur von Henry Moore – ein sehr schöner Effekt. Doch der kleine Körper zerfiel langsam. Die Lehmhülle um seinen Torso durchzog, wie häßliche offene Wunden, ein Netz tiefer Risse und Sprünge. Wo die schützende Lehmhülle bereits zu Staub zerfallen war, ragten Stöckchen und Knochen heraus. Es kam mir vor, als könnte der nächste Stoß, vielleicht nur ein kleiner Stups, das Ende des Kindes bedeuten; sein Körper hatte das Mitleid erregende Aussehen einer stark bespielten Puppe oder eines geschlagenen Kindes. Es weckte einen heftigen Beschützerinstinkt in mir.

Behutsam verschloss Arriaza wieder den Kasten. Dann zeigte er mir eine weitere Chinchorro-Mumie, und noch eine, bis wir schließlich sieben oder acht gesehen hatten. Fast alle waren Kinder. Als ich mich aufrichtete und auf all die kleinen Kästen um mich herum blickte, wurde mir bewusst, dass ich in einer Leichenhalle für Kinder stand. Dass sie schon vor Tausenden von Jahren gestorben waren, machte den stillen Ort mit den vielen Kästen nicht weniger bedrückend. Manche der Kinder waren gerade alt genug gewesen, um ihre ersten unsicheren Schritte zu tun; andere hatten noch nicht einmal krabbeln können. Und einige – sie berührten mich am meisten – waren bereits im Mutterleib gestorben.

Doch jedes Kind, egal wie klein oder wie alt es gewesen war, hatten die Chinchorro mit winzigen Gesichtsmasken und Körperhüllen aus Lehm überaus sorgfältig für die Ewigkeit hergerichtet. »Es ist ein Beweis von Liebe«, sagte Arriaza leise, »dass sie sich so viel Mühe gemacht haben, einen kleinen Fötus zu mumifizieren. Es ist sehr, sehr anrührend.«

Eine solch liebevolle Fürsorge sei in menschlichen Gemeinschaften selten, erklärte Arriaza. In den meisten modernen Gesellschaften bekommen tot geborene oder als Säuglinge gestorbene Kinder kein großes Begräbnis, denn sie sind noch keine vollwertigen Mitglieder der Gesellschaft. »In manchen Teilen der Welt gilt man, solange man nicht getauft ist, noch nicht einmal als Person«, fügte Arriaza hinzu. Doch die Chinchorro in grauer Vorzeit hatten die Dinge eindeutig anders gesehen. Sie hatten gewusst und begriffen – wie unsere heutigen Trauerbegleiter –, dass der Schmerz der Eltern nach dem Tod eines Kindes nicht von seinem Alter abhängt: Der Verlust eines Kindes, das nur einen Tag gelebt hat, kann ebenso erschüttern wie der eines Zweijährigen. »Die Chinchorro scheinen alle Menschenwesen geehrt zu haben, ob sie einen Beitrag zur Gesellschaft leisteten oder nicht«, bemerkte Arriaza kürzlich in einem Referat. »Und ihre besondere Aufmerksamkeit galt jenen, die ihr Potenzial nie ausschöpfen konnten.«

Dass die Chinchorro sich in der Psychologie der Trauer so gut auskannten, ist leicht nachvollziehbar – sie hatten reichlich Erfahrung damit. In einer Zeit, als es noch keine moderne Medizin gab, fielen ihre Kinder regelmäßig allen möglichen Infektionen durch Bakterien, Parasiten oder Viren zum Opfer. Jedes vierte Chinchorro-Kind starb, noch ehe es ein Jahr alt war. Das bedeutete, dass beinahe jede Chinchorro-Mutter zumindest einmal diesen schrecklichen Verlust erlebte; viele hatten sicherlich mehrere Kinder zu betrauern. Als seriöser Wissenschaftler konnte Arriaza nicht mit Bestimmtheit sagen, welche Auswirkung das auf sie gehabt hatte, doch er meint, sie müsse ganz erheblich gewesen sein.

Er vermutet sogar, dass diese Trauer die Chinchorro-Eltern überhaupt erst dazu gebracht hat, die Mumifizierung zu erfinden, denn auf den frühesten Chinchorro-Friedhöfen finden sich nur Kinderleichen, die derart kunstvoll und sorgfältig präpariert wurden.

Dieser Gedanke ließ sich gut nachvollziehen, und es berührte einen sehr, denn moderne psychiatrische Studien belegen, wie traumatisierend der Tod eines Kindes für die meisten Eltern ist. Da sie niemals damit rechnen, dass ihr Kind, ihr Ein und Alles, vor ihnen sterben würde, geraten trauernde Mütter oft in einen Bewusstseinszustand, den sie als »irgendwo zwischen Leben und Tod« beschreiben. In diesem Zustand, schrieb die finnische Therapeutin Leena Väisänen, haben sie häufig beängstigende Träume und erleben anormale psychische und physische Phänomene. Sie sehnen sich nach dem Kind, das sie verloren haben, und empfinden ein unerträgliches Gefühl von Leere und Sehnsucht, das körperlichem Schmerz ähnelt. Die meisten dieser Frauen sind sogar unfähig, sich von ihrem Muttersein zu lösen, obwohl das Kind gestorben ist. Durch Biologie und Hormone dazu getrieben, ihr Kind am Leben zu erhalten, sehnen sie sich danach, es weiter zu umsorgen. Unter diesen Umständen, schrieb Väisänen, »kreisen die Gedanken der Mutter ständig um das Baby, das Grab und den Tod«. Sie möchte ihrem Kind so nahe sein wie möglich. Oft ist dieses Bedürfnis so übermächtig, dass sie als Ersatz für das verlorene Kind in ihrem Kopf ein Phantom-Baby schaffen.

Es könnte gut sein, dass eine Chinchorro-Mutter unter dem Einfluss solch tiefer Trauer auf die Idee kam, den Leichnam ihres Kindes zu konservieren und schön herzurichten. Und daraus könnte sich ein tröstliches Ritual entwickelt haben, das von Generation zu Generation weitergegeben wurde. Schließlich gibt es ähnliche Zeremonien auch in anderen Kulturen. In Japan beispielsweise nehmen trauernde Eltern an einer Zeremonie teil, bei der die buddhistische Gottheit Jizo, Schutzpatron der Reisenden, angerufen wird, damit er die Seele ihrer tot geborenen Kinder sicher geleitet. Zum Gedenken an dieses Ereignis kaufen oder verfertigen sie babyähnliche Figürchen, die Babykleidung angezogen bekommen und dann an Landstraßen oder in Tempeln aufgestellt werden. Vielleicht haben es die Chinchorro-Eltern ähnlich gemacht, nur dass an Stelle einer bloßen Figur das mumifizierte Kind im Mittelpunkt stand.

Sicher werden die vielfältigen, mit der Herstellung einer Mumie verbundenen Tätigkeiten zum Teil das Bedürfnis der Mutter gestillt haben, sich weiter um ihr verlorenes Kind zu kümmern. An den frühesten Mumien, merkte Arriaza an, wurde wochenlang gearbeitet, und es brauchte viel Fingerspitzengefühl dazu. Zuerst zogen die Chincorro der Kinderleiche vorsichtig die Haut ab, rollten sie auf wie eine Strumpfhose, und dann entfernten sie alles Fleisch, so dass nur die Knochen übrig blieben. Diese verstärkten sie wiederum mit Stöcken, banden das Skelett anschließend wieder zusammen und polsterten es mit Bündeln von Schildrohr auf. Nun folgte der künstlerische Teil. Nachdem sie eine dicke, aschefarbene Paste aufgetragen hatten, die wie Lehm trocknete, formten sie Gesichtszüge und Körperkonturen, dann wurde die Haut wieder über den Körper gezogen; auf den Kopf kam zum Schluss eine Art Perücke. Es fehlte nur noch der letzte Anstrich mit blauschwarz schimmernder Farbe. Diese wurde aus winzigen Partikeln von Manganblende hergestellt, die sich an einem bestimmten Sandstrand bei Arica fand. Um eine ausreichende Menge dieses halbmetallischen Pigments für die Bemalung eines Kindes zu erhalten, musste jemand viele Stunden lang Sand durchsieben – eine Beschäftigung, die einer trauernden Mutter durchaus gut getan haben mochte. Dann wurde die Manganblende mit Wasser vermischt, mit einem feinen Graspinsel auf die Kindermumie aufgetragen und zum Schluss noch poliert, bis die Farbe sanft irisierend schimmerte.

Ein verlorenes Kind als schönes neues Wesen wieder geboren zu sehen, könnte die Trauernden in ihrem Schmerz getröstet haben, schrieb Arriaza. »Wenn ein Mensch stirbt, verlässt er die Gemeinschaft, und das ist ein Schock für die Lebenden. Der Tote befindet sich in einer Art Zwischenwelt. War die Mumie jedoch fertig gestellt, konnte er wieder in die Gemeinschaft aufgenommen werden, vielleicht in einer Art Totenfeier.« Da ihr Kind nun wieder zur Welt der Lebenden gehörte, wollten die Chinchorro-Eltern es nahe bei sich haben. Statt den schimmernden Körper tief in der Erde zu begraben, legten sie ihn offenbar behutsam, wie ein lebendes Kind, auf den Sandboden. In der Folgezeit kümmerte sich die Familie liebevoll um die Mumie und besserte die Bemalung immer wieder aus.

Dieses Ritual muss den Chinchorro sehr geholfen haben, ihren Verlust allmählich zu verwinden, denn sie praktizierten es mehr als 3000 Jahre lang. Doch im Laufe der Jahrhunderte entwickelte und veränderte sich die Zeremonie. Die Mumifizierung blieb nicht mehr nur den sehr jungen Menschen vorbehalten, sie erstreckte sich mit der Zeit auf alle Blutsverwandte. Alle wurden gleich behandelt. »Während die Ägypter nur Könige und andere hochstehende Personen einer Mumifizierung für würdig erachteten«, schrieb Arriaza, »gestanden die Chinchorro dieses heilige Ritual jedem in der Gemeinschaft zu, unabhängig von Alter oder Stellung.« Auch die geistige Vorstellung von dem Toten begann sich auf subtile Weise zu verändern, was sich in den Mumienmasken widerspiegelt. Statt zwei Linien für die Augen und eine weitere für den geschlossenen Mund einzuritzen, bohrten sie zwei kleine Löcher für die Augen und ein größeres für den Mund. Durch diesen einfachen Akt blickten die Chinchorro-Mumien plötzlich aufmerksam in die Welt – wach, präsent und bereit, den Lebenden zuzuhören. »Die Chinchorro trennten nicht zwischen Tod und Leben«, sagte Arriaza. »Die Augen der Mumien waren geöffnet, ebenso der Mund. Für die Chinchorro waren die Toten nicht tot. Ihr Seinszustand war einfach ein anderer.«

Da sie sich durch die Stimme eines Priesters oder Schamanen mitteilen konnten, waren solche transzendenten Wesen hervorragende Mittler zwischen dem Diesseits und der spirituellen Welt. Sie konnten beraten, vermitteln und ihren beträchtlichen Einfluss zu Gunsten ihrer Verwandten geltend machen. Die Chinchorro müssen ihnen gerne ihr Herz ausgeschüttet haben, denn es war vollkommen normal, dass die Menschen mit ihren Vorfahren sprachen. Mit der Zeit wurden die Toten fast ebenso wichtig für das Leben wie die Lebenden, und die Verbindung zwischen beiden war so eng, dass sie beinahe ebenso lang hielt, wie die Chinchorro selbst existierten. Als die Mumienmacher schließlich um das Jahr 1100 v.Chr. unter mysteriösen Umständen aus Nordchile verschwanden, ließen sie ihren größten Schatz zurück – bemalte Mumien, die Wüste und Wind allmählich mit Sand bedeckten.

Die große Verehrung und Zuneigung der Chinchorro zu ihren Mumien erlosch jedoch nicht mit ihrem Untergang. Sie schlug tiefe Wurzeln im Leben der Andenvölker entlang der Küste und in den nahen Bergen, auch wenn spätere Gemeinschaften die Toten auf einfachere Weise konservierten; sie hatten erkannt, dass die trockene Wüstenluft ihnen einen Großteil der Arbeit abnahm. Häufig wickelten sie den Leichnam in ein großes Baumwolltuch, das die Körperflüssigkeit aufsaugte und damit den zur Mumifizierung erforderlichen Trocknungsprozess beschleunigte. Möglicherweise gingen manche Völker sogar noch weiter. Der Archäologe Julio Tello fand an der Südküste Perus Anhaltspunkte, dass die Paracas ihren verehrten Toten die inneren Organe entnahmen, den Leichnam am Feuer trockneten und ihn dann in das feinste Tuch hüllten, das in Südamerika je gewebt wurde. Es gibt jedoch auch Forscher, die diese Funde anzweifeln.
Wie dem auch sei: Kein Andenvolk hielt so sehr an der Verehrung der Mumien fest wie die Inka. Sie glaubten, die konservierten Toten seien noch lebendig. Und sie glaubten, dass diese vertrockneten Leichname ihre Weisheit weitergeben und ihre Le-

benskraft mit derjenigen der Natur vereinen würden, damit es reiche Ernten gebe. Als Gegenleistung mussten die Lebenden sie jedoch mit Respekt behandeln und sich um ihre körperlichen Bedürfnisse kümmern. Sie mussten ihnen Kokablätter zu kauen geben und Maisbier, damit sie ihren Durst stillen konnten. Sie mussten ihnen beim Wasserlassen helfen, indem sie zur rechten Zeit den Saum ihres Hemdes hoben. Und sie mussten dafür sorgen, dass sie angemessen gekleidet und untergebracht waren, was nach Ansicht einiger Forscher erklärt, warum jeder neue Inkakönig einen eigenen Palast für sich bauen ließ und mit Hilfe von Steuern eine eigene Dienerschaft und Landbesitz erwarb. Der prächtige Palast und der Besitz seines Vorgängers wurde noch für dessen Mumie und den Gedenkkult benötigt. »Manche vertreten den Standpunkt, dies sei der Grund, warum die Inka ihren Herrschaftsbereich immer weiter ausdehnten, ehe die Spanier kamen«, sagte Arriaza. »Sie mussten neues Land erobern, denn das alte gehörte den Toten.«

Man könnte sogar sagen, dass die Macht über das große Inkareich, das sich von den Regenwäldern Kolumbiens bis zu den Wüstenregionen im Norden Chiles erstreckte, in den Händen von Mumien ruhte, denn die Inkaherrscher trafen selten eine wichtige Entscheidung, ohne vorher die konservierten Leichname ihrer Vorfahren zu konsultieren. In tiefer Dankbarkeit für ihren Rat erwiesen die Regenten ihnen auf jede erdenkliche Weise ihren Respekt. Als Atahualpa durch hinterhältigen Verrat in Cajamarca den Spaniern in die Hände fiel, sandte er einen seiner Würdenträger mit einer kleinen Gruppe spanischer Offiziere nach Cuzco; sie sollten das geforderte Lösegeld holen. Dort, in der Hauptstadt der Inka, machten sich die Offiziere unverzüglich an die Arbeit und schlugen mit Brecheisen aus Kupfer die goldenen Scheiben an der Außenwand des Sonnentempels ab. Dann stürmten sie in ein großes Gebäude in der Nähe, wo sie eine Frau mit einer goldenen Maske vorfanden, die zwei königlichen Mumien Luft zufächelte. Die Leichname waren prächtig gekleidet und geschmückt und hielten wundervolle goldene Stäbe in den Händen. Pizarros Männer begannen sofort, sie ihrer Kostbarkeiten zu berauben, doch auf einmal hielten sie trotz aller Habgier inne. Atahualpa, ein stolzer Mann, hatte sie gebeten, nicht alles fortzunehmen – eine der Mumien war sein Vater.

Mit dieser reichen Beute in Händen hatte Francisco Pizarro, der Anführer der Spanier, keine Verwendung mehr für seinen königlichen Gefangenen. Er erklärte den Inkaherrscher erfundener Verbrechen für schuldig und verurteilte Atahualpa zum Tod durch das Feuer – die übliche Strafe der Spanier für Götzendiener. Atahualpa war der Gedanke unerträglich, dass nur Asche von ihm übrig bleiben sollte, denn das bedeutete, dass er niemals eine Mumie werden oder sich eines ewigen Lebens als von seinen Nachkommen verehrter Vorfahr erfreuen konnte. Um diesem elenden Schicksal zu entgehen – die Inka muteten einen solchen Tod ausschließlich ihren meistgehassten Feinden zu –, konvertierte er unmittelbar vor seiner Exekution zum Christentum und bekam den Taufnamen Juan de Atahualpa. Dadurch hatte er ein Anrecht auf Tod durch Strangulierung und ein christliches Begräbnis in der Erde, was immerhin die Chance eröffnete, dass sein Leichnam auf natürliche Weise mumifizierte.

In den folgenden Monaten unterwarf Pizarro immer größere Gebiete des Inkareiches, bis er schließlich auch die Hauptstadt Cuzco in seiner Gewalt hatte. Seine Männer plünderten den Sonnentempel, und Pizarro zog in den prächtigsten aller Inkapaläste ein, der vorher die Mumie von Atahualpas Vater beherbergt hatte. Doch die Geschichten von den mumifizierten Herrschern ängstigten viele von Pizarros Leuten, denn sie erinnerten an die heiligen Unvergänglichen daheim in Europa, und dabei wurde ihnen höchst unbehaglich. Wie konnte es sein, fragten sie sich, dass bei diesen Menschen, die doch offenkundig Heiden waren, derartige Wunder geschahen? Die spanischen Priester beeilten sich, ihren Seelenfrieden wieder herzustellen. Immerhin hatte die spanische Inquisition sie gelehrt, die geringste Spur von Teufels

Werk mit geschultem Auge wahrzunehmen. Dämonen, erklärten sie, seien Meister der Täuschung und in der Lage, jede erdenkliche Gestalt anzunehmen, um die Gutgläubigen zu verleiten – selbst die Gestalt eines Unvergänglichen. Deshalb müssten die Mumien vernichtet werden, und zwar mit aller Effizienz, derer die neuen spanischen Kolonialbehörden fähig seien; sie war beträchtlich.

Die Inka hörten es mit Entsetzen und brachten heimlich möglichst viele der königlichen Mumien auf dem Land in Sicherheit. Schließlich bedeutet das Quechua-Wort für diese Mumien »etwas Wertvolles, das man sorgsam aufbewahrt«. Und sie konnten die Mumien ihrer Herrscherfamilie fast zwei Jahrzehnte lang in kleinen Dörfern außerhalb Cuzcos verstecken. Doch im Jahr 1559 machte sich ein schlauer spanischer Offizier namens Juan Polo de Ondegardo mit einem Trupp Männer auf die Suche nach ihnen. Es gelang ihm, mehrere Verstecke ausfindig zu machen, und er schleppte mindestens drei Inkaherrscher und zwei ihrer Gattinnen fort. Das Auftauchen der Mumien löste bei den Spaniern großes Erstaunen aus. »Die Leichname waren derart intakt«, schrieb der Chronist Garcilaso de la Vega später, »dass ihnen weder Haar noch Augenbrauen noch Wimpern fehlten. Sie trugen ebensolche Kleider wie zu Lebzeiten, mit llautas [Stirnbändern] um den Kopf, doch keine weiteren Zeichen ihrer Königswürde.«

Ondegardo und seine Spießgesellen machten kein Geheimnis aus ihrer Entdeckung und erregten damit großes Aufsehen. De la Vega zufolge »trugen sie sie in weiße Leichentücher gehüllt über die Straßen und Plätze, die Indianer fielen auf die Knie und erwiesen ihnen unter Wehklagen und Tränen ihre Reverenz, und viele Spanier nahmen ihre Hüte ab.« Doch obwohl Ondegardo um ihren hohen Stellenwert wusste, brachte er es nicht über sich, die Mumien der Inkaherrscher zu zerstören. Auf Befehl des spanischen Vizekönigs Marqués de Cañete schaffte er sie nach Lima, wo sie 1560 öffentlich zur Schau gestellt wurden – gewissermaßen eine frühe Mumienausstellung. Im Jahr 1580 schließlich befanden die spanischen Behörden, dass es an der Zeit sei, sich der vertrockneten Leichname zu entledigen. Sie packten fünf von ihnen zusammen und begruben sie im Hof eines der ersten Hospitäler Limas.

Doch das war nicht das Ende der Inkamumien. Die konservierten Toten wurden überall im Inkareich hoch geschätzt, was die Spanier allerdings nicht wussten. Es gab Tausende einfachere Mumien im Land, die im Leben der gewöhnlichen Menschen eine bedeutende Rolle spielten; sie waren ebenso wichtig für sie wie die Venen und Adern in ihrem Körper. Die Menschen in den Anden und am Rand der der Atacama-Wüste betrachteten den Tod nicht als Ende des Lebens. Sie glaubten vielmehr, er sei nur der Beginn einer neuen, einflussreicheren Phase als hoch verehrter Vorfahr, der den Lebenden Beistand leisten konnte. Überall in den Anden suchten einfache Bauern bei Mondlicht die Mumien ihrer Stammesführer auf, die vor allem in Berghöhlen verborgen waren, und brachten ihnen Maisbier und Kokablätter, damit sie sich wohl fühlten. Sie besserten ihre Kleider aus und erzählten ihnen von ihren Sorgen. Sie fragten sie in allen wichtigen Angelegenheiten um Rat, sogar wenn es um die passenden Ehepartner für ihre Kinder ging.

Die Spanier waren entsetzt, als sie endlich begriffen, welch große Rolle die Mumienverehrung bei den Andenvölkern spielte. Sie befürchteten – zu Recht –, dass das Christentum in einem Land mit solch tief verwurzelten Glaubensvorstellungen nie würde Fuß fassen können. Also begab sich die Geistlichkeit auf einen Feldzug nach dem Vorbild der Inquisition mit dem Ziel, die alte Mumienverehrung und anderen Götzendienst auszumerzen. Sie ritten in das Land hinaus und suchten in Berghöhlen und entlegenen Heiligtümern nach versteckten Mumien. Sie konfiszierten eine Mumie nach der anderen und nahmen ihre Hüter gefangen. Dieser Erfolg stärkte ihr Selbstvertrauen. Sie verfassten eine Art Leitfaden mit detaillierten Ratschlägen für das schnelle Auffinden von

Mumien, ergänzt durch einen vorgefertigten Fragebogen zur Vernehmung ihrer Beschützer.
Ein solcher Leitfaden erleichterte die Arbeit der Mumienjäger erheblich. Im Jahr 1607 beispielsweise machte sich ein gut geschulter spanischer Priester in der kleinen peruanischen Stadt Huarochirí ans Werk. Francisco de Avila machte einheimische Priester ausfindig und nahm sie gefangen, beschlagnahmte eine große Zahl Mumien und karrte seine gesamte Beute nach Lima, denn dort sollte auf dem größten Platz der Stadt ein Autodafé stattfinden. Auf Avilas Zeichen hin banden die Soldaten einen der reuelosen Indianerpriester auf der einen Seite des Platzes an einen Pfahl, auf der anderen Seite wurden Mumien und andere Kultgegenstände zu einem Scheiterhaufen geschichtet. Im Beisein des peruanischen Vizekönigs predigte Avila auf Quetchua zu den Bewohnern von Lima und ermahnte sie, sich von ihren Mumien und anderen Götzen loszusagen. Dann setzte er mit theatralischer Geste den Scheiterhaufen in Brand. Während die vertrockneten Leichname prasselnd im Feuer verbrannten, ließ er den aufsässigen Indianerpriester losbinden und ihn in der Mitte des Platzes öffentlich auspeitschen. Anschließend verbannte er den Unglücklichen in eine katholische Institution Hunderte von Kilometern entfernt in Chile. Dann entließ er die stumme Menge.
In den folgenden Jahrzehnten fanden noch viele solcher Schauspiele statt, die die Menschen der Anden mehr noch als die Eroberung durch die Spanier bedrückten. Sie konnten es nicht ertragen, dass man mit ihren geliebten Mumien derart brutal umging. »Wissen Sie, diese Leute hatten keine Angst vor dem Tod an sich«, sagte Arriaza. »Sie hatten Angst vor einem Tod ohne die Möglichkeit einer Rückkehr. Deshalb war es für sie so entsetzlich, dass die Spanier die Inkamumien und andere verbrannten und begruben.«
Einigen Kolonialbeamten in Lima war klar, dass sie niemals alle Mumien würden aufspüren und zerstören können. Die Leichname waren zu gut versteckt, und freiwillig würden die Menschen

sie nicht herausgeben. Also ließen sich die Spanier etwas anderes einfallen. Sie befahlen die Umsiedelung ganzer Dörfer, um dadurch die Bindung zwischen den Menschen und den noch verbliebenen Mumienschreinen und heimischen Göttern zu zerstören. Der Plan schien zwar idiotensicher, doch er hatte einen Schwachpunkt. Nichts konnte die Menschen nämlich daran hindern, neue Schreine mit neuen Mumien zu errichten. Also zwangen die spanischen Priester ihre störrischen Schäfchen, ihre Toten nur noch wie die Christen in Europa zu bestatten – unter dem Boden von Kirchen.

Den Nachkommen der Inka missfiel diese Neuerung außerordentlich. Sie würden von den Stimmen ihrer toten Eltern und Großeltern gequält, die klagend aus der Erde nach ihnen riefen, vertrauten sie den einheimischen Priestern an. Sie fänden in ihren neuen Gräbern keine Ruhe, sagten die Toten, denn sie würden sich wie Gefangene fühlen. Sie könnten nicht mehr aufrecht sitzen und herumgehen wie in den alten Schreinen, sondern müssten bewegungslos in ihren Särgen liegen.

Mit der Zeit wurden die klagenden Stimmen der Toten leiser. Die Nachkommen der Inka nahmen den Katholizismus an und beteten ebenso inbrüstig wie die Spanier zu den heiligen Unvergänglichen. Doch in Chile, sagte Arriaza, hätten sie die Religion ihrer Vorväter nie vergessen. Und sie hätten auch nie die alten Vorstellungen in Bezug auf die Toten abgelegt. Dies vor allem sei der Grund, meinte er, warum das Land nach der Diktatur unter General Augusto Pinochet nicht zur Ruhe kam. Während seiner Zeit verhafteten Armeeoffiziere Hunderte chilenischer Aktivisten und Regimekritiker, die anschließend spurlos verschwanden. Diese Hinrichtungen lägen inzwischen Jahrzehnte zurück, doch die Chilenen seien unfähig, dieses Kapitel ihrer Geschichte abzuschließen. Pinochets größtes Unrecht sei nicht die Verhaftung und Ermordung seiner politischen Gegner gewesen, meinte Arriaza, so schrecklich das auch sei. Sein größtes Unrecht sei gewesen, dass er die Leichname vernichten und verschwinden ließ, denn das bedeutete, dass die Chilenen ihre toten Dissidenten niemals in die Welt der Lebenden zurückholen konnten.

Und das war etwas, das die Nachkommen der Inka weder vergeben noch vergessen konnten.

SELBSTKONSERVIERUNG

Es steckte eine gewisse poetische Wahrheit in dem, was Arriaza sagte, und ich konnte mir durchaus vorstellen, dass diese uralten Überzeugungen auch im heutigen Chile noch lebendig waren. Da ich viel über archäologische Themen schreibe, weiß ich, dass Totenrituale zu den beständigsten kulturellen Traditionen zählen und sich im Laufe der Zeit nur langsam verändern. Aus psychologischer Sicht ist dies sehr sinnvoll. Unsere Beziehung zu Toten ist mit verwirrenden Emotionen beladen – Reue, Trauer, Schuldgefühle, Furcht, Sehnsucht, Hoffnung –, und Trauernde fühlen sich verpflichtet, am Ende alles richtig zu machen. Für die meisten bedeutet das, dass sie auf vertraute, althergebrachte Traditionen zurückgreifen, welcher Art sie auch sein mögen – Totenwache, Nachruf, Bestattungsriten, Einbalsamierung, Begräbnis, Grabrede. Von diesen Traditionen zu weit abzuweichen wurde lange als Zeichen von mangelndem Respekt gegenüber dem Toten betrachtet; salopp ausgedrückt, als wären die Hinterbliebenen froh, ihn endlich los zu sein.

Deshalb bezweifelte ich nicht, dass viele Chilenen die Toten noch sehr verehren und eine tiefe innere Beziehung zu ihnen haben. Etwas Ähnliches hatte ich am letzten Vormittag des Mumienkongresses in Arica schon vermutet. Nachdem ich fast eine ganze Woche kaum aus dem Konferenzsaal herausgekommen war, mich auf eine Unmenge Referate konzentriert hatte, die in zwei Sprachen in rasendem Tempo wie am Fließband vorgetragen wurden, und abends bei chilenischem Cabernet mit dem eigenwilligen Haufen von Mumienexperten, unter die ich geraten war, zusammengesessen hatte, fühlte ich mich ziemlich erschlagen. Ich hatte es kaum geschafft aufzustehen, und offenbar war ich nicht die Einzige, der es so ging. Mehr als die Hälfte der Stühle blieb an diesem letzten Vormittag leer. Doch als die chilenische For-

scherin Julia Cordova ans Mikrofon trat und langsam in ihr Thema »Die Faszination der Mumien« hineinfand, war ich wieder hellwach.
Cordova hatte im Archäologischen Museum im nahe gelegenen San Miguel de Azapa, das unter anderem eine hervorragende Sammlung von Chinchorro-Mumien beherbergt, eine kleine Umfrage durchgeführt. Sie wollte wissen, was die Besucher über die ausgestellten Mumien dachten, und die Leute hatten ihr bereitwillig Auskunft gegeben. Gut die Hälfte der Interviewten gaben an, die uralten Leichname seien das Beeindruckendste im ganzen Museum; drei Viertel wollten unbedingt mehr solcher Mumien sehen. Am interessantesten fand ich jedoch eine ziemlich seltsam anmutende Frage, die Cordova dazwischen geschmuggelt hatte: »Möchten Sie selbst mumifiziert werden?« Ich war sehr gespannt auf das Ergebnis. Es kam heraus, dass 31 Prozent der Antwortenden sich gerne mumifizieren lassen würden. Sie wollten ihre sterbliche Hülle konserviert sehen. Doch die Mehrheit, 60 Prozent, um genau zu sein, hatte Bedenken; sie befürchteten, dass spätere Generationen sie in einem Museum zur Schau stellen würden.
Cordovas Umfrage sagte viel darüber aus, welche Faszination konservierte Tote auf viele Chilenen noch immer ausüben, doch dann kam mir in den Sinn, dass ihr Umfrageergebnis auch ein seltsames Paradox widerspiegelt, das mir bereits früher aufgefallen war. Wir sind fasziniert, zumindest die meisten von uns, wenn wir vor uralten konservierten Leichnamen stehen, fasziniert von ihren eingefallenen Gesichtern, den Wimpern, den Haarflechten und Locken, den schimmernden Fingernägeln, von ihrer knochigen Magerkeit. Wir sind bewegt von der Unsterblichkeit, die sie verkörpern. Dennoch schreckt die meisten von uns der Gedanke, selbst mumifiziert zu werden. Es schaudert uns bei der Vorstellung, dass die kalten, lieblosen Hände eines Balsamierers an unserem Körper herumhantieren. Es graut uns bei dem Gedanken, entkleidet, hin und her gebogen, inspiziert, aufgeschnitten, ausgeweidet, ausgestopft, chemisch behandelt und eingewickelt zu werden. Am meisten fürchten wir uns jedoch davor, dass wir nicht schön genug aussehen könnten für die Ewigkeit und Witzfiguren für zukünftige Generationen abgeben.
Das sind natürlich berechtigte Ängste und für die meisten Grund genug zu beschließen, dass sie lieber zügig verwesen, als sich mumifizieren und ir-

gendwann von Motten zerfressen zu lassen. Doch in manchen Teilen der Welt können sich die Menschen offenbar nicht so leicht von der Sehnsucht nach Unsterblichkeit freimachen. Sie haben sich, um den Tod zu überwinden, auf einen bizarren Weg begeben: den eigenen Körper konservieren und mumifizieren zu lassen. In Amerika und Europa beispielsweise ist eine Vielzahl neuer Unternehmen entstanden, die dergleichen Wünsche von Leuten, die langsam in ein gewisses Alter kommen, gerne befriedigen wollen. Als ich mich mit diesen überzeugten Selbstkonservierern zu beschäftigen begann – sie zu ignorieren war unmöglich –, wurde ich sehr neugierig. Wie weit waren Menschen in ihrem Wunsch nach Unsterblichkeit bereit zu gehen? Wie weit würde ich selbst gehen? Meine Suche nach Antworten führte mich als Erstes zu den extremsten Selbstkonservierern der Welt – zu einer erlesenen Gruppe alter buddhistischer Mönche in Japan, die die Kunst der Selbstmumifizierung perfektioniert hatten.

Iwatoro Morimoto war bei schlechter Gesundheit, wie er mir in seinem fein säuberlich getippten Brief gleich eingangs mitteilte. Er habe vor drei Monaten einen schweren Schlaganfall erlitten, schrieb der ehrwürdige japanische Anatom in tadellosem Englisch, sei nun auf einer Körperseite gelähmt, und auf sein Herz könne er sich auch nicht mehr recht verlassen; lediglich der unsichtbare Herzschrittmacher halte es in Gang. Für Morimoto, einen Mann von großer Wissbegier, der Mumien von Ägypten bis Bolivien erforscht hatte, ein trauriges Schicksal. Seine Gebrechlichkeit setzte ihm immer engere Grenzen, und deshalb hatte Morimoto widerstrebend beschlossen, seine Stellung an der Schwesternschule des Japanischen Roten Kreuzes in Tokio aufzugeben, ebenso seine Forschungsarbeit an Japans kaum bekannten buddhistischen Mumien.

Japan ist, um es gleich zu sagen, kein Land, in das sich viele Experten auf der Suche nach Mumien begeben würden. Das hat auch gute Gründe. Da wären zuerst einmal die natürlichen Gegeben-

heiten: Im Norden gibt es starke Klimaschwankungen zwischen heißen, schwülen Sommern und bitterkalten Wintern; hin und wieder fegt ein Taifun über das Land. Im Süden herrscht subtropisches Klima. Also keine sonderlich günstigen Bedingungen für die natürliche Konservierung menschlicher Leichname. Dann sind da noch die Japaner selbst. Sie verabscheuen tote Körper von altersher. Sie betrachten Leichen als unrein, und diese Abneigung geht bei den vielen Buddhisten Japans sogar noch tiefer. Für sie ist, wie der Buddhismus-Experte Robert Sharf schreibt, eine Leiche nichts anderes als »ein lebloses Stück übel riechendes Fleisch, das auf schnellstem Weg beseitigt werden sollte«. Um sich dieses Abfalls zu entledigen, ließen die Familien ihre Toten früher einäschern oder begraben; es nicht zu tun hätte nach Ignoranz ausgesehen, denn für Buddhisten ist der Körper etwas von Natur aus Vergängliches.
Deshalb waren Morimoto und seine Kollegen sehr überrascht, als sie im Jahr 1961 erfuhren, dass in einer entlegenen Bergregion im Nordwesten Japans, verborgen in Tempeln, sechs Mumien von buddhistischen Priestern entdeckt worden waren. Die Nachricht erschien zuerst völlig unglaubhaft, stellte sich dann jedoch als absolut wahr heraus. Fromme Buddhisten hatten sich seit Jahrhunderten um die Mumien gekümmert, auch wenn sie inzwischen nicht mehr besonders gut aussahen. Die meisten waren schwärzlich, fleckig und fast nur Haut und Knochen; sie saßen in Lotushaltung zusammengesunken da, den Mund zu einer grotesken Grimasse des Todes verzerrt. Bei manchen klaffte in der Brust ein Loch wie ein langer Riss in altem, brüchigem Stoff. Andere sahen lädiert und verformt aus wie demoliertes Spielzeug. Dennoch hatten dieselben pflichtbewussten Priester sie in besonderen Räumen ihrer vergoldeten Tempel bewahrt und behütet; nur eine kleine Gruppe von Gläubigen wusste von ihrer Existenz. Fernsehteams aus Tokio begaben sich eiligst in die entlegene Region, um für die staunende Öffentlichkeit packende Bilder einzufangen.

Japans Anthropologen, Historiker, Volkskundler und Religionsgelehrte waren begeistert von dieser Entdeckung, ebenso viele Mediziner. Sie gründeten ein Komitee unter Leitung des inzwischen verstorbenen Kôsei Andô und begaben sich auf die Suche nach weiteren alten Priestermumien. Am Ende zählten sie fast zwei Dutzend im ganzen Land. Die meisten dieser Priester hatten zwischen dem 12. und 19. Jahrhundert gelebt, und viele waren Anhänger des Shugen-dô gewesen, einer alten Form des Buddhismus, die Elemente von Bergverehrung, Schamanismus, Taoismus und Magie in sich vereinte. Die Priester, die ihr Leben dem Shugen-dô weihten, zogen sich von der Welt zurück und lebten viele Jahre lang an einsamen Orten mit Namen wie »Sumpf der Zauberer«. Dort führten sie ein überaus asketisches Leben. Sie krochen auf allen vieren zu Schreinen auf steilen Berggipfeln hinauf, verharrten stundenlang unter eiskalten Wasserfällen und setzten sich in Räume, die der stechende Rauch brennenden Pfeffers erfüllte.

Durch solche Akte der Selbstzucht, erfuhr Morimoto, erwarben sich die Shugen-dô-Meister große positive Kräfte, die sie auf ihren Reisen durch das Land häufig zum Wohle der Menschen einsetzten. Manche Legenden beschrieben sogar, wie diese Priester durch Magie selbst die Natur beeinflussten und Seuchen, Dürrekatastrophen, Erdbeben und Taifune bändigten. Tetsumon-kai, ein Shugen-dô-Meister des 18. Jahrhunderts, zum Beispiel wurde vor allem wegen seiner Heilungen gerühmt. Wie die Legende weiß, riss sich Tetsumon-kai einmal sein linkes Auge heraus, um sich dadurch so viel göttliches Wohlwollen zu verdienen, dass er Kranke von ihren Augenleiden heilen konnte. Bei einer anderen denkwürdigen Gelegenheit soll er sich die Genitalien abgehackt haben.

Als sich ihr Leben dem Ende zuneigte, begannen Tetsumon-kai und andere große Shugen-dô-Asketen über den Tod nachzudenken. Wenn es ihnen kraft ihrer ungeheuren Selbstdisziplin gelänge, die widerwärtige Vergänglichkeit des Fleisches in etwas Unwandelbares und Ewiges zu transformieren, könnten sie zur geistigen Vollkommenheit finden und Erleuchtete – Buddhas – werden. Und so machten sich Tetsumon-kai und andere daran, sich selbst zu mumifizieren. Tausend Tage oder mehr versagten sie sich jegliche gewohnte Nahrung: Reis, Gerste, Sojabohnen, rote Mungobohnen, Sesamsamen, Kolben, Besen- und Fingerhirse, Buchweizen und Mais. Sie nagten nur an Dingen wie Kiefernrinde oder den Samen der Nusseibe, und manchmal nippten sie an einem Schälchen mit einer Art Firnis, hergestellt aus Baumharz. Mit zunehmender Schwäche erlitten sie alle Qualen des langsamen Verhungerns: Erschöpfung, Melancholie, Teilnahmslosigkeit und ein unendliches Verlangen nach Nahrung. Als sie schließlich nur noch Haut und Knochen waren, erklärten sie, dass sie bereit seien für den Tod. Einige baten darum, in einem Holzsarg lebendig begraben zu werden. Andere starben, Gebete rezitierend, in steinernen Kammern unter der Erde. Erst später öffneten ihre Schüler diese Gräber, und wie die Legende sagt, zeigten die Asketen keinerlei Anzeichen von Verwesung. Ihre Anhänger jedoch waren praktisch denkende Menschen; sie salzten die mumifizierten Leichen häufig noch ein oder räucherten sie, damit sie sich länger hielten.

Diese Geschichten machten Morimoto und viele seiner Medizinerkollegen neugierig, und sie fragten sich, wie viel davon wohl wahr sei. War es den Shugen-dô-Meistern wirklich gelungen, sich selbst zu mumifizieren, oder hatten ihre Anhänger heimlich irgendeine unbekannte Form künstlicher Konservierung angewandt? Die Mediziner beschlossen, der Sache auf den Grund zu gehen. Wie moderne Pilger unternahmen sie eine Rundfahrt zu den buddhistischen Tempeln, entkleideten und untersuchten die Mumien – mit Erlaubnis der dortigen Mönche. Die Geschichten von der Selbstmumifizierung, stellten sie bald fest, entsprachen der Wahrheit. Lediglich einer der Shugen-dô-Meister, die sie fanden, der im 19. Jahrhundert verstorbene Abt Tetsuryu-kai, war in seinem Grab nicht auf natürliche Weise mumifiziert. Morimoto schloss daraus, dass die geheimnisvolle »Diät« der Asketen eine entscheidende Rolle gespielt hatte. »Indem sie zu Lebzeiten drei Jahre oder länger jeglicher Aufnahme von fünf oder zehn Getreidesorten vollständig entsagten«, schrieb er in *Acta Anatomica Nipponica*, einer renommierten japanischen medizinischen Fachzeitschrift, »veränderte sich die Körpersubstanz [des Priesters] dergestalt, dass sie der Zersetzung widerstand.«

Wie sich die Körpersubstanz des Menschen durch diese Methode derart verändern konnte, wurde bislang nicht wissenschaftlich überprüft – vielleicht weil sich heute kaum jemand freiwillig für ein Experiment zur Verfügung stellt, bei dem er jahrelang nichts anderes zu Essen bekommt als schlichte Kiefernrinde und Nusseibensamen, die er mit einem Schälchen Firnis hinunterspült. Doch als ich mir Morimotos Aufsätze und säuberlich getippte Briefe noch einmal durch den Kopf gehen ließ, wurde mir bewusst, dass dieser heftige Wunsch, die unerbittlich tickende Uhr anzuhalten und dem zerstörerischen Werk der Zeit zu entgehen, sich nicht auf eine okskure Sekte alter buddhistischer Priester beschränkte. Dieser Wunsch ist auch im modernen Nordamerika und Europa allgegenwärtig. Um den ersten Zeichen des Verfalls zu wehren – schlaffe Haut, Zellulitis, Schwabbelbauch und Hängehintern –, haben sich Millionen Menschen zu Asketen gewandelt und dem neuen Fitness- und Schönheitskult verschrieben.

Mir selbst ist dieser Kult keineswegs fremd. Wie viele andere meiner Generation hetze auch ich tagtäglich zu meinem Tempel des Schweißes, um dort mein Selbstzuchtritual zu vollziehen. Und während ich mich, zähneknirschend und fluchend, an den Geräten abarbeite, beobachte ich die Fitnessgläubigen um mich herum, wie sie sich unter Grimassen und Zuckungen bis an den Rand der Erschöpfung quälen. Im hautengen Dress aus Tactel oder Lycra, umgeben von Spiegeln, pumpen sie Eisen, springen Seil, hecheln auf dem Laufband, trainieren Brust und Bizeps, Beine und Trizeps, bis ihre müden Muskeln wie eine Stimmgabel vibrieren. Am Wochenende stehen sie in aller Frühe auf, um bei Stadtläufen,

Marathons, Triathlons und Drachenbootrennen mitzumachen; ihre Freizeit verbringen sie auf dem Mountainbike, im Kanu oder Kajak, auf Skiern oder Snowboards, beim Windsurfen oder Kickboxen. Und im Umkleideraum begutachten sie sich tagtäglich vor den hohen Spiegeln, um auch das kleinste Anzeichen nachlassender Straffheit sofort zu entdecken.

Es ist nicht leicht, immer die nötige Motivation aufzubringen. Doch ebenso wie andere Gläubige haben auch die Fitnessjünger Quellen der Inspiration gefunden. Sie haben sogar ihre eigenen Unvergänglichen. Die berühmteste ist zweifellos Jane Fonda mit ihren bewundernswerten Fitness-Videos, deren Motto »Disziplin ist Befreiung« so überaus treffend scheint. Es sind gar nicht so sehr ihre Trainingsprogramme *Lean Routine* und *Favorite Fat Burners*, die einen derart beeindrucken; diese Programme sind vom Konzept her gut, aber eigentlich nichts Besonderes. Was die Fitness-Freaks wirklich fasziniert, ist Jane Fondas unglaublich junges Aussehen. Die Schauspielerin war schon über fünfzig, als sie *Favorite Fat Burners* drehte. Jahrzehnte nach ihrer Zeit als *Barbarella* wirkte sie graziler, straffer und jugendlicher als so manche 20-Jährige. Ein solcher Körper ließ sich nicht durch ein bloßes Trainingsprogramm erklären. Die Selbstkonservierer nahmen es ehrfürchtig staunend zur Kenntnis: Jane Fondas flacher Bauch und die schlanken Schenkel schienen der Beweis, dass im Fitness-Studio noch Wunder geschehen können.

Wenn das Alter langsam seinen Tribut fordert, gehen jedoch viele Gläubige zu einer anderen Form der Selbstkonservierung über. Sie streichen ihren Speisezettel radikal zusammen. Schließlich besteht zwischen natürlichem Alterungsprozess und Fettspeicherung eine enge Beziehung. Die amerikanische Feministin Naomi Wolf weist darauf hin, dass Frauen nach der Adoleszenz von Natur aus Fettgewebe bilden, denn der Körper braucht es, um Geschlechtshormone zu speichern und die Fruchtbarkeit zu erhalten. Studien in unterschiedlichen Kulturkreisen haben ergeben, dass eine Frau mittleren Alters im Durchschnitt einen Körperfettanteil von fast 38 Prozent aufweist, ein großer Sprung von den 28,7 Prozent bei einer 20-Jährigen. Diese Zunahme des Fettgewebes hat jedoch, wie Wolf in ihrem Buch *Der Mythos Schönheit* schreibt, wenig mit der nordamerikanischen Vorliebe für fetttriefende Pommes frites, Big Macs, Eiscreme und Schlagsahne zu tun. »Es ist die Norm für den weiblichen Teil unserer Spezies.«

Dennoch registrieren die meisten Frauen den schleichenden Anstieg ihres Gewichts mit Verzweiflung, wenn sie auf der Waage stehen. Fest entschlossen, gertenschlank und jung zu bleiben, kasteien sich viele mit einer Selbstdisziplin, die jedem Shugen-dô-Meister zur Ehre gereichen würde. Sie probieren eisern eine Diät nach der anderen aus, von Pritikin bis zu Dr. Atkins und den Weight Watchers, und essen tagelang nichts anderes zu Abend als Kohlsuppe und Grapefruit, dazu ein Schlückchen Karottensaft und Essig. Sie sorgen für einen hohen Serotonin-Spiegel und achten darauf, dass die Eicosanoide im Gleichgewicht sind. Sie machen sich täglich Gedanken um ihr Gewicht und teilen ihr Leid im Umkleideraum mit ihren vielen Freundinnen, die ebenfalls auf Diät sind. »An jedem beliebigen Tag«, schreibt Wolf, »machen 25 Prozent der Frauen eine Diät, 50 Prozent beenden, beginnen oder brechen eine Diät ab.«

Um ihr Schlankheitsideal zu erreichen, finden sich viele mit »freiwilliger Unterernährung« ab, wie Naomi Wolf es nennt. Eine Frau, die die Hilton Head Metabolism Diet macht, eines der bestverkauften Diätprogramme in den USA, nimmt nur Kinderportionen an Protein und Kohlenhydraten mit insgesamt 800 Kalorien pro Tag zu sich – viel weniger als die 2000 bis 2250 Kalorien, die eine durchschnittlich aktive Frau täglich benötigt. Eine derart spartanische Ernährung wird von einem ständigen Verlangen nach Essbarem begleitet. Die Hungerkünstler träumen von dicken Porterhouse-Steaks, Schüsseln voller Kartoffelbrei mit Butter, Crème brûlée und Sahnetorte. Ihre Gedanken kreisen ständig um Essen. Diejenigen, die die Disziplin eines Shugen-dô-Meisters aufbringen, haben schließlich den schmalen, schlaksigen Körper einer Pubertierenden. Gelegentlich haben sie sich auch eine schwere Anorexie eingehandelt. Ich finde es erschreckend, wie sehr diese ausgemergelten Frauen vertrockneten Mumien ähneln.

Für etliche aus meiner Generation ist jedoch die Selbstzucht am Esstisch und im Fitness-Studio nur eine halbe Sache. Sie gehen noch weiter und führen ihren Feldzug gegen Zeit und Natur mit Unterstützung eines kosmetischen Chirurgen. Allein zwischen 1990 und 1999 stieg die Zahl der in Amerika durchgeführten Fettabsaugungen um 800 Prozent; bei Bauchstraffungen waren es sogar stolze 1280 Prozent. Doch damit ist das Maß an Strapazen, das die Menschen auf sich zu nehmen bereit sind, noch lange nicht ausgeschöpft. Mit zusammengebissenen Zähnen unterziehen sie sich Prozeduren wie dem Hautpeeling mittels Chemie oder Laser, dem Face-Lifting und der Lypolyse per Ultraschall. Allein im Jahr 1999 ließen 623 588 Amerikaner – etwa die Bevölkerung einer Stadt wie Milwaukee –, eine Botox-Behandlung vornehmen, bei der zur vorübergehenden Beseitigung von Stirn- und anderen Falten ein lähmendes Gift, Botulinum, in die Gesichtsmuskeln gespritzt wird.

Die wenigsten kosmetischen Chirurgen würden jedoch von sich sagen wollen, dass sie im Mumifizierungsgewerbe tätig sind. Vielmehr wird in ihren Werbebroschüren betont, dass im Anti-Aging-Geschäft die neuesten Forschungsergebnisse Anwendung finden. Allerdings gibt es auch Unternehmer, die kein Geheimnis daraus machen, womit sie sich beschäftigen. Vor ein paar Jahren erhielt Christian Fischer, Experte für Moorleichen und Leiter des Silkeborg-Museums in Dänemark, einen eigenartigen Anruf von einem amerikanischen Geschäftsmann, der ihm eine ungewöhnliche Frage stellte. Er wollte wissen, wem das Moor gehörte, aus dem man den Tollund-Mann, die besterhaltene aller Moorleichen aus der Frühzeit Europas, geborgen hatte. Wie sich herausstellte, wollte der Anrufer dem Eigentümer das Recht abkaufen, einen Extrakt aus diesem Moor für eine Anti-Aging-Creme abfüllen zu dürfen.

Fischer hielt diese Anfrage für einen Scherz. Einige Jahre später jedoch schickte ihm eine englische Kollegin den Beipackzettel einer Hautcreme namens Essence of Time. Hauptbestandteil dieser Creme war pulverisierter Torf aus dem englischen Lindow Moss, der Heimat des Lindow-Mannes. Im Beipackzettel verwies der Hersteller auf die hervorragende Konservierung der Moorleiche und betonte, wie weich und geschmeidig die Haut des Lindow-Mannes sei und wie gepflegt seine Fingernägel. Das Geheimnis läge in der chemischen Zusammensetzung des Moores, behaupteten die Verfasser: »Die einzigartige Kombination hoch organischer, energiespendender Nährstoffe in diesem Moor, auf die Haut dieses Mannes aufgebracht, hielt sie über zweieinhalb Jahrtausende jung, weich und elastisch.«

Der Traum von der perfekten Konservierung brachte auch andere auf den Gedanken, eventuell ähnliche Maßnahmen zu ergreifen. Anfang der 1990er Jahre stand die amerikanische Schauspielerin Isabella Rossellini, Tochter von Ingrid Bergman und dem italienischen Filmregisseur Roberto Rossellini, auf dem Höhepunkt ihrer Karriere. Sie war »das Gesicht« der Kosmetikfirma Lancôme und in allen großen Zeitschriften, Zeitungen und auf allen Reklamewänden zu sehen. Kurz nach ihrem 40. Geburtstag jedoch erfuhr Isabella Rossellini, dass man sich demnächst von ihr trennen werde; Lancôme wollte ihr in Schönheit alterndes Gesicht nicht mehr für seine Werbekampagnen. Isabella Rossellini war verletzt und gleichzeitig zornig. Ein paar Wochen zuvor hatte sie einen Artikel über Sergej Debow gelesen, den für Lenins Leichnam verantwortlichen Leiter des Moskauer Mausoleumslaboratoriums. Sie griff zu Schreibzeug und Papier und schrieb Lancôme spitz: »Vielleicht könnte uns Dr. Debow irgendwie helfen.«

Isabella Rossellini meinte das nur als eine Art Retourkutsche, doch andere machten sich ohne zu zögern die Konservierungsgeheimnisse der Mumien zu Nutze. Ende der 1990er Jahre reizten Wellness-Fans ihr Kreditkartenlimit bis zum Letzten aus, um sich im Camelback Inn in Scottsdale, Arizona, etwas Besonderes zu

gönnen – ein Reporter sprach kryptisch von »etwas Mumifizierendem«. Der schicke Urlaubsort, einst Wahlkampfhauptquartier des amerikanischen Präsidentschaftskandidaten Barry Goldwater, rühmte sich eines bekannten Wellness-Zentrums. Im Jahr 1998 wurde dort ein Ritual kreiert, das jedem Ägyptologen oder Mumienexperten vertraut sein dürfte. Die Gäste wurden in einen abgedunkelten Raum gebeten, wo sie sich entkleideten und auf ein mit Handtüchern abgedecktes Bett legten. Dann erschien eine Dame, die sie langsam und systematisch in feuchte, angewärmte Leinentücher wickelte. Die Tücher waren mit Pflanzenextrakten und Ölen getränkt; am beliebtesten waren die herben Düfte Eukalyptus und Nelken.
Es sei ein eigenartiges, sehr entspannendes, irgendwie unirdisches Erlebnis gewesen, berichtete eine Kundin. »Ich verfiel in eine Art Dämmerzustand«, erinnerte sie sich später. »Es war herrlich.«

Wer sich unbedingt konservieren lassen möchte, muss sich jedoch nicht mit solchen kurzfristigen Maßnahmen zufrieden geben. Für einen gewissen Preis bekommt man in Nordamerika auch eine echte Mumifizierung. In einem pyramidenförmigen Gebäude in Salt Lake City, Utah, bietet die Firma Summum Mummification den Unsterblichkeit Suchenden eine Mischung aus altägyptischer Überlieferung, New-Age-Mystik und moderner organischer Chemie. Für den Gründer der Firma, einen lizenzierten Bestattungsunternehmer namens Summum Bonum Amon Ra, der jedoch lieber Corky genannt wird, ist die Mumifizierung eine Art Reisebüro für Verstorbene. Der Tod, heißt es auf der Website des Unternehmens, ist ein verwirrender Zustand für den soeben Dahingeschiedenen. »Sie suchen nach etwas Vertrautem, das Ihnen die Angst nimmt, und der Körper, den Sie gerade verlassen haben, ist Ihnen vertrauter als alles andere. Die meisten Menschen werden begraben oder eingeäschert, und das sind sehr ungünstige Bedingungen für ihre Seele, denn dann muss sie sich alleine durchschlagen. Ein mumifizierter Körper hingegen dient der Seele als Bezugspunkt, und sie kann Anweisungen empfangen, die Sie zu Ihrem neuen Bestimmungsort geleiten helfen.«

Das Summum-Team überreicht Ihnen gerne Ras spirituelle Straßenkarte, wenn Sie Ihren Körper dort mumifizieren lassen. Für einen Grundpreis von 60 000 Dollar lässt Summum Ihren Leichnam zu seiner Filiale für Menschen-Mumifizierung in Boca Raton, Florida, fliegen. Dort entfernen Mitarbeiter der Firma, nachdem sie Ihren Körper in einem »Heiligtum« mit »Sakramentalwein« gewaschen haben, Ihre Eingeweide und injizieren einen Konservierungsstoff in Ihr Gehirn, der es hart werden lässt. Anschließend werden Ihr Körper und die inneren Organe bis zu einem Monat lang in ein Chemikalienbad gelegt, dessen Zusammensetzung geheim ist. Sobald Sie gut durchgezogen sind, werden Ra und seine Kollegen Sie heraushieven, mit Polyurethan und einer Mischung aus Glyzerin, Wein und Ölen bepinseln, in meterlange Tücher aus feinem Leinen wickeln, noch einige Male mit einem schützenden Überzug aus Polyurethan oder Latex versehen und zum Schluss mit einer Schicht Fiberglaslack. Dann wird man Sie in einen Gussmetall-Sarg Ihrer Wahl legen. Der Talkshow-Moderator eines lokalen Fernsehsenders hat sich einen Sarg in der Form eines Mannes mit einem Mikrofon in der Hand ausgesucht.

Wenn Sie gerne in Gesellschaft wären, können Sie ohne weiteres einen Freund mitnehmen. Ra hat bereits seinen Hund Butch, einen Dobermannpinscher, und seine Tigerkatze Oscar mumifiziert. Wie er auf seiner Website verkündet, ist die Mumifizierung von Haustieren eine besonders ehrwürdige Tradition. Die Kinder der Pharaonenfamilien waren vernarrt in ihre Tiere – Jagdhunde, Katzen, Gazellen und Affen –, und so vertrauten die alten Ägypter die toten Tiere den Balsamierern an, die sie für die Ewigkeit in Harz konservierten und in Leinentücher wickelten. Ra bietet selbstredend eine ähnliche Dienstleistung an. Für 14 000 Dollar aufwärts werden Ihr Hund oder Ihre Katze nicht nur à la Summum mumifiziert, sondern Ihr Liebling bekommt auch einen lebensecht nachgebildeten, handgefertigten Bronzesarg. Aufmerksam gibt Ra auf seiner Website auch detaillierte Anweisungen für den Versand eines toten Haustiers an sein Unternehmen. »Summum wird Sie und Ihren teuren Gefährten gemeinsam der Unvergänglichkeit übergeben«, erklärt er überschwänglich. »Dank unserer Mumifizierung können Sie und Ihr geliebtes Haustier auf ewig beieinander sein.«

Auch Ra wird sich mumifizieren lassen; ihm graut bei dem Gedanken, langsam zu verwesen. »Ich investiere eine Menge Zeit, um meinen Körper in Topform zu halten«, erzählte er einmal einem Reporter. »Ich mache Aerobic und stemme Gewichte, und ich bin stolz auf meinen Körper.« Seine Frau, eine Bodybuilderin, denkt genau wie er, ebenso die meisten ihrer fitnessbewussten Kunden. Es gibt jedoch auch etliche, die andere Gründe haben. Einige gläubige Christen haben sich Summum anvertraut, weil sie ihrem Schöpfer am Tag des Jüngsten Gerichts in bester Verfassung gegenübertreten wollen. Für andere, insbesondere die Reichen und Berühmten, ist es eher eine Sache des Prestiges, sich mumifizieren zu lassen. Namen gibt Ra nicht preis. »Wir haben das vor ein paar Jahren getan«, erzählte er mir. »Unsere Kunden landeten samt Foto in der Boulevardpresse, daneben ein Bild von Boris Karloff als Mumie. Wir wären fast verklagt worden.« Summum bemüht sich nun sehr darum, seine prominenten Kunden zurückzugewinnen. Geplant ist ein Mausoleum in den Bergen, wo die Ururenkel ihre Vorfahren im Sarkophag durch Glasfenster beäugen können.

Corky ist nicht der Einzige, der Ihnen zur Unsterblichkeit verhelfen möchte. Auch Ingenieure aus der Kältetechnik haben eine Strategie entwickelt. Sie möchten Ihren Leichnam einfrieren, damit er irgendwann aufgetaut und wieder ins Leben zurückgeholt werden kann – sobald die Wissenschaft dazu in der Lage ist. Die Kryonik ist in vielerlei Hinsicht eine Sache, die sich bestimmt auch die alten Ägypter gerne zu Nutze gemacht hätten; ihr größter

Wunsch war, dergestalt konserviert zu werden, dass ihre Seele eines Tages wieder in ihrem Körper wohnen konnte. Doch überzeugte Kryoniker interessieren sich nicht sonderlich für tote Religionen oder die muffige Vergangenheit: Ihr Blick ist fest auf die fernen Horizonte der Zukunft und die großartigen Möglichkeiten der Wissenschaft gerichtet. Auf die Idee zu dieser Form von Konservierung brachten Robert Ettinger, den Vater der »kryonischen Suspension«, in den 1940er Jahren durchgeführte wissenschaftliche Versuche mit gefrorenem Froschsperma. Wenn die Medizin es schaffte, Spermazellen in einen Zustand »stillgelegter Vitalität« zu versetzen und langsam wieder zum Leben zu erwecken, warum sollte das nicht auch bei anderen Zellarten gelingen? Und wenn das möglich war, warum nicht bei einem ganzen Körper – und zwar dem eines Menschen? Die Science-Fiction-Autoren der 1960er und 1970er Jahre waren hingerissen von dieser Idee und beeilten sich, ihre Romane und Kurzgeschichten mit solcherart recycelten Figuren zu bereichern.

Mittlerweile finden sich die meisten Anhänger der Kryonik im Silicon Valley, wo die Leute an zukunftsorientiertes Denken und rasanten technischen Fortschritt gewöhnt sind. Im Jahr 1998 arbeitete etwas mehr als ein Viertel der über 400 registrierten Kunden eines der weltweit größten Kryonik-Anbieters – Alcor Life Extension Foundation in Scottsdale, Arizona – in der Soft- oder Hardware-Industrie. Alcor ist sehr stolz auf seine Referenzen im wissenschaftlich-technischen Bereich. Fred Chamberlain, einer der Gründer der Firma, beschreibt sich selbst als ehemaliger NASA-Ingenieur und Optoelektroniker, verantwortlich für Teile der unbemannten Raumsonden *Mariner*, *Venus-Mercury* und *Voyager*.

Alcor zeigt sich optimistisch. Seine Mitarbeiter benutzen ungerne das Wort *Tote*, wenn sie ihre Kunden meinen; sie sprechen lieber von »Patienten« und Menschen, die »potenziell lebendig« sind. Grund für diesen Optimismus ist etwas, das sie »Gnadenfrist« nennen, nämlich die Zeitspanne, die menschliche Zellen unbeschadet überstehen, wenn das Herz nicht mehr schlägt und der Blutkreislauf sie nicht mehr mit Sauerstoff und Nährstoffen versorgt. Als die Mediziner vor etwa 30 Jahren die kardiopulmonale Reanimation entwickelten, bei der einem Patienten mit Herzstillstand durch Beatmung Sauerstoff in die Lungen gedrückt und mittels Herzmassage der Blutkreislauf wieder in Gang gebracht wird, betrug diese Gnadenfrist rund vier Minuten. Dank der modernen Defibrillatoren sind es heute rund acht Minuten. Wird der Körper gekühlt, verlängert sich diese Zeitspanne noch beträchtlich: Einige Menschen, insbesondere Kinder, die in kaltem Wasser ertrunken waren, konnten noch über eine Stunde nach dem Herzstillstand praktisch ohne jegliche Schädigung wieder belebt werden. Dieser Umstand lässt Kryonik-Anhänger zuversichtlich in die Zukunft blicken. »Wir glauben, dass der Mensch potenziell noch am Leben ist, ungeachtet der Zeit, die ohne Herz- oder Atemtätigkeit verstrichen ist«, heißt es auf der Website von Alcor, »*solange die Gehirnzellen und die Gehirnstruktur richtig konserviert werden.* ›Tod‹ bedeutet nicht das Fehlen von Herzschlag und Atmung, obwohl diese veraltete Definition noch gebräuchlich ist. ›Tod‹ ist ein unumkehrbarer Zustand, von dem es kein Zurück ins Leben gibt.«

Der einzige Haken an der Sache ist, dass die Wissenschaft noch weit davon entfernt ist, einen lange Zeit gefrorenen Menschen wie seinerzeit Lazarus wieder zum Leben erwecken zu können. Das Problem ist Folgendes: Der menschliche Körper besteht aus etwa 53 Billionen mikroskopisch kleiner Zellen; wenn sie gefrieren, beginnt aus jeder von ihnen Wasser zu dringen. Diese winzigen Tröpfchen wiederum bilden gezackte Eiskristalle, die Löcher in die dünnen Wände der Nachbarzellen bohren wie Nadeln in einen Luftballon. Gegenwärtig ist die Wissenschaft nicht in der Lage, 53 Billionen Zellen zu reparieren, was die Anhänger der Kryonik jedoch nicht zu beunruhigen scheint. Sie schwärmen von den Theorien Eric Drexlers, des kalifornischen Guru der Nanotechnologie, der sich eine Welt bakteriengroßer Maschinen vorstellt, hergestellt von enzymähnlichen »Assemblern«, den Motoren der Schöpfung. Drexler und andere hoffen, die Billionen von Rissen und Löchern in den Körperzellen durch Einbringen ganzer Armeen dieser unsichtbaren Reparaturmaschinen in den gefrorenen Körper ausbessern zu können.

So viel Optimismus hat natürlich seinen Preis. Um ihre Unsterblichkeit zu finanzieren, schließen viele Kunden eine spezielle Lebensversicherung ab, die bei Fälligkeit an ein Kryonik-Unternehmen ihrer Wahl ausbezahlt wird. Wie die Balsamierer jeder anderen Epoche bietet auch die Kryonik eine Luxus- und eine preiswerte Variante. Bei Alcor gibt es für 120 000 bis 130 000 Dollar eine Ganzkörperkonservierung mit allen Schikanen; für 50 000 Dollar kann man nur seinen Kopf konservieren und einlagern lassen. Wer die günstigere Alternative wählt, muss nicht nur inbrünstig hoffen, dass irgendein Forscher einen Weg entdeckt, gefrorene Tote wieder zum Leben zu erwecken, sondern auch dass Methoden entwickelt werden, aus überzähligen Zellen einen neuen Körper heranzuzüchten, auf den es dann den wieder belebten Kopf samt Gehirn fein säuberlich aufzupfropfen gilt. Und er muss hoffen, dass Alcor seine Gründer um Jahrhunderte, wenn nicht Jahrtausende, überdauert und ihre Lebensversicherung ausreicht, um eine langfristige Aufbewahrung zu bezahlen. Eine tüchtige Portion Humor ist sicherlich hilfreich – die Trickfilmzeichner der Serie *Die Simpsons* greifen bei Zukunftsszenen immer wieder gerne auf körperlose Köpfe zurück.

Alcors Kunden sollten auch wissen, dass post mortem einige drastische chirurgische Maßnahmen durchgeführt werden. Sobald die Information vom unmittelbar bevorstehenden Tod eines Klienten eingeht, versprechen die Leute von Alcor, wird sofort ein Cryo-Transport-Team zum Ort des Geschehens entsandt. Sobald festgestellt ist, dass Sie klinisch tot sind, beginnt man mit der Verabreichung chemischer Substanzen, packt Sie in Eis, schließt Sie an einen Automaten an, der wie ein Gerät zur Wiederbelebung aussieht, pumpt Ihr Blut ab und injiziert Ihnen Stoffe in die Venen, die den Zerfall der Zellen stoppen sollen. Dann werden Sie zur weiteren Behandlung in die Alcor-Zentrale in Scottsdale geschickt, wo man Ihnen unter anderem Kopf und Oberkörper rasiert und kleine Löcher in den Schädel bohrt, um festzustellen, ob irgendwelche Schwellungen vorhanden sind. Man öffnet Ihren Brustkorb und sägt die Rippen durch. Dann wird mittels einer Art Bypass-Maschine das restliche Blut abgepumpt und durch eine chemische Lösung ersetzt, die eine Schädigung der Körpergewebe möglichst gering halten soll.

Kunden, die sich für eine Ganzkörperkonservierung entschieden haben, werden anschließend in Behältnissen verwahrt, die wie riesige Thermoskannen aus Edelstahl aussehen, an Stelle von heißem Kaffee jedoch flüssigen Stickstoff enthalten. Die Köpfe derjenigen, die die preiswerte Variante gewählt haben, kommen in kleinere Behälter. In beiden Fällen wird der Inhalt auf –190 °C gekühlt, denn bei dieser Temperatur soll praktisch jede Molekularbewegung zum Stillstand kommen. Nach den Berechnungen eines Wissenschaftsjournalisten dauert es bei dieser Kälte 30 Billionen Jahre, bis der Zersetzungsprozess einsetzt, an Stelle von einer Sekunde bei Körpertemperatur.

Wenn vielleicht auch sonst nichts, wird diese hochmoderne Medizintechnik in Zukunft immerhin Hunderte von phänomenal konservierten Toten produzieren. Ich muss gestehen, dass ich die Vorstellung von riesigen Lagerhäusern, vollgepackt mit gefrorenen Napster-Hackern, Yahoo-Programmierern und Apple-Technikern, bis fast zum letzten DNA-Basenpaar untadelig erhalten, ziemlich amüsant finde. Aber kann Alcor mit seiner phantastischen Zukunftsvision all diesen Dotcom-Millionären wirklich eine Garantie auf Unsterblichkeit geben? Es erscheint unwahrscheinlich, denn die seltsame Geschichte der Mumien lehrt uns immerhin – wenn schon sonst nichts –, was alles schief gehen kann, weil die Toten sich nicht wehren können. Selbst den eifrigsten Balsamierern der Welt, den alten Ägyptern, unterliefen immer wieder grobe Schnitzer. Sie vertauschten Leichname, entfernten falsche Organe, trugen zu viel heißes Harz auf oder nahmen zu wenig Natron. Sie banden bereits verrottende Glieder mit der altägyptischen Variante von Klebeband zusammen und versteckten ihre Fehler unter meterlangen Leinenbinden. Und die besonders Skrupellosen gingen nachts die Gräber derjenigen plündern, die sie wenige Monate zuvor einbalsamiert hatten.

Zudem bleibt diese Unsterblichkeit dem Gutdünken zukünftiger Generationen überlassen, und wer weiß, was sie mit all diesen Mumien des 21. Jahrhunderts anfangen werden. Wer weiß, was geschehen wird, wenn in 5000 Jahren unbekannte Schatzsucher in die gespenstische Dunkelheit eines längst in der Erde versunkenen Lagerhauses vordringen und blind wie Maulwürfe durch Reihen riesiger, mittlerweile angerosteter, schiefer und wackeliger Stahltanks stolpern? Werden diese furchtlosen Abenteurer die Deckel aufbrechen und reihenweise alte Heilige mit zarten Händen und rosigen Wangen entdecken? Werden sie nach einem stillen Gebet beginnen, ihnen als Reliquie das Herz herauszuschneiden? Oder werden sie ihren Fund an altem Menschenfleisch rein kommerziell bewerten und seine urzeitliche DNA und einwandfreien Blutzellen über eine zukünftige Version von eBay versteigern? Werden sie diese eigenartigen Leichen als kuriose Relikte alter Erdtechnologie betrachten und als Trophäen mitnehmen, um sie in ihren galaktischen Museen auszustellen? Oder werden sie diese fleischlichen Überreste als egoistischen Kram verachten, als menschliches Altmaterial, das man schon längst hätte recyceln sollen? Werden sie es in die nächste Recycling-Tonne stopfen?

Wie unsere Nachfahren auch entscheiden mögen: Die Chance, dass diese rosig lebensfrischen Ahnen die Jahrtausende in traumlosem Schlaf ungestört überstehen, scheint herzlich gering. Konservierte Tote haben uns immer auf einer ganz tiefen, archaischen Ebene angesprochen, und wir sind einfach nicht fähig, sie in Ruhe zu lassen. Wir lieben sie, und wir fürchten sie; wir möchten sein wie sie, und wir haben Angst davor. Doch eines ist sicher: Wir können uns ihrer starken Anziehungskraft nicht entziehen. Solange die Menschheit sich nach Unsterblichkeit sehnt, werden wir bestimmt versuchen, unsere einzige konkrete Chance darauf zunichte zu machen.

SCHLUSS

Die Mumienexperten in aller Welt leisten fraglos eine gewaltige Arbeit. Tagtäglich damit konfrontiert, wie talentreich wir die Toten aus grauer Vorzeit zerstören, machen sie dennoch weiter, um so viel wie möglich zu erhalten. Und die meisten geben alles für diese Aufgabe. Sie plündern ihr Bankkonto, verzichten auf Urlaub und einen beschaulichen Ruhestand, ignorieren die irritierten Blicke von Angehörigen und Freunden. Sie verbringen Jahre damit, in muffigen Kellergewölben nach vergessenen Mumien zu stöbern und ganze Aktenschränke mit dicken Dossiers über verschollene Exemplare zu füllen, und hoffen, sie eines Tages im Katalog einer Nachlassversteigerung zu entdecken. Sie treiben Fördergelder auf, um neue Museen einrichten und mit klimatisierten Schaukästen ausstatten zu können. Sie untersuchen Mumien bis ins letzte Detail. Sie berechnen ihre Körpergröße zu Lebzeiten aus der Länge ihrer Oberschenkelknochen, ermitteln die Dicke ihrer Harzhülle, die Breite ihres Nabels und den Wölbungsgrad ihres Schambeins. Sie führen tiefschürfende Diskussionen, ob es ethisch vertretbar ist, konservierte Tote zur Schau zu stellen. Sie pflegen eine nüchtern-professionelle Beziehung zu ihren Untersuchungsobjekten. Sie ziehen Latexhandschuhe über, ehe sie mit der Arbeit beginnen, und machen grundsätzlich keine Witze auf Kosten der Toten. Sie äußern sich niemals abfällig oder gefühllos über körperliche Fehler der Mumien. Vielmehr reden sie oft so miteinander, als könnten die Mumien genau hören, was sie sagen.

Mit ihrer täglichen hingebungsvollen Arbeit öffnen die Mumienexperten Türen zu versunkenen Welten und vergangenen Zeiten. Sie liefern uns den eindeutigen Beweis, dass die ferne Vergangenheit nicht von seltsamen Schatten und Schemen bevölkert war, sondern von Männern, Frauen und Kindern, die uns heute Lebenden sehr ähnlich sind. Sie zeigen uns, dass selbst die bedeutendsten Könige und heiligsten Heiligen wirklich Menschen waren, aus Fleisch und Blut und vergänglich. Und sie führen uns immer wieder eindringlich vor Augen, dass selbst die Berühmtesten und Mächtigsten einmal das Los aller Menschen teilten – Krankheit, Leid und Schmerz.

Die Wissenschaftler, die ich auf dem 3. Weltkongress der Mumienforschung kennenlernte, sind äußerst ungewöhnliche Menschen. Sie sind einfühlsam, rücksichtsvoll und ungeheuer hartnäckig, und sie schenken den Toten in reichem Maß eine Art von Hingabe, wie sie die meisten von uns für die Lebenden aufsparen. Selten bin ich Menschen begegnet, mit denen ich mich so wohlgefühlt habe – sie sind klug, engagiert, humorvoll, vital und lebensfroh. Ich betrachte es als Ehre, dass ich sie in Arica kennen lernen durfte. Und ich freue mich darauf, sie wieder zu sehen. Ich weiß auch schon, wo und wann das sein wird. Die Organisatoren des Mumienkongresses haben bereits bekannt gegeben, welche Stadt Gastgeberin der nächsten Tagung sein wird: das Städtchen Nuuk auf Grönland.

DANK

Die Idee zu diesem Buch entstand vor drei Jahren, als ich mich mit Polly Shulman, die damals bei der Zeitschrift *Discover* arbeitete, über alles Mögliche unterhielt. Ich war gerade vom Mumienkongress zurück und noch ganz aufgeregt von den spannenden Geschichten, die ich dort erfahren hatte. Polly entdeckte in meiner begeisterten Schilderung schon den Keim zu einem Buch, und wenig später erzählte sie einem ihrer Kollegen bei Hyperion von der Idee. Ich bin ihr sehr, sehr dankbar dafür.

Zu großem Dank verpflichtet bin ich auch Will Schwalbe bei Hyperion, der mit seinen klugen Anmerkungen, forschenden Fragen und Scharfblick zu Form und Inhalt dieses Buches wesentlich beigetragen hat. Ich bin sehr froh, dass ich einen so hervorragenden Lektor hatte. Danken möchte ich auch Anne McDermid, eine wahre Naturgewalt und wunderbare Literaturagentin, die sich unermüdlich für meine Interessen einsetzt.

Aufrichtiger Dank auch an Wayne Grady und seine Kollegen von der Zeitschrift *Equinox*, die mich und den Fotografen Peter Bennett nach Ägypten geschickt haben, um über die Forschungsarbeiten in Dakhla zu berichten, und an Natalia Dobrynin, die mir in Moskau eine sehr angenehme Begleiterin war und alle Unstimmigkeiten auf liebenswürdige Weise auszuräumen wusste.

Sehr dankbar bin ich auch den vielen Mumienexperten, die mir großzügig ihre Zeit schenkten und bei diesem Buch halfen. Außer denjenigen, die ich hier ausführlich beschreibe oder porträtiere, haben auch viele, viele andere Forscher geduldig meine Briefe und E-Mails beantwortet, mich auf ausgedehnten Rundgängen durch Mumien-Ausstellungen sachkundig geführt und auf vielerlei Weise einen unschätzbaren Beitrag zur Qualität dieses Buches geleistet. Mein besonderer Dank gilt Salima Ikram, Eve Cockburn, Peter Lewin, Renate Germer, Gayle Gibson, Robert Sharf, Pia Bennike, Harco Willems, Maarten Raven, Otto Appenzeller, Renée Friedman, Bernard Faure, Wolfgang Pirsig, Olaf Kaper, Ronn Wade, Teodoro Hampe-Martínez, Trish Biers, Rose Tyson, María Begoña del Casal Aretxabaleta, Niels Lynnerup, Gino Fornaciari, Wang Binghua, Xu Yongqing, Joanna Mountain, Richard Neave, Dieter Kessler, Diane Flores, Tony Mills und El Molto.

Ein besonderes Dankeschön gebührt Guido Lombardi und Pat Horne, die alle möglichen obskuren Zitate aufgestöbert und mir bei meinen Recherchen immer wieder den richtigen Weg gezeigt haben. Herzlich bedanken möchte ich mich auch bei all den Wissenschaftlern, die so freundlich waren, verschiedene Teile des Manuskripts durchzulesen und meine sachlichen Fehler zu korrigieren. Ihre Arbeit war ein großer Gewinn für dieses Buch. Verantwortlich für Fehler und Auslassungen bleibt letztlich jedoch die Autorin.

Zu guter Letzt möchte ich auch jenen herzlich danken, die sich fast täglich meine Geschichten von konservierten Toten und mein Gejammere über die Schwierigkeit, ihnen gerecht zu werden, geduldig angehört haben, nämlich John Masters, Andrew Nikiforuk, Alex Pringle und Kathleen Hodgson. Dank gebührt auch Wendy Falconer und Mac McKinna, die mich großzügig bei sich aufnahmen und sich als kenntnisreiche Fremdenführer durch London erwiesen. Vor allem möchte ich jedoch meinem Mann Geoff Lakeman danken, der sich abends beim Essen die entsetzlichsten Geschichten über Tod und Verwesung anhörte und sie mit seinem Witz und Humor würzte. Er weiß jetzt entschieden mehr über Mumien, als er je wissen wollte.

Frances Ashcroft

AM LIMIT

Leben und Überleben in Extremsituationen

Ein faszinierendes Buch für alle, die sich schon immer gewundert haben, welchen ungeheuren Belastungen Menschen wie Tiere gewachsen sind und wie sie ihr Überleben in absoluten Grenzbereichen sichern.

Warum überfliegen viele Vogelarten problemlos den Mount Everest, während Menschen erst nach einem langen Höhentraining und unter größten Strapazen bis zum Gipfel vorstoßen können? Wie stellt sich der menschliche Körper auf extreme Hitze oder Kälte ein, wie reagiert er in Schwerelosigkeit?
In diesem spannenden Buch vermittelt die renommierte britische Physiologin Frances Ashcroft verblüffende Einblicke in die Wissenschaft des Überlebens und ruft beim Leser immer wieder Staunen hervor. Unglaublich sind nämlich die Strategien, mit denen Lebewesen den extremsten Umweltbedingungen widerstehen.

Droemer

Messod und Roger Sabbah

GEHEIMNISSE DES EXODUS

Die wahren Ursprünge des auserwählten Volkes

Jetzt führen zwei Talmud-Gelehrte den Indizienbeweis: Das Volk, das aus Ägypten auszog – es war die getreue Anhängerschaft des Pharaos Echnaton

Warum finden sich trotz angeblich 430-jähriger Gefangenschaft in Ägypten keine archäologischen Spuren eines jüdischen Volkes? Und warum gibt es frappierende Übereinstimmungen zwischen ägyptischen Hieroglyphen und dem hebräischen Alphabet?
Die Lösung ist so verblüffend wie einfach: Juden und Ägypter sind in Wirklichkeit ein Fleisch und Blut, und praktisch alle biblischen Patriarchen waren in Wirklichkeit Pharaonen. Echnatons Nachfolger Eje (in der Bibel: Joseph) verwarf den Monotheismus seines Vorgängers und schickte dessen Gefolgschaft ins Exil nach Kanaan. Diese durfte ihren Glauben behalten – und Ägypten verfügte nun über einen neuen Stützpunkt im Norden des Reiches.

Droemer